교사들의 교육 비법

교사들의 교육 비법

발행일   2023년 10월 10일

지은이   마종필
펴낸이   손형국
펴낸곳   (주)북랩
편집인   선일영   편집   윤용민, 배진용, 김부경, 김다빈
디자인   이현수, 김민하, 김영주, 안유경   제작   박기성, 구성우, 변성주, 배상진
마케팅   김회란, 박진관
출판등록   2004. 12. 1(제2012-000051호)
주소   서울특별시 금천구 가산디지털 1로 168, 우림라이온스밸리 B동 B113~114호, C동 B101호
홈페이지   www.book.co.kr
전화번호   (02)2026-5777   팩스   (02)3159-9637

ISBN   979-11-93304-09-9 03370 (종이책)   979-11-93304-10-5 05370 (전자책)

(주)북랩 성공출판의 파트너

북랩 홈페이지와 패밀리 사이트에서 다양한 출판 솔루션을 만나 보세요!

홈페이지 book.co.kr   •   **블로그** blog.naver.com/essaybook   •   **출판문의** book@book.co.kr

작가 연락처 문의 ▸ ask.book.co.kr

작가 연락처는 개인정보이므로 북랩에서 알려드릴 수 없습니다.

흔들리는 교단에 바치는 교육 희망서

교사들의 교육 비법

마종필

학생의 눈높이에 맞춰, 학생의 내면을 알아가는 교사의 비밀 레시피

Education Secret Recipe

북랩

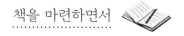

이 시대 교사들은 생각보다 많은 어려움을 겪고 있다. 마음에 상처를 입고 어려움을 호소하고, 처음 가졌던 사명감이나 자부심도 대부분 잃어가고 있다. 그래서 선생님들은 학생 지도를 부담스럽게 여기고 담임 맡는 것을 회피하고, 부서의 일마저 꺼리고 있다.

어려운 현실을 돕기 위해 필자는 교원연수원을 비롯한 여러 학교에서 오랫동안 강의를 진행해 왔다. 하지만 이것만으로는 급박한 현실에 너무 소극적인 대처라는 생각을 하게 되었다. 그래서 보다 적극적으로 선생님들이 보람되고 의미 있는 교사의 직을 감당할 수 있도록 돕고 싶었다. 그래서 그동안 필자가 교사 연수에서 강의해 왔던 내용을 중심으로 『교사들의 교육 비법』이라는 책을 쓰게 되었다.

오늘날 교육은 예전처럼 지식만을 전달하거나 막연한 열정만으로는 곤란하다. 교사들이 교사로서 전문가다운 교육 기술들을 가지고 있어야 한다. 그것의 핵심은 학생의 성격적 특성을 아는 것과 내면을 들여다보는 기술이다. 그리고 아이들 수준에 맞는 말을 할 줄 아는 적절한 대화법이다.

병서(兵書)에는 "적을 알고 나를 알면 백 번 싸워도 위태롭지 않다(知彼知己 百戰不殆)"라는 말이 있다. 교사들 역시 교육을 잘하기 위해서는 나 자신을 알고 학생들을 잘 알아야 한다. 그러기 위해서는 교사들이 학생의 성격을 알고, 또한 학생의 심리를 읽어내고, 거기에 맞는 적절한 대화를 할 줄 알아야 한다.

그런데 오늘날 교사들은 안타깝게도 이런 기술들을 갖고 있지 못한 분들이 많다. 그러면서 생활지도를 하고 분수셈이나 영어, 화학식을 가르치고 있다. 학생들은 학생들대로 어려움을 겪고, 교사들은 교사들대로 괴로움을 겪고 있다. 그리고 교사들이 대화에 능하지 못하다 보니 학생을 지도하면서 부지불식간에 학생들에게 상처를 주기도 한다. 또한 여기에 반발하는 학생이나 학부모들로 인해 교사들이 상처를 입기도 한다. 이유가 있다면 모두 교사들이 전문가다운 대화기술이 없거나 대화법을 모르기 때문이다.

따라서 본서 1부에서는 교사와 학생의 성격적 특성을 알 수 있는 방법을 실었고, 2부에서는 학생들의 내면을 들여다볼 수 있는 심리 이해 방법을 실었다. 그리고 3부에서는 교사들이 학생들을 지도할 때 사용할 수 있는 효과적인 대화 방법을 실었다.

교사들이 이런 교육기술이 없는 상태에서 교육하는 것은 맨몸으로 전장에 나가 싸우는 것과 같은 형상이라 하겠다. 따라서 이 시대 교사들이라면 이런 무기들을 꼭 갖추고 있어야 한다고 생각한다.

본 내용은 필자가 학교 현장에 직접 적용해 본 결과 매우 효과적이고 가치 있는 내용들이었다. 또한 이 연수에 참여한 선생님들 역시 매우 좋은 자료라며 지원하고 추천해 주었다.

부디 이 내용이 학교 현장에서 다음 세대를 위해 수고하시는 선생님들에게 많은 도움과 희망이 되기를 소망한다.

마지막으로 이 책을 보시는 선생님들께 부탁드리고 싶다. 여기 내용을 가지고 학생들을 지도하다보면 매우 경이로운 효과를 발견하게 될 것이다. 그럴 때마다 교사나 학생들이 이 내용이 궁금하다며 알려달라고 조르는 경우를 만날 수 있을 것이다. 그렇더라도 이 내용을 학생들에게 공개해서는 안 된다는 것을 말씀드리고 싶다. 만일 학생들이 알게 되면 심리검사 자료인 경우, 검사를 왜곡할 수 있어 정확한 진단하기가 어렵기 때문이다. 부디 이 점을 꼭 기억하고 이 자료를 활용해 주기를 부탁드린다.

워크숍 안내

■ 학생 맞춤지도법 교사 워크숍 안내

주제	구분	시간	내용 및 진행
기질 유형에 따른 학생 맞춤지도법	성격 이해	3~4	4기질 유형에 따른 학생의 성격을 이해하고 이를 바탕으로 학교 현장에 적용하는 방법을 다루게 된다.
성격 5요인에 따른 학생 맞춤지도법	성격 이해	2~3	성격 5요인에 따른 학생의 성격을 이해하고 이를 근거로 학생맞춤지도의 실제를 다루게 된다.
MBTI 통한 학생 맞춤지도법	성격 이해	3~4	MBTI 이론을 근거로 학생의 성격을 이해하고 이를 통해 학생 맞춤지도의 실제를 다루게 된다.
에니어그램을 통한 학생 맞춤지도법	성격 이해	3~4	에니어그램의 성격 9유형을 알아보고 이를 통해 학생 맞춤지도의 실제를 다루게 된다.
그림을 통한 학생 맞춤지도법	심리 이해	3~4	그림 해석법을 통해 학생심리를 이해하고, 이를 통해 학생맞춤지도의 실제를 다루게 된다.
칼라를 통한 학생 맞춤지도법	심리 이해	3~4	12개 색상의 상징과 색상의 해석 방법을 통해 학생심리를 파악하고, 이를 통해 학생맞춤지도의 실제를 다루게 된다.
도형을 통한 학생 맞춤지도법	심리 이해	3~4	네 가지 도형의 상징과 의미를 가지고 학생의 내적심리 상태를 파악하는 방법을 다루게 된다. 이를 통해 학생 맞춤지도의 실제를 다루게 된다.
향기를 통한 학생 맞춤지도법	심리 이해	2~3	10가지 향기가 담고 있는 심리상태를 근거로 학생의 심리를 이해하고 이를 통해 학생맞춤지도의 실제를 다루게 된다.
학생지도 언어의 기본기술	대화법	3~4	교사가 학생지도를 할 때 사용하게 되는 기본적인 언어를 다루게 된다. 이를 통해 교사의 감정조절과 효과적인 학생맞춤지도의 실제를 다루게 된다.
학생지도 언어의 감성기술	대화법	3~4	교사의 기본적인 언어 사용법과 적극적인 대화 방법을 배우고, 이를 통한 학생맞춤지도법을 다루게 된다.
교사의 감정표현 기술	대화법	3~4	학생지도할 때, 교사들의 감정표현과 감정 전달 방법 등을 배워서 학생맞춤지도의 실제를 다루게 된다.
학교현장에서 만난 갈등해결 방법	대화법	3~4	교사들이 학교 현장에서 만나는 다양한 갈등상황에서 해결 방법을 배우고 이를 통해 학생 맞춤지도의 실제를 다루게된다.

※ 본 교사 워크숍은 단일 주제로도 가능하나 가급적 모든 주제를 30시간 내외에서 진행할 것을 권장합니다.

▣ 학생지도 역량 강화를 위한 교사 워크숍 안내

주제	시간	내용 및 진행
학생 상담의 실제	3~4	학생들과 상담을 잘 할 수 있는 상담 기술을 훈련하게 된다.
교사의 칭찬 기술	3~4	제자들에게 에너지가 되고 힘이 되는 칭찬의 기술을 훈련하게 된다.
교사의 대화법	3~4	교사들이 교육 현장에서 사용해야 할 언어들에 대해 알아보고 실습을 통해 적용하는 훈련을 하게 된다.
성격유형과 학생지도	3~4	학생들의 성격유형에 따른 맞춤식 지도 방법을 훈련하게 된다.

▣ 학부모 교육을 위한 워크숍 안내

주제	시간	내용 및 진행
부모의 언어 사용법	3~4	가정에서 부모들이 자녀 양육할 때에 사용해야 할 언어를 배우고 이를 실제 양육에 적용하는 방법을 다루게 된다.
자녀에게 에너지를 주는 방법	3~4	자녀에게 힘과 용기를 줄 수 있는 부모들의 대화법을 실습을 통해 훈련하게 된다.
자녀와 갈등 해결방법	3~4	가정에서 자녀들과 갈등이 있을 때 지혜롭게 해결할 수 있는 방법을 실습을 통해 훈련하게 된다.
성격유형과 자녀지도	3~4	자녀의 성격유형을 구분할 줄 아는 방법과 거기에 따른 자녀 양육 방법을 실습을 통해 훈련하게 된다.
자녀의 감정관리법	3~4	부모들이 자녀 감정관리 하는 방법과 이를 통해 자녀 양육하는 방법을 실습을 통해 훈련하게 된다.

전남 순천시 중앙로 133. 3층. 푸른마음심리상담소

☎ 010-2661-2487. ma1123@hanmail.net

차례

1부

2부

3부

1부

1장

교육 현장에 대한
소회

매년 스승의 날 즈음이면 여러 교육 단체에서 교육 현장의 소리를 듣기 위해 설문조사를 실시한다. 설문 내용은 대체로 교사들의 직업 만족도, 학교 현장의 애로사항, 보람된 일 등이다. 해마다 실시되는 설문조사 통계를 보면 교사의 직업 선호도는 예전과 비슷한데, 시간이 흐르면 흐를수록 직업에 대한 만족도는 점점 떨어지고 있다.

얼마 전까지만 해도 교사는 직업 선호도나 만족도 면에서 최상위에 있었다. 그런데 지금은 교사의 직업 선호도는 높은 반면, 직업 만족도는 다른 직업에 비해 많이 밀리고 있는 실정이다.

2023년 교사노동조합연맹이 조합원을 상대로 진행한 설문조사에 따르면 10명 중 약 9명은 이직이나 사직을 고민했고, 4명 중 1명은 교권 침해와 관련해 정신과 치료나 상담을 받은 적이 있다는 조사 결과를 발표했다. 또한 해마다 교사들의 명예퇴직 신청자 수가 늘어나고 있다. 이런 것도 모두 학교 현실을 잘 반영해 주고 있다고 하겠다.

필자가 교직에 들어섰을 때만 해도 교사 책상에는 아이들이 꽂아 준 꽃들이 많았다. 어떤 아이는 울타리에 개나리가 곱게 피어 예쁘다며 한 줄기 꺾어와 꽂아주기도 했고, 어떤 아이는 마당에 핀 장미가 고와서 혼자 보기 아까워 가져왔다며 꽃병에 꽂아주기도 했다. 이러지 못한 아이들은 꽃가게에서 꽃을 사 와 꽂아주기도 했다. 그러다가 어떤 날은 아이들끼리 서로 선생님 책상에 꽃을 꽂아드리겠다며 다투는 일까지 벌어지기도 했다.

그러던 학교 현장이 언제부터인가 교무실에 꽃이 줄기 시작하더니, 이제는 아예 구경조차 할 수 없게 되었다. 가르치는 것이 시원찮은 것도 아니고 지식이 어설픈 것도 아닌데, 더구나 선생님들의 관심이나 사랑이 줄어든 것도 아닌데 학교 현장은 이렇게 완전히 달라지고 말았다.

이제는 학생들의 교사에 대한 관심도가 줄어든 것을 넘어 학생들이 교사를 보는 시각 자체가 완전히 달라졌다고 하겠다. 아이들 중에는 교사를 마치 경쟁자나 자기들이 대적해야 하는 어떤 존재쯤으로 여기고 대드는 아이들도 있다. 또 어떤 아이들은 교사들이 지도하는 말을 간섭하는 것으로 여기기도 한다. 심지어 아이들 중에는 교사를 자기들의 생각을 가로막고, 자기들이 원하는 것을 못 하게 하는 좀 못된(?) 사람쯤으로 여기는 아이들도 있다. 숙제를 내주면 불평부터 하는 아이들이 많다. 교사들의 교육을 걸림돌로 여기는 아이들도 점점 늘어나고 있다.

학생들의 의식뿐만 아니라 학부모들 의식도 많이 달라졌다. 어떤 부모들은 대놓고 교사들을 우습게 여긴다. 자기 자녀의 못된 태도나 생활은 놔두고 교사들이 내 아이에게만 꾸중을 한다며 학교에 와서 다짜고짜 큰소리로 따지는 학부모들이 많아졌다. 자녀가 학교에서 어떤 말썽을 피우는지, 다른 학생들에게 어떤 불편을 주는지에 대해서는 생각조차 하지 않는다. 막무가내로 내 자녀만이 옳고 괜찮다며 변호하려 든다.

　가정에 자녀가 한둘밖에 되지 않아서 그런 걸까? 무엇이든 내 아이가 제일 잘하고, 제일 착하고 모범적인 줄로 안다. 하지만 집단을 이루고 있는 학교에서 아이들의 행동을 보면 그렇지 않은 경우가 많다. 학급의 공공질서를 해치는 아이, 남에게 불편이나 해를 끼치는 아이, 선생님에게 함부로 대하는 아이, 교육 현장의 애로사항을 들라고 하면 이루 다 열거하기 어려울 정도로 많다. 그럼에도 부모들은 내 자녀만큼은 착하고 정직하고 얌전한 줄로 안다. 더 우스운 사실은 남의 아이들은 그래서는 안 된다고 하면서도 내 아이는 그래도 괜찮다고 여긴다는 점이다.

　학생이나 학부모 권리는 높아졌지만 교사들의 인권은 예전만 못하다. 교사와 학생의 인권이 동등하게 존중되어야 할 텐데, 일부 사람들은 마치 교사들은 가해자이고, 학생들은 피해자인 것처럼, 나눠놓고, 자기 업적이나 인기를 위해 학생인권조례를 먼저 만들어놓기도 했다. 그러다 보니, 요즘 우리 학교 현장에는 학생 인권만 중요하게 여기는 풍토가 만연하게 되고 말았다.

　그래서 요즘은 수업 시간에 친구의 공부를 방해하는 아이에게 야단할 수도 없다. 꾸중하면 떠든 학생의 자존감이나 인권을 침해한다고 생각하는 사람들이 있다. 그러니 아이가 수업을 방해하더라도 그 학생에게 나무라거나 제지할 만한 방법이 없다. 어찌 된 세상인지 떠든 아이의 방해로 수업에서 피해를 입은 조용한 아이의 인권은 생각지도 않은 세상이 되고 말았다. 그러니 이제는 수업 중에 떠든 학생에게 뒤로 나가 서 있으라는 벌도 줄 수 없게 되었다. 그래서 다수가 누리는 학습권은 침해되어도 개인의 인권은 침해되어서는 안 된다는 분위기가 되고 말았다. 그러니 교사들이 수업 시간에 잠자고 있는 학생을 깨우는 일조차도 쉽지 않게 되었다. 어떤 아이는 잠잘 권리도 없느냐며 선생님에게 대들기도 한다. 그러니 이 시대 교사들은 학생들과 사소한 일들로부터 복잡한 일들에 이르기까지 맨몸으로 부딪쳐야만 한다.

누가 인권과 권리를 잘못 알려 줬는지 모르겠다. 피해를 입은 사람들의 인권은 도외시되고, 불편을 야기하는 사람의 인권만 중요하게 여기는 세상이 되고 말았으니 말이다. 요즘 학교 현장은 큰소리를 내고 불편을 만들어낸 사람이 대장인 시대가 된 것 같다. 그래서 갈수록 교사들의 직업 만족도는 떨어지고 있는 실정이다.

1. 망가지고, 끓어오르는 교사 마음

오래전 고등학생들은 아침 8시 전후에 등교했다. 그래서 1교시 시작 전에 0교시 보충수업을 한 시간 하고 본 수업에 들어갔다. 그때에는 이른 시간이긴 했지만 지각하는 학생이 거의 없다시피 했다. 마치 학생들을 위하는 척하는 어른들은 등교가 너무 일러서 학생들이 아침 식사를 거르는 일이 많고, 잠을 충분히 자지 못해 성장을 저해한다며 등교 시간을 늦춰줬다. 그러면 밥을 잘 먹고 지각하는 아이들도 줄어들 것이라고 주장했다. 이것이 마치 약자를 위하는 옳은 일처럼 선동하기도 했다. 그런데 그때나 지금이나 식사를 거르고 오는 아이들 수는 비슷하다. 하지만 지각하는 아이들은 오히려 더 많아졌고 수업 시간에 잠 자는 아이들은 더 늘었다.

학교에서 8시 40분까지 등교하라고 일러주는 데도 지각하는 아이들은 늘 지각이다. 달래고 사정하고 위로해 주어도 지각하는 아이는 '선생님은 선생님이고 나는 나'라는 생각을 한다. 이런 일로 교사들은 하루 시작부터 많은 에너지를 소모하게 된다.

자습하는 시간이나 수업 시간 모습도 비슷하다. 어젯밤에 무슨 일을 그리 많이 했는지 수업 시작 5분도 안 되어 엎드려 자는 아이들이 있다. 일어나 공부하자고 깨워도 반응이 없는 경우가 허다하다. 전염이 되는지, 조금 있으면 자는 아이들이 점점 더 늘어난다. 만사가 귀찮다며 무기력에 빠진 아이들은 무슨 말을 해도 잘 듣지 않는다. 예전에는 늦은 시간까지 야간자율학습을 해서 그런다고 자율학습 폐지를 강하게 주장하기도 했다. 그런데 지금은 하교를 일찍 하고 있는데도 마찬가지다. 행여 교감 선생님이 복도를 지나가시다가 보시면 학생을 재워놓고 수업한다고 지적하더라도 어쩔 수 없는 노릇이다. 그러니 교감 선생님은 교사들이 잠자는 아이를 방치한 줄로 아실만 하게 생겼다. 교사들만 불편해질 뿐이다.

학교 현장이 이런다고 하면 사람들은 아이들이 자지 않도록 활동 중심 수업을 하라고 조언한다. 얼른 듣기에는 참 매력적이고 좋은 제안처럼 들린다. 하지만 이런 조언 역시, 꿈 같은 소리다. 활동 중심의 수업을 하려면 아이들이 잘 참여해야 수업이 가능해 진다. 그런데 활동수업을 하더라도 자는 아이들은 여전히 엎드려 잔다. 그리고 소극적인 아이들이 오히려 활동수업을 방해하기도 한다. 어떤 경우 교사가 활동수업에 잘 참여하자고 사정해야 겨우 나서는 아이들이 늘어나고 있다. 그러니 이래저래 교사는 힘들 수밖에 없다.

수행평가를 위해 아이들에게 수행평가 자료를 제공해 준다. 점수를 배정하면서 제출만 하더라도 기본 점수를 주도록 설계해 두었다. 그래도 아이들은 그것이 나와 무슨 상관이 있으랴 하면서 소 닭 쳐다보듯 한다. 수업준비물을 가져오라 해도 관심 없이 그냥 빈손으로 오는 아이들이 많다. 답답한 마음에서 "왜 그러냐?"고 물으면 그냥 "모른다", "잊었다"라고 하면 끝이다. 어떤 아이들은 "제 삶은 제가 책임질 텐데, 선생님이 왜 그렇게 신경을 쓰느냐?"라는 반응을 보인다. 선생님에게 부끄러움이나 미안한 마음은 눈곱만큼도 없다. 아이들은 전달사항을 잘 잊어먹는다. 그래서 전달사항을 모두 기억할 수 없으면 좋은 기기들이 있으니까 핸드폰에 적어두든지, 아니면 연습장에 메모하라고 조언한다. 그래도 적지 않는다. 그리고는 잊어먹었다고 하거나 선생님이 문제라고 한다.

점심시간이면 학교에서는 점심을 제공하는데, 영양사 선생님이 메뉴나 영양 성분을 계산해 정성껏 마련해 준다. 급식을 점검하러 온 학부모들은 너무 맛있다며 아이들이 살찌겠다고 말한다. 그래도 아이들은 그것도 모자라다며 급식을 먹지 않고, 밖에서 피자를 배달시켜 먹는다. 교외 음식이 문제가 되는 경우가 있어 학교급식을 이용해 달라고 수시로 일러도 아이들은 선생님들의 눈을 피해 가며 자기들이 원하는 음식을 배달시켜 먹는다. 이를 제지하는 선생님에게 아이들은 불만을 터뜨리며, 자기 권리가 침해받았다며 소리를 지르고 대들기도 한다.

점심시간에 식사를 할 때면 도착한 순서대로 줄을 서서 차례대로 식사를 하도록 지도한다. 아이들 중에는 맨 나중에 와서 줄을 살피다가 중간에 제 친구가 있다며 아무 거리낌 없이 앞으로 가 친구 곁으로 끼어든다. 뒤에 서서 기다리는 아이들이 불만을 표해도 얼굴에는 철판을 뒤집어썼다. 곁에서 선생님이 지도하고 있어도 아랑곳하지 않는다. 그러지 말라고 하면 도리어 화를 내며 선생님이 자기를 무시했다고 대들기도 한다.

점심식사를 마치고 나면 금방 청소시간이 된다. 교실 외 다른 실이나 운동장 같은 장소는 학급별로 청소구역을 정하고 여기에 학생들을 배정해서 청소를 한다. 이때 교사들도 청소구역에 배정되어 아이들과 함께 청소를 한다.

필자가 교문 입구 청소를 담당했을 때 일이다. 아이들이 처음 배치될 때, 청소구역이나 담당자를 명확하게 정해주지 않으면 아이들이 청소를 하는 둥 마는 둥 한다. 그래서 배정된 6명 학생을 비로 쓰는 사람, 모아둔 쓰레기를 쓰레기통에 담는 사람, 쓰레기통을 버리는 사람 등으로 책임을 나눠 줬다. 그러면서 "우리가 이번에 여기 청소 담당자들이 되었으니, 함께 힘을 모아 얼른 하고 쉬자." 했다.

그랬더니 한 아이가 "선생님! 여기 청소를 왜 저희가 해야 하는지 모르겠어요?" 한다. 그래서 필자는 청소의 타당성을 묻는 줄 알고 "여기는 너희들이 다니는 곳이니까 그렇지?"라고 했다. 그랬더니 아이가 "여기는 정문이잖아요? 저는 정문으로 안 다녀요. 집이 후문 쪽에 있어서 거기로 다니거든요. 그런데 왜 제가 여기를 쓸어야 하는지 모르겠어요?" 한다. 그러면서 청소를 하지 않고 빈둥거리며 비를 질질 끌고 다닌다. 그러니 옆에 있던 다른 친구들도 "맞아요. 여기는 다니는 사람들이 쓸어야 해요" 한다. "선생님! 그러니 이제 우리 청소 안 해도 되지요?"라고 한다. 고등학교 학생들이 유치원 아이들도 아니고 철이 없는 건지, 일부러 그러는지, 선생님을 시험하려고 그러는 건지 순간 '무슨 말을 해야 할까?' 교사로서 참 난감한 상황이다. 청소의 타당성과 원리를 설명해야 할 처지도 아니고 해서 웃으면서 잘해 보자고 타일렀다.

한번은 찜질방에서 남학생과 생활하던 여학생이 있었다. 찜질방 주인이 학교에 알려와 선생님들이 지도하게 되었다. 상황설명을 위해 부모님을 학교에 나오시라고 했더니, 어머니는 이모와 외삼촌을 데리고 함께 오셨다. 아이의 상황을 말씀드렸더니, 이모와 삼촌은 학교에서 아이를 오히려 망친다고 고성을 지른다. 학생의 외삼촌은 "조카에게 물었더니 찜질방에서 아무 일이 없었다고 하거든요. 그런데 왜 학교에서 문제를 삼느냐?"라고 소란을 피운다. "선생님들이 아이의 사생활에 이렇게 관여해도 되느냐?"고 언성을 높였다.

교사의 기분은 한없이 망가지는 느낌이다. 세상을 탓하기 뭐하고, 교육당국을 탓하기도 뭐하고, 학생을 탓할 수도 없다. 교육 현장이 싫어진다. 교사의 마음에는 불편만 쌓이게 된다.

2. 교사도 감정을 지닌 사람이다.

얼마 전부터 우리 사회는 감정노동자들에게 관심을 갖기 시작했다. 감정노동자들의 고충이 여간하지 않기 때문이다. 타인의 감정에 충실하다 보니 정작 자신의 감정에는 소홀했던 것이 상처가 되었기 때문이다. 다행히 이렇게나마 감정노동자들에게 관심을 갖게 돼서 다행스러운 일이다. 모두 사람들이 자기감정에만 충실하고, 남의 감정에는 관심을 두지 않아서 벌어진 일이다. 그래서 요즘에는 전화를 하면 통화하기 전에 상담자가 누군가의 가족이라는 사실을 알리면서 폭언을 하게 되면 관련법에 따라 처벌받게 된다는 안내 말이 나온다. 이렇게 감정노동으로 시달린 사람들은 질병에도 취약하다. 이들의 스트레스가 이만저만이 아니기 때문이다.

학교 현장에서 일을 하다 보면 이제는 교사들도 감정노동자 중 하나가 아닌가 하는 생각이 든다. 교사들 역시 아이들의 감정 배설물들을 모두 받아내면서 지내야 하기 때문이다. 앞에서 들여다본 것처럼 교사들은 이렇게 늘 불편한 상황을 안고 살아가고 있다. 그래서 교사들역시 수시로 마주하는 불편한 일들로 생겨난 불편한 감정을 그때그때풀지 않으면 부담이 되거나 상처가 된다. 그래서 교사들 가운데는 이직이나 명예퇴직을 고민하고 있는 사람들이 점점 늘어가고 있는 실정이다.

그러면 이러한 환경에서 살아가는 교사들은 많은 일들을 어떻게 감당하는 것이 좋을까? 어떻게 해야 이렇게 많은 스트레스로부터 벗어날 수 있을까? 어려운 일이기는 하지만 마음에 쌓인 불편한 감정들을 적절히 풀어내고 잘 관리하는 것이 지혜로운 일이다. 제일 좋은 방법은 불편한 감정이 일어날 때마다 그때그때 풀어내는 것이다. 그런데 마음 먹은 것처럼 그렇게 풀어내는 일이 쉽지 않다. 감정을 풀려다가 오히려 더 어색하게 되거나, 잘못하다간 일이 더 꼬이기 쉽다. 잘 풀어내려다가 자칫 잘못하면 학생과 언쟁으로 이어져 오히려 자존심에 상처를 입을 수도 있다. 그렇지 않으면 그 선생님은 하나하나 간섭하는 쫀쫀한 사람, 아니면 꼰대라는 말을 들어야 할 것이다.

이런 환경을 지혜롭고 현명하게 극복하고 대처하려면 우리는 어떻게 하는 것이 좋을까? 그러기 위해서는 이 일을 먼저 고민했던 사람들의 이야기를 들어보는 것이 좋을 것이다. 그래서 먼저 경험하고 해결의 실마리를 가지고 있는 선배들에게 도움을 구하는 것이다.

필자는 이런 일들을 상당히 오랫동안 고민해 왔다. 그러면서 다양한 교육 기술들을 만나고 익히고 수련해 왔다. 이런 수고와 노력 덕분에 학교 현장에서 만날 수 있는 여러 어려운 일들을 효과적으로 대처할 수 있었다. 뿐만 아니라 교사로서 자긍심과 자존감을 얻고, 힘을 얻을 수 있었다.

필자가 이런 기술들을 처음 갖게 되었을 때는 참 옹졸한 생각을 하기도 했다. '이 귀한 기술들을 옆에 있는 다른 선생님이 알고 사용하면 어떻게 하지?'라고 생각한 것이다. 그래서 아이들이 나에게만 지도를 받으려 하고, 상담 요청도 내게만 하고, 내게만 관심 가져주기를 바라기도 했다. 또 이러한 일은 필자의 내적인 자존감과 뿌듯함이 되어 자랑이 되기도 했다.

그러다가 조금씩 교양이 쌓여가고 마음이 넓어지면서 내가 지닌 교육 비법들을 주변 선생님들과 공유할 수 있도록 알려야 하겠다고 생각했다. 그러면서 이 기술 전수에 일종의 사명감 같은 것을 느끼게 되었다. 그래서 이 기술들을 나와 같이 학생 지도에 관심 있는 선생님들께 소개하고 싶은 마음이 들었다. 그래서 글로 쓰게 되었다.

이 책의 내용은 어려운 학교 현장에서 수고하시는 선생님들에게 큰 도움과 힘이 될 것이다. 그 핵심은 학생의 성격을 이해하고, 이를 통해 학생을 성격에 맞게 지도하는 것이다. 그다음은 학생의 현재 심리상태를 아는 방법이다. 그리고 마지막에서는 이러한 자료들을 좋은 대화 방법을 통해 현장에 적용하는 것이다. 그것이 1부 '학생의 성격 특성 이해 비법', 2부에서는 '학생 심리 이해 비법' 그리고 3부에서는 '학생 지도 대화 비법'이다.

이러한 비법을 모두 다 익히고 나면 학생을 지도하고 안내하는데 "조금만 더 열심히 해라, 그러면 성적이 좋아질 것 같구나", 아니면 "힘을 내라 그러면 좋아질 거야"처럼 막연하면서도 학생에게 전혀 도움이 되지 않은 지도가 아니라, 이보다 더 전문가다운 언행으로 학생들을 지도할 수 있게 될 것이다. 이런 의미에서 이 책을 받아 든 선생님은 참으로 큰 행운을 잡았다고 하겠다. 아무쪼록 이 책을 통해 교직에서 행복을 경험하고 존경받는 교사가 되기를 기원한다.

2장

기질 유형을 통한
학생 이해

인류가 생겨난 이래로 사람들은 인간이라는 존재에 대해 꾸준히 탐구해 왔다. 그래서 이제는 사람에 대한 정보가 어느 정도 해독되었다고 할 수 있다. 사람은 태어나면서부터 고유한 기질을 갖고 태어난다는 것이다. 사람은 이 기질을 근간으로 평생 동안 자기에게 어울리는 삶을 살아가게 된다는 것이다. 따라서 이 기질은 사람을 구분하고 특징 지우는 근간이 되는 동시에 성격 형성의 기본 재료가 된다.

사람의 성격은 이 기질을 바탕으로 자라면서 만나게 되는 여러 환경에 적응하기 위해 만들어진 의식들이 결합하면서 형성된다. 따라서 사람을 알고 이해하려면 사람의 성격의 기본이 되는 기질특성을 아는 것이 매우 중요하다. 그래서 요즘에는 사람들의 기본이 되는 기질을 알아보기 위한 여러 기질 유형검사 자료들이 잘 나와 있다.

이런 검사들은 교사들이 학생을 이해하고 지도하는 데 상당한 도움을 준다. 그래서 이제부터 그 기질 유형들을 알아보려고 한다. 여기에서는 1928년 미국 콜롬비아 대학의 마크스톤 박사가 만든 DISC(Dominace−주도형, Infuence−사교형, Steadiness−안정형, Conscentiousness−신중형)를 통해 네 유형의 기질을 간단하게 정리해 보려고 한다.

1. 기질과 성격

한 사람을 알고 이해하려면 그 사람이 지닌 성격이나 기질, 인격 등 여러 성격적 특성을 알아야 한다. 외형으로 보면 사람들은 모두 다 같은 사람처럼 보인다. 하지만 조금 가까이 다가가 들여다보면 분명 나와 다른 여러 유형의 사람들을 만날 수 있다. 내 입장에서 봤을 때, 나와 매우 비슷한 사람을 만나기도 하지만, 반대로 나와 전혀 다른 어떤 경우에는 도저히 이해되지 않은 이상한 사람들을 만나기도 한다.

나와 다른 유형의 사람들을 만나면 '저 사람은 왜 저런 모습으로 살아가고, 또 왜 저런 방식의 삶을 살아갈까?'라는 생각을 하게 된다. 때로는 '저 사람은 아주 못된 사람', 혹은 '이상한 사람'으로 낙인찍기도 한다.

이런 생각은 모두 사람이라는 존재의 특성을 잘 몰라서, 그러니까 사람은 다양한 성격적 특성을 가진 존재라는 사실을 잠깐 잊고, 자기를 기준으로 판단한 결과라 하겠다.

　그래서 사람의 특성을 아는 것은 사람을 이해하고 알아가는 데 상당한 도움을 준다. 더구나 학생들을 지도하는 교사들에게이런 정보는 매우 유용한 자료라 하겠다. 만일 교사들이 이런 내용을 모른 상태에서 학생 지도에 나서게 된다면 이는 배가 없는 상태에서 맨몸으로 큰 바다를 건너려고 하는 무모한 행동이나 다름없다고 하겠다. 따라서 사람의 성격을 아는 일은 교사들이 지녀야 할 기본 중의 기본 기술이라 하겠다. 여기에서는 우선 사람 성격의 기본이 되는 '기질'에 대해 알아보려고 한다.

　기질이란 개인의 정서적 특징으로 부모로부터 물려받은 성격의 핵심 요소를 말한다. 따라서 기질은 그 사람을 움직이고 활동하게 하는 근원적인 힘이자 유전적, 선천적으로 타고난 것이다. 그래서 기질은 근본적으로 변하지 않는 그 사람의 특성이라 하겠다.

　기질은 인생의 시기로 보면 대부분 어릴 때로부터 청소년기를 강하게 지배하게 된다. 성인이 되면 자기 기질의 장단점을 어느 정도 알고 갈고 닦아(?) 무뎌지면서 지배력이 조금 떨어지게 된다.

　사람의 성격은 이 기질을 바탕으로 개인이 성장하면서 만나게 되는 환경, 즉 부모, 가정, 종교, 학교, 사회 등과 같은 여러 여건이 개입되면서 여기에 적응하기 위해 각자가 만들어낸 개인의 적응방식이 결합하면서 형성된다. 그래서 성격은 다른 사람과 구별되는 개인의 독특한 특성이 된다. 연구자들에 따르면 성격은 대체로 부모로부터 물려받은 50%의 기질과 가정환경, 종교활동, 생활환경, 학교환경, 직장, 등 후천적인 요소 50% 정도가 결합되어 형성된다고 한다.

2. 기질 유형

본 서에서는 교사들이 학생들을 지도할 때 도움을 얻을 수 있는 4 기질론, 즉 주도형, 사교형, 안정형, 신중형을 중심으로 설명하려고 한다.

경력이 많은 교사 중에는 이런 이론의 도움을 받지 않더라도 학생들의 성격적 특성을 어느 정도 구분해 내는 분들이 있다. 목소리가 크고, 잘 떠들고, 시끄러운 그룹의 아이들, 혹은 조용하고 차분하고, 얌전한 그룹의 아이로 구분해 내는 것이다. 또 무슨 일이든지 적극적이고, 앞장서 나서는 아이들과 좋은 능력이나 재주를 지녔으면서도 누가 권하지 않으면 잘 나서지 않는 아이들로 구분하는 것이다.

여기에서는 이런 정도 짐작을 통해서 아는 것에서 한 걸음 더 나아가 보다 더 많은 정보를 알게 됨으로써 교육 현장에서 학생들을 지도하는 데 도움을 얻고자 한다. 이것을 활용하면 학생을 이해하고 지도하는 데 많은 도움이 될 것이다. 이제 그 특성들을 알아보려고 한다. 먼저 크게 구분해서 네 유형을 아래 도표처럼 정리해 볼 수 있다.

	빠르다, 외향적		
목적중심	주도형	사교형	관계중심
	신중형	안정형	
	느리다, 내향적		

위쪽 두 유형, 주도형과 사교형은 외향적이고 말이나 행동 면에서 빠른 경향을 보인다. 그리고 아래 신중형과 안정형은 내향적이고, 행동 면에서 위 두 유형보다 느린 경향을 보인다. 또한 왼쪽 두 유형, 주도형과 신중형은 어떤 일을 할 때 목적을 중심에 두고 진행하고, 오른쪽 두 유형, 사교형과 안정형은 사람과 관계에 중심을 둔다.

1) 주도형

(1) 행동 특성

이들은 강렬한 눈빛을 지녀 외모에서 풍기는 이미지만 보더라도 금방 감지해 낼 수 있다. 그리고 남에게 결코 지지 않을 것 같은 강인함과 기가 세서 상대를 압도하기에 충분하다. 이들의 행동은 빠르고 움직임과 목소리가 크고 힘이 있다. 어떤 일을 결정할 때에도 정확한 판단력으로 빠르고 정확하게 내린다. 자기가 하는 일은 반드시 자기가 책임을 지려고 한다. 일을 할 때에는 휴식을 모르고 열정적이며, 조직에 들어가면 빠른 시간 내에 지도자의 자리를 차지하려고 한다.

(2) 인간관계

교제할 때에는 능동적이고 적극적인 자세로 관계를 맺어간다. 그래서 주변에 친구들이 많고, 친구들이 모이면 자기가 중심이 되어 끌고 다니면서 리더자 역할을 한다. 여러 사람 앞에 나서는 것을 좋아하고 다른 사람들을 조종하려는 욕구가 강하다. 그러다 보니 무슨 일이든지 남의 입장을 고려하기보다는 자기중심에서 판단하고 결정하려고 한다. 선배에게는 깍듯이 예의를 갖춰 대하며 후배들에게는 자기가 선배들에게 하는 것처럼 같은 예로 대우해 줄 것을 요구한다. 이들은 사람과 대화 나누는 것을 좋아하는데, 쓸모없는 잡담보다는 주제와 목적이 있는 대화를 좋아한다. 말을 할 때에는 자기 생각을 직선적으로 강하게 나타내지만 대부분 그들의 말이 옳은 것을 볼 수 있다.

이들은 자기를 지지해 주고 따라주는 사람을 좋아하고 자기와 뜻이 맞는 사람. 즉시 협조해 주는 사람, 자기를 믿어주는 사람을 좋아한다. 반대로 싫어하는 사람은 느리고, 게으르고, 분별력이나 판단력이 없는 사람, 어떤 일에 목적의식이 없고 관심이 없거나 미적대는 사람 등이다.

(3) 학교생활

이들은 선생님을 자기 기준으로 '좋다·나쁘다'로 판단한다. 그리고 요점 중심의 핵심을 잘 정리해 주는 선생님을 좋아한다. 그래서 설명을 길고 장황하게 늘어놓는 선생님은 실력이 없는 것으로 간주하고 싫어한다. 그리고 선생님의 설명이 논리적이지 않으면 수용하지 않으려고 한다. 이들은 수업도 토론이나 발표, 활동적인 수업을 선호한다. 친구들에게 압도적인 힘을 과시하려 하고, 위협적인 태도를 보이기도 한다. 그래서 친구들을 마음대로 조정하려 하고 반장을 하고 싶은 욕구가 강하다. 또한 선후배 간에 위계질서를 중요하게 여긴다.

(4) 일

이들은 일에 적극성을 보이며 논리적으로 접근한다. 그뿐만 아니라 목표 의식이 강해 일을 할 때에는 과업 성취를 추구한다. 따라서 과정보다는 결과를 중요하게 여긴다. 도전과 목표 달성을 중요하게 여겨서 주변 사람들을 선도하고 다그치기도 한다. 이들은 무슨 일이든지 능동적이고 의욕적으로 찾아 나서는 적극성을 보이며, 짧은 시간 안에 많은 성과를 얻으려고 한다. 승부욕이 강해 경쟁하는 것을 즐기는 편이다. 자질구레한 서론보다는 본론으로 바로 들어가 즉각적으로 어떤 핵심을 얻으려고 한다. 그래서 이들은 당장 써먹을 수 있는 것에 관심이 많다. 가만히 앉아 있는 것보다는 실험하고 움직이고 체험하는 것을 좋아한다.

(5) 리더십

이들은 주변 사람들이 언젠가는 자기를 이해해 줄 것이라고 생각하며 구성원들을 밀어붙여 목표를 향해 적극적으로 돌진한다. 이들은 강한 카리스마가 있고 존경에 대한 강한 열망을 갖고 있다. 그러다가 이들의 성격이 부정적으로 나타날 때는 오해를 사더라도 무감각해져 무자비한 리더의 모습을 보이기도 한다. 그러면서 남들이 자신을 따라주고 이해해 주기를 바란다. 이들이 리더십을 발휘할 때 주의할 점은 남의 말에 귀를 기울이고, 상대방에 대한 존경과 배려를 잊지 않는 것이다.

(6) 에너지

이들이 에너지를 얻는 방법은 자기가 지도력을 발휘할 수 있는 기회를 얻어 자기 능력을 나타내 보이는 것이다. 또한 자기 업적에 대한 인정을 받을 때도 힘을 얻는다. 따라서 이들은 가정에서도 의사 결정에 자기가 직접 참여해서 마음대로 가족과 사람들을 조종함으로써 자신감과 긍지를 얻으려고 한다.

반대로 이들이 에너지를 잃은 경우는 어떤 일에서 자기가 주도하지 못하거나 그 일에 핵심적인 역할을 하지 못할 경우이다. 또한 삶이 자기 뜻대로 되지 않거나 다른 사람들이 자기 말을 듣지 않을 때, 자기 마음대로 타인을 조종하지 못할 때, 상실감을 느낀다.

(7) 학습 스타일

이들은 수업 내용 설명이 논리적이지 않으면 수용하지 않으려고 한다. 그래서 공부를 할 때에도 체계적이고 요점 중심으로 한다. 모둠활동의 경우에는 자기가 스스로 나서서 주동하려고 하고, 친구들을 이용해 자기가 원하는 활동으로 이끌어가려고 한다. 실제 내용은 다른 친구들에게 맡기더라도 자기가 책임을 지고 나서서 대표로 발표하려고 한다. 이들이 좋아하는 수업은 토론수업, 발표수업, 활동적 체험학습 등이다.

이들의 학습전략은 직접 몸이나 경험을 통해 깨닫는 수업을 좋아한다. 따라서 이들은 100마디 말보다는 한 번의 경험과 실천을 중요하게 여긴다. 말이 많은 교사나 글자가 많은 책보다는 실용적으로 간략하게 핵심 중심으로 정리된 내용을 좋아한다. 먼저 부딪혀 보고 경험을 통해서 나름대로 주관적인 진리를 깨닫기 좋아한다. 공부나 숙제 등 과제나 일을 자발적으로 시작한다. 수업에 불만이 있으면 불만을 직접 표현한다.

(8) 모토

이들이 모토로 삼는 말은 "내 방법, 내 식으로 하자.", "불가능이란 없다. 세상은 넓고 할 일은 많다.", "오늘 걷지 않으면 내일 뛰어야 한다.", "무소의 뿔처럼 혼자서 가라.", "안 되면 되게 하라." "고난이여 오라, 내 가슴은 뛴다.", "최고가 되자 내가 있어야 세상이 존재한다.", "천상천하 유아독존.", "성공하는 삶이 아름답다."와 같은 유형의 말들을 좋아한다.

(9) 약점

이들의 약점이라고 하면 지나친 승부욕과 다른 사람을 무시하고 다른 사람 위에 군림하려고 하는 점이다. 그래서 남에게 독재적, 독단적이라는 말을 듣는다. 또한 이들은 자기중심적이라 남의 말에 민감하지 못하고, 조급하고, 무슨 일을 자기가 아니라면 남에게 맡기거나 인정하지 않으려고 한다. 스트레스를 받은 상황에서는 남을 더욱 조종하려하고, 더욱 열심히 운동하거나 일을 하려고 한다. 반대자를 몰아내려고 한다.

⑽ 보완할 점

이들은 논리적인 것을 좋아하면서도 작은 단위의 세부 사항을 등한시하는 경향이 있다. 따라서 작은 부분에도 신경을 쓰고 관심을 가질 필요가 있다. 그리고 타인의 정서에 민감하지 못하여 배려심이 없다는 평가를 들을 수 있다. 따라서 남의 입장을 생각하고 배려해 주도록 노력해야 한다. 또한 자기주장을 내세우거나 강조하기 위해 다른 사람이 말을 할 때, 인내를 가지고 끝까지 경청하지 못하고 중간에 말을 자르는 경우가 많다. 따라서 가급적 다른 사람의 말을 잘 듣고 참견하려면 상대의 말이 끝난 다음에 하도록 노력해야 한다.

그리고 독단적인 의견이나 주장을 강하게 드러내기 쉬운데, 이보다는 타인의 의견을 존중하고 수용하는 자세가 필요하다. 타인에게 위압감을 주거나 거만하게 보이지 않도록 조심해야 한다. 성급하게 화를 내지 않도록 조심하고, 다른 사람에게 시키는 듯한 인상을 줘서는 안 된다. 자신에게도 단점이 있다는 현실을 인정하고 남을 가볍게 여겨서는 안 된다. 냉담하고 냉소적인 모습을 보이지 않도록 노력해야 한다. 자신감은 좋지만 거만하게 보이지 않도록 조심해야 한다. 다른 사람에게 결정권을 주는 것, 권위를 이양하는 것, 인내심, 모든 사람이 자신처럼 많은 것을 성취하기를 기대하지 않는 것 등이다.

⑾ 진로와 적성

이들의 진로나 적성은 일반적으로 경영계열이나 이공계열이 좋다. 이들은 직관이 발달하고 독창적인 아이디어가 많아 최고 경영자나, 감독자, 가시적인 생산성이 드러나는 건설 현장의 현장 감독 등이 적합하다. 이성적이고 냉정한 성격으로 리더의 성향 영업능력이나 기획능력이 탁월하고, 실용과목의 교사도 잘 할 수 있다. 정치나 군대 등에서 탁월한 능력을 발휘할 수 있다. 구체적인 직업으로는 경영학, 마케팅, 기획, 전략부서, 기업 컨설팅, 노무사, 청치, 군대, 경찰관, 법률가, 판검사, NGO 단체 활동가, 환경운동가, 영화감독, 운동감독, 운동경기 심판, 경호원, 선장 및 항해사, 항공기 조종사, 전투기 비행가, 의사, 보안관리요원 등이다.

⑿ 학교에서 사례와 지도 방법

학교에서 만난 주도형의 학생들은 크게 둘로 나뉘는 것을 볼 수 있었다. 하나는 자기 기질을 잘 발전시키고 성장시켜 온 아이, 그리고 다른 하나는 자기 기질이 제대로 발현하지 못하고, 눌림을 받아 분노심와 저항심이 가득한 아이들이었다.

전자의 경우, 대체로 성적이 괜찮은 아이들이 많았는데, 학급 반장을 하거나, 학급 임원, 학생회 회장이나 임원을 맡아 자기 역량을 잘 발휘하면서 성공적인 생활을 하고 있었다. 반면 성적이 따라주지 못한 아이들의 경우는 대부분 후자가 많았다. 학교생활에 잘 적응하지 못하고 학교 밖을 배회하거나 사고를 일으킨 경우가 많았다.

필자는 이런 아이들을 만나 상담하거나 삶에 도움을 준 적이 있었는데, 그들의 이야기를 들어 보니, 그럴만한 이유가 충분했다. 우선 이들은 자기주장이 세고 내적 용기가 강한 아이들이라 표정이 강하고, 눈빛도 강하다. 그러다 보니, 어릴 때부터 자기 마음대로 하려고 했다. 부모 말을 잘 듣지 않고, 자기주장을 내세우는 경우가 많았다. 게다가 부모나 형제들에게 대들고 반항하는 생활 태도를 보였다. 그러다 보니, 부모들이 어린아이가 건방지게 대들고 부모 말을 잘 듣지 않는다며 아이의 좋은 성격을 억누르고 무시하고, 훈계하고, 야단하기를 반복했다. 그러다 보니, 이들은 어려서부터 마음에 상처가 많아 반항심과 분노를 쌓고 있었다. 그러다가 힘을 얻게 되는 중·고생이 되면 형제들은 물론 심지어 엄마나 아빠에게도 지지 않고 이기려는 마음을 잘 드러내곤 한다. 그 결과 청소년기가 되면 웬만한 일이라면 부모 말을 듣지 않고 자기 생각대로 생활하려고 한다. 그러면 부모들은 아이를 더 누르고 비난하는 말을 사용했다. 그러다 보니 아이들은 더 많은 상처를 입고 어긋나는 생활을 하기 시작하게 되었다.

이들이 이런 행동을 하더라도 학교 성적이 좋으면 부모로부터 어느 정도 인정을 받고 살게 되는데, 성적이 좋지 못한 경우 "공부도 못하면서"와 같은 비난을 들어야 했다. 이런 일들의 반복으로 아이들은 마음에 큰 상처를 입은 아이들이 많았다. 그래서 학교생활을 거부하거나 집을 나가는 일을 벌이기도 했다. 이들은 학교나 가정에서 주목을 받지 못하니까 학교 밖에 나가 친구들을 모아 대장 노릇을 하고, 자기 마음대로 생활하는 경우가 많았다.

이런 모습을 보면서 교사나 부모들이 아이의 기질을 잘 모르고, 무턱대고 양육하는 것은 얼마나 무모하고 위험한 일이라는 사실을 알게 되었다. 부모가 자녀의 기질을 알고, 여기에 따라 양육했더라면 매우 훌륭한 자녀가 되었을 텐데, 잘못된 양육 방법으로 아이가 지닌 좋은 기질을 성장·발전시키지 못하고 말았다. 도리어 삐뚤어진 삶의 모습을 만들어내는 것을 볼 수 있었다.

이런 모습은 학교로 이어져 선생님들에게도 반항하고, 대들고, 선생님의 지도를 거부하는 태도를 보였다. 안타까운 것은 교사들도 이들의 성격적 특성을 모르고, 이들을 만나면 건방지고, 말을 듣지 않는다며 억압하거나 꾸지람을 늘어놓은 선생님들이 많았다. 심지어 어떤 선생님은 그 아이의 눈빛이 살벌하다며 비난하고 무섭다며 야단하는 경우도 있었다. 그래서 아이들은 어디에서 위로나 안정을 얻지 못하고 계속 못된 행동들을 하는 것을 볼 수 있었다.

교사들이 아이들의 기질을 알게 된다면 이런 실수는 하지 않게 될 것이다. 아이의 주장이 강하거나 리더십이 있는 아이는 그 아이의 장점과 단점을 알려주고 그 장점을 들어 칭찬해 주고, 그 기질이 더욱 발전할 수 있도록 도와주면 좋을 것이다. 그리고 작게는 모둠활동의 대표가 되도록 돕는다든지, 아니면 학급 임원이 될 수 있도록 도와주면 아이는 무한대로 성장하게 될 것이다.

교사들이 학생의 기질에 따라 지도하게 되면 학생들로부터 존경받는 교사가 될 것이다. 그뿐만 아니라 이런 아이들은 나중에 성장하면 선생님을 업고 다니는 일까지 할 수 있는 아이들이다. 그러면 교사는 학생 지도에 자신감을 얻고 교사로서 직업의 만족도가 올라갈 것이다. 교사의 교육 비법은 다른 데 있는 것이 아니다. 아이들의 성격적 특성을 알고 거기에 맞는 지도를 하는 것이다.

2) 사교형

(1) 행동 특성

이들은 전형적인 외향형으로 에너지가 넘치는 아이들이다. 매사에 활동적이고, 말이 많고 빠르다. 사람 만나는 것을 좋아해 지위나 신분에 상관없이 누구와도 잘 어울린다. 주도형인 경우, 대화의 중심이 핵심, 요약, 간결함에 있다면 이들의 대화는 가볍지만 내용이 많고 다양하다. 그래서 누구를 만나든지, 장소에 상관없이 침묵하는 것을 싫어하고 말을 많이 하게 된다. 때로는 조금 과장해서 말하고, 감정표현 또한 매우 잘한다. 유머가 풍부하고 정서적으로 밝은 태도를 가졌다. 그래서 사람들에게 인기가 많은 편이다. 무슨 일에든지 열정적이며, 새로운 환경이나 변화에 잘 적응한다. 몸동작이나 손·발짓의 움직임이 크고, 표정이 다양하고 사람들과 스킨십 나누는 것을 좋아한다. 외모, 복장, 말하는 태도에 신경을 쓰며, 표현은 적극적으로 잘하나 체계적, 논리적, 분석적이지 못하다. 특권의식, 공주병, 왕자병 등 남에게 인정받고자 하는 의식이 강하다.

(2) 인간관계

주도형의 사람들이 사람을 만날 때에는 어떤 목적을 두고 만나는데 비해, 이들은 그냥 사람과 사람 만남 그 자체와 대화 나누는 것 자체를 좋아한다. 그래서 남녀노소 다양한 사람들과 사귀는 것을 좋아한다. 성격이 사교적이어서 여기저기 여러 집단활동에 잘 참여하며 인간관계에서 협력을 잘하고 분위기 메이커를 자청한다. 처음 보는 사람이라도 낯설게 여기지 않고, 먼저 다가가 대화를 나누고, 누구를 만나더라도 잘 사귀는 편이어서 주변에 사람들이 많다. 자신의 인기 관리에 관심이 많다.

(3) 학교생활

친구들과 어울려 무리 지어 다니기를 좋아하고 자기가 대화의 중심에 서기를 바란다. 유머가 많아 친구들이 많고 다양한 환경에서도 잘 적응한다. 이들이 좋아하는 선생님은 수업을 재미있고 활발하게 하는 선생님, 그리고 유머가 많은 선생님을 좋아한다. 선생님의 수업에 반응 역시 매우 활발하고 적극적이다. 교사 입장에서 보면 이들은 선생님의 수업을 도와주는 매우 좋은 조력자들이라 하겠다.

(4) 일

매사에 주어진 일을 낙천적으로 바라보고 적극성을 나타낸다. 특별히 사람을 만나고 사람과 대화를 나누는 것을 좋아해서 사람과 사람 관계 속에서 진행되는 일을 매력으로 느낀다. 어떤 조직에 소속될 경우, 조직의 분위기를 잘 살려 즐겁게 만들어 주고 다른 사람의 기분까지 살려주는 매력적인 면이 있다. 부족한 점은 조직 내에서 꽉 짜인 일이나 습관적으로 반복하는 일을 어려워한다. 이들이 힘들어하는 일은 오랫동안 말을 하지 않고 참는 일, 그리고 정확한 시간과 철저한 계획에 따라 해야 하는 일, 그리고 끝까지 장기간에 걸친 프로젝트를 실행하는 일 등이다.

(5) 리더십

이들은 상대를 부추겨 주고, 필요한 것을 베푸는 리더이다. 타인과 함께 공감대 형성을 잘하고, 대화를 통한 협상을 잘하는 리더십을 지녔다. 항상 많은 사람과 함께 하지만 사람들이 듣기 싫어하는 소리를 못 하는 단점이 있다. 또 일을 끝까지 실행하는 것을 어렵게 느낀다.

이들은 기본적으로 '관리스킬'과 '코칭스킬'을 배울 필요가 있다. 모든 일의 성공과 실패를 사람 탓으로 돌리지만, 진정한 문제의 원인은 사람이 아닌 '일'의 구조나 일 처리 프로세스에 있다는 것을 알 필요가 있다. 지나치게 타인의 평가에 신경 쓰다 보면 정에 이끌린 의사 결정으로 원리원칙이 없는 사람으로 보이기도 한다. 유의할 점으로는 시간 관리를 잘하는 것과 엄격한 태도 등이다.

(6) 에너지

이들은 재미 누리는 것을 삶의 낙으로 삼는다. 사람을 좋아해서 사람들과 함께 활동하면서 서로 애정을 나누고, 인정받고 서로 용납받는 것을 통해 힘을 얻는다. 언제, 어디서나 무엇에 대해서도 말할 수 있는 능력, 쾌활한 기질, 낙천주의, 유머 이야기를 통해 다른 사람들이 인정해 주는 것을 통해 에너지를 얻는다.

(7) 학습 스타일

이들은 강의를 듣는 것보다는 상호 교류하며 친구들과 함께 어울려 놀면서 공부하는 것을 좋아한다. 이들의 학습 방법은 공부하면서 다른 사람에게 설명하고, 그 설명을 통해 아는 것을 증명하는 학습이 효과적이다. 이들은 여유 있게 놀며 지내다가 단기적으로 집중해 시험 볼 때 벼락치기를 잘한다. 소집단 활동, 오감을 통한 체험학습, 등 비교과 활동프로그램이 효과적이다.

이들은 말을 하면서 아이디어를 얻고 자신의 생각을 정리한다. 토의식, 발표식 수업에 능력을 발휘한다. 상대방과 말을 많이 했을 때 많이 배웠다고 생각한다. 자신의 재능을 친구와 선생님에게 보여주고 싶은 욕구가 강하다. 자신과 마음에 맞는 사람과 어울리며 공부할 때 신바람이 난다. 이들은 남에게 인정받는 것을 좋아해서 칭찬을 해 주면 학습의욕이 높아지고, 결과를 잘 알아주면 성취도가 더 높아진다.

(8) 모토

이들의 첫 번째 생각은 인생은 즐겁고 재밌게 사는 것이다. 즐거운 인생, 잘먹고 잘살자. 가슴 뛰는 삶을 살아라. 함께 만들어가는 멋진 세상. 현재를 즐기고 고민이라면 나중에 하자. 좋은 것이 좋은 것이다. 인생은 쇼다. 내일은 또 내일의 해가 뜬다. 낙천주의자, 등과 같은 말들을 좋아한다.

⑼ 약점

이들의 약점은 조직적이지 못하다는 점이다. 세부적인 것을 가볍게 여기고, 꼼꼼하지 못하다. 또한 심각한 일이나 진지한 일을 논의하는 일을 불편하게 여긴다. 순진해서 남의 말을 잘 믿고 잘 속기도 한다. 심각하거나 복잡한 일은 다른 사람들이 대신해 주기를 바란다.

⑽ 보완할 점

이들은 말이 너무 많고, 목소리가 너무 커서 시끄럽다는 말을 듣기 쉽다. 또한 말을 할 때 과장이 너무 심해 뻥이 심하다는 말을 들을 수 있다. 따라서 대화할 때에 혼자서 너무 많은 말을 하지 말고 다른 사람에게도 말할 수 있는 기회를 주는 것이 좋다. 이들은 현실 지향적인 성향을 가지고 있어서 미래에 대한 계획과 목표를 세우는 데 약점을 가지고 있다. 따라서 오늘만이 아니라 내일도 생각하고 미래 일을 실천하는 노력이 필요하다. 또한 호기심이 많아서 여러 일을 벌여 놓기는 하지만 의지력이 약하여 끝까지 마무리하는 능력이 부족하다. 따라서 사전에 충분한 검토와 계획을 세운 다음 끝까지 실행해 나가려고 노력하는 것이 필요하다. 이런 유형의 사람은 주변을 둘러보느라 약속을 잘 지키지 못하기 때문에 늘 기록하는 습관을 갖도록 하고 특히 기록한 것을 잃어버리지 않도록 주의해야 한다.

⑾ 진로와 적성

이들은 인문사회분야, 예체능계, 언어계열에 적성을 나타낸다. 언변에 능하고 대인관계가 좋으므로 판촉 등 영업직에 어울린다. 대중예술인이나, 연예인 매니저, 레크레이션 지도자 등 많은 사람 앞에서 사회를 보거나 주목받는 일을 잘 할 수 있다. 대중을 설득하거나 정치적인 발언에 익숙하여 정치에 적합하고 다른 사람을 돕는 일에도 즐거움과 보람을 얻으므로 병원이나 여행 가이드, 서비스 관련 직업에 적합하다.

구체적인 직업으로는 마케팅 및 영업판매직, 보험설계사, 연예인, 아나운서, 상담가, 음악치료사, 언어치료사, 외교관, 교사, 사회복지분야, 특수학교 교사, 간호사, 영양사, 비행기 승무원, 호텔지배인, 변호사, 마술사 등.

⑿ 학교에서 만난 사례

이들은 선생님들의 눈에 맨 먼저 띈다. 선생님에게 감정표현을 잘하고, 선생님이 싫다고 해도 별 상관하지 않는다. 심지어 "너는 너무 시끄러우니, 이제 교무실에 그만 와라", "조용히 해라" 같이 무안을 주는 말을 해도 전혀 주눅 들거나 부끄러워하지 않는다. 자기가 좋아한 선생님이라면 늘 애정 표현을 한다. 언제나 선생님 입장을 잘 헤아려 주고, 친구들을 끌어들인다. 수업 시간에도 비교적 활발한 수업태도를 가져 공부를 잘하는 학생으로 보이기도 한다. 하지만 실제 성적은 생각만큼 그렇게 미치지 못한 경우가 많다. 집에서도 말을 많이 하고 잡다한 상식이 많은 것처럼 보여서 이들의 부모를 만나 상담하다 보면

"제는 조금만 더 노력하면 성적이 좋을 텐데~"라는 말을 많이 하는 것을 들을 수 있다. 교사들도 이렇게 말하기도 한다.

3) 안정형

(1) 행동 특성

여유롭고 느긋한 전형적인 내향형의 사람들이다. 이들은 감성적이고 부드러운 내면을 지니고 있어, 비교적 조용하고 겸손하고 차분하다. 그래서 무슨 일이든지 주변에서 권유하지 않으면 자발적으로 나서지 않는다. 자기주장을 내세우기보다는 상대를 배려하고 공동체에 협조적인 태도를 취한다. 따라서 대중 앞에 서는 일을 어렵게 여기고, 회피하려고 한다. 주변에서 권유하거나 부탁하지 않으면 자신의 모습이나 특기를 잘 드러내려고 하지 않는다. 자기소개를 하더라도 미루고 미뤄 뒀다가 할 수 없는 상황이 되면 그제야 하려고 한다. 그래서 다른 사람 눈에 얼른 띄지 않는다. 분명한 자기 의사를 표현하는 것과 싫은 일이 있어도 싫다는 표현을 어렵게 여긴다. 급격한 변화보다는 안정된 환경에서 점진적인 변화를 원한다.

(2) 인간관계

낯가림이 심해 다른 사람에게 다가가는 것을 어렵게 여긴다. 그래서 사람들과 친해지기까지는 상당한 시간이 걸린다. 하지만 한번 친해지면 친한 사람들과는 잘 어울리고 적극적인 자기 역할을 한다. 이들은 스스로 생각하기를 자기는 사람을 좋아하고 잘 어울린다고 생각하나 객관적으로 보면 다른 유형에 비해 그렇지 않고 친하지 않거나 낯선 사람과는 거리를 둔다. 남의 입장을 생각하는 경향이 있어 의견 충돌이 생기더라도 자기 생각을 잘 접고 조화를 이루는 협조적인 사람들이다. 그래서 남에게 친절하고 협조적이며, 남의 이야기를 잘 들어주고, 상대의 심정을 헤아리는 공감 능력도 뛰어나다.

(3) 학교생활

이들은 학교에서 조용하게 지내는 학생들이라 선생님 눈에 잘 띄지 않는다. 선생님 말을 잘 들어 순종적이며 선생님으로부터 영향을 많이 받는다. 선생님 입장을 잘 헤아리고, 수업에도 잘 호응하고 진지한 편이다. 자발적으로 나서서 발표를 하지 않지만 지적하면 자신의 생각을 수줍게 말한다. 강의 내용을 자세하게 듣고 필기하는 것을 좋아한다. 학습내용, 자료, 사실을 비판적으로 따져보기보다는 그대로 수용하려고 한다.

친구들과 어울릴 때는 친한 친구 한둘 정도와 어울리고, 친구 관계를 넓히려고 하지 않는다. 교사나 친구들에게 은근히 신임받기를 기대하면서도 거기에 어울리는 행동을 잘 하지 않는다. 주도형의 강하고 거침없는 주장을 만나면 불편을 느끼고 거리를 둔다.

(4) 일

이들은 여러 사람과 함께 어울려 일하는 것보다는 소수 몇 사람과 혹은 혼자 일하는 것을 좋아한다. 공동체 속에서 일할 경우, 자기주장을 내세우기보다는 자신을 낮춰 공동체의 조화와 이익을 추구한다. 다툼을 피하고 평화롭게 사는 것을 선호해서 불화하는 사람들을 중재하거나 그런 환경으로부터 벗어나려고 한다. 이들은 어떤 일을 결정하는 데 어려움을 겪는다. 그래서 대신 결정을 내려주는 사람, 그들의 장점을 인정해 주는 사람, 그들을 무시하지 않는 사람. 그들을 존중해 주는 사람과 함께 일을 하려고 한다.

(5) 리더십

이들의 리더십은 참고 기다리고 도움을 주는 리더십, 서번트 리더십을 실천한다. 이들이 리더가 될 때는 관계의 신뢰성을 회복하는 것이 가장 중요하다고 생각한다. 불편을 줄까 봐 남들에게 요구하지 못하고 자신이 나서서 처리하려고 한다. 비전 제시와 변화를 이끌어 가는 능력이 부족하기 때문에 어려운 상황에서 의사 결정을 지연하거나 회피하기도 한다. 따라서 다른 사람들에게 나약한 지도자로 보일 수 있다. 유의할 점은 적극적인 의견제시, 권한 위임, 실적관리 등이다.

(6) 에너지

자기를 불편하게 만드는 일이나 환경으로부터 벗어나 평화와 안식,

휴식을 취하는 것으로 에너지를 얻는다. 때문에 이들은 아무 일이 없는 상태, 신경을 써야 할 일이 없는 상태에서 TV를 보거나, 음악을 듣거나 먹는 등 편안한 쉼을 취하는 것을 선호한다. 다른 사람으로부터 잘한다는 칭찬을 듣거나, 호의를 받을 때 에너지를 얻는다.

(7) 학습 스타일

선생님이 적절한 공부량을 제시해 주는 등, 시키는 것은 잘하지만 스스로 찾아서 공부하는 일을 어렵게 여긴다. 스스로 나서서 발표를 하거나 다른 사람들의 활동이나 학습을 책임지려고 하지 않고 자기에게 주어진 일에만 충실하려고 한다. 공부를 할 때에는 한 교과나 한 부분에 집중하지 못하고 여기저기를 왔다갔다 하는 경향을 보인다. 그래서 이들은 동일한 내용을 간격을 두고 반복해서 공부하는 것이 효과적이다. 학습에서도 스스로 끝까지 해내는 성향이 부족해서 끌려가는 수동적인 경향을 보인다. 따라서 이들은 인터넷 강의를 듣는 것보다는 직접 선생님이 이끌어 주는 강의에 참여하는 것이 성적향상에 도움이 된다. 정적인 학습과 개별과제학습, 시청각 교육이 효과적이다.

(8) 모토

우선 이들에게는 특별한 모토가 없는 것이 특징이다. 무엇을 모토로 삼느냐고 물어보면 망설이거나 얼른 찾아내지 못한다. 그래도 애써 찾아보라고 하면 무슨 일이든지 쉽고, 편한 방식으로 하자. 안전하게 유유자적하면서 안빈낙도의 삶을 살자. 친한 사람들과 더불어 살자. 사랑하며 살자. 흐르는 강물처럼 흘러가는 대로, 가화만사성, 베풀며 여유롭게, 배려하며 살자. 등과 같은 말들을 선호한다.

(9) 약점

무슨 일을 실행할 때에 열정과 결단력이 부족하다. 주어진 일을 미루고 미뤄 뒀다가 어쩔 수 없는 상황이 되면 처리한다. 그래서 게으른 사람으로 보여지기도 한다. 이들이 이런 모습을 보이는 것은 근본적으로 의욕이 부족한 면도 있지만 체력이 약해서 에너지가 부족한 것이 원인인 경우가 많다. 때로는 매우 무기력한 모습을 보이기도 하는데 역시 에너지가 부족한 것이 원인이다. 자기 생각에 대한 이론적 기반을 마련하지 못해서 결정이 느리고 과감성이 떨어진다. 따라서 가급적 결정을 빠르고 과감하게 하고, 적극적인 면을 기를 필요가 있다. 이들은 특별한 이유 없이 옹고집을 부리기도 한다.

(10) 보완할 점

이들은 어느 기질보다 느리고 만사태평한 태도를 지녔다. 그래서 게으른 것이 큰 단점이라 하겠다. 따라서 많이 움직이도록 노력해야 하며 변화에 지극히 보수적인 성향을 가지고 있다. 따라서 변화에 발 빠르게 대응하고, 수용하도록 노력해야 한다. 무슨 일이든지 일에 대한 열정을 갖고 임해야 한다는 생각을 갖고, 스스로에게 그 일에 맞는 동기를 부여하는 것이 좋다. 그리고 다른 사람의 부탁을 거절하지 못하는 성격이라 남의 부탁을 정중하게 거절하는 법을 배워야 한다.

매 순간 망설이는 경향이 있으므로 결정하는 능력을 키우고, 새로운 변화에 도전하고 수용하려고 노력하는 것이 좋다. 유머감각을 키우고 수용하는 법도 배우는 것이 좋다. 처음 시작하는 일에 추진 능력을 키우고, 목표를 설정하고 스스로 동기를 부여하고, 기대보다 더 많은 일을 하려고 노력하고 더 빨리 움직이고, 다른 사람의 문제뿐만 아니라 자신의 문제도 직시하고 해결하도록 노력하는 것이 좋다.

(11) 진로와 적성

이들은 교육계, 인문계열. 사회사업가나 상담가로서도 자질이 풍부하고 무엇보다 교육분야에 잘 맞는다. 모험을 즐기지 않아 공직이나 지방자치단체의 공무원과 같은 안전하고 탄탄한 직장을 선호한다. 개인이 독립적으로 운영하는 사업이나 자영업보다는 일정한 구조나 조직을 이루고 있는 회사 일을 하는 것이 좋다. 그런 직업으로는 교육자, 사서, 역사학자, 공학전문가, 수공예 예술가, 의상디자이너, 조경기술자, 직업훈련교사, 회계사 경제학자, 보험설계사, 요양보호사, 우편집배원, 역무원, 철도 기관사, 공무원 등이다.

(12) 학교에서 만난 사례

필자의 경험으로 보면 학교에는 이 유형의 아이들이 가장 많은 것 같았다. 그래서 학교에는 얌전하고 착한 아이들이 대부분이다. 이들은 선생님 말에 잘 따르고 좀처럼 문제를 일으키지 않는다. 다만 게을러서 지각을 하거나 약속을 어기는 일 등이 있을 수 있고, 계획을 세우고 실천하는 일과 스스로 무슨 일을 진행하는 것을 어렵게 여기는 아이들이 많았다. 이들이 에너지를 모두 소진한 경우, 이유 없이 무기력한 모습을 보였는데, 수업 중에 엎드려 자거나, 공부를 포기하거나 무슨 일을 대충 하는 아이들이 많았다.

선생님을 좋아하더라도 마음에만 두고 감정을 잘 표현하지 않는다. 이들은 선생님의 영향을 많이 받아서 선생님이 적절하게 잘 지도해 주고 관심을 보이면 선생님을 잘 따랐다. 또한 선생님이 하는 칭찬이 학생의 성장과 발전에 매우 유효하게 작용하는 것을 봤다. 교사가 세심한 관찰을 통해 작은 요소를 들어서 칭찬해 주면 좋은 선생님이라고 기억해 주는 아이들이 많았다.

4) 신중형

(1) 행동 특성

이들의 생각은 치밀하고 꼼꼼하고 차분하다. 그러다 보니, 말이 느리고 적다. 자기의 내적 기준이나 원칙이 서 있어서 자기 생각이나 주장이 강하다. 무슨 일이든 자기를 중심으로 생각하고 자기 속 마음을 털어놓는 것을 어려워한다. 이들은 사교적인 농담이나 잡담 등을 좋아하지 않는다. 사람과 부대끼며 정(情)을 나누는 것이나 스킨십하는 것을 매우 싫어해 사람이 자기에게 가까이 다가오는 것조차를 불편하게 여긴다.

집중력이 좋고 인내력이 강하여 한번 시작한 일이라면 끝까지 포기하지 않고 마무리하려고 한다. 무슨 일이든지 진지하게 생각하고 민감하게 받아들인다. 매너가 좋고 옷을 단정하게 차려입는다. 남 앞에 나서서 대표가 되거나 무리의 리더가 되거나 편을 짓는 일을 좋아하지 않는다. 이들이 싫어하는 것은 실수를 하거나 정해진 규칙이나 표준을 무너뜨리는 일이다. 자기가 하는 일에 아무도 동감해 주지 않는 것 등이다.

(2) 인간관계

사교적인 말이나 활동을 좋아하지 않아 교제 범위가 넓지 않다. 사람들과 대화에 응하기는 하지만 말하기보다는 남의 말을 잘 들어주는 편이다. 신중하고 논리적이고 완벽을 추구하는 경향이 있어서 자기나 다른 사람의 실수를 용납하지 않는다. 농담이나 어설픈 논리를 지닌 말을 수용하기 어려워한다. 남의 말에 함부로 동조하거나 웬만한 일에 칭찬을 하지 않아 다른 사람으로부터 따뜻하다는 소리를 듣지 못한다. 하지만 한번 마음을 나누는 사이가 되면 끝까지 믿고 오랫동안 관계를 유지한다.

다른 사람과 충돌하는 것을 좋아하지 않으며 자기감정 통제와 자기절제가 강하여 자신과의 싸움에서 강하다. 이들이 좋아하는 사람은 진지한 사람. 지적인 사람. 사려 깊은 사람. 의미 있는 대화를 나눌 수 있는 사람이다. 대화할 때, 시선 맞추는 것을 어려워하고, 싫어하는 사람으로는 무게가 없는 사람. 잘 잊어버리는 사람, 시간에 늦는 사람, 조직적이지 못한 사람, 피상적인 사람, 속이는 사람, 예측할 수 없는 사람 등이다.

(3) 학교생활

이들은 원리와 원칙, 규칙을 중요하게 여기는 성격이라 학교에서 모범적이다. 예의가 바르고 튀지 않으며 묵묵히 주어진 일을 잘 수행한다. 집중력과 인내력이 있어 자기에게 주어진 과제나 과업을 잘 수행한다. 어려운 상황에서도 차분하게 대처하고 신중해서 말썽을 잘 일으키지 않는다. 친함을 느끼는 몇 명의 친구들과 깊은 사귐을 가진다.

선생님에게 다가가는 일을 어렵게 여겨서 좋아한다거나 사랑한다는 표현이나 감정을 잘 드러내지 않는다. 주변에서 떠들기를 좋아하는 사교형의 아이들의 산만하고 말이 많은 것을 싫어한다.

(4) 일

이들은 세세한 부분까지 잘 챙기고, 분석하는 일을 좋아한다. 한번 주어진 일이라면 끝까지 잘 수행하는 능력을 지녀서 오랜 기간 수행해야 하는 과제를 잘 해낸다. 논리적이고 치밀한 성격이라 규칙을 잘 준수하고, 자기에게 주어진 일을 빈틈없이 잘 수행해 낸다. 단순하고 반복적인 일에 강점을 보이지만 즉흥적으로 주어진 일이나 창의적인 일에서는 어려움을 느낀다. 차분하게 생각할 수 있는 여유가 주어지거나, 자기만의 독립된 공간에서는 자기 능력을 잘 발휘한다. 높은 수준과 이상을 가지고, 깊이 분석하는 능력이 뛰어나 어떤 일을 조직하고 장기적인 목표를 세우는데 탁월한 능력을 보인다. 이들이 낙담할 때는 생활에 질서가 무너졌을 때, 혹은 표준을 달성하지 못할 때, 아무도 상관하지 않는 것처럼 보일 때 등이다.

(5) 에너지

이들은 차분하고 안정되고 조용한 분위기, 그리고 자신만의 공간에서 혼자 지낼 때 에너지를 얻는다. 타인의 간섭이나 규제로부터 벗어나 혼자 집중할 수 있을 때 능력을 발휘할 수 있다. 행동하기보다는 차분히 생각하고 집중하는 데서 힘을 얻는다. 곁에서 가만히 지켜보고, 지지해 주고 붙들어 주는 데서 에너지를 얻는다.

(6) 학습 스타일

이들은 학습을 치밀하게 하고 완벽한 이해를 지향한다. 그래서 예습과 복습을 철저히 하려고 노력한다. 논리적인 근거를 갖고 스스로 계획을 세우고 거기에 따라 공부한다. 주어진 시험 범위를 꼼꼼히 준비하느라 끝까지 다 하지 못하고 시험에 임한 경우가 많다. 따라서 중요하지 않은 부분은 쉽게 넘어가서 끝까지 마무리하고 반복 학습을 하는 것이 좋다. 이들은 자기 학습계획을 잘 수립하고 자율적 학습일지 활용을 잘하는 능력을 지니고 있어, 인터넷 강의만으로도 좋은 결과를 낼 수 있다.

이들은 구조를 그림 또는 도표로 그려주면 이해를 잘한다. '마인드맵'을 가장 잘 활용하고 효과적인 결과를 얻은 타입이다. 개념과 개념의 연결 구조를 그려주면 이해를 잘한다. 따라서 혼자서 정리하는 시간이 필요하다. 수업, 숙제, 시험, 점수, 등에 관심이 많고 민감하다. 세부적 사실, 자료 등에 관해 깊이 알기를 원한다. 수업 시간이나 쉬는 시간에도 남들과 어울려 말하기보다는 조용히 자신의 자리를 지키는

것을 좋아한다. 혼자서 공부하거나 독립된 공간에서 작업하기를 좋아
한다. 다른 사람들에게 인정받고 싶은 욕구는 적으나 자신이 설정하는
기준은 높은 편이다.

(7) 모토

무엇이든지 옳은 방식으로 하자. 돌다리도 두들겨 보고 건너자. 진
정한 노력은 배신하지 않는다. 사필귀정. 유비무환. 일체유심조(모든 것
은 마음에서 정해진다). 이것 또한 지나가리라. 우보천리(牛步千里-천천히 느
리게 걷는 소가 천리를 간다). 실수란 없다. 삶이 그대를 속일지라도 노여워
하지 말라. 고통 없이는 얻어지는 것은 없다.

(8) 약점

이들은 쉽게 우울해지는 약점을 가지고 있다. 치밀성 때문에 어떤 일
을 준비하는데 너무 많은 시간을 보낸다. 그리고 대수롭지 않은 일에
너무 세세하게 신경을 많이 쓴다. 부정적인 일을 잘 기억하고 다른 사
람들을 의심하기도 한다.

(9) 보완할 점

자기중심적 사고가 강하여 이기적인 사람으로 보일 수 있다. 주변에
친구들이 소곤대는 모습을 보면 자기 흉을 보고 있을 거라고 상상하
여 부정적인 감정을 가져 의심하기도 한다. 자기 불신이 강하며 비판적

이고 부정적인 성향을 보인다. 또한 타인의 성장을 부러워하며 심한 질투심을 느끼기도 한다. 그리고 자기에게 잘못을 저지른 타인에 대한 복수심을 가슴에 품기도 한다. 마음속에 숨겨둔 채 증오심과 정의를 키우기도 하고, 완벽주의 성향이 강하여 완벽에 도달하지 못했을 때는 비관적인 생각을 갖기도 한다. 어려운 문제에 직면하면 극복하기보다는 실패에 대한 두려움 때문에 쉽게 포기하는 경향을 보인다. 예민한 성격으로 인해 쉽게 우울감에 빠져들기도 한다. 이러한 점을 알고 자기를 철저히 관리하는 노력이 필요하다.

⑽ 리더십

이들은 매우 조직적인 리더십을 선호한다. 높은 수준의 일을 요구하는 사람들로, 모든 것을 미리 알고 대처한다. 어떤 나쁜 일이 일어날지 잠재적 위협의 가능성을 발견해서 완벽하게 대처한다. 충분한 실력과 자원을 준비해 두어야 하고 모든 것을 잘 사용할 수 있도록 준비되어 있어야 한다. 따라서 자료정리, 매뉴얼 정리, 성실한 태도 및 자세 정확한 업무처리, 위기관리를 강조한다. 절차를 중시하고 예의 바르며, 세부적인 사항에 대한 정확한 지식 및 준비를 요구하며 실수에 대한 준비를 항상 한다. 너무 세밀하고 예민하며 걱정이 많은 리더로 보일 수 있다.

유의할 점은 지나치게 완벽해야 한다는 생각을 줄이고, 다른 사람들에게 또한 완벽을 요구하지 않고, 실수에 대해 관대한 마음 씀씀이를 가져야 한다. 후배에 대한 신뢰나 권한 위임, 동기 유발, 칭찬을 해 주는 일이다.

(11) 진로와 적성

꼼꼼하고 신중하며 한 가지 일에 깊이 집중하는 완벽주의적인 성향으로 연구 개발직이나 교수가 적합하다. 회계, 경리업무, 전산직에 재능을 보이고 미각(味覺)이 뛰어난 이들은 식품공학이나 영양사, 조리사도 적합하다. 예술가적 기질도 지녀 연예인, 화가, 음악가도 많다. 예술가, 신학자, 연예인, 모델, 작곡가, 디자이너, 사진작가, 회계사, 엔지니어, 인테리어 디자이너, 게임기획자, 메이크업 아티스트, 코디네이터, 제과, 제빵사, 심리 치료사, 물리학자, 수학자, 음악치료사, 은행원 등

(12) 학교에서 만난 사례

학급에 이 유형의 아이들이 많으면 학급이 조용하고 차분하고 안정적인 학급이 된다. 하지만 수업 시간에는 활발한 활동이나 생기가 없고 조용해서 교사가 힘들어질 수도 있다. 만일 선생님이 규칙이나 규율이 없는 상태로 학급을 이끌어 가면 질서가 없는 선생님이라며 매우 불편하게 여긴다. 이들은 논리적이고 합리적인 말을 좋아하기 때문에 선생님의 농담이나 장난을 쉽게 수용하지 않는다. 따라서 이 유형의 아이들에게 교사가 가벼운 농담을 할 경우, 자칫 잘못하면 저항에 부딪혀 선생님이 무색하게 될 수도 있다.

교사들이 이 유형의 아이들을 지도할 때, 특별히 유의해야 할 점은 교사가 좋은 의도를 갖고, 혹은 유쾌한 분위기를 위해 좋아한다는 감정을 표현하거나, 다가가 악수를 요청하거나 껴안거나 하는 등 스킨십

나누는 것을 매우 불쾌하게 여긴다. 이들은 사람이 곁에 다가오는 것 자체를 싫어한다. 더구나 이성의 교사가 별생각 없이 이들에게 스킨십을 나누려고 한다면 큰 문제가 될 수 있다. 교사라면 이러한 성격적 특성을 꼭 기억해야 할 것이다.

3. 기질 유형의 이해와 탐색

지금까지 기질의 네 유형에 대해 알아봤다. 어떤 연구자들은 이 기질을 조금 더 확장시켜 혼합기질, 즉 앞에서 다룬 네 유형이 서로 섞여 있는 기질을 이야기하기도 한다. 이렇게 하면 더 세분하게 나눠볼 수 있는 장점이 있지만 너무 복잡하고 혼란스럽게 될 수 있다. 그래서 여기에서 소개하고 있는 이 네 기질을 이해하는 것만으로도 학생을 이해하고 지도하는 데 충분할 것으로 생각된다.

그렇다고 하더라도 여기에도 약간의 유의해야 할 사항이 있다. 이 네 가지 기질 유형을 참작하여 학생을 지도하더라도 학생의 삶과 행동, 태도 등을 세심하게 살펴서 적용하는 것이 좋을 것이다. 지도의 편의성만 생각해서 교사의 주관적인 느낌과 생각만으로 학생을 단정지어서는 안 되기 때문이다. 그리고 검사를 하더라도 학생이 질문자의 의도와 다르게 이해하고, 임의로 점수를 부여할 경우, 전혀 다른 결과를 보일 수 있다. 따라서 충분한 대화를 통해 짐작이 되는 부분에 대해 더 많은 설명을 요청하든지, 아니면 부모나 친구들의 시각, 선생님의 관찰, 그리고 기질에 적합한 상황을 제시하고 여기에서 보이는 행동 등을 모아서 종합적으로 파악하는 것이 중요하다고 하겠다.

이런 과정을 거쳐서 학생의 기질과 행동 특성을 파악한 다음, 학생을 지도하게 되면 막연하게 "공부를 열심히 해라", 하거나 "조금만 더 노력을 기울여라"하는 형태의 일상적인 조언으로부터 더 나아가 그 학생에게 맞는 학습코칭과 진로지도를 할 수 있게 될 것이다.

다음 쪽에는 기질을 알아볼 수 있는 검사지를 실어두었다. 이 검사지는 필자가 공부한 기질 유형을 중심으로 학생들의 기질을 탐색하기 위해 임의로 제작한 자료이다. 따라서 이 검사는 신뢰도나 타당도 면에서 검증되지 않은 자료라 하겠다. 하지만 학생을 이해하고 지도하는 데는 상당한 도움이 될만한 자료라고 생각한다.

■ 기질 유형 간단 검사지 (1)

항목	그렇지 않다	대체로 그렇지 않다	대체로 그렇다	그렇다	학번:		
점수	1	2	4	5	성명:		

연번	문항	점수	1	2	3	4
1	모임에 가면 대표가 되고 싶다.					
2	모임에 가면 활발하고 즐겁게 대화를 나누고 싶다.					
3	모임에 가면 비교적 조용히 있다가 꼭 할 말만 한다.					
4	모임에 가면 듣고 있다가 누구 말이 맞는지 잘 판단한다.					
5	대화에 핵심이나 주제가 있으면 좋다.					
6	대화는 상대와 주제에 상관없이 재밌고 활발하게 잘 한다.					
7	대화는 낯선 사람보다는 친한 사람들과 활발한 편이다.					
8	말을 할 때에 논리적이고 합리적으로 말한다.					
9	친구들을 불러 모아 데리고 다니는 것을 좋아한다.					
10	친구들을 불러 모아 즐겁게 노는 것을 좋아한다.					
11	혼자 지내도 좋고 친구들이 부르면 잘 응하는 편이다					
12	친구들이 부르면 내가 갈 자리인가 아닌가 따져본다.					
13	선후배, 위아래 구분을 명확하게 하는 편이다.					
14	선후배를 넘나들며 사귀는 것을 좋아한다.					
15	내가 편하게 느낀 사람들과 주로 어울린다.					
16	마음이 통하는 몇몇 사람과 깊게 사귄다.					
17	모임 장소를 정할 때 내가 정하는 것이 좋다.					
18	모임이 있으면 친구들에게 참여하자고 권하는 편이다.					
19	모임 장소를 정하려면 망설여진다.					
20	모임 장소로 어떤 곳이 좋은지 알고 있다.					
21	시험은 목표를 정하고 이를 이루려고 노력한다.					
22	시험 준비는 친구들과 어울려 공부하고 싶다.					
23	시험공부는 일단 아무 과목이나 먼저 시작하고 본다.					
24	시험은 계획을 먼저 세우고 계획에 따라 준비한다.					
	소계					

연번	문항	점수	1	2	3	4
25	일이 주어지면 적당히 나눠서 남에게 시킨다.					
26	일이 주어지면 친구들과 어울려 하려고 한다.					
27	일이 주어지면 가급적 내 선에서 처리하려고 한다					
28	일이 주어지면 균등하게 나눠서 하고 싶다					
29	내 주장이 강하고 승부욕이 강하다.					
30	친구들과 잘 어울리고 꾸중을 들어도 잘 삐지지 않는다.					
31	남을 잘 배려하고, 주목받는 것을 좋아하지 않는다.					
32	농담을 좋아하지 않고, 즉흥적인 감정표현이 적은 편이다.					
33	물건을 살 때, 사용 목적과 의도를 갖고 구입한다.					
34	물건을 살 때, 그냥 좋아 보이면 사는 편이다.					
35	물건을 살 때, 꼼꼼히 따지고 비교하지 않는 편다.					
36	물건을 살 때, 꼼꼼히 비교, 따져서 필요한 것만 구매한다.					
37	경쟁하는 것을 마다하지 않고 판단력이 분명하다.					
38	글보다는 말하는 능력이 좋고 주변에 친구들이 많다					
39	남을 많이 의식하고, 남의 말에 반응을 잘한다.					
40	내 생각이 정리된 다음에야 행동으로 옮긴다.					
41	리더십이 있어 강력하게 이끌어 주는 선생님이 좋다.					
42	발표를 하거나 활발하게 진행해 준 선생님이 좋다.					
43	조용히 칭찬해 주고 인정해 주는 선생님이 좋다.					
44	능력을 인정해 주고, 논리적으로 설명해 주는 샘이 좋다.					
45	우유부단하고 결단력이 없는 사람은 어색하게 느껴진다.					
46	규칙적이며 논리적인 사람은 딱딱하게 느껴진다.					
47	명령하고 자기 맘대로 강하게 밀어붙이는 사람은 불편하다.					
48	말이 많고 시끄럽게 떠드는 사람은 불편하다.					
49	내가 좋다고 느끼는 사람과 감정표현을 과감하게 한다.					
50	여러 사람과 스킨십하는 것을 좋아하고 잘하는 편이다.					
51	스킨십도 친한 사람과 하는 것이 편하다.					
52	스킨십을 나누려고 하면 무언가 어색하게 느껴진다.					
53	내가 싫은 것은 분명하고 확실하게 말한다.					
54	싫은 면이 있어도 재밌고 즐겁게 어울리려고 한다.					
소계						

연번	문항	점수	1	2	3	4
55	싫은 면이 있으면 관계를 생각해서 참는 편이다.					
56	싫은 면이 있으면 함께 하고 싶지 않은 생각이 든다.					
57	자신감과 추진력이 있고 yes와 no가 분명하다.					
58	누구에게나 감정표현을 잘하고 얼굴표정이 밝다					
59	정서적으로 편안하고 느슨하고 여유 있는 것을 좋아한다.					
60	규칙과 원칙을 잘 지키고 중요하게 생각한다.					
소계						

	1	2	3	4
소계	/ /	/ /	/ /	/ /
합계				
기질 유형	주도형	사교형	안정형	분석형

※ 가장 높은 점수가 자기 기질을 나타냅니다.

유의사항

※ 문항에 답을 하기 전에 오른편 굵은 선을 중심으로 내어접기를 한 다음, 점수를 기록하시오.

※ 점수 기록이 모두 끝나면 검사지를 펼쳐서 점수를 오른편 빈 네모칸에 옮겨 적으시오.

※ 점수를 옮겨 적었으면 세로로 합계를 내시오. 뒷면도 같은 방법으로 합계를 내시오.

※ 앞면 점수 합계를 뒷면 아래에 옮겨적은 다음, 뒷면의 점수를 적고 합산하시오.

3장

성격의 5요인을 통한
학생 이해

성격 5요인 이론은 1949년 Fiske이 제시한 모델
이다. 하지만 60년대 초반까지만 해도 학자들에
게 잘 알려지지 않았다. 그러다가 60년대에 Tupe와
Christal, Norman, Borgatta, Smith, Lewis Goldberg
등 많은 학자들이 연구를 시작하면서 관심을 끌게
되었다.

Paul Costa 와 Robert McCrae는 이 이론에 가장 많
은 기여를 한 인물이다. 따라서 여기에서는 이들이
제시한 성격이론을 중심으로 학생들의 성격을 이해
하는 데 도움을 얻고자 한다.

이들은 사람의 성격 척도를 신경과민성, 외향성,
경험개방성, 우호성, 성실성 등 5요인으로 정리했다.
이 요인들은 모두 유전된 것으로 태어날 때부터 가
지고 있어서 한 개인의 성격을 구성하는데 기본, 즉

뼈대를 이루는 요인들이라 하겠다. 그래서 이 요인들은 사람 성인기에 상당히 안정적으로 관여하고 유지되고 있다.

사람의 성격은 이 5요인을 바탕으로 사람이 성장하면서 경험하게 되는 각종 환경과 문화적인 여건의 영향을 받으면서 형성된다. 따라서 한 개인의 성격은 생물학적으로 같은 요인을 타고났다고 하더라도 밖으로 보이는 성격은 매우 다양한 모습을 하게 된다.

사람의 성격의 근간이 되는 이 5요인을 통해 학생들의 성격을 이해하는데, 도움을 얻고자 한다. 이를 바탕으로 하여 학생 지도를 하게 되면 상당한 도움을 얻을 수 있다. 이제 그 이야기를 시작해 보려고 한다.

1. 신경과민성

1) 일반적 특성

이는 부정정서성, 정서적 불안정성이라고도 하는데, 불안, 우울, 분노 같은 부정 정서를 잘 느끼는 성격을 말한다. 이들은 정서적으로 예민하고 불안정해 아주 작은 일에도 불편을 느끼고 상처를 쉽게 받는다.

이들은 본질적으로 이런 성격을 가지고 태어나서 일상적으로 넘어갈 수 있는 일일지라도 부정적 정서를 느끼고 이를 조절하는 데 어려움을 겪는다. 따라서 이들은 괴로움과 불행하다는 감정을 보통 사람들보다 더 잘 느끼고 많이 느낀다고 하겠다.

따라서 이들은 다른 사람들보다 불안장애나 우울장애를 비롯한 신경증적인 증상을 더 잘 경험할 수 있다. 그리고 이들은 보통 사람들이 보지 못하는 불안을 만드는 요인과 어두운 면을 잘 보기도 한다. 이로 인해 개인으로서는 불행과 고통을 많이 겪을 수 있지만 이를 개선해내려고 긍정적인 에너지원으로 사용하게 되면 보통 사람들이 이뤄내지 못한 인격적 성숙과 커다란 성취를 이뤄낼 수 있는 장점이 되기도 한다.

이들을 파악할 수 있는 단서로는 불안과 적대감, 우울, 자의식, 충동성, 스트레스 취약성을 든다.

2) 인간관계

이들은 성격이 예민한 관계로 사람들과 사귈 때도 예민함을 그대로 드러낸다. 그래서 함부로 사귀지 않고 자기 특성에 어울리거나 자기를 잘 이해해 주는 사람과 교제하려고 한다. 타인의 사소한 잘못을 잘 발견하고, 지적하며 자기가 느끼는 불편함들이 바로 잡히지 않으면 쉽게 불안을 느끼고 어려워한다.

사소한 일에서 감정적인 반응을 잘 드러냄으로 말다툼으로 이어질 소지가 다분하다. 보통 때에도 무엇엔가 쫓기는 듯한 불안한 감정을 느낄 수 있다. 그래서 사람과 관계를 이어갈 때에도 갈등과 불화를 자주 겪을 수 있다. 따라서 자기 성격적 특성을 잘 알고 상황에 따라 적절히 조절하거나 관리가 필요하다고 하겠다.

3) 학교 생활

사소하고 간단한 일에도 짜증을 잘 내고, 신경질을 부릴 수 있으며, 불안을 느낄 수 있다. 따라서 엄격하고 억압적인 분위기에서는 감정적인 영향을 많이 받을 수 있다. 이들은 안정적인 환경에서는 어느 정도 활발한 모습을 보이기 때문에 안정적이고 편안한 상태의 환경을 만들어 주는 것이 좋다. 따라서 학교에서도 여건이 주어지는 대로 안정적이고 편한 공간이 되도록 신경을 써 주는 것이 좋다. 선생님이 무엇인가 억지로 시키고 부담을 주는 경우, 스트레스로 느껴 쉽게 불안과 어려움을 느끼게 된다.

가정에서도 아이 중에 이런 성격을 가지고 있는 아이가 있다면 부모들이 꾸짖거나 예민하다고 꾸중해서는 안 될 것이다. 오히려 성향에 따라 안정적이고, 편안한 환경을 만들어 주려고 노력해야 한다.

따라서 교사들도 이런 학생을 만나면 나쁘게 여기지 말고, 이들의 예민한 성격을 인정해 주고, 그런 성격의 좋은 점과 개선해야 할 점에 대해 알려주고, 자기감정을 잘 관리하도록 도와주어야 할 것이다.

2. 외향성

1) 일반적 특성

이들은 외향적인 성향을 지녀 언제, 어디에서나 눈에 쉽게 잘 띈다. 이들은 자신의 심리적 에너지를 나 아닌 타자와 관계 속에서 사용한다. 그래서 누구든지 사람을 만나서 대화하는 것을 좋아하고, 교제하는 것을 통해 자극과 에너지를 얻는다. 활동 수준이 높아 누구를 만나든지 어색하게 여기지 않고 활발한 교제를 나눈다. 어디에서나 자기주장을 잘 드러내며, 에너지를 밝고 긍정적인 데 사용한다.

사람들과 어울려 노는 것을 쾌락으로 알고 즐긴다. 그리고 이런 활동을 통해 더 큰 즐거움과 에너지를 얻는다. 그래서 다양하고 특별한 체험을 찾아다니고, 이런 체험을 통해 위험마저 감수하면서 쾌락을 즐기기도 한다. 그리고 보통 사람들보다 긍정적인 정서를 더 잘 활용하고 변화가 없는 일상적인 생활에는 쉽게 지루함을 느낀다.

이들의 관심 분야로는 정치, 영업, 판매, 인사관리 등이다. 따라서 이들은 이런 분야에서 성공할 가능성이 높다. 이들을 파악할 수 있는 단서로는 군집성, 주장성, 활동성, 흥분추구, 긍정정서, 따뜻함 등이다.

2) 인간관계

이들은 주변에 사람이 많으면 많을수록 좋아한다. 그래서 사람들을 모아 끌고 다니고, 좋은 분위기를 만들어 즐긴다. 새로운 사람을 만나면 언제나 기대를 갖고 다음에 또 다른 만남을 추구한다. 그래서 연령면에서도 자기 위나 아래 상관없이 교제를 나눈다. 이러한 교제와 만남을 자기 재산으로 삼아 새로운 일을 만나면 용기 있게 도전하여 이루는 능력을 지녔다. 하지만 때로는 너무 무모하게 접근하는 경우도 있어 얻은 것을 잃거나 이룬 성공을 말아먹기도 한다. 무엇보다 이들의 무기는 인적네트워크와 인적자원이라 하겠다.

3) 학교생활

이런 성격을 가진 아이들은 학교에서 쉽게 눈에 띈다. 주변에 친구들이 많고, 친구들이 없으면 나서서 친구들을 만든다. 학급의 여론을 조성하기도 하고 여론을 끌고 다니기도 한다. 이런 유형의 아이들이 많은 학급은 언제나 즐겁고, 활발하다. 수업 시간에도 활발해서 즐거운 수업이 되기는 하지만 산만하고 소란스러워질 수 있다.

교사들이 이들의 긍정적인 면을 알고, 잘 활용하고 격려하면 더 발전적인 학생이 될 수 있을 것이다.

3. 개방성

1) 일반적 특성

  이들은 우선 호기심이 많아 새로운 경험과 다양한 체험을 좋아한다. 그리고 이런 경험과 체험의 가치에 대해 열린 자세를 갖고 있어 사고가 폭넓고 개방적이다. 이들은 상상력이 풍부하고, 모험적이고, 미적 감수성이 뛰어나다. 또한 지적 탐구심도 강하고, 독립적이며 예술적이다. 그래서 일부 학자들은 이 성격적 특성을 말할 때 지성, 교양이라는 요소를 포함해 다루곤 한다.

  이들은 기존의 관습적, 사회적, 종교적 가치에 도전하고, 변화와 개혁의 입장을 취한다. 따라서 타인들과 생각의 차이를 보인 경우가 많아 주변 사람들과 갈등을 겪을 수 있다. 이들을 파악할 수 있는 단서로는 상상력, 심미안, 감정자각, 다양한 행위, 지적호기심, 가치개방성 등이다.

2) 인간관계

  이 사람들은 개방적인 성격을 지녀서 다양한 사람들과 어울리기를 좋아한다. 하지만 관습적이고 보수적인 사람들과는 어울리지 못하거나 의견 충돌이 있을 수 있다. 이 사람들은 좋게 말하면 시대를 앞서가는 사람들이라 할 수 있다. 그래서 현재 입장에서 봤을 때, 다소 불안정한 삶을 살기도 한다. 때문에 주변 사람들과 마찰을 빚을 수 있으며 또한 의견 충돌이 많을 수 있다.

3) 학교생활

자기만의 독특한 영역을 만들어 타인과 구별된 생활 태도를 보인다. 미적 감각이 뛰어나 자기표현을 잘하고, 자기중심적으로 생각하는 유아독존적인 태도를 취하기도 한다. 여기저기에 관심이 많고, 무슨 일이든지 잘 참여하고 적극적인 태도를 보인다. 현실에 저항하는 기질을 갖고 있어 학교 규칙이나 질서에 도전하는 경향을 보여 교사 입장에서는 반항적인, 다소 불편한 학생으로 보일 수 있다.

4. 우호성

1) 일반적 특성

이들의 성향은 타자에 대해 비교적 우호적이고, 협조적이다. 그래서 누구와도 화목하게 지내려고 하는 친화성이 높은 사람들이라 하겠다. 사람들과 만날 때에는 따뜻하고, 부드럽고 타인의 감정에 공감을 잘한다. 그래서 일반적으로 사람들과 화합하고, 배려하면서 이타적인 행동을 한다. 이들의 삶은 사람들에게 친절하고 호의적이고, 긍정적인 사고를 지녔다. 그래서 타인이 봤을 때는 착하고 선한 사람들로 법이 없어도 잘 살아갈 수 있는 사람들이다. 또 어떤 환경에서도 잘 적응할 수 있는 능력을 지녔다고 하겠다. 이들을 파악할 수 있는 단서로는 신뢰성, 솔직성, 이타성, 순응성, 겸손함, 온유 등이다.

2) 인간관계

이들은 비교적 착한 사람들로 인간관계를 원만하고 긍정적으로 형성한다. 자기를 잘 드러내지 않고 겸손하며 조직에 헌신적이고 모두 함께 공유하려고 한다. 그래서 비교적 인간관계가 좋고, 화합적이다. 여러 유형의 사람들과 교제를 하지 않지만 자기를 편안하게 대해 주는 사람들과는 활발하고 적극성을 띤다. 자기가 직접 나서 무리를 만들고, 무리를 이끌려고는 하지 않는다.

3) 학교생활

이들은 학교나 학급에서 자기를 잘 드러내지 않는다. 따라서 학교에서 얼른 눈에 띄지 않는다. 학급 일에 협조적이고 묵묵히 자기 일이나 맡겨진 일을 잘 감당한다. 특별한 일이 아니라면 학급에서 문제나 말썽을 일으키지 않는다. 선생님 일에 비교적 협조적이지만 자기 일을 연기하거나 미루는 경우가 많다. 그래서 계획에 따라 공부하거나 기한에 맞춰 과제물을 제출하는 것을 어렵게 여긴다. 이들이 에너지를 소진하게 되면 이유 없이 고집을 부리거나 아주 무기력한 모습을 보이기도 한다.

5. 성실성

1) 일반적 특성

이들은 목표를 향한 강한 성취욕구를 지녔다. 그래서 목표를 이루기 위해 공을 들인다. 이들은 목표를 이루기 위해 책임감을 갖고 자기 생활을 미루기도 한다. 그래서 자기에게 주어진 일을 계획적으로 아주 유능하게 잘 처리하고 그것도 신중하고 질서정연하게 진행해 나간다. 자기 관리와 조절을 통해 계획적이고 규칙적으로 생활한다. 무슨 일이든지 열심히 하고, 효율적으로 한다. 그래서 이들은 자기가 하는 일에서 성공할 확률이 높다. 이 성격적 특성이 지나치면 일과 그 효율에만 집착하는 경향이 있어 자기 개인적인 생활이 밀려날 수 있다.

이들을 파악할 수 있는 단서로는 유능성, 질서정연, 책임의식, 성취욕구, 자기절제, 신중성 등이다.

2) 인간관계

이들은 인간관계를 자신의 일이나 업적, 목표를 이루기 위한 어떤 조건이나 수단으로 여긴다. 자기 일에 방해가 되거나 의미가 없으면 관계를 소원하게 하거나 끊기도 한다. 자기와 성격이 비슷하거나 자기 일에 협조적인 사람에게는 적극적으로 관계를 유지해 나가지만 목표 실현에 도움이 되지 않으면 소원해지고 만다.

3) 학교생활

이들은 대체로 학업성취에 대한 욕구가 강해 열심히 공부하고 성적 또한 좋다. 일을 맡으면 매우 적극적이고 긍정적으로 질서정연하게 잘 해낸다. 학년과 학기에 따른 계획을 잘 세우고, 그 계획에 따라 철저하게 진행해 나간다. 교과 성적뿐만 아니라 봉사활동, 조직 내 활동, 예체능 교과 등 여러 분야에 관심을 갖고 훌륭히 해낸다.

6. 성격 5요인 검사지

다음 면에는 성격 5요인을 검사해 볼 수 있는 간단 검사지를 실어두었다. 이 검사지는 필자가 성격 5요인 내용을 바탕으로 성격의 경향성을 알아보기 위해 임의로 제작했다. 따라서 신뢰도나 타당도 면에서 검증되지 않은 자료라 하겠다. 때문에 교사들이 학급 학생들의 성격을 탐색하기 위한 최소한의 자료로 활용하면 좋을 것이다.

1) 성격 5요인 간단 검사지

항목	그렇지 않다	대체로 그렇지 않다	대체로 그렇다	그렇다	학번:
점수	1	2	4	5	성명:

연번	행동이나 느낌의 경향성	점수	1	2	3	4	5
1	나는 누구든지 사람들과 만나는 것을 좋아한다.						
2	나는 남의 감정에 공감을 잘하는 좋은 사람이다.						
3	일이 주어지면 계획을 세우고 여기에 따라 진행한다.						
4	쉽게 짜증을 내고 삐지기를 잘하는 편이다.						
5	나는 새로운 환경과 새로운 경험을 좋아한다.						
6	무엇인가에 쫓기는 듯한 기분을 잘 느낀다.						
7	언제나 사람과 만나 대화 나누는 것이 즐겁고 재밌다.						
8	독립적이고 독창적인 생각이 많다.						
9	어떤 일을 결정할 때 다른 사람의 입장을 생각한다.						
10	목표를 이루기 위해 절제를 잘한다						
11	작은 일에도 긴장하고 스트레스를 받는 편이다.						
12	모임에 가면 주도적으로 말을 하게 된다.						
13	상상력과 예술에 대한 관심이 많다.						
14	나는 비교적 다른 사람에게 협조적이다.						
15	일을 체계적으로 꼼꼼히 잘한다.						
16	스트레스를 받으면 힘들어하고 당황하게 된다.						
17	내가 친구들에게 먼저 만나자고 전화하는 편이다.						
18	전통적인 인습과 관습은 불편하게 느껴진다.						
19	남에게 친절하고 호의적인 사람이다.						
20	한번 하겠다고 마음먹으면 기어이 해 내고야 만다.						
21	감정 조절에 어려움을 겪는다.						
22	친구들이 기다려지고 모임이라면 얼른 가고 싶어진다.						
23	모험을 즐기고 감정적 쾌감을 즐긴다.						
24	앞에 나서서 말하는 일을 부담스럽게 여긴다.						
25	맡은 일이라면 책임감 있게 잘 수행해 낸다.						
· 학번:　　　　　· 성명:		합계					

2) 검사 프로파일

점수	1 ( )	2 ( )	3 ( )	4 ( )	5 ( )	
	25 23 21 19 17 15 13 11 9 7 5 3					25 23 21 19 높음 17 15 13 중간 11 9 7 5 3 낮음
요인	신경 과민성	외향성	개방성	우호성	성실성	

※ 번호 아래( )에 점수를 쓰고 해당 점수에 점을 찍으시오.

※ 찍은 점을 따라 선으로 이어 꺾은 선 그래프를 완성하시오.

7. 검사 결과 해석과 적용

여기 해석과 적용은 필자가 학교에서 학생들을 대상으로 성격 5요인 검사를 실시하고 그 결과에 따라 상담하면서 얻어낸 내용을 정리한 것이다. 따라서 필자가 상담을 통해 알게 된 내용이나 느낀 점들을 성격 5요인 이론에 접목한 내용들이라 하겠다. 그러므로 필자의 개인적인 견해가 다수 반영된 내용들이라는 점을 미리 밝혀 두는 바이다.

1) 신경과민성

이 요인의 점수가 높은 사람은 삶에서 부정적인 정서를 잘 느끼고, 자기 정서를 조절하는 데 어려움을 겪고 있는 아이들이 많았다. 또한 자기 자신을 스스로 소심하다고 여기고, 자신감의 결여로 열등감을 갖고 있는 경우도 많았다. 그래서 이들은 다른 아이들에 비해 괴로운 감정과 불행감을 더 많이 느끼고 있었다. 또한 이들은 일상생활이나 학교에서 스트레스를 많이 받고 가족관계나 인간관계에서 갈등이나 불화를 겪는 아이들이 많았다. 그리고 신경정신과 치료를 받는 아이들의 경우, 이 점수가 높은 것을 볼 수 있었다.

반대로 이 요인의 점수가 낮은 아이들은 웬만한 일에서 스트레스를 받지 않고, 당당하고 활발하게 살아가는 아이들이 많았다. 이들은 무슨 일이든지 자신감에 넘치고, 긍정적인 에너지를 갖고 있어서 자기가 타고난 요인을 더 활발하게 잘 발휘하고 있었다.

2) 외향성

이 요인의 점수가 높은 사람은 긍정적인 정서가 많은 아이들이었다. 그래서 사람들과 만나는 것을 좋아하고 여러 모임에 참여하여 좋아하고, 여기에서 적극적인 활동을 했다. 사람들 간에 만남을 주선하고 가만히 조용히 지내는 사람을 보면 인생을 무슨 재미로 살까? 하는 생각을 하기도 했다. 이들은 생활에서나 미래에서 신기하고 새로운 체험을 좋아하고 즐겼다. 때로는 위험한 일에 무모하게 도전하기도 하고, 변함없이 반복되는 생활에는 지루함을 쉽게 느꼈다.

반면 외향성의 점수가 낮은 사람은 대개 내향형의 아이들이 많았는데, 이들은 사람 만나는 것을 불편하게 여기고, 짜릿한 쾌락을 좋아하지 않았다. 그래서 어떤 모임을 추천하거나 활동을 권유하면 한발 물러서는 소극성을 보였다. 대부분 내적인 에너지가 부족해서 조용하고 소심한 면을 보인 아이들이 많았다. 성격 5요인 중 '개방성'과 같이 낮은 점수를 보였다.

3) 개방성

이 점수가 높은 사람은 내적 에너지가 넘쳐 독립적이고, 무엇이든지 새로운 경험이나 체험 등을 즐겼다. 감수성과 상상력이 풍부해서 유머가 많고, 호승심과 변화, 그리고 진보적인 성향도 보였다. 개방성이 높은 사람은 비교적 외향성의 점수도 높은 편이었다.

반면에 이 점수가 낮은 사람은 융통성이 없고, 자기만이 갖고 있는 고집이 셌다. 또한 인습적이고, 현실적이며 권위와 전통 인습에 대해 수용적인 태도를 지니고 있었다. 전통적인 질서와 기존에 해 왔던 일들에 만족하고, 의견통일을 중시하는 경향이 있었다. 그리고 이 점수가 낮은 사람은 종교활동에 적극적인 사람이 많았다.

4) 우호성

이 점수가 높은 사람은 대개 착하고 좋다는 평을 듣는 아이들이 많았다. 대개 학급에서는 이 요인을 가진 아이들이 숫자적으로 가장 많았는데, 선생님 말에 잘 따르고, 순종적이며, 학급에서 문제를 일으키지 않는 아이들이었다. 이들은 창의성이나 자율성이 낮아 의존적이고, 게으르고 귀차니즘을 가지고 있어 일을 제때 처리하지 못한 경우가 많았다.

반면에 우호성이 낮은 사람들은 자기주장이 강하고, 적대적이고, 호전적인 아이들이 많았다. 그리고 타인의 감정에 둔감한 공감 능력이 떨어졌다. 따라서 자기 욕구를 채우기 위해 다른 사람의 의견이나 감정을 무시하고 다른 사람들을 괴롭히는 일을 마다하지 않고, 타인의 고통에 둔감한 경향을 보였다. 또한 이 점수가 낮은 사람들은 사물을 자기중심으로 파악하고 결론을 내리기도 했다.

5) 성실성

이 점수가 높은 사람들은 비교적 책임감이 강했다. 스스로 반장이나 학급 임원을 맡으려고 했고, 자기 관리를 잘한 아이들이 많았다. 학급 행사가 있을 때면 계획과 진행을 맡기도 했고, 맡으면 자기 역할을 잘 수행해 내는 것을 볼 수 있었다. 그리고 자기 맡은 일을 성과로 보여주려고 노력하고 잘 수행해 내는 것을 봤다. 연구자들의 연구 결과에 따르면 이 요인은 개인의 취업의 가능성, 직무수행의 성실성, 연봉 수준의 예측요인이 될 뿐만 아니라 건강 상태와 수명을 예측하는 데에도 연관시켜 볼 수 있는 요인으로 보고하고 있다.

반대로 이 점수가 낮은 아이들은 우선 게으르고 나태해서 자기 관리가 잘 되지 않는 아이들이 많았다. 이 점수가 낮은 아이들은 우호성의 점수가 비교적 높게 나타나는 것을 볼 수 있었는데, 비교적 집중력이 부족하고, 일관성이 없으며 분명한 목표나 계획이 없는 경우가 많았다. 그래서 이들은 자기 삶을 물이 흐르는 것처럼 흘러가는 대로 편하게 살아가는 것을 선호했다.

상담을 할 때 먼저 프로파일에 점수를 표시하고, 점수에 따라 선을 연결해 보면 점수의 높낮이를 선명히 알 수 있다. 이를 번갈아 보면서 거기에 상응한 성격들을 설명해 주면 좋은 상담을 할 수 있다.

본 검사를 실시하고 나서 이런 관점에서 학생과 상담했을 때 많은 도움이 되었다. 생활은 물론 학습 계획과 진행, 그리고 목표를 정해 줄 수 있었는데, 이때 아이들이 매우 흥미롭게 수용하고, 알아듣는 것을 볼 수 있었다.

선생님들이 이 성격 5요인과 기질특성, 그리고 다음에 나오는 MBTI 와 에니어그램의 검사 결과를 종합해서 학생과 상담하게 되면 교육의 전문가로서 깊이 있는 상담을 할 수 있을 것이다. 부디 학교에서 성공적인 교사 역할을 수행할 수 있기를 기원한다.

4장

MBTI를 통한 학생 이해

사람이라는 존재는 알아가면 갈수록 신비한 존재인 것 같다. 늘 가까이에서 함께 지내는 사람이라 그 사람에 대해 어느 정도 안다고 생각했는데, 어느 순간 보면 전혀 모르는 부분이 많고, 또한 반대로 그 사람을 전혀 모른다고 생각했는데, 어느 계기를 통해 보면 나와 상당한 유사성을 발견하게 된다. 그래서 "열 길 물속은 알아도 한 길 사람 속은 모른다"는 속담이 생겨났는지 모르겠다.

학교에서 학생들을 지도하다 보면 종종 반항하는 아이나, 나와 의견을 달리하는 아이들을 만나게 된다. 그러면 당장 불편을 느끼고 '저 아이를 어떻게 지도해야 하지?'라는 고민을 하게 된다.

이런 고민을 해결해 보려는 요량으로 필자는 학생들을 알아가고 이해하려고 노력했다. 그래서 사람을 이해할 수 있는 도구들에 대해 알아보고 공부하고 적용하려고 노력해 왔다. 이런 과정 속에서 이제는 제법 좋은 도구들을 얻을 수 있게 되었다. 그래서 나와 같은 고민을 하는, 혹은 좋은 교사가 되기 위해 노력하는 선생님들에게 이 기술들을 전해주고 싶은 마음이 일었다.

교사들이 학생들의 성격적 특성을 알지 못하고 교육하는 일은 가전제품을 사용하면서 그 사용법을 모르고 사용하는 것과 같다고 하겠다. 사용법을 모른 상태에서 지식이나 윤리, 가치관 등을 이야기하는 것은 마치 소에게 돼지고기를 가져다주며 사자에게 풀을 뜯어다 주는 꼴이 되기 쉽다. 그 소중한 것들이 효과를 제대로 발휘하지 못하고 만다. 그런데 불편한 진실은 학교 현장에서 이런 일들이 실제로 자주, 많이 일어나고 있다는 사실이다. 교사들이 소위 전문가라고 하지만 전문가다운 전문 지식이나 학생을 지도할 수 있는 전문기술을 가지고 있지 못하다는 말이다. 그러다 보니, 결국 교사나 교육당국은 교육의 효과가 없다느니, 세태가 문제라느니, 아이들이 문제라 어쩔 수 없다는 푸념을 늘어놓게 된다. 오늘날 학교 현장이 어렵고 힘들고, 문제가 많은 이유라 하겠다.

만일 우리가 어떤 물건의 크기나 무게를 짐작하려면 거기에 따른 일정한 기준을 가지고 있으면 짐작하기가 쉽다. 예를 들어 1m 길이의 막대를 가지고 있으면 이것을 기준으로 삼아 알고자 한 사물의 길이가 더 긴지, 아니면 짧은지를 쉽게 알 수 있다. 마찬가지로 학생을 알고 이해하려면 사람 대한 어느 정도 기준을 가지고 있으면 이해가 수월해진다.

교사들은 직업을 그만둘 때까지 학생들을 만나야 한다. 학생들은 모두 멀리서 보면 모두 다 비슷비슷해 보이지만 가까이 다가가 보면 모두 서로 각각 다른 학생들이다. 모양도, 크기도, 생김새도, 성격도, 모두 서로 다르다. 이런 아이들을 지도하면서 교사들이 성장할 때 경험했던 오래된 방법에 의지해 모두 같은 방법으로, 같은 관점에서 학생들을 지도하려고 한다면 참으로 어리석은 일이라 하겠다. 더구나 오늘날처럼 교육학, 심리학, 철학과 같은 학문이 발달하고, 다양한 사람 이해 도구들이 있는 시대에, 이렇게 단순하고 간단한 방법으로 교육하는 일은 전문가인 교사로서 참으로 무모한 일이라 하겠다. 그래서 필자는 학생들을 이해하는 방법으로서 잘 연구된, MBTI를 통해 학생들을 이해하는 방법과 학생지도에 적용하는 방법을 이야기하려고 한다.

요즘에는 수많은 연구자 덕분에 사람의 성격을 어느 정도 구분할 수 있게 되었다. 하지만 아직도 전문가 집단을 제외하고는 대부분 사람은 그 내용을 잘 모른다. 혹 알고 있더라도 알아야 할 내용이 너무 많아서 실제로 적용하지 못하고 내버려 두고 있기도 하다. 그래서 여기에서는 교사들이 학생들을 지도할 때 필요한 학생들의 성격에 대해 알 수 있는 간단하면서도 적용하기 쉬운 내용들을 중심으로 알아보려고 한다. 이를 통해 우선 교사 자신의 성격을 이해하고 한 걸음 더 나아가 학생들의 성격을 알면 좋을 것이다.

MBTI(Myers-Briggs Type Indicator)는 캐서린 브릭스(Katherine C. Briggs), 이사벨 마이어스(Isabel B. Myers), 피터 마이어스(Peter Myers) 등 3대에 걸쳐 70년 동안 개발된 비진단성 성격 유형 검사이다.

MBTI 성격 유형 검사에서는 사람의 성격을 네 가지 기준에 따라 구분하고 있는데, 이것을 기준으로 학생들을 이해하는 도구로 삼으면 학생지도에 많은 도움이 된다.

그 첫 번째 기준은 에너지를 사용하는 방법에 따른 구분이다.

에너지를 밖으로 사용하는 사람들과 에너지를 안으로 사용하는 사람들이다. 즉 다른 사람과 만나 관계를 맺고, 교제하고, 대화 나누는 것을 즐기는 외향형(E)의 사람들과, 에너지를 자기와 자기 내면으로 사용하는 내향형(I)의 사람들로 구분하는 것이다.

이는 성격적 특성 중에서 가장 잘 드러나는 특성으로 성격에 조금이라도 관심 있는 사람이라면 누구든지 쉽게 구분해 낼 수 있는 성격 특성이다. 하지만 학생들의 경우, 이를 어렵게 느끼고 있는 것 같다. MBTI 검사를 해 보면 이 구분에서 가장 많은 오류가 있는 것을 발견할 수 있다.

대학생만 되어도 이 내·외향성을 잘 구분하는데 나이가 어릴수록 우리 학제로 중학생, 고교생들은 스스로 이 성격적 특성을 인지하지 못하고 있는 것 같았다. 설문에서 제시하고 있는 '말하기를 좋아한다'라는 말의 의미를 친구들과 편하게 말을 하는 사람이면 누구나 말을 잘하고 좋아한다고 생각한 경향이 있었다. 그러니까 검사에서 제시하고 있는 내용, 즉 말을 많이 한다거나, 친구들을 넓고 두루 사귄다는 문장의 의미를 잘 모르고 있는 경우가 많았다. 그래서 스스로 내향형의 특성을 갖고 있으면서도 자기는 말을 잘하는 외향형이라고 생각하고 있는 아이들이 많았다. 이들은 '아직 자신을 객관화하지 못하고 있어서 그러지 않는가', 라는 생각이 들었다.

우리나라 국민의 성격적 특성을 연구한 결과에 따르면 우리나라 사람들은 외향형보다 내향형의 사람들이 더 많다. 따라서 학급 학생들의 검사 결과도 이런 분포를 보여야 한다. 그런데 학생들의 검사 결과를 보면 외향형이 더 많이 나오는 것을 볼 수 있는데, 이는 수검자의 착각에서 오는 결과라 하겠다.

따라서 선생님들이 MBTI를 통해 학생들의 성격을 파악하고 이해하려면 에너지 사용에 대한 방향성을 잘 참작할 필요가 있다. 따라서 학생과 상담하면서 어떤 상황을 제시하고 그 상황에서 보인 학생의 태도를 통해 내·외향을 구분하고, 지도할 필요가 있다고 하겠다.

이제 내·외향의 성격적 특성을 본격적으로 설명해 보려고 한다. 먼저 외향형의 사람들을 보면 이들은 에너지를 타인과 관계 속에서 사용한다. 때문에 사람을 만나 교제하고, 대화하는 것을 좋아한다. 그것도 한두 사람이 아닌, 여러 사람과 대화 나누는 것을 좋아한다. 또 이것만으로도 모자라 이 사람과 대화를 나누면서도 또 다른 사람과 만날 것을 생각한다. 그래서 사람을 만나고 있는 현장에서도 여러 다른 사람에게 전화를 하기도 한다. 그래서 이들은 주변에 어울리는 친구들이 많고, 선배·후배뿐만 아니라 지역을 넘어 다양한 사람들과 만나서 교제를 나눈다. 그리고 이들은 대화를 나누더라도 말소리가 크고, 힘이 있고 말이 많다. 공부는 못한 것 같은데, 말은 어디에서 그렇게 잘 생각해 내는지 샘솟듯 끊임없이 잘 해낸다.

이들의 행동은 빠르고 활발하다. 그리고 관심 있는 분야도 많아서 여기저기 다양한 형태로 빠지지 않고 참여하고, 즐긴다. 이들은 혼자서 오랜 시간 집에서 지내라고 하면 우울증을 앓을 정도로 견디기 힘들어한다.

학급에 이 유형의 아이들이 많으면 수업 시간, 쉬는 시간 따로 없이 시끄럽고, 활기차다. 수업 분위기도 어수선해지기 쉽다. 하지만 소풍이나, 수학여행, 체육대회, 체험학습 등과 같은 활동을 할 때에는 재밌고 즐거운 분위기가 된다. 학급 임원을 뽑을 때에도 서로 하려고 나서는 바람에 임원 구성이 쉽게 이루어진다. 친구들을 잘 이끌어 주고, 또 협력하면서 선생님 말을 대신해 주기도 한다. 공부하는 일 외에 여러 다른 일에 관심이 많아 하루 종일 활기에 넘치는 재밌는 학급이 만들어진다.

반대로 내향형의 사람들은 에너지를 나 자신과 내면으로 사용한다. 그래서 이들은 조용히 혼자 지내는 것을 좋아한다. 집에서 조용한 음악을 듣거나, 책이나 TV를 보면서 보내더라도 지루함을 느끼거나 불편함을 느끼지 않는다.

그래서 이들의 행동반경은 비교적 좁은 편이다. 학교나 도서관, 혹은 교회, 정도로 자기가 꼭 필요하다고 여기는 몇 군데만 다니려고 한다. 어쩌면 이들은 이 몇 군데도 가고 싶지 않을지 모른다. 하지만 어쩔 수 없이 꼭 가야 하는 곳이니까 할 수 없이 가는 형식을 취한다.

그러다 보니 이들은 모임이나 활동 장소에 스스로 나서 참여하는 일이 많지 않다. 혹 모임에 가더라도 거기에서 역할 또한 비교적 소극적으로 하고 자기에게 꼭 맡겨진 일이 아니라면 직접 나서려고 하지 않는다. 그러다 보니 친구들을 만나더라도 몇몇 친한 사람하고만 어울린다. 뿐만 아니라 다른 사람들에게 어떤 일에 참여하도록 권유하거나 설득하는 일도 잘하지 못한다. 앞에서 다루었던 기질 유형을 기준으로 나눠보면 안정형과 신중형의 아이들이 여기에 해당한다.

학교생활을 중심으로 두 유형의 특성들을 살펴보면, 외향형의 아이들은 선생님이 시키지 않아도 무슨 일을 나서서 하고 학급 임원도 먼저 맡으려 나서고, 체육대회나 학급행사에서 적극적인 역할을 하려고 한다. 수업 중에 모둠활동을 하면 모둠 대표가 되거나 발표자로 나서

기를 망설이지 않는다. 시험 준비를 하더라도 여러 친구들을 불러 모아 함께 공부를 하거나 모여서 도서관에 가기를 원한다.

반대로 내향형의 아이들은 수업 중에 모둠활동을 하더라도 뒤로 물러나 다른 친구들이 대표를 하도록 미루거나 관망하는 태도를 취한다. 이들은 시험공부를 하더라도 주로 조용한 곳에서 혼자 하든지, 아니면 친한 친구 한둘과 함께 한다.

교사가 이 아이들을 잘 지도하기 위해 나서기를 권하거나 강권하면 이들은 불편을 느끼고, 부담스럽게 여긴다. 따라서 이 아이들을 잘 지도하려면 아이가 자발적으로 나설 때까지 기다려주고 응원해 주는 것이 바람직하다.

이 두 유형의 특징은 수업하는 모습에서도 많은 차이를 보인다. 선생님이 외향형인 경우, 선생님은 수업을 매우 활발하고 적극적으로 진행한다. 선생님 자신도 큰 소리로 재미있고 활발한 수업을 바르고, 좋은 수업이라고 생각한다. 그래서 학생들의 발표를 유도하고, 학생들과 활발한 교감과 소통, 그리고 언어적 유희를 즐겨 사용하면서 수업을 재미있게 한다. 그러면 학급에 있는 외향형의 아이들은 물고기가 물을 만난 듯 매우 즐겁게 여기고 활발하게 참여한다. 하지만 내향형의 아이들은 꼭 싫은 것은 아니지만 불편을 느끼는 아이들이 많다.

그래서 외향형 선생님이 수업을 이렇게 진행하면 외향형 아이들만 위하는 반쪽짜리 수업이 되기 쉽다. 이런 수업을 내향형 아이들도 좋아할 줄로 알지만 실은 그렇지 않다는 것이다. 겉으로는 외향형 친구들처럼 웃고, 미소를 지은 것 같지만 내면으로는 상당한 불편을 느낀다는 것이다.

필자가 상담할 때에 내향형 아이들이 외향형 선생님의 수업을 부담스럽게 여기고 와서 대응 방법을 물으러 온 아이들이 있었다. 또 어떤 아이들은 외향형 선생님의 수업방식에 상처를 입고 울고 오는 아이들도 많았다. 아이들 중에는 외향형의 친구들처럼 선생님 물음에 큰소리로 반응을 해서 선생님의 관심을 받고 싶은데, 아는 것이 있어도 속에서만 맴돌고 크게 대답하지 못해 억울해하는 아이들도 있었다.

언젠가 EBS에서는 수업을 모범적으로 하는 선생님의 수업을 방송한 적이 있다. 선생님은 외향형으로 수업을 할 때, 매우 활기차고 재미있게 진행하셨다. 그런 수업을 선생님은 스스로 매우 자랑스럽게 여기고, 얼굴에 '이 정도면 잘한 수업이지요'라는 만족감을 담고 있었다. 하지만 선생님은 이런 수업으로 인해 어려움을 겪고 있는 내향형 학생들의 불편을 전혀 반영하지 못한 수업이라는 사실을 모르고 있었다. 그래서 수업을 마치고 난 다음, 평가할 때에 내향형의 아이들이 겪고 있는 불편을 들려주었더니 아주 의외라는 반응을 보기도 했다. 필자가 학교에서 상담하면서 경험했던 내향형 아이들이 겪었던 불편과 같은 내용이었다.

활발하게 진행되는 수업을 모든 학생들이 좋아할 것이라고 생각하는 것은 사람의 성격적 특성을 이해하지 못한 데서 오는 착각이라 하겠다. 모두 자기 성격을 중심으로 다른 사람을 이해한 어설픈 일이다. 따라서 교사라면 사람의 성격적 특성을 숙지하고 이를 수업에 적용할 수 있어야 할 것이다.

다음으로는 정보를 수집하는 방법에 따른 구분인데, 감각형(S)과 직관형(N)의 사람이다.

감각형의 사람들은 어떤 정보를 받아들일 때 오감(五感), 즉 만지고, 보고, 듣고, 맛보는 것 등 직접적인 경험을 통해 정보를 받아들인다. 그래서 이들은 자기에게 주어진 정보를 있는 그대로 받아들이려고 한다. 또한 이들은 실용적인 현실 감각을 지녀 어떤 일을 몸으로 직접 경험하고, 직접 해 보는 것을 좋아한다. 따라서 이들은 과거로부터 현재까지 자기가 경험해 왔던 일, 혹은 익숙하게 겪었던 일을 중심으로 정보를 파악하고 이해한다. 그러다 보니 늘 자기가 다니던 익숙한 길이나 환경을 선호하고, 그 경험을 지식으로 지니게 된다.

이들의 행동 특성은 학교나 학원 같은 데서 자리에 앉은 모습만 보더라도 잘 드러난다. 이들은 자기가 경험해 본 일에서 안정과 편안함을 느끼기 때문에 늘 자기가 앉았던 자리나 같은 위치에 앉으려고 한다. 그리고 자기가 경험해 본 일에 적극성과 자신감을 나타낸다. 하지만 경험해 보지 못한 처음 하는 일이나 미래에 있을 법한 어떤 일에 대해서는 당황하거나 불안을 느끼고 어렵게 여긴다.

그림을 그리는 사람의 특성을 통해 보면 감각형의 사람은 정물화나 인물화같이 직접 보고, 느낀 것을 그대로 그리는 것을 잘한다. 하지만 보이지 않는 추상적이거나 환상적인 어떤 사물을 그려내거나, 현실로부터 벗어난 세상에 존재하지 않은 새로운 캐릭터를 창조해 내는 일은 어렵게 여긴다.

과학 시간을 예로 들어본다면 감각형의 사람들은 이론 중심의 설명보다는 실험을 통해 직접 보고, 느끼고, 경험해 보는 것을 좋아한다. 그래서 이들은 실험실에서 진행된 수업을 더 좋아하고 적극성을 띤다. 이들은 대체로 실제적인 것을 좋아해서 TV를 보더라도 다큐멘터리 같은 분야를 좋아하고, 드라마를 보더라도 실제 삶을 그리고 있거나 표현하고 있는 사실적인 작품을 좋아한다.

문학에서 시나 소설을 대상으로 설명해 보면, 이들은 실질적인 모습을 있는 그대로 잘 묘사할 가능성이 높다. 그래서 어떤 상황이나 표정, 사실관계 등을 자세하게 묘사하거나 설명을 잘할 것이다. 그러나 이들은 실생활이 아닌, 상상 속의 어떤 이야기를 만들어 내거나 꾸며내는 일은 좀 서툴다고 하겠다.

이들은 공부를 하더라도 손으로 직접 쓰면서 자기가 풀어보고, 직접 설명해 보아야 학습효과를 높일 수 있다. 그리고 자기가 익힌 것을 반복하고, 실제 시연하게 되면 보다 효과적인 공부를 할 수 있다. 그래서 이들의 학습 방법은 손으로 직접 해 보고 설명하면서 하는 공부가 좋다.

이들의 단점이라고 하면 미래가 어떻게 될 것인가에 대한 생각이나 예측 능력이 부족하다. 미래 어떤 일을 계획하거나 예측하는 일은 서툴다 보니, 장기나 바둑 같은 놀이를 하는 것만 봐도 그 특성은 쉽게 구분해 낼 수 있다. 이들은 몇 수 앞을 내다보지 못하고 그냥 먼저 저질러 놓고 본 다음, 이어서 벌어질 일을 계산한다.

반면 직관형의 사람들은 경험보다는 어떤 정보의 이면에 담긴 의미나 가치를 잘 파악한다. 그래서 이들은 어떤 행동이나 현상을 만나면 그 행동이나 현상 그 자체를 느끼고 경험하는 것보다는 그 이면에 담겨있을 법한 의미나 가치를 직관적으로 잘 파악한다. 때문에 이들은 어떤 행동이나 사건, 그 자체에 머무르지 않고 이면에 있을 법한 뜻이나 내용 등을 잘 짚어낸다.

예를 들어 어느 날 친구가 아프다고 한다. 그러면 감각형의 사람들은 '친구가 아픈가 보다' 혹은 '힘들겠구나.' 하는 형태로 수용한다. 그런데 직관형의 사람은 '너 또 꾀병을 부리는 거지?'라는 생각을 하게 된다. 또 어느 날 선생님이 어두운 표정을 하고 나타났다. 그러면 감각형의 아이들은 '선생님이 불편하나 보다'라고 생각하는데, 직관형의 아이들은 "집에서 가정불화가 있었을까?" 아니면 "교장 선생님으로부터 꾸중을 들었을까?" 등을 생각하게 된다. 이들은 아픈 것 자체, 또는 불편한 모습과 같은 실제 모습보다는 어떤 현상이나 사건의 내면에 감춰진 그 의미를 잘 읽어낸다는 말이다.

그래서 이들은 아직 만나보지 않은 세계나 상상의 세계, 직관적으로 느낄 수 있는 먼 미래 일에 관심이 많다. 그래서 이들은 미래 어떤 일의 계획을 세우거나 혹은 앞으로 다가올 일이나 미래에 대한 예측이나 준비를 잘하는 편이다.

이런 직관형의 사람들이 자기 능력을 잘 발휘하는 모습을 보면 감각형이 봤을 때는 도저히 생각할 수 없는 어처구니없는 일까지 만들어내기도 한다. 그러니까 예를 들면 해리 포터에 나오는 빗자루를 타고 공중을 날아다니는 사람을 만들어낸다든지, 아니면 옛날 중국 기(杞) 나라 사람의 일화처럼 생뚱맞은 일까지 창조해 낸다.

옛날 중국 기(杞) 나라에는 하늘이 무너질 것을 염려한 사람이 있었다. 그래서 늘 근심 걱정을 달고 살았다고 한다. 그래서 생겨난 말이 기우(杞憂: 쓸데없는 걱정)라는 말이다. 바로 이런 일이나 현상들이 직관형의 사람들에게서 나타나는 특징이라 하겠다.

그러다 보니 이들은 손에 잡히는 일보다는 가공(架空)에 존재하는 어떤 세계, 즉 공상과 같은 것을 좋아해서 판타지, 상상 속의 이야기, 추리극장, 전설의 고향과 같은 허황된 이야기를 즐긴다.

그림을 그리는 경우로 예를 들어보면 이들은 상상력이 뛰어나다 보니 창의적인 생각을 잘하여 새로운 것을 창조해서 그려내는, 즉 세상에 없는 것을 만들어 내는 능력이 좋다. 그래서 발명가 중에는 이 직관형의 사람들이 많다.

이들의 단점이라고 하면 구체적이고 실질적이지 못하다. 약도를 그리라고 하면 무슨 그림을 그려놓았는지 모를 만큼 큰 건물 중심으로 대충 그리고 만다. 약도를 보고 길을 찾아가는 일도 어렵게 느낀다. 무엇을 만들거나 수선하는 일, 습관적으로 반복하는 일 등을 매우 어렵게 느낀다.

다음으로는 판단 방법에 따른 구분인데, 사고형(T)과 감정형(F)의 사람으로 나뉜다.

사고형의 사람들은 어떤 일을 생각하고 판단할 때 논리나 이성에 입각해서 논리적이고 합리적으로 결정한다. 그래서 이들은 인정이나 상황에 얽매이지 않고 합리적인 질서에 따라 객관적인 원칙이나 논리에 따라 옳음과 그름을 분명하게 구분해 낸다. 그리고 이런 판단을 전적으로 의지할 뿐만 아니라 한번 기준이 정해지면 쉽게 타협하지 않고, 다른 사람의 의견이나 생각을 잘 받아들이려고 하지 않는다. 이들은 사람의 행동도 윤리적으로 바르고, 그렇지 않음을 금세 구분해 낸다. 그래서 당장 비판하거나 두둔하는 모습을 보이기도 한다. 그러니 당연히 다른 사람의 잘잘못을 잘 가려내고 지적하는 일도 잘한다.

때문에 이들은 말을 할 때도 논리적으로 하고, 과정 역시, 논리적이고, 합리적이기를 원한다. 그래서 감정형의 사람들은 이들을 인정도 없고 피도, 눈물도 없는 냉정한 사람이라고 생각한다. 이 유형의 사람들은 이런 자기 행위를 매우 정당하고 옳은 것으로 여긴다. 이들은 사람들이 '이랬다저랬다' 하거나 '왔다갔다' 하는 것을 보면 '그래서 어쩐다는 말이냐? 정확하게 말하라고' 하면서 불편한 감정을 드러내기도 한다.

이런 특성을 지닌 학생은 수학 교과나 과학 교과에 주로 흥미를 가지며 이런 교과 성적이 좋은 편이다. 이런 특성을 지닌 학생이 선생님에게 거짓말을 할 경우, 매우 논리적이고 합리적인 방법으로 말한다. 그래서 선생님이 깜빡 속아 넘어가는 경우도 많다.

반면에 감정형의 사람들은 어떤 일을 판단할 때 주변 환경이나 다른 사람의 입장을 고려해서 결정한다. 자신이 처한 여건이나 상대방의 입장을 고려해서 그러니까 눈치를 봐 가면서 판단하고 결정한다는 말이다. '내가 이 말을 하면 저 사람이 어떻게 생각할까?'를 생각하고 자기가 하고 싶은 말이나 행동을 실전으로 옮기지 못하고 망설인다. 또 어떤 불편이나 어려운 상황을 만나더라도 상대가 어려움을 만나거나 상처를 입을까 염려해서 하고 싶은 말을 참기도 한다. 그러니까 상대의 입장이나 처지를 생각한 다음 실행한다는 말이다. 그래서 이들은 스스로 자신이 정감(情感)있고 다정다감한 사람이기를 바라고, 또 그런 사람을 좋아한다.

만일 상대와 견해가 엇갈리는 일이 있으면 서로 감정을 상하지 않을 방법으로 해결되기를 원한다. 따라서 이들은 어떤 문제를 만나면 기술적인 측면보다는 인간적인 면을 더 중시한다. 그러다 보니 어떤 일이나 상황을 만나면 머뭇거리고 망설이는 바람에 때를 놓치는 경우도 많다. 그래서 이들은 동정적(同情的)이고, 인정적이며 상대 입장을 많이 헤아린다는 평을 듣는다.

네 번째는 생활 양식에 따른 구분인데, 판단형(J)과 인식형(P)이다.

우선 판단형의 사람들은 필요한 정보를 어느 정도 얻었다 싶으면 외부 세계에 대해 비교적 빠른 판단을 내린다. 그리고 마련된 일의 계획을 체계적으로 끝까지 해낸다. 그래서 공부를 하더라도 한자리에 앉아서 비교적 오랜 시간 꾸준히 한다.

이들의 행동은 조직화되어 있고 목표가 뚜렷하고 확고하다. 그래서 이들은 시험이 다가오거나 어떤 일을 준비해야 할 경우, 사전에 계획을 세우고, 여기에 따라 차근차근 진행해 나가고 끝까지 마무리한다. 그래서 이들은 매우 계획적이고 치밀한 사람처럼 보인다.

또한 이들은 기호(嗜好)가 분명해서 카페나 음식점에 가더라도 망설이지 않고 자기가 먹고 싶은 음료를 당장 말한다. 또 어떤 물건을 사러 가더라도 구입하려는 물건 목록을 적어 가거나 무엇을 살 것인가를 미리 머릿속에서 미리 정리해 간다. 그래서 물건을 고를 때 비교적 쉽고 빠르게 선택하는 스타일이라 시장에서 보내는 시간이 짧은 편이다. 이들은 빠른 판단을 내리는 바람에 분명한 자기 주관을 가지고 있어 명쾌한 사람으로 보인다. 그 대신에 새로운 정보에 민감하지 못하고, 융통성이 부족하다는 단점이 있다.

반면 인식형의 사람들은 외부에서 제공되는 정보에 관심이 많다. 그래서 이들은 자기에게 들어오는 정보 자체를 좋아하고 즐기는 까닭에 새로운 사건이나 변화에 개방적이며 수용적이다. 다양한 정보에 관심이 많아 하나의 정보에 머무르지 않고 이것저것에 관심을 보인다. 그러는 탓에 시장에 가더라도 막연하게 생각하고 가고, 물건을 고를 때에도 얼른 선택하지 못하고 이것저것 정보를 파악하느라고 시간을 허비하기도 한다. 그래서 장을 보는 시간이 비교적 오래 걸린다.

이런 태도는 카페나 식당 같은 곳에 가서 음료나 음식을 고르는 모습에서도 잘 드러난다. 가게에 들어가면 무슨 음료를 먹을까 한참 동안 머뭇거리다가 결국 선택하지 못하고 "아무거나 먹지" 하면서 "아메리카노."라고 하기도 한다. 아니면 먼저 음료를 선택한 친구가 있으면 친구를 따라 하거나 "그냥 네가 알아서 주문해"라고 하면서 선택권을 타인에게 넘기는 경우가 대부분이다. 그래서 마치 주관이 없는 사람처럼, 혹은 끝맺음이 시원찮은 사람으로 보이기도 한다.

이들이 시험공부를 하는 모습을 보면 목표를 대충 막연하게 정하고 그냥 먼저 공부를 시작부터 하고 본다. 나중에 어떻게 되는 것에 대한 결과에 대해서는 별 관심이 없다. 일단 공부를 시작하고 보지만 오래 집중하지 못하고 앉았다 일어났다를 반복한다. 또 무슨 할 일이 그렇게 많은지 안방으로 갔다가, 거실로 갔다가, TV를 켰다가, 물을 먹으러 간다든지, 아니면 화장실을 들락거리든지, 혹은 전화를 하거나 간식 등을 먹어야 한다. 교과도 이 과목에서 저 과목으로 바꾸고, 시험 범위도 여기를 하다가 다른 부분로 옮겨 가면서 공부한다. 그래서 한 과목을 혹은 주어진 시험 범위를 꾸준하게 끝까지 다 마치지 못하고 다른 과목으로 바꾸기를 반복한다. 그러니 공부 시간 역시 판단형에 비해 짧은 편이다.

또 무슨 일을 하더라도 시작한 일을 다 마치지 못하고 다른 일로 옮기고, 다른 부분에 관심을 갖는다. 예를 들면 메일을 확인하려고 컴퓨터를 열었다가 곧장 메일을 확인하지 않고 다른 여러 기사를 검색하다가 정작 봐야 할 메일은 나중에 보거나, 어떤 경우 보지 않고 닫는 경우도 있다. 만약 직업을 갖는 경우라면 이 직업을 가졌다가 저 직업으로 옮겨 다닐 가능성도 높다. 그래서 곁에서 보면 끈기가 없는 사람처럼 보이기도 한다.

이런 성향은 독서하는 모습에서도 잘 나타난다. 한 권의 책을 들면 끝까지 읽지 못하고 중간에 책갈피를 끼워 두고 멈추기를 반복한다. '언젠가는 어차피 한 권을 읽으면 될 것인데 조금 쉬었다 가면 어떠랴' 하면서 여유를 가진다. 글의 양이나 분량으로 본다면 단편소설이나 길면 중편소설, 수필이나 기행문 정도를 선호한다. 인식형의 사람들은 주어진 정보 자체에 관심이 많아 새로운 변화에 민감하고 어떤 변화라도 잘 수용하고 잘 적응한다.

지금까지 MBTI에서 알려 주는 사람의 성격적 특성에 대해 간략하게 알아봤다. 요즘에는 이런 내용이 세상에 널리 알려져 있어서 조금이라도 관심이 있는 사람이라면 여기에 사용된 용어나 내용을 어느 정도 알고 있을 것이다. 하지만 MBTI 내용을 정식으로 다루려고 한다면 여러 권의 책이라도 모자랄 것이다. 또한 시간도 상당히 필요할 것이다.

하지만 여기에서는 필자가 교사들이 학생 지도에 필요한 요긴한 내용들만을 선별했다. 때문에 전문가들이 보면 너무 부분적인 내용이라며 가볍게 여길는지 모르겠다. 그렇다 하더라도 여기 내용은 교사들이 학생을 이해하는 데 혹은 교사인 나의 성격과 학생의 성격을 알고 이해하는 데 상당한 도움이 될 것임에는 분명하다.

만일 학생을 교육하는 교사들이 사람의 성격적 특성을 모르고 교육에 임한다면 참으로 무모한 일이라 하겠다. 나와 다른 유형의 학생들을 만나면 '저 아이는 왜 저러지?', '저 아이는 왜 저런 말을 할까?' 혹은 '저 아이는 왜 저런 행동을 할까?', '저 아이는 왜 저렇게 내게 반발하지'라는 고민을 끝없이 하게 될 것이다. 또 어떤 경우는 도저히 용납할 수 없는, 결코 납득할 수 없는 학생의 행동이나 말을 만나면 당장 불쾌감을 느끼고 지도하고 싶지 않다는 생각이 들 것이다. 그러면 교육은 실패하게 되고, 교직에 대한 회의를 느끼고, 교사로서 자존감이 상실되어 불행을 경험하게 될 것이다.

본서의 내용을 파악하고 나면 혹 아이의 행동이나 문제 행동을 만나더라도 '그 아이는 천부적인, 아니면 천재적인 재능을 가진 아이일는지 모른다'는 다른 관점을 가지게 될 것이다. 만일 교사에게 학생을 알아가는 교육 비법이 없다면 이런 아이를 향해 비난하고 야단치기에 급급할 것이다. 따라서 교사가 전문가라면 학생의 성격 특성에 따른 구분을 통해 그 학생이 갖고 있는 장점을 보고 권장하고 돕고, 격려해야 할 것이다. 그것이 교육전문가인 교사가 해야 할 일이다.

더욱이 여기에서 제시하고 있는 성격적 특성을 알고 나면 학생을 대하면서 얻게 되는 마음의 상처나 교사로서 겪을 수 있는 좌절로부터 벗어날 수 있을 것이다. 심지어 어떤 경우 도저히 이해 불가능한 경우를 만나더라도 저 아이가 나빠서 그런 것이 아니라 나의 관점과 서로 달라 그렇다는 사실도 알고 이해의 폭을 넓힐 수도 있게 될 것이다.

여기 내용을 숙지하고 나면 교사가 학생을 대하는 수준이 한 차원 더 높아질 것이다. 상담 또한 피상적인 내용이 아니라 구체적이고 실제적으로 할 수 있을 것이다. "너는 인터넷으로 공부할 수 있는 재능을 가졌구나.", "너는 선생님이 강하게 끌어주는 수업을 하면 좋겠구나.", "너는 이런 사람과 사귀면 좋고, 저런 사람을 대하기는 불편하겠구나." 등 수많은 정보를 제공해 줄 수 있다. 이런 정보를 가지고 하는 지도는 "조금만 더 열심히 하면 좋은 결과를 얻을 수 있겠구나"같이 막연한 지도가 아니라 전문가다운 지도를 할 수 있을 것이다.

정확한 성격 특성 검사를 위해서는 MBTI에서 제공하고 있는 검사 용지를 사용해야 하겠으나 여기에서는 여건상 교사가 학생 지도에 필요한 정보를 얻기 위해 간단하게 마련했다. 정확한 결과는 아닐지라도 학생 지도에 매우 요긴한 자료가 될 것이다.

■ MBTI 간단 검사(참고용)

I	E(외향형)	I(내향형)
1	□ 친구들에게 먼저 전화하거나 전화가 기다려진다.	□ 전화가 오거나 내가 하지 않아도 신경 쓰이지 않는다.
2	□ 새로운 사람을 만나면 친해지고 싶고 궁금증이 일고, 알아가고 싶어진다.	□ 모르는 사람을 만나면 다가가는 것이 쉽지 않다.
3	□ 발표하라고 하면 얼른 나서는 편이다.	□ 발표에 나서고 싶지만 그냥 참는 경우가 많다.
4	□ 모임에서 자기 소개하면 먼저 나서서 하려고 한다.	□ 모임에서 자기소개 하면 나중에 하고 싶어진다.
5	□ 사람들에게 내 생각을 표현하는 것을 좋아한다.	□ 남 앞에서 내 의견이나 생각을 말하려면 망설여진다.
6	□ 말을 할 때, 소리나 동작이 크다.	□ 말을 할 때, 내게 맞는 소리로 몸동작도 필요할 때만 사용한 편이다.
7	□ 하루 이틀 혼자 지내거나 일하다 보면 외롭고 지루함을 느낀다.	□ 집에서 그냥 있어도 크게 힘들지 않다.
8	□ 친구들과 같이 노는 것이라면 무조건 좋다.	□ 마음에 맞는 친한 친구들과 어울려 놀고 싶다.
9	□ 말이 많고 재밌다는 말을 종종 듣는다.	□ 착하고 얌전하고 모범적이라는 말을 듣는다.
10	□ 다른 반, 다른 학교에도 친구들이 많다.	□ 친한 친구들은 주로 우리 반에 있다.
11	□ 발표가 많고 활발하게 진행된 수업이 좋다.	□ 발표보다는 차분하게 진행된 수업이 더 편하다.
개수		

II	S(감각형)	N(직관형)
1	▫ 직접 현재 여기에서 경험한 것이 좋다.	▫ 꼭 경험하지 않아도 설명하면 잘 이해되는 편이다.
2	▫ 나는 내가 했던 경험을 근거로 말한다.	▫ 나는 머리에 떠오르는 느낌으로 판단한다.
3	▫ 나는 일이나 모습을 사실적으로 묘사한다.	▫ 나는 추상적인 표현을 잘한다.
4	▫ 나는 사실을 중요하게 여긴다.	▫ 어떤 말의 속뜻을 잘 찾아낸다.
5	▫ 나는 습관적이고 상식적이다.	▫ 새로운 것을 잘 생각해 내는 창의적인 사람이다.
6	▫ 나는 늘 다니던 길로 다니는 것이 편하다.	▫ 낯설고 새로운 길을 가도 불편이나, 어색하지 않는다.
7	▫ 나는 과거에 내가 했던 일이 편하다.	▫ 나는 새로운 일이라면 흥미를 느낀다.
8	▫ 나는 약도를 구체적으로 세밀하게 그린다.	▫ 나는 약도를 그릴 때면 대충대충 핵심만 그린 편이다.
9	▫ 나는 어떤 일을 구체적으로 표현한다.	▫ 나는 어떤 일을 대충대충 표현하는 편이다.
10	▫ 나는 실제로 보고 듣고 만져보는 경험을 좋아한다.	▫ 공상을 좋아하고 보거나 만지지 않아도 내용을 잘 이해한다.
11	▫ 어떤 일을 할 때에 남이 하는 대로 따라하는 편이 편하다.	▫ 내 스스로 독창적인 방법으로 하는 것이 좋다.
개수		

III	T(사고형)	F(감정형)
1	□ 나는 원인과 이론을 따지고 분석한다.	□ 나는 감수성이 풍부하다
2	□ 나는 한쪽에 치우치지 않고 객관적이다.	□ 마음이 아픈 사람에게 쉽게 공감한다.
3	□ 감정에 치우치지 않고 의사 결정을 한다.	□ 주변 상황을 생각하며 의사 결정한다.
4	□ 이성적이고 논리적이며 합리적이다.	□ 다른 사람의 마음이나 입장을 생각하고 행동한다.
5	□ 나는 '확실하고, 능력있다'는 말을 좋아한다.	□ '좋은 사람, 따뜻한 사람'이라는 소리를 듣고 싶다.
6	□ 나는 다른 사람과 경쟁하는 것을 괜찮다고 여긴다.	□ 경쟁보다는 적절이 타협하거나 잘 양보하는 편이다.
7	□ 있는 그대로 직선적으로 말하는 편이다.	□ 나는 돌려 말하고 배려하는 말을 잘한다.
8	□ 어떤 사건의 원인과 결과를 쉽게 파악한다.	□ 원인과 결과보다는 거기에 관련된 사람을 생각한다.
9	□ 나는 냉정하고 분명하며 확실한 편이다.	□ 다른 사람의 입장을 헤아리는 다정한 사람이고 싶다.
10	□ 나는 할 말은 하는 편이다.	□ 나는 어떤 일을 가급적 좋게 생각하고 말한다.
11	□ 옳고 그름을 잘 판단한다.	□ 결정이 쉽지 않아 남에게 미루는 편이다.
개수		

IV	J(판단형)	P(인식형)
1	□ 한번 결정된 일은 잘 변경하지 않는다.	□ 어떤 일을 결정할 때에 이래도 괜찮고 저래도 좀 괜찮다는 편이다.
2	□ 세운 계획에 따라 일을 처리하는 편이다.	□ 일을 처리할 때 마지막에 임박해서 처리한 편이다.
3	□ 여행을 할 때 주로 표를 예약하지 않으면 준비가 안 된 느낌이 든다.	□ 여행을 떠날 때에 꼭 예약해야 하는 경우가 아니면 현장에 가서 매표하는 편이다.
4	□ 방이나 주변 정리정돈을 잘하는 편이다.	□ 사물을 주변에 흩어놓았다가 불편해지면 정리하는 편이다.
5	□ 책임역할이 분명한 일이면 더 잘 할 수 있다.	□ 분명한 역할이 주어지지 않아도 자유롭게 느끼면서 알아서 일을 잘 하는 편다.
6	□ 시험 기간이 다가오면 구체적이고 꼼꼼하게 계획을 세워서 준비한다.	□ 시험 시간표만 확인하고 일단 공부를 시작하고 보는 편이다.
7	□ 비교적 결정을 잘하는 편이다.	□ 결정이 쉽지 않아 남에게 미루는 편이다.
8	□ 나는 엄격한 편이다.	□ 다소 자유롭고 게으른 편이다.
9	□ 여행 중에 일정이나 일을 진행할 때에 계획대로 진행하면 좋다.	□ 여행 중에 일정이 변동되거나 계획이 바뀌어도 별 상관하지 않는다.
10	□ 쇼핑을 갈 때 적어 가는 경우가 많다.	□ 쇼핑갈 때 적지 않고 그냥 가는 편이다.
11	□ 정해진 규칙은 바꿔서는 안 된다고 생각한다.	□ 처음 정한 규칙도 도중에 바뀔 수 있다고 생각한다.
개수		

성격유형	구분	I	II	III	IV
	유형				

※ 이 검사지는 필자가 MBTI 내용을 바탕으로 성격 유형을 알아보기 위해 임의로 제작했습니다.

※ 따라서 이 검사는 신뢰도나 타당도 면에서 검증되지 않은 자료입니다.

※ 그래서 교사가 학급 학생들의 성격 유형을 탐색하기 위한 최소한의 자료로 활용하면 좋겠습니다.

5장

에니어그램을 통한
학생 이해

우리는 지금 사람의 기질과 성격 이해에 필요한 도구들을 다루고 있다. 앞서 사람의 본질적인 문제, 기질 유형에 따른 이해 방법과 MBTI에서 제시하고 있는 사람의 성격적 특성을 알아봤다. 여기에서는 사람의 성격적 특성을 9유형으로 나누어 설명하고 있는 에니어그램에 대해 알아보려고 한다.

에니어그램은 사람의 성격 특성이론으로 1세기 전, 러시아의 구르지예프에 의해 서구에 알려지게 되었다. 1960년대에 볼리비아 이카조에 의해 다시 구체화 되기 시작하여, 1970년대 미국에 널리 퍼지게 된 이론이다.

에니어그램에서 '에니'라는 말은 그리스어로 9(아홉)를 뜻하고, '그램'은 '쓰다'라는 의미이다. 그러니 에니어그램이란 사람의 '성격적 특성을 아홉 유형으로 나눠 분류해 알아본다' 정도의 의미로 이해하면 좋을 것이다. 에니어그램은 사람에게 주어지는 자극과 반응에 대한 행동양식을 예리하게 관찰하여 분석해 낸 결과를 설명해 놓고 있다.

사람은 살아가면서 누구나 자극을 받게 되고 여기에 따른 반응을 보이게 된다. 에니어그램은 이 둘의 양상에 주목해서 이론을 만들었다. 그러니까 자극이 주어지면 사람마다 각자 자기가 가지고 있는 에너지의 형태와 양에 따라 다른 반응을 보이게 된다는 점에 관심을 가졌다. 그러니까 자극에 대해 어떤 행동을 보이는가, 혹은 어떤 태도를 취하는가에 따라 그 특성을 구분한 것이라 하겠다.

이제 에니어그램의 아홉 성격 유형을 들여다보려고 한다. 계속 강조하고 있는 것처럼 여기에서 제시하고 있는 내용은 교사들이 자신을 알고, 또한 학생을 이해하는 도구로서 학생을 지도·교육하는 데 도움을 얻으려고 단순화 시켜 놓은 것이라는 점을 말씀드린다.

1. 큰 분류

에니어그램에서는 사람의 성격적 특성을 본능중심, 가슴중심, 사고중심, 이렇게 크게 세 중심으로 나누고, 이 큰 분류 속에 또 세 개의 작은 분류로 나눠서 모두 아홉 유형으로 분류하고 있다. 그래서 먼저 큰 분류를 먼저 설명하고 이어서 그 하위 세 분류 아홉 유형을 설명하려고 한다.

1) 본능중심

   본능중심은 뇌 중심이라고도 하는데, 이는 뇌가 가지고 있는 기본적인, 본능적인 특성, 그러니까 생명을 유지하거나 보존, 성장하는 것에 관심을 갖는 사람들이라 하겠다. 그래서 이들은 에너지를 근본적으로 자신의 생존을 위해 사용하는 사람들이다. 따라서 이들은 자기를 보호하고 자기 영역을 지키려고 노력하고 더 적극적으로는 투쟁에 나서기도 한다. 그러니 자기 경계를 탐하거나 침입자들에게 대해서는 과감하게 분노를 표출하고 적극적으로 대응하는 사람들이라 하겠다. 이들이 가지고 있는 기본 정서는 '분노'이다. 여기에 분류된 하위 유형은 8(지도자)번, 9(중재자)번, 1(개혁가)번 등 이다.

2) 가슴중심

   이들은 가슴이 지니고 있는 상징처럼 가슴으로 말하고 행동하는 사람들이다. 즉 감정을 잘 표현하고 드러내는 사람들이다. 가슴을 중심에 두고 살아가는 사람들이라 느낌을 통해 삶을 파악하고 그 느낌을 중심으로 사람을 판단한다. 그래서 이들은 가슴이 따뜻한 사람이기를 바라고 또한 사람들로부터 그러한 사람이라는 말을 듣고 싶어 한다. 그리고 타인에게 자기 이미지가 어떻게 보여질지에 대해 상당히 민감한 편이다. 이들은 인간관계를 넓게 가지면서 자기 존재에 대한 의식은 소홀히 여기기도 한다. 이들이 가지는 기본 정서는 '수치심'으로 자기를 방어하는 근본 원동력이 된다. 여기에 분류되는 하위 유형은 2(조력가)

번, 3(성취자)번, 4(예술가)번 등이다.

3) 사고중심

사고중심은 머리 중심이라고도 하는데, 이들은 머리를 통해 관찰하고, 비교, 분석, 대조하는 사고 과정을 통해 상황을 파악하는 심사숙고형이다. 그래서 이들은 행동하기 전에 먼저 생각을 많이 한다. 때문에 타인을 감정적으로 이해하지 못하는 경향이 있다. 잘 아는 사람과는 잘 지내지만 처음 보는 사람들에게는 부끄러움을 갖는다. 이들의 머리에는 세상은 위험한 곳이라는 생각이 있어서 이런 곳으로부터 얼른 벗어나고 싶은 욕구가 있다. 그래서 이들이 갖고 있는 기본 정서는 '공포'이다. 에니어그램 아홉 유형 중 5(사색가)번, 6(충성가)번, 7(낙천가)번 유형이 여기에 해당 된다. 이상의 내용을 간단하게 정리해 보면 이 표와 같다.

큰 분류	뇌 유형(본능중심)			가슴중심			사고중심		
기본 정서	분노			수치심			공포심		
번호	8	9	1	2	3	4	5	6	7
작은 분류	지도자	중재자	개혁가	조력가	성취자	예술가	사색가	충성가	낙천가
기본 정서	분노	평화	불안	사랑	자부심	우울	거리낌	불안	즐거움

2. 세(작은) 분류

지금까지 에니어그램에서 제시하고 있는 큰 분류인, 본능중심, 가슴중심, 사고중심에 대해 알아봤다. 이제 여기에서부터는 큰 분류 아래 배정되어 있는 작은(세) 분류를 알아보려고 한다. 이 분류는 큰 분류 아래 각각 세 유형씩 배정하여 모두 총 아홉 유형으로 되어 있다.

1) 〈본능중심〉 성격 유형이다

이 유형의 기본정서는 '분노'이다. 이들은 밖으로부터 어떤 자극이 주어지면 마음 깊은 곳에서 '분노'가 발원되어 이것으로 인한 여러 반응을 표출한다.

(1) 8번 '지도자' 유형

① 성격 특성

뇌 기능을 기반으로 하는 이들은 강하면서도 독립적이고 자신감이 넘치는 사람들이다. 권력구조를 잘 파악하는 능력을 지녔으며 강한 힘과 자신감으로 자기 자리를 재빠르게 확보하는 능력이 뛰어나다. 그래서 이들은 사람들을 강력하게 지배하려고 한다. 자기들이 옳다고 여기는 것에 대해서는 전심전력을 다해 싸우는 전사들이라 하겠다. 다른 사람의 허영심이나 허점을 잘 파악하고 여기에 당당하게 맞서려고 한다. 또한 약자들을 살피고 보호하려고 한다. 이들은 '무엇이든지 할 수 있다.', '힘이 넘친다.', '자신감이 있다' 등과 같은 말에 매력을 느낀다.

이들이 자신감을 잃거나 자기 능력을 충분히 발휘하지 못하게 되면 자신의 과도한 욕망을 나타내고, 타인을 조종하려 들고, 분노를 잘 표출한다. 또한 반항적이고, 억지를 잘 부리고 도발적 복수심에 시달리기도 한다.

② 학교생활

이들은 다른 사람을 지배하려는 욕구가 강하다. 따라서 학급에서 반장이나 학생회 임원을 맡고 싶어 하는 아이들이다. 작은 모둠활동을 하더라도 모둠장이 되려고 한다. 이 유형의 아이들이 학급 반장을 하면 교사의 학급경영에 상당한 도움을 받을 수 있다. 반대로 다른 유형이 반장이 되고 이 유형이 부반장이나 다른 임원을 맡으면 반장이 이들에게 휘둘릴 가능성이 높다. 이들은 같은 동료들과도 우열을 가리려 하고, 모임이나 학급에서 자기가 주도적인 역할을 하려고 한다. 학급에서 이 유형의 아이들이 많으면 세력다툼이 벌어질 수도 있다. 이들은 선배와 후배, 위계질서에 대해서도 명확한 의식을 갖고 있다. 학교에서 검사를 해 보면 이 유형의 아이들은 많지 않고 학급에 1~2명 정도 되었다.

③ 추천하는 진로와 직업

이들에게 추천할만한 직업으로는 CEO, 변호사, 경찰관, 스포츠 감독, 군인, 경영컨설턴트, 감정평가사, 건설기계운전원, 건축공학기술자, 경영계열 교수, 경호원, 교도관, 국제무역가, 금융자산운용가, 기업고위 임원, 농장경영자, 사회단체활동가, 상품중개인, 성직자, 스포츠강사, 스포츠에이전트, 운동선수, 자영업, 잡지기자, 조경기술자, 지하철·철도 기관사, 통역가, 판사, 검사, 항공교통관제사, 항공기정비원, 항공기 조종사, 항해사, 행사기획자, 호텔지배인 등이다.

(2) 9번 '중재자' 유형

① 성격 특성

이들은 안정감이 있고 조화와 평화를 추구하는 사람들이다. 그래서 사람들과 관계 속에서 양보와 타협, 그리고 수용적인 태도를 하고, 남을 지지해 주는 사람들이다. 경쟁이나 갈등, 긴장을 회피하고, 내면에 혼란스러운 것을 싫어하고 안정적이고 차분한 것을 좋아하는 평화주의자들이다. 평화롭고 안정적인 분위기에서 능력을 발휘하며 다른 사람의 마음을 헤아릴 줄 알고 고민도 잘 들어준다. 이들은 온순하고 착하고 붙임성은 좋으나 결단을 얼른 내리지 못하고 게으른 것이 흠이라고 하겠다.

이들이 자신감을 잃거나 자기 능력을 충분히 발휘하지 못하게 되면 쉽게 심란해지거나 둔감해지고, 옹고집을 부리고 소극적이고 수동적인 태도를 취한다.

② 학교생활

이들은 학교에서 비교적 조용하고 차분하게 지낸다. 선생님 말씀에 순종적이며 무리를 짓거나 어떤 의식을 갖고 편을 만들지 않는다. 친구들과 어울릴 때는 친한 사람 몇 명과 지낸다. 학급에서 특별한 문제를 일으키지 않지만 너무 편하게 지내려는 경향이 있어 지각을 한다든지, 과제물을 놓고 온다든지 하는 등 단순한 실수를 저지르기도 한다. 그리고 자기가 해야 할 일을 미루거나, 자기 책임을 수행하지 못한 경우가 많다. 학급에서 유형별 인원 구성을 살펴보면 이 유형의 학생들이 가장 많은 것 같았다.

③ 추천하는 진로와 직업

교사, 공무원, 심리상담사, 간호사, 사회복지사, 심리학자, 신문편집자, 가정의학과 의사, 검사, 고객상담원, 놀이치료사, 동물조련사, 법무사 및 집행관, 변호사, 부부상담전문가, 사서교사, 사회계열 교수, 사회복지사, 성직자, 속기사, 손해사정사, 심리학 연구자, 영양사, 외교관, 응급구조사, 의무기록사, 인적자원전문가, 일반사무자영업자, 중등교사, 전문비서, 제과 제빵사, 직업능력훈련개발교사, 청소년지도사, 치과의사, 판사, 한의사, 호텔지배인, 환경공학기술자 등이다.

(3) 1번 '개혁가' 유형

① 성격 특성

이들은 항상 공정하고 정의를 생각하는 합리적인 이상주의자들이다. 늘 규범을 준수하고 양심적이고 도덕적으로 완벽함을 추구한다. 그리고 자신이 이런 생각을 갖고 있다는 것을 긍지로 여긴다. 이들은 언제나 올바른 방법으로 살아가려고 애쓰기 때문에 스스로 자제하거나 절제를 잘한다. 또한 자신이나 타인의 공정하지 못하고 정의롭지 못한 일을 잘 발견하고 개선하도록 지적하고 독려하기를 잘한다.

이들이 자신감을 잃거나 자기 능력을 충분히 발휘하지 못하게 될 경우 고지식해지고, 강박감에 사로잡히고 독선적이게 된다. 무슨 일이든지 선과 악으로 판가름내려고 한다.

② 학교생활

이들 역시 중재자들처럼 차분하고 조용하게 학교생활을 한다. 하지만 중재자들보다는 학교 규정이나 규칙을 더 잘 준수하는 모범적인 학생들이라 하겠다. 자기 역할이나 몫을 잘 감당하는 철저한 사람들이라 하겠다. 그 대신 다른 사람들의 잘못이나 교사들의 잘못에 대해 불편을 느끼고 예리한 시각으로 판단하고 비판하기도 한다. 학급 임원들의 잘잘못도 잘 분별하여 학생들로부터 간섭쟁이라는 말을 들을 수 있다.

③ 추천하는 진로와 직업

경찰관, 공인회계사, 관세사, 기업관리직, 기자, 노무사, 도시계획가, 물류관리사, 번역가, 법무사, 변리사, 변호사, 회계사, 컴퓨터 프로그래머, 연구원, 공학자, 사회과학연구원, 사회단체활동가, 성직자, 소방관, 시스템운영관리자, 은행원, 의료장비기사, 의사, 이공계열교수, 인문계 중등교사, 인문과학연구원, 전문비서, 조사전문가, 지휘자, 직업군인, 판사, 행사기획자, 회계사무원변호사, 등이다.

2) 〈가슴(감정)중심〉 성격 유형

이 유형의 기본 정서는 '수치심'이다. 따라서 이들은 밖으로부터 어떤 자극이 주어지면 부끄러움을 느끼고 이를 만회하기 위한 적절한 반응을 표출한다.

(1) 2번 '조력자' 유형

① 성격 특성

이들은 명칭에서도 알 수 있는 것처럼 남을 도우려고 하는 사람들이다. 정이 많고 마음이 넓어 모성애적 기질을 잘 발휘한다. 이들은 주변 사람들을 잘 돌보고 보살피는 것으로 스스로 만족감을 느낀다. 따라서 이들은 주위 사람들의 기분을 잘 이해하고 맞춰서 사람들로부터 사랑을 받는다. 또한 남을 위해 많은 것을 베풀면서도 특별한 대가를 바라지 않는다. 그래서 이들의 강점은 겸손이다. 학급에 이런 유형의 아이들이 많으면 학급이 안정적이며 따뜻한 분위기의 학급이 된다.

이들이 자기 특성을 잃고 자신감을 잃거나 자기 능력을 충분히 발휘하지 못하게 되면 상대를 소유하려는 마음이 강해지고 심지어 상대를 조종하려고 한다. 또한 논리적이지 못하고 아첨하고, 감정을 너무 드러내기도 한다.

② 학교생활

이들은 주변 친구들과 비교적 관계가 좋아 어울리는 친구들이 많다. 학업이나 재능 면에서 뒤떨어지는 급우들을 잘 돕고 보살핀다. 또한 학급 일에도 매우 적극적이어서 손수 나서서 희생을 감내하면서 협조적이고, 어려운 친구들을 잘 도와준다. 선생님의 관리가 미치지 못한 부족한 부분에 이 유형의 학생들이 잘 메꿔주기도 한다. 친구들이나 선생님에게 선물과 같은 것을 베풀어 관심을 나타내는 일을 좋아하고, 다른 사람들을 위해 자기희생을 기꺼이 아끼지 않는다. 소풍이나 체육대회 등과 같은 학급 행사가 열리면 여기에 소요되는 노력이나 열정을 잘 쏟고 선생님에게 음료를 건네는 이들이 바로 이 조력자들이다.

③ 추천하는 진로와 직업

간병인, 간호사, 마케팅리서치, 메이크업아티스트, 문화재보존원, 방사선사, 보육교사, 비행기승무원, 사회단체활동가, 사회복지사, 상담전문가, 쇼핑호스트, 아나운서, 안경사, 애완동물미용사, 여행서비스종사자, 웨딩플래너, 유치원교사, 요리사, 응급구조사, 인문계열교수, 일반공무원, 장례지도사, 초등학교 교사, 치과기공사, 치과위생사, 커플매니저, 텔레마케터, 특수학교 교사, 피부미용사 등이다.

(2) 3번 '성취자' 유형

① 성격 특성

이들은 매사에 자기 확신에 차 있어서 언제나 자신감이 넘치는 사람들이다. 어떤 일의 과정이나 방법보다는 결과나 성취에 목적을 두고 있어서 일의 효율성을 중요하게 여긴다. 이들은 성취 지향적이라 언제나 성공을 위해 일을 부지런히 하고 자기 생활마저 희생시키는 것도 개의

치 않는다. 인생의 가치를 성공과 실패에 중심을 두고 있어서 실적을 중시하는 열정적인 사람이다. 무슨 일이든지 성공적으로 완수해 냈다는 것에 가장 큰 만족감을 얻는다. 이들에게 해당하는 용어로는 실용주의자, 자신만만, 자기확신, 야망과 같은 단어들이다.

이들이 어떤 계기로 자신감을 잃거나 자기 능력을 충분히 발휘하지 못하게 되면 주변을 돌아보지 않고 주어진 일에만 매달리거나 지나치게 경쟁의식을 갖게 된다. 때로는 위선적이며 잘난 척하기도 한다.

② 학교생활

이들은 성취에 가치를 두기 때문에 자기 성적이나 등수에 매우 민감하다. 선생님에게 인정받는 일이나, 선생님으로부터 부여된 임무라면 거리낌 없이 효율적으로 잘 수행해 낸다. 그래서 능력 있는 사람, 뛰어난 사람이라는 평가를 받으려 하고 그런 평가를 좋아한다. 그래서 선생님들이 무슨 일이든 믿고 맡길만한 학생이다. 하지만 자기에게 도움이 되는 일이 아니거나 인정받기 어려운 일이라면 외면하려는 모습을 보이기도 한다.

③ 추천하는 진로와 직업

가상현실전문가, 경영컨설턴트, 관세사, 광고 및 홍보전문가, 교육계열 대학교수, 네트워크엔지니어, 데이터베이스관리자, 리포터, 병원코디네이터, 보석감정사, 보험대리인, 상품중개인, 생명과학연구원, 시각디자이너, 실내장식디자이너, 아나운서, 연예인, 및 스포츠매니저, 영업사원, 외환딜러, 요리사, 운동코치, 원예전문가, 자동차 공학기술자, 전문비서, 제품디자이너, 컴퓨터프로그래머, 투자분석가(애널리스트), 프로게이머, 회계사, 호텔지배인, 경영자, 변호사, 의사, 경영컨설턴트, 재무 분석가, 스포츠 선수 등이다.

(3) 4번 '예술가' 유형

① 성격 특성

이들은 자기감정에 진솔한 사람들로 독특하고 드라마틱한 감각을 지녔다. 스스로 자기를 특별한 사람이라고 자부하고 일반적이거나 평범한 것을 매우 싫어하는 사람들이다. 이들은 행동이나 패션에서 보통 사람들과 다른 매우 세련되거나 독특한 표현 감각을 지녔다. 그래서 언제나 여러 사람들 중에서 눈에 얼른 띈다. 이들에게 어울리는 수식어들은 '감각적, 심미적, 독창적, 표현력이 뛰어나다'와 같은 말들이다.

이들이 자신감을 잃거나 자기 능력을 충분히 발휘하지 못하면 자기 자신을 함부로 내버려 두거나 의기소침해지고, 죄책감에 사로잡히기도 한다.

② 학교생활

이들의 감각적인 특성은 학교에서 교복을 입고 생활할 때에는 잘 드러나지 않는다. 특별한 행사를 하거나 야외 활동 등과 같이 비정규적인 활동을 할 때 분명하게 잘 드러난다. 우선 복장이나 외모 면에서 보통 아이들과 다른 모습을 한다. 화려하게 치장하거나 진한 화장, 남들과 색다른 옷을 입는다. 그래서 누가 봐도 당장 구분해 낼 수 있을 만큼 보통 학생과 확연히 다른 모습을 한다. 이를 통해 자기 개성을 마음껏 드러내고, 튀는 것을 즐긴다. 창의적으로 행동하고 자기를 색다르게 표현하는 예술적 재능을 지닌 학생들이라 하겠다.

③ 추천하는 진로와 직업

예술가, 작가, 디자이너, 연극배우, 음악가, 영화감독, 관광기획자, 광고 및 홍보전문가, 국악인, 금속 및 보석세공원, 레크레이션강사, 리포터, 만화가 및 애니메이터, 메이크업 아티스트, 모델, 무용가, 미용사, 사진작가, 쇼핑호스트, 악기수리사, 조율사, 여행상품개발원, 연예인, 연주가, 음향 및 녹음기사, 인테리어디자이너, 작가, 작곡가, 제과 제빵사, 제품디자이너, 조리사, 주방장, 직업상담사, 취업알선가, 촬영 기사, 컬러리스트, 패션디자이너, 플로리스트 등이다.

3) 〈사고중심〉 성격 유형

이 유형의 기본 정서는 '공포심'이다. 따라서 이들은 밖으로부터 자극이 주어지면 마음 깊은 곳에서 두려움이 일어나는데 이로 인한 반응을 표출한다.

(1) 5번 '사색가' 유형

① 성격 특성

이들은 전형적인 내향형 사람들로 지적이고, 분석적이고, 예리한 통찰력을 지녔다. 그리고 객관적이고, 초연한 태도로 매사에 조심스러운 마음이나 태도를 지녔다. 외로움과 고독을 즐기기 위해 자신만의 시간과 공간을 중요하게 여긴다. 이들은 지혜로운 사람, 현명한 사람, 무엇이든 잘 알고 있는 사람이라는 말에 의미를 느낀다. 공부도 혼자서 전략을 세워서 잘하고, 자기의 일을 스스로 알아서 잘한다.

이들이 자신감을 잃거나 자기 능력을 충분히 발휘하지 못하게 되면 지나치게 내향적이 된다. 사람들에게 감정을 잘 드러내지 않고, 쌀쌀맞고, 흠잡기를 좋아한다. 이들이 자기 특성인 지적이고 분석적이고 예리한 통찰력을 을 잘 드러내지 못하고 부정적 특성을 발휘하게 되면 옆에서 관심을 갖고 지켜보고 도와줄 필요가 있다.

② 학교생활

이들은 "아는 것이 힘이다"라는 말을 좋아해서 공부를 열심히 한다. 학급에서 열심히 공부하는 아이들 중에 이 유형에 해당하는 아이들이 많다. 이들은 꾸준히 노력하는 자만이 성공할 수 있다는 생각이 있어서 학교생활을 끈기 있게 열심히 한다. 그리고 생각을 통해 어떤 결과물을 얻어낸다고 생각해서 백 번 경험하는 것보다는 생각하는 것을 중요하게 여긴다.

③ 추천하는 진로와 직업

과학자, 연구원, 분석가, 경제학자, 변호사, 컴퓨터프로그래머, 가상현실전문가, 건축감리기술자, 국제무역가, 기계공학기술자, 기자, 농장경영자, 반도체공학 기술자, 변호사, 비행기 조종사 사회단체활동가, 산업공학기술자, 산업안전원, 상품중개인, 성직자, 손해사정사, 스포츠에이전트, 에너지공학 기술자, 의사, 자산운용가, 자연과학시험원, 자연과학연구원, 전기공학기술자, 정보보호전문가, 증권분석가,

캐드원, 통신공학기술자, 품질관리 사무원, 학원강사, 환경공학기술자, 회계사무원 등이다.

⑵ 6번 '충성가' 유형

① 성격 특성

이들은 우선 책임감이 강하고 안전을 추구하는 사람들이다. 그래서 친구나 자기가 믿는 신념에 가장 충실한 사람들이라 하겠다. 이들은 자기가 신뢰하는 한두 사람만 믿으려고 한다. 수업 시간에 모둠활동을 할 경우에 보면 자기에게 주어진 역할은 충실하게 잘하지만 대표로서 리더십을 발휘하려고 하지 않는다. 그래서 대표보다는 참모형 역할에 능하다고 하겠다. 이들의 강점은 문제해결력에 뛰어나고 실질적이다. 마음이 따뜻해서 남을 잘 돕고 팀플레이에 능하다.

이들이 자신감을 잃거나 자기 능력을 충분히 발휘하지 못하게 될 경우 비관적인 생각을 많이 하게 된다. 또한 겁이 많아 경계심을 지나치게 나타내게 된다. 현재 상황에 불안함을 느끼고 자기를 지나치게 방어하려는 태도를 보이기도 한다.

② 학교생활

책임감이 강해 학급에서 주어진 일을 빈틈없이 잘 수행해 낸다. 또한 마음이 따뜻해서 주변에 있는 친구들을 잘 보살피고, 함께 하는 일을 좋아한다. 겁이 많아 앞에 잘 나서지 않은 학생이라 학급의 대표보다는 묵묵히 맡은 일을 잘 수행하는 참모 역할을 잘 수행한다.

③ 추천 진로와 직업

경찰관, 소방관, 군인, 경호원, 사무원, 공무원, 토목기술자 간호사, 교육 및 훈련 사무원, 교육행정사무원, 기록물관리사, 동물사육사, 물리치료사, 병원행정사무원, 보건교사, 보육교사, 사회복지사, 수의사, 약사, 역사학 연구원, 영양사, 운동코치, 원예전문가, 음악치료사, 의무기록사, 일반비서, 작가, 전문비서, 직업상담사, 초중고교사, 촬영기사 및 방송장비기술자, 판사, 검사, 편집인, 학예사, 한의사, 항공 사무원, 행정공무원 등이다.

(3) 7번 '낙천가' 유형

① 성격 특성

이들은 성격이 밝고 명랑해서 매사에 낙천적이다. 늘 즐거움을 과도하게 좋아하고 생활을 언제나 즐기기 때문에 다른 사람에게도 개방적이다. 그뿐만 아니라 주변이나 친구들까지 즐겁게 만들어준다. 자기에게 주어진 환경에서 즐거운 요소를 찾아내 즐기고 호기심과 상상력이 풍부해서 새로운 일이나 아이디어가 많다. 따라서 생활을 즐겁고 활기차게 생활한다. 또한 자주적이고 개성적이어서 주변에서 매력을 느끼고 다가오는 사람들이 많다. 이들의 삶의 가치는 항상 즐겁다, 너무나 유쾌하다, 앞으로의 삶이 기대되고 설렌다 등이다.

이들이 자신감을 잃거나 자기 능력을 충분히 발휘하지 못하게 될 경우에는 현실을 회피하거나 자제력을 잃고 충동적이며 즐거움만 추구해서 삶의 안정감을 잃어버린다.

② 학교생활

이들은 공부보다는 '어떻게 하면 즐겁게 놀 수 있을까'를 먼저 생각한다. 이들은 삶의 의미를 재미에 두고 있어서 공부는 수박 겉핥기식으로 대충하고, 친구들과 어울리거나 학교 밖 생활을 즐기려고 한다. 학교에 너무 붙잡아 두거나 구속하려고 하면 몹시 불편을 느끼고 충동적인 행동으로 이어질 수도 있다.

③ 추천 진로와 직업

마케터, 판매원, 스포츠 코치, 교사, 예술가, 컨설턴트, 가수, 감정평가사, 건축가, 공인회계사, 과학자, 광고홍보 전문가, 마케팅리서치연구원, 만화가, 바이어, 바텐더, 부동산중개인, 사진작가, 사회과학계열 대학교수, 사회복지사, 쇼핑호스트, 시각디자이너, 시장 및 여론조사전문가, 심리상담가, 심리학자, 애니메이터, 여행상품개발원, 촬영기사, 역사학자, 연기자, 연예인 매니저, 영화감독, 예체능계열 대학교수, 웹디자이너, 멀티미디어디자이너, 임상심리사 등이다.

지금까지 에니어그램에서 제시하고 있는 사람의 성격 유형의 특징들에 대해 알아봤다. 교사들이 여기 에니어그램을 알고 나면 나의 나 됨은 물론 학생들을 지도할 때에 더 다양한 방법으로 접근하고 더 폭넓게 이해할 수 있게 될 것이다.

■ 에니어그램 성격 유형 간단 검사지

항목	그렇지 않다	대체로 그렇지 않다	대체로 그렇다	그렇다	학번:
점수	1	2	4	5	성명:

연번	자신의 행동이나 느낌	점수	1	2	3	4	5	6	7	8	9
1	모임에 가면 대표가 되어 리더십을 발휘하고 싶다										
2	일을 대부분 미뤄뒀다가 마지막 무렵에 하는 편이다.										
3	잘못된 일을 잘 가려내고 모두 개선되기를 원한다.										
4	어떤 문제든 끝까지 고민하고 꼭 해결하려고 한다.										
5	나는 분명하고 명확한 지시가 있는 일을 선호한다.										
6	늘 재미있는 일을 찾아 즐기는 것을 좋아한다.										
7	나만의 독특하고 고상한 취미를 좋아하고 즐긴다.										
8	나는 과정보다는 결과가 있어야 한다고 생각한다.										
9	다른 사람의 어려운 점을 보살피는 것을 좋아한다.										
10	나는 모둠이나 모임에 가면 거기 대표가 되고 싶다.										
11	다른 사람의 의견을 존중하고 수용하려고 한다.										
12	도덕적이고 윤리적인 삶을 살려고 한다.										
13	공적인 일보다는 내 생활이 더 중요하다고 생각한다.										
14	나는 작은 일에도 염려와 걱정이 많다.										
15	즐겁고 재미있는 것이 삶의 에너지가 된다.										
16	남과 다른 독특하게 표현하고, 즐기고 싶다.										
17	어떤 목적을 위해 끝까지 최선을 다하는 편이다.										
소계											

연번	자신의 행동이나 느낌	점수	1	2	3	4	5	6	7	8	9
18	나는 다른 사람에게 정을 나누고 싶다.										
19	무슨 일이든 내 뜻대로 결정하려고 한다.										
20	의견이 어긋나거나 다투는 것을 피하고 싶다.										
21	나는 원리원칙에 가까운 행동을 하려고 한다.										
22	나는 분석하고, 정리하고 깔끔한 것을 좋아한다.										
23	소속집단 속에서 주어진 역할과 일을 잘 처리한다.										
24	늘 친구들과 만나 수다떠는 것이 즐겁다.										
25	나는 낭만적인 예술 성향을 지니고 있다.										
26	나는 사람보다는 일 중심적이다.										
27	나는 다른 사람들을 도와줄 때 기분이 좋다.										
28	나는 강한 힘이 있고 능력과 결단력이 있다.										
29	다른 사람의 의견에 따르는 것이 편하다.										
30	양심에 따라 행동하고 엄격해서 융통성이 부족하다.										
31	내 자신이 독특한 멋을 지닌 사람처럼 느껴진다.										
32	나는 상황에 따라 잘 대처한다.										
33	나는 사람들에게 양보하고 배려하는 것을 좋아한다.										
34	가급적 내 고집을 밀고나가는 편이다.										
35	나는 비교적 겁이 많아 안전을 중요하게 생각한다.										
36	새로운 환경이나 새로운 세계를 탐험하고 싶다.										
37	나는 나만의 독특한 감정을 가지고 있다.										
38	나는 성취 지향적이라 경쟁하는 것을 좋아한다.										
39	사람들에게 따뜻한 사람으로 보이고 싶다.										
40	나는 다른 사람들을 지배하고 싶은 마음이 있다.										
소계											

연번	자신의 행동이나 느낌	점수	1	2	3	4	5	6	7	8	9
41	다른 사람들과 갈등없이 편하게 지내고 싶다.										
42	나는 모든 일을 공평하게 처리한다.										
43	나는 이성적으로 냉철하게 생각하는 편이다.										
44	나는 실수할까봐 염려되어 결정을 망설인다.										
45	끊임없이 변화되는 세상이나 환경을 좋아한다.										
46	나는 특이한 것을 보면 멋지고 부럽게 느껴진다.										
47	성공을 내 삶에서 중요하게 여긴다.										
48	나는 다른 사람의 호감을 얻기 위해 노력한다.										
49	나는 내 주장과 일을 과감하게 추진해 나간다										
50	매사에 느긋하고 소극적이고 수동적으로 임한다.										
51	나는 옳고 그름이 분명하여 비판적이다.										
52	나는 모든 것을 머리로 이해하고 판단한다.										
53	나를 알아주는 사람에게 충성과 헌신을 할 수 있다.										
54	나는 세상을 즐겁고 낙천적으로 살아간다										
소계											

구분(번호)	1 (개혁)	2 (조력)	3 (성취)	4 (예술)	5 (사색)	6 (충성)	7 (낙천)	8 (지도)	9 (중재)
소계									
합계									
성격 유형	가장 높은 점수 번호: / (높은 점수 좌우 중 높은 점수 번호)								

■ 에니어그램 성격 유형 검사 프로파일(/)

- 학번: • 성명:

	1 ( )	2 ( )	3 ( )	4 ( )	5 ( )	6 ( )	7 ( )	8 ( )	9 ( )	
40										40
38										38
36										36
34										34
32										32
30										30
28										28
26										26
24										24
22										22
20										20
18										18
16										16
14										14
12										12
10										10
	개혁	조력	성취	예술	사색	충성	낙천	지도	중재	

※ 번호 아래( )에 점수를 쓰고 해당 점수에 점을 찍으시오.

※ 찍을 점을 따라 선을 이어 꺾은 선 그래프를 완성하시오.

※ 이 검사지는 필자가 에니어그램 내용을 바탕으로 성격 유형을 알아보기 위해 임의로 제작했습니다.

※ 따라서 이 검사는 신뢰도나 타당도 면에서 검증되지 않은 자료라 하겠습니다.

※ 그래서 교사가 학급 학생들의 성격을 탐색하기 위한 최소한의 자료로 활용하면 좋겠습니다.

2부

1장

학생을 어떻게
이해해야 할까?

필자가 전주에 있는 한 중학교에 교사 연수 강의를 간 적이 있다. 학교에 들어가 관계자들과 인사를 나누고, 강의실로 가는 길에 연수 담당자가 있는 학년 교무실에 들렀다. 교무실 입구에 갔더니, 게시판에 눈에 띄는 그림 하나가 붙어 있었다. 잠시 그림을 보고 있자니, 참 서글프고, 아프고, 괴로움이 되었다.

이 그림은 바로 우리 학교 현장의 어려운 현실을 단적으로 보여주고 있었기 때문이다. '선생님들이 얼마나 어렵고 힘들었으면 이런 그림을 그려 붙여

두었을까?' 강의를 마치고 학교를 빠져나오는 순간에도 머리에서 지워지지 않았다.

요즘 교사들은 능력 면에서나 가지고 있는 지식의 양으로 보면 부족함이 없는 능력자들이다. 그래서 학교에서 지식을 가르치고 안내하는 일이라면 둘째가라면 서러운 분들이다. 그럼에도 학교 현장 선생님들은 어렵고 힘들다며 아우성이다. 더구나 요즘에는 젊은 교사들이 많은 꿈을 안고 학교 현장에 나왔다가 이직을 생각하고 있다고 한다. 교육을 지원하는 교육부나, 이를 현장에 옮기고 있는 교육 담당자들이 이런 현장의 소리와 어려움을 알아주면 좋겠다는 생각이다.

우리 교육 현장이 언제부터, 왜? 이렇게 어려운 환경에 놓이게 된 걸까? 이런 배경에는 여러 이유가 있겠지만 필자는 교육당국에서 하는 진단과 처방에 문제가 있어서라고 생각한다. 정치가들이 교육에 들어오면서 표를 의식해 점수를 얻으려고 했다. 그런 노력은 학생들을 피해자로 규정하고 학생인권조례를 제정하기에 이르렀다. 학생의 인권을 위해 만들었으니 출발점에서부터 교사들은 학생들을 괴롭히는 사람들 정도로 규정하고 만든 것이나 다름없다. 그래서 학생들이 권리를 찾고 부당에 맞서고, 거부하도록 부추겼다. 그런데 문제는 학생의 권리만 있는 것이 아니라 교사도 인권이 있고 교육을 정당하게 해야 할 권리가 있다. 인권조례를 만들려면 두 주체의 권리가 동시에 세워지도록 만들어졌어야 했다. 여기에 동조한 정치가와 교사들 스스로가 교육을 무너뜨려 놓은 주체가 아닌가 생각한다.

다음으로는 학교에서 해야 할 일들이 너무 많다는 점이다. 학교에는 교육과 관련된 사무 외에 교육이란 이름으로 행해지고 있는 일들이 너무 많다. 성(性) 관련 교육, 심폐소생술, 안전 관련 교육, 금연교육, 통일교육, 인권교육, 환경교육, 보건교육, 양성평등교육 등등 다 헤아릴 수 없을 만큼 많고 다양하다. 대부분 교사들이 의무적으로 참여해야 하는 연수들이다.

학교 현장이 이러다 보니, 교사들이 실제 학생들을 지도하고 다루는 기술 연마에는 신경 쓸 시간과 여유가 없는 실정이다. 그러다 보니, 교사들이 교육 외적인 곁가지들만 무성하게 갖고 있지, 정작 아이들에게 혜택이 돌아가도록 아이들을 케어하고, 어루만져 줄 만한 기술들을 갖고 있지 못하다. 그러니 교사들은 마치 총이나 칼이 없는 상태로 전장에 투입된 병사들과 같다. 그래서 교사들은 교육 현장을 맨몸으로 누벼야 한다. 그러니 교사들이 고달프고 힘들기 마련이다.

이런 상황에서 우리는 어떻게해야 성공적인 교직을 수행할 수 있을까? 교육 현장이 아무리 어렵고 힘들지라도 우리의 사명과 임무를 내팽개칠 수는 없다. 우리는 미래의 꿈둥이들을 가르치고 지도하는 교사들이다. 여기에서 포기하고 앉아 있을 수 없는 노릇이다. 교육은 그 자체로서 의미가 있을 뿐만 아니라 인류가 만들어낸 가장 소중한 자산 가운데 하나이기 때문이다. 그리고 우리는 이 소중한 일을 잘 수행해야 할 사명을 가진 사람들이기 때문이다.

그러면 우리는 이런 상황을 어떻게 대비하고 실행해 나가는 것이 지혜로운 일일까? 의사들은 질병이 많아지고 치료가 어려워지면 어려워질수록 공부하는 양과 연수 시간, 혹은 연구 시간을 늘린다. 마찬가지로 교사들도 학생 지도가 어려워지면 어려워질수록 학생 지도 방법을 더 열심히 배우고, 얻고 깨우쳐 나가는 것이 현명한 일이 될 것이다. 이런 방법 외에는 다른 방도가 없다. 교육당국자나 연수를 담당하고 있는 실무자들도 이런 관점에서 교사들에게 배우고 연구할 수 있도록 도움을 주어야 할 것이다. 교육학에서 다루고 있는 막연한 이론이 아니라 교사들이 교육 현장에서 실질적으로 사용할 수 있는 교육 기술들을 제공해야 한다는 말이다.

오늘날 우리 학교 현실은 예전에 비해 너무나 많이 달라졌다. 하지만 교사들은 대부분 교사들이 예전에 학교 다닐 때 보고, 듣고, 배우던 방식 그대로 답습하고 있는 실정이다. 학급 학생이 20명이면 20명, 혹은 30명이면 30명 전체를 일괄적으로 모두 같은 학생들로 간주하고 교육한다는 것이다. 그러니까 학생들 전체를 하나처럼 여기고 모든 학생들에게 똑같은 방법으로 지시하고, 돕고, 안내한다는 말이다. 이런 방법은 많은 학생들을 관리하고 교육할 수 있다는 점에서는 유용한 방법이라 할 수 있지만 오늘날처럼 달라진 교육환경에서 교육의 목표나 가치를 실현하는 데는 그다지 도움이 되지 않는다.

우리가 알고 있는 것처럼 학생들은 모두 각각 서로 다른 독특한 성격적 특성을 가지고 있다. 따라서 교육을 하려면 이 원리에 따라 학생 한 사람, 한 사람, 각자에게 맞는 교육이 필요하다. 그러기 위해서 교사는 학생들 개개인의 특성을 알 수 있는 교육 기술을 갖고 있어야 한다. 그런데 우리 학교의 현실을 보면 학생들의 특성을 파악하고 여기에 맞는 교육을 실천하는 선생님들이 별로 보이지 않는다. 교사들에게 좋은 교육기술들이 없다시피 하다 보니, 학교 현장이 어려울 수밖에 없다는 생각이다.

어떤 분들은 아직도 학교에서 지식만 가르쳐 주면 된다는 생각으로 오직 지식 전달에만 매진하는 분들이 있다. 그러다 보니 아이들이 교사의 예측이나 생각과 조금만 달라져도 '저 아이는 왜 저러지?', '저 아이는 또 왜 저렇고?'라는 고민과 푸념을 늘어놓게 된다. 그래서 어떤 선생님은 "우리 반에 저 녀석만 없으면 담임도 할 만한데, 정말 힘들어~" 라는 괴로움을 토로하기도 한다.

미안한 이야기이지만 이런 불편함을 느끼고 푸념을 입에 달고 사는 교사라면 교육의 전문가라고 할 수 없다. 전문가라고 하면 어려운 상황에서 전문가다운 기술과 능력을 보여줄 수 있어야 한다. 그런데 부끄러운 이야기지만 학교 현장에 있는 선생님 중에는 우리가 앞에서 살펴보았던 학생들의 특성을 아는 방법 자체를 모르고 있는 경우가 태반이다. 학생과 상담하는 모습을 보면 상담 기술을 갖고 있지 못해 학생들과 매우 사무적인 말만 하고 마치는 것을 볼 수 있다. 게다가 교사들은 여기에 관련된 책을 읽거나 공부를 하거나 연수에 참여하는 일도 드물다. 대부분의 교사는 전문가들이 지녀야 할 전문 교육 기술들을 연마하려고 하지 않는다.

교육당국도 비슷한 모양새다. 성 관련 연수나 심폐소생술은 평생 한 번 써먹을까 말까 하는 기술이다. 그런데 이런 연수는 매년 주기적으로 꼭 참여하도록 강요하고 있다. 그러면서 정작 중요한, 매일 사용하게 되는 학생 지도 기술은 교사들 자율에 맡겨두거나 평생 한두 번 연수시켜준다. 연수원에 개설된 연수 내용이 이를 증명해 준다. 연수원에는 수업방법론에 관한 연수는 많이 개설하고 있지만 정작 학생을 다루는 기술은 거의 없다시피 한다.

그러다 보니 선생님들은 학생들을 지도할 때에 오직 경험에만 의지해서 '저런 학생은 저렇더라', '이 아이는 원래 저래'와 같은 막연한 짐작으로 학생을 지도하고 있다. 그러다 보니 교사들이 학생들 지도에 어려움을 겪을 수밖에 없다고 생각한다.

교사들이 전문가라고 하면 마땅히 학생들의 특성을 알고 거기에 따른 합리적인 방법으로 교육할 수 있어야 한다. 그러기 위해서는 교사들이 먼저 본서에서 다루고 있는 학생들의 성격적 특성을 아는 방법을 필수적으로 공부해야 한다. 그리고 좋은 교사가 되기 위해서라면 학생을 이해할 수 있는 방법이나 혹은 학생 심리를 아는 일에 관심을 가져야 한다. 관련 서적을 찾아 읽고 공부하고 연수프로그램을 찾아 참여해야 한다. 이 책은 이러한 관점에서 기획되고 이 분야에 목말라하는 교사들을 위해 쓰게 되었다. 이분들의 교육 열정에 에너지를 주고 싶고, 교사로서 사명을 이룰 수 있도록 도와주기 위해 시작했다.

요즘에는 많은 사람들의 노력 덕분에 사람의 성격 특성과 심리 상태를 알 수 있는 방법들이 잘 나와 있다. 다만 이를 상담을 전문으로 하는 사람들에게나 필요한 것으로 인식하고, 교육에 관련된 분들이 이를 가볍게 여기는 경향 때문에 활용되지 못하고 있다. 혹은 이런 내용을 잘 몰라서 접근조차 하지 못하고 있는 분들도 있다. 그래서 좋은 자료들이 잘 활용되지 못하고 있는 실정을 안타깝게 여긴 필자가 여기에 기술하게 되었다.

그래서 필자는 가장 단순하게 사람의 성격적 특성을 분류하는 방법에서부터 깊은 내면을 들여다볼 수 있는 학생 심리 이해 방법들을 정리하고 있다. 앞에서 사람의 성격적 특성을 다루었으니, 여기에서는 학생의 현재 심리를 알 수 있는 방법들을 전개하려고 한다.

교사들이 학생들을 지도할 때에 어려움을 만나게 되거나 한계에 부딪히는 이유 가운데 핵심은 학생의 마음을 읽지 못한다는 점이다. 따라서 교사들이 이런 도구를 알고 학생들 지도에 적용하게 되면 아이들을 개인별로 잘 이해하게 될 뿐만 아니라 그 학생에게 맞는 아주 적절한 교육을 제공할 수 있게 될 것이다. 그러면 교사들은 학생이나 학부모가 만족하는 교육을 제공하는 유능한 교육전문가가 될 것이다.

그러면 이제 교사들이 학생을 이해할 수 있는 학생들의 심리상황을 알 수 있는 자료들을 다루려고 한다. 한 개인의 현재와 과거의 마음 상태, 즉 그 사람의 마음을 형성하고 있는, 마음 안에 자리하고 있는, 그 상황을 파악하는 도구들을 다루려고 한다. 단순하게 말하면 사람의 심리를 파악하고 이해하는 도구를 다루겠다는 말이다.

다소 내용이 많은 감이 있으나 묵묵히 따라오면 매우 경이로운 경험을 하게 될 것이다. 만일 교사라고 하면서도 여기에서 다루고 내용을 모르고 가르침에 임하는 교사가 있다면 이는 전혀 준비되지 않은 상태에서 올림픽에 나가려는 사람과 같을 것이다. 따라서 교사직을 성실히 하고 의미 있게 수행하고 싶은 선생님들이라면 여기에서 제시하고 있는 방법과 내용을 충실히 공부할 필요가 있다. 그러면 교사로서 자존감을 갖게 될 것이며 학생들로부터 칭찬과 존경을 받는 교사가 될 것이라고 확신하는 바이다.

2부에서 안내할 도구는 먼저 집이나 사람, 나무를 그리는 그림 HTP(House, Tree, Person) 검사와 해석을 다루고, 그다음으로 도형을 그리는 것을 통해서 마음을 읽고 이해하려고 한다. 그다음으로 사람이 선호하는 색채(Color)를 통해서, 그다음에는 아로마(향기)를 통해서 사람의 마음을 들여다보는 방법을 다루려고 한다. 그러면 먼저 HTP에 대한 설명이다.

2장

그림을 통한
학생 심리 이해

20세기 초 정신분석학자 프로이트와 융은 예술적 표현은 정신세계와 깊은 연관이 있다고 주장했다. 이러한 생각을 바탕으로 벅(Buck)이라는 사람은 1948년 투사적 그림 검사법 HTP(House, Tree, Person), 즉 그림을 이용하여 사람의 정신세계를 들여다보는 방법을 개발했다. 그는 사람이 그리는 그림에는 개인의 심리적 현실 또는 주관적 경험이나 욕구 등이 담겨 있다고 보았다.

1949년 마코버라는 사람 역시, 그림은 사람이 자신을 어떻게 지각하는가에 대한 표상이라고 보았다. 그리고 그는 사람의 신체를 그리는 그림에는 사랑의 충동, 불안, 갈등, 및 보상적 욕구가 표현되어 있다고 생각했다. 이 외에도 많은 전문가들은 그림에는 그리는 사람의 심리 상태가 그대로 담겨 있다고 생각했다.

그림에 대한 이러한 가정과 생각은 많은 발전과 진보를 거듭하면서 최근에는 사람을 이해하는 좋은 도구로 사용되고 있다. 그래서 미술치료 전문가나 상담을 전문으로 하는 사람들은 이를 통해 사람들이 겪고 있는 어려움을 돕고, 심리적인 고통에서 벗어날 수 있도록 도와주고 있다.

필자는 이런 유용한 자료들이 전문가들의 전유물로만 취급되어서는 안 된다고 생각한다. 교사들도 이런 자료를 통해서 학생들의 마음을 들여다보고 지도할 수 있어야 한다고 생각한다. 그래서 교사들도 적절한 훈련을 거쳐 사용하게 되면 매우 유용한 교육 도구가 될 것이라고 확신한다.

그림을 활용한 심리 이해에는 여러 가지 장점이 있다. 우선 자극에 대한 의미나 정답을 제시하지 않아 내담자가 자기를 방어하거나 왜곡하는 일이 적다는 점이다. 그리고 반응의 자율성이 높아 개인의 독특한 문제가 제한 없이 담기고, 드러나게 된다는 점이다. 따라서 이를 교사들이 교육에 적절하게 활용하면 학생 지도에 상당한 효과를 얻을 수 있다.

1. 검사 방법

1) 검사 도구

그림을 그릴만한 A4용지, 필기구, 색연필, 크레용, 지우개

2) 안내문

- 주어진 도구로 집이나 나무, 사람, 가족 등의 그림을 자유롭게 그리도록 안내한다.
- 그림을 잘 그리거나 혹은 못 그린 것에 대한 감상이나 평가가 아니라는 점을 설명한다.
- 마음이 가는 대로 편안한 상태에서 원하는 대로 그림을 그리도록 안내한다.

2. HTP(House, Tree, Person)검사와 해석

앞에서 말했던 것처럼 그림에는 그림을 그리는 사람의 마음 상태, 혹은 그 사람이 가진 생각의 주안점, 또는 욕구 등이 잘 담겨 있다. 따

라서 학생이 그려놓은 그림을 보면 지금 학생이 지니고 있는 내면의 정보를 상당히 읽어낼 수 있다.

하지만 여기에서는 지면 관계상 미술치료에서 사용하고 있는 많은 내용을 모두 다 담을 수는 없다. 그래서 학교에서 교사들이 학생들과 상담하고 지도하는 데 필요한 요긴한 내용만 다루려고 한다. 또한 저자가 상담하면서 알게 되었던 유익한 내용만을 담으려고 한다. 그래서 여기 내용은 매우 제한적인 내용이지만 또한 매우 핵심적인 요소들이라 하겠다. 따라서 교사들이 여기에서 제공하는 내용만 숙지하더라도 학생을 알고 지도하는 데 상당한 도움이 될 것이다. 그뿐만 아니라 전문가로서 교사 역할 수행하는데 좋은 무기를 소지하는 일이 될 것이다.

그림을 활용한 심리 이해는 여러가지 많은 장점들을 가지고 있다. 하지만 여기에도 유의해야 할 점이 있다. 우선 여느 상담과 마찬가지로 교사의 많은 임상 경험을 요구한다. 그래서 교사들이 이 책의 내용을 바탕으로 임상경험을 많이 해 보고 적용해 볼 것을 권한다. 그런 다음, 교사가 그림 해석 방법에 익숙해지면 상담의 질과 내용이 상당히 달라지고 깊어질 것이다. 또한 보통의 교사들이 다룰 수 없는 상당한 수준의 상담을 할 수 있게 될 것이다. 그러면 학생들에게 차원이 다른 도움을 줄 수 있을 뿐만 아니라 교사 스스로 교사의 자존감이 올라가는 것을 느낄 수 있을 것이다.

그다음으로는 교사가 학생이 그려놓은 그림만을 가지고 학생 내면의 단면을 추론한다거나 맹목적인 분석에 따라 해석해서는 안 된다는 점이다. 때문에 그림을 그린 다음, 적절한 질문을 하고, 이때 학생이 설명하는 말을 통해 행동을 관찰하고 검사 태도 등을 지켜보는 노력이 있어야 한다. 그런 다음, 다른 심리검사 결과들과 함께 종합적으로 해석하는 것이 바람직하다. 이제 그림을 어떻게 해석하는지 그 방법을 알아보자.

그림 해석 방법으로는 전체적 분석과 형식적·구조적 분석, 그리고 내용을 분석하는 방법이 있다. 이 순서로 설명해 보겠다.

1) 전체적 분석

전체적인 분석은 인상주의적 해석 방법이라고도 하는데, 눈에 처음 들어오는 그림의 모양이나 형태를 살피는 것이다. '그림이 주어진 주제의 범위 안에서 적절하게 그려졌는가? 혹은 한편으로 치우치거나, 지나치게 크거나 작게' 그리고 '그림의 전체적인 인상이나 느낌, 조화가 잘 이루어졌는가?(피검자의 성숙도와 비교)'를 살핀다.

다음으로는 '그림에서 일상적이고 평범한 것으로부터 특별하게 이상한 점은 없는가?'를 살펴본다. 예를 들어 무엇인가 공허하게 보이는 부분은 없는가. 혹은 왠지 불안정한 느낌이 드는 부분은 없는가? 아니면 감정이 강하게 실려 있는 그림, 예를 들면 몹시 화가 나 있는 것 같은 인상을 주는 점은 없는가? 등을 살피는 것이다. 그러니까 그림에서 느껴지는 직관적인 느낌을 반영한 해석이라 하겠다.

여기에서도 유의할 점은 인상적인 관점을 가지고 학생의 심리적 특성을 이것이라고 단정해서는 안 된다는 것이다.

2) 형식적 · 구조적 분석

여기에서는 '그림을 어떻게 그렸는가'를 분석해 보는 것이다. 먼저 그림을 그려 나가는 순서를 잘 살펴보는 것이다. 필자의 경험으로 봤을 때, 먼저 그리는 그림은 그 사람에게 가장 중요하고 가치 있는 내용이라는 사실이다. 그러니까 그리는 사람의 삶에서 의식 체계나 가치, 생각의 영역에서 가장 많은 부분을 차지하고 있는 정보라 하겠다. 따라서 교사는 그림 그리는 순서를 잘 살펴야 한다.

그다음은 그림의 크기이다. 그림의 순서와 마찬가지로 그림의 크기는 그 사람의 생각의 크기, 혹은 가치의 크기를 암시한다고 보면 좋다. 따라서 크기는 그 사람의 내면에서 가치 있게 여기는 것의 비중을 보여준다고 하겠다.

그다음으로는 그림의 위치인데, 도화지를 대략 9 등분하여 중앙에 그리는지 아니면 좌─상하나, 우─상하, 그것도 어느 한 모퉁이에 그려졌는지 등을 살피는 것이다. 위쪽은 가족 내에서 리더, 아래쪽은 힘에서 아래, 억울함이나 침체된 관계라 하겠다. 그리고 왼쪽 그림은 침체성과 내향성, 그리고 시간상으로 과거, 중앙은 현재, 오른편은 현재 이후의 상황, 그리고 활동성과 외향성으로 해석할 수 있다.

이런 관점에서 그림을 살피더라도 학생의 실제 마음과 가깝도록 읽어내고 해석하기 위해서는 느낌만으로는 부족하다. 학생과 충분한 대화를 통해 짐작이 되는 부분에 대해 설명을 요청하든지, 아니면 주변 그림과 비교해서 색다른 의미를 주고 있는 것은 없는지 함께 파악하는 것이 중요하다. 여기에서도 마찬가지로 주의할 점은 다른 임상 보조자료가 없는 상태에서 일대일로 해석하는 일은 바람직하지 않다는 것이다. 반드시 가설을 뒷받침할 만한 다른 가설이 있는지 확인하는 노력이 필요하다.

3) 내용 분석

내용 분석은 그림이 담고 있는 고유한 의미와 상징을 바탕으로 내담자의 내면을 읽고 해석하는 것을 말한다. 이는 미술심리상담에서 가장 중요한 부분이라고 하겠다. 내담자가 그린 그림을 바탕으로 이 상징성과 의미를 어떻게 읽고 해석하느냐에 따라 상담의 깊이와 질을 결정하게 된다. 따라서 여기에는 상담가의 능력과 임상경험이 매우 중요하다고 하겠다. 이러한 작업의 효과를 위해서는 다음에 설명하고 있는 그림의 의미와 상징을 충분히 알고 숙지하는 것이 필요하다.

3. 검사 시 태도와 소요 시간에 대한 해석

상담자가 제시한 그림은 5분~7분 내외에서 그리는 것이 적당하다. 얼른 그리지 못하고 머뭇거리고 있으면 이는 일단 그 그림에는 특별한 의미가 있거나 스스로 내적인 갈등을 겪고 있다고 볼 수 있다. 그림을 그리느라 10분 이상 소요되면 완벽을 기하거나 지나치게 소심한 성격의 소유자라고 할 수 있다. 더 확장해서 해석해 본다면 강박증적인 경향을 지니고 있다고 하겠다.

그림을 그리라고 하면 이런저런 질문을 하면서 조심스러운 태도를 보이는 경우가 있는데, 이런 경우, 자신감의 결여나, 의심이 많고, 자기의 연약한 부분을 감추고 싶은 마음이 있다고 볼 수 있다. 역시 강박증을 가진 사람이라고 생각해 볼 수 있다.

또 그림이 어렵다, 못 그린다. 등과 같은 말을 하면서 그리기를 머뭇거리거나, 불편하게 여긴 경우, 자존감이 낮거나, 비난을 두려워하거나 우울한 감정을 지닌 상태라 할 수 있다.

그림을 그리는데 아예 그리지 않겠다고 하고, 반항하고 거부하는 학생인 경우, 수줍음, 불안, 회피, 우울, 완고한 성격의 소유자라 할 수 있다.

4. 그림을 그리는 순서와 태도에 대한 해석

일반적으로 사람이 사람의 모습을 그릴 때, 정상적인 경우, 대부분 머리나 얼굴에서 시작하여 순서대로 그려 나간다. 그리고 남성은 남성을, 여성은 여성을 먼저 그린다. 그런데 이런 순서를 따르지 않고, 발을 먼저 그리고 나서 몸통을, 혹은 손을 먼저 그리고 나서 몸통을 그린다든지, 아니면 손이나 발을 먼저 그리고, 팔, 다리, 무릎, 몸통, 머리, 순서로 그리는 경우가 있다. 이런 경우, 사고장애나 전반적 발달장애를 가진 사람들에서 잘 관찰되는 특성들이다.

또 그림을 그릴 때 얼굴의 내부, 즉 눈이나 코, 입 등을 먼저 그리고 윤곽이나 얼굴 테두리를 나중에 그린 경우, 이런 경우 대체로 대인관계에서 문제가 있거나 타인과 정서적 접촉을 좋아하지 않은 마음 상태에서 그린 그림이라고 해석할 수 있다.

그리고 동성(同性)을 먼저 그리지 않고 이성(異性)을 먼저 그린 경우, 이성에 대한 관심을 많이 갖고 있는 상태이거나, 이성과 교제를 생각하면서 현재 심리적으로 상당히 밀착된 경우라 할 수 있다. 그렇지 않으면 마음에서 성적 역할을 수용하지 못하거나 동성애에 관심을 갖고 있을 가능성도 있다고 하겠다.

그림을 그렸다가 지우기를 반복한 경우가 있는데, 이때 교사는 그 수정하는 태도에 주안점을 둘 것이 아니라 처음 그렸던 그림과 두 번째 그림에서 달라진 모습에 주목해야 한다. 예를 들면 처음에는 체격이나 키가 작은 사람을 그렸다가 다시 지우고는 키가 크고 건장한 사람을 그린 경우, 또한 그 반대인 경우, 이 차이를 관심 있게 보는 것이다. 이는 학생이 본질적으로 열등감을 가지고 있었는데, 문득 그런 자기 자신이 초라하게 보일까 봐 일부러 강하게 보이고 싶은 마음이 작용한 것으로 볼 수 있다.

또한 그리는 순서에도 관심을 가지는 것이 좋다. 예를 들면 그리는 학생이 남성인데, 그림을 그리면서 먼저 크고 위협적인 여성을 그린 다음, 그 곁에 움츠리고 있는 작은 남자를 그린 경우가 있는데, 이런 경우, 여성에 대해서는 위협적인 이미지를 갖고 있지만, 남성에 대해서는 위축되고 수동적인 존재라는 이미지를 갖고 있다고 추론할 수 있다.

학생이 그림을 그리다가 꾸준한 속도나 리듬을 타지 않고 중간에 속도가 느려지거나 에너지 수준이 감소하는 경우가 있는데, 이런 학생은 현재 에너지가 필요한 상태로 쉽게 지치고 피로감을 느끼는 사람이거나 심적 에너지가 매우 적은, 혹은 현재 우울감을 느끼고 있는 상태라 하겠다.

반대로 처음에는 윤곽선만 겨우 그렸다가 점차 적극적으로 정교하게 그리기 시작한 경우, 이런 사람들은 심리적 자극을 받으면 연상과정이 활발해지고 심적 에너지 수준이 높아지는 사람으로 해석할 수 있다. 따라서 긍정적인 자극을 에너지원(源)으로 사용하고 있는 경우라 하겠다.

5. 그림 크기에 대한 해석

그림의 크기는 피검자의 자기 존중감, 자아 팽창 여부, 과대(소)평가 여부, 또는 공격성, 충동적인 성향 행동화 가능성에 대한 단서를 제공해 준다. 그림 크기 기준은 제공된 그림 용지를 기준으로 해서 생각해 볼 수 있는데, 일반적으로 용지 크기 내에서 그려지는 그림의 크기를 생각해 보면 그 크고 작음을 어느 정도 가늠해 볼 수 있다.

먼저 주어진 용지와 비교해서 지나치게 크게 그린 경우, 용지에 따라 자기표현을 적절히 조절하지 못하고 있는 것으로 볼 수 있다. 따라서 현재 학생의 내면에 공격성이나 충동 조절에 문제가 있다고 하겠다. 그림이 지나치게 클 경우, 충동성이 곧 폭발할 가능성도 있다고 볼 수 있다.

반대로 보통보다 훨씬 작게 그린 그림인 경우 자아가 위축된 상태로 해석해 볼 수 있다. 불안이나 걱정이 많아 에너지 수준이 낮고, 심한 우울증, 열등감, 자기 억제, 자신감이 낮고, 자기 효능감이 부족하고 수줍음과 사회적 상황에서 불안정감, 고립감을 느끼고 있는 상태라고 해석할 수 있다.

6. 왜곡 및 생략, 운동감

그림의 형태가 왜곡되거나 지나치게 생략된 경우, 내적인 갈등이나 불안을 시사하며, 특정 부분의 생략이나 왜곡은 피검자의 내적 갈등이 무엇과 관련된 것인지 추론할 수 있는 단서가 되기도 한다. 왜곡 형태가 매우 극단적으로 나타날 경우, 부정적인 자기 개념, 현실 검증력의 장애, 정신 지체, 뇌 손상 등과 같은 상황과 연결 지어 생각해 볼 수 있다.

그림에 운동감을 표현하도록 주문해 보면 우울감을 느끼고 있는 사람은 움직임을 잘 표현하지 않는다. 반대로 지나치게 활발한 운동성을 나타낸 그림은 ADHD 아동들이 주로 그려낸다. 적당하게 보편적으로 동적인 모습을 양호하게 표현한 경우, 내적 자신감, 활발함, 진취적인 성향을 나타낸 것이라 해석할 수 있다.

7. 집 그림 검사와 해석

1) 집 그림 검사 안내

- 주어진 용지에 집(House)을 그리시오.
- 그림을 그리는데, 시간이나 조건은 따로 없습니다.
- 굳이 시간을 말하면 약 5~6분 안에 그리는 것이 좋습니다.
- 종이는 가로 방향으로 해서 그리면 좋습니다.

2) 해석을 위한 질문

- 이 집은 무슨 집인가요?
- 이 집은 몇 년 정도 되었나요?
- 이 집에는 누가 사나요?
- 집안 분위기는 어떤가요?
- 얼마나 튼튼한 집인가요?
- 이 집의 온도는?
- 지금 이 집의 계절은?
- 이 집은 앞으로 어떻게 될 것 같나요?

3) 해석 시 유의할 점

- 사후 질문 → 면접 → 검사 태도 관찰 → 다른 심리검사 결과와 병행하여 해석한다.
- 그림만을 가지고 성격의 단면을 추론하는 맹목적인 분석과 해석은 안 된다.

4) 집 그림 이해와 상징

- 가족 내 관계와 역동성, 그리고 애착, 대인관계에 대한 정보를 얻을 수 있다.
- 개인만의 내적 공상에 대한 정보를 얻을 수 있다.
- 관찰 순서는 문 → 창문 → 벽 → 지붕 → 굴뚝→ 계단 → 지면과 닿는 선 → 집을 보는 관점 → 부수적인 그림 순으로 살펴본다.

5) 집 그림 내용분석

꿈에서 집은 자기 자신을 상징한다. 따라서 그림에서 집 역시, 자기 자신을 그려놓은 것으로 해석할 수 있다. 집의 튼튼함과 훼손, 혹은 구성 등은 그 사람의 육체 상태를 보여준다고 보면 된다. 이런 관점에서 보면 지붕은 머리, 집의 크기는 몸, 문은 가슴, 집으로 들어가는 길은 발과 같은 상징으로 이해하고 해석한다.

(1) 문

문은 집과 외부 세계를 연결하는 통로서 세상과 자기 자신 간의 접근 가능성을 볼 수 있다. 문에서는 모양과 크기, 문고리 등을 살핀다.

문의 크기를 지나치게 크게 그린 경우, 타인과의 관계에 지나친 비중을 두거나 타인의 인정에 과도하게 예민하거나 혹은 불안하지만 이를 과잉 보상하려는 것으로 해석할 수 있다.

문이나 손잡이가 없는 그림은 외부 세계나 타인과 관계에 대한 욕구는 있으나 현재 거부하고 있는 상태로 사람 만나는 것을 조심조심하고 있다. 대문이 없고 쪽문만 그린 경우, 세상과 관계 맺는 것에 대해 염려를 갖고 있는 것으로 해석할 수 있다.

(2) 창문

창문은 대체로 세상을 내다보고 타인이 집 안을 들여다보는 통로로 이해하는 것이 좋다. 창문의 개수는 하나에서 두세 개, 그리고 크기가 건물 전체 크기에 비해 적당하고, 커튼으로 가려 있지 않으면 무난한 마음 상태라 할 수 있다.

집에 창문이 없는 경우는 사람과 소통이 없거나 대인관계에 대한 주관적 불편감, 혹은 심리적으로 대인관계 속에서 위축되었을 가능성이 있다. 창문이 커튼으로 가려진 경우, 자신에게 상처가 있거나 혹은 상처받지 않기 위해 보호하려는 방어적인 태도를 취하고 있음을 나타낸다.

반대로 집에 창문이 많은 그림은 자신을 과도하게 개방하고 타인과 관계를 맺고자 하는 욕구가 강하다고 하겠다. 또한 타인에게 인정받고 싶은 마음과 스스로를 보여주고 싶은 욕망이 강한 것으로 해석할 수 있다.

그리고 창문이 지나치게 큰 경우, 타인의 의견이나 사회적 인정, 수용에 지나치게 의존적인 경향을 보일 수 있다. 또는 타인과의 관계에 지나치게 비중을 두고 있어 자신을 소홀히 여길 수 있다.

(3) 벽

벽은 외적인 위협은 물론 정신적으로 자기를 보호하는 도구로 해석한다. 벽의 모양과 상태는 자아 강도와 자아 통제력, 자기 건강 상태 등을 짐작해 볼 수 있는 도구이다.

벽이 허술하게 그려진 경우는 자아 인식과 주체적인 의지가 약화되어 있고 자아 통제력이 취약해져 있거나 건강에 문제가 있는 것으로 볼 수 있다. 벽이 없거나 기울거나 쓰러진 형태의 벽은 건강상태, 자아 붕괴, 자아 통제력의 상실, 현실 검증력의 손상, 정신 분열적인 문제가 있을 수 있다. 벽돌이나 돌, 통나무 등으로 벽을 자세하게 그린 그림은 사소한 것에 대한 과도한 집착, 자기 통제감을 유지하려는 강박적 완벽주의적 경향이 있다고 해석할 수 있다.

(4) 지붕

지붕은 집에서 맨 위에 있는 것으로 사람에게 있어 머리, 즉 뇌 활동에 관한 정보로 해석하면 좋다. 그러니까 머리에서 이루어지고 있는 내적인 두뇌 활동, 자기 자신의 생각이나 관념, 기억과 같은 내적 인지과 정과 관련된다. 지붕을 지나치게 강조해서 그린 것은 내적 공상에 몰두하거나 자폐적 공상 혹은 우울한 아동에게서 보이는 형태이다.

지붕을 크게 그린 경우는 대인관계에서 좌절감을 겪고서 위축되어 내면의 공상 속에서 즐거움과 욕구 충족을 추구하고 있는 상태 혹은 자폐적 공상에 과도하게 몰두하는 경향 상태로 볼 수 있다.

기와나 널빤지 등으로 정교하게 표현한 지붕인 경우, 강박적인 경향, 이를 통해 통제, 내적 불안감을 느끼고 있는 상태로 해석할 수 있다.

또 지붕에 창이나 문을 그린 경우는 자폐적인 공상 세계에 몰두해 있는 정신 분열증, 자폐적 공상이 더 활발하다고 해석할 수 있다. 지붕을 그리지 않은 경우는 사고장애, 현실 검증력의 장애 상태라 해석할 수 있다.

(5) 굴뚝

굴뚝은 가족 내의 관계와 분위기, 가족 간의 애정과 교류 상태를 보여주는 정보로 해석한다. 굴뚝에서 연기가 나는 그림은 가정 내 불화나 정서적 긴장감을 보여주고 있다. 너무 짙고 많이 그린 그림은 애정이나 따뜻함에 대한 과도한 욕구와 관심, 좌절감, 결핍감을 느끼고 있는 상태로 해석할 수 있다.

(6) 집을 그린 관점

집에 대한 관점은 현재 가정형편이나 상황에 대한 감정을 나타내는 것으로 해석한다. 집을 조감도처럼 멀리 내려다본 그림은 집안에 대한 불만감, 혹은 현재 상황에서 벗어나고 싶은 욕구를 느끼고 있다고 볼 수 있다. 또는 집과 멀리 떨어지고 싶은 마음이 반영된 그림이라 하겠다.

이 그림은 부모와 함께 살고 있는 대학생의 작품인데, 이제 대학생이 되었으니, 부모에게서 독립하고 싶은 마음이 있다고 했다.

8. 나무(Tree) 그림 검사와 해석

1) 나무를 그려봅니다

- 시간이나 조건은 없습니다.
- 종이는 세로방향으로 그리면 좋습니다.
- 굳이 시간을 말하면 약 3~5분입니다.

2) 해석 전 이해 질문

- 이 나무는 무슨 나무인가요?
- 나무의 나이는 몇 년이나 되었을까요?
- 이 나무의 건강 상태는 어떤가요?
- 이 나무는 어느 계절을 살고 있나요?
- 이 나무는 앞으로 어떻게 될 것 같나요?

3) 해석 시 유의할 점

앞에서 자주 언급했던 것처럼 그림만을 가지고 학생의 심리 단면을 추론하고, 느낌에서 오는 맹목적인 분석에 의한 해석은 안 된다. 이를 방지하기 위해 사후에 질문을 하고, 검사 태도나 상담에 임하는 행동 등을 잘 관찰하고, 여타의 다른 심리검사 결과들과 병행해서 해석하는 것이 바람직하다.

4) 해석관점

- 나무의 뿌리, 기둥, 가지, 잎, 열매, 나무의 나이 등을 통해 학생의 무의식적인 핵심 감정과 심층적인 수준에서 자기와 자기 개념을 알아낼 수 있다. 나무의 나이는 피검자의 심리적, 정서적, 성격적 성숙 정도의 지표로 해석할 수 있다.

5) 나무뿌리

뿌리는 자기 자신의 근본적인 존재에 대한 근거, 안정감 등의 정보로 이해한다. 뿌리가 땅으로 덮여 보이지 않게 그린 경우는 안정감을 느끼고 있는 상태라 볼 수 있다. 반대로 뿌리를 강하게 강조해서 그린 경우는 자신에 대한 불안정감을 과도하게 보상받으려는 마음 상태라고 하겠다. 또 뿌리를 뾰족하게 그린 경우, 자아가 붕괴할 것 같은 심한 공포나 두려움을 느낀 상태라 해석한다.

6) 나무 기둥

나무의 기둥은 학생의 성격 구조가 얼마나 견고한지, 혹은 내면화된 자기 대상의 힘을 짐작해 볼 수 있는 자료다. 지나치게 두껍고 크게 그린 경우는 취약한 자아 강도로 인해 불안감을 느끼고 있다고 볼 수 있다. 기둥이 너무 굵게 그린 사람은 고집이 세고, 보수적이고, 융통성이 없는 사람이라 할 수 있다. 기둥의 윤곽선이 지나치게 강하게 표현된 경우는 자기방어적 경향을 보이고, 반대로 흐리고 연한 경우, 자아의 붕괴에 대한 긴박감, 강한 불안감을 느낀 상태라 하겠다.

또 기둥이 휘어지거나 기울어진 그림은 외적인 요인에 의해 자아의 힘이 손상을 받았거나, 압박을 느끼는 상태라 볼 수 있다. 그리고 나무 기둥을 종이 밑면까지 그린 경우는 미숙하고 퇴행적, 의존적인 성향, 자기부적절감, 우울감 등을 느끼고 있는 상태라 하겠다.

나무에 옹이를 그린 것은 성장 과정에서 경험한 큰 외상적 사건, 혹은 마음에 지울 수 없는 큰 상처 경험이 있다는 것을 보여주고 있다. 옹이의 크기에 따라 그 상처의 크기도 짐작해 볼 수 있다. 필자의 상담 경험으로 보면 나무 기둥에 흠이 있거나 옹이의 크기와 진함에 따라 내담자의 마음에 입고 있는 상처나 아픔의 강약을 알아낼 수 있었다. 심지어 정신과적인 치료를 받고 있는 분도 만날 수 있었다. 기둥을 해석할 때 관심 있게 봐야 할 부분이라고 생각한다. 또한 나무 기둥에 긁힌 흔적이 있는 경우도 이와 비슷하게 해석할 수 있는데, 최근 마음에 상처나 부담, 불편을 겪었음을 보여주는 자료라고 보면 된다.

기둥을 안 그리고 가지와 잎만 그린 그림은 자아의 강도가 극도로 약화 돼 있어서 정신적으로 문제를 겪고 있는 정신증적 상태라 하겠다. 그리고 나무가 잘려 나가고 그루터기만 그린 그림은 심리적으로 유약하고, 매우 위축되어 있어 우울감을 느끼고 있는 상태라 하겠다.

7) 나뭇가지

나뭇가지는 일반적으로 삶 속에서 누릴 수 있는 자원의 정도, 내적 자신감, 그리고 타인과 접촉하는 데 필요한 여건, 혹은 현재 상황에 대처할 수 있는 능력, 지금보다 나아질 수 있는 가능성 등과 관련지어 해석할 수 있다.

나뭇가지가 좌우로 완벽하게 대칭을 이루도록 그린 그림은 무슨 일이든지 완벽하게 균형을 유지하려고 애쓴다고 하겠다. 따라서 융통성이 부족하고 경직되어 있으며 늘 주변을 경계하는 경향이 보인다고 해석할 수 있다.

나뭇가지의 크기를 지나치게 크게 그린 경우, 성취동기나 앞으로 포부 수준이 매우 높다고 하겠다. 반대로 너무 작게 그리면 주변에서 바라거나 요구 사항에 자기 능력이 미치지 못해 자신이 없고 불안을 느끼거나 부족한 점에 대해 보상하려는 심리가 있다고 해석할 수 있다. 또한 상황대처에 수동적이며 스스로 억제하고 있다는 심리를 보여준다. 또한 가지가 지나치게 주변으로 뻗은 경우는 현재 환경을 만족하지 못하거나 자기 공상 속에서 만족을 얻으려는 상태라 하겠다.

나뭇가지 끝을 날카롭게 그린 것은 내면에 적대감, 공격성이 담겨 있다고 하겠다. 만일 나무를 매우 크고 진하게 그리면서 가지가 날카롭게 그려졌다면 공격성을 행동화할 가능성이 있다고 보면 좋다. 가지가 땅에 닿을 정도로 휘어진 그림은 우울감과 무기력, 상호 작용이 상당히 억제되어 있다고 하겠다.

나뭇가지를 그리지 않은 그림은 사회적으로 심한 위축, 우울감 등을 경험하고 있는 상태라 하겠다. 잎이 땅에 떨어져 있거나 열매가 떨어진 그림은 타인과 상호 작용에서 좌절을 겪었거나 이로 인해 정서적인 어려움을 느끼고 있다고 해석할 수 있다.

8) 나무에 딸린 부속물

나무를 그리면서 열매, 꽃, 새, 둥지, 그네 등을 곁들여 그리는 경우는 일반적으로 아동의 그림에서 많이 나타나는데, 세상과 상호 작용에서 느낀 불안을 보상받으려는 욕구가 나타난 것으로 해석할 수 있다. 과일은 사랑과 관심을 받고 싶거나 주고 싶어함을 의미한다고 본다.

9) 나무의 나이

나무의 나이를 자신보다 어리게 그린 경우 자신의 나이보다 미성숙한 상태로 해석할 수 있고, 반대로 자신보다 많게 그린 경우 자기 자신을 과시하고 싶은 심리가 작용한 것으로 볼 수 있다.

9. 사람 그림 검사와 해석

사람(Person)을 그리는데, 세로방향 종이에 얼굴만 그리는 것이 아니라 전신을 그리도록 안내한다. 자유롭게 그리되, 다만 만화나 막대형으로 그리지 말도록 안내한다. 그림이 모두 그려지면 해석하기 전에 다음과 같은 질문을 통해 해석의 깊이를 더하는 자료를 얻도록 한다.

- 이 사람은 누구인가요?
- 성별은?
- 지금 나이는 몇 살이나 되었나요?
- 이 사람은 지금 무슨 생각을 하고 있나요?
- 이 사람의 장점은 무엇인가요?
- 이 사람의 단점은 무엇인가요?
- 이 사람에게 바라는 점은 무엇인가요?

　사람 그림의 관점은 의식적인 수준에서 자기 개념, 자기 표상, 자신에 대해 갖고 있는 태도들이 투사되어 있다고 보는 것이다. 사람의 그림은 일반적으로 머리에서부터 얼굴, 목을 통해 몸통이 잘 연결되어 있어야 한다. 전체적으로 봐서 균형을 잘 이루고 옷을 입고 있는 형태로 그려져야 정상적인 그림이라 하겠다. 해석하는 순서는 얼굴, 상반신, 하반신, 팔·다리 순서로 해석해 나간다.

　그림을 전체적으로 살펴봤으면 이제는 그림의 주인공이 누구인지 살펴본다. 첫 번째 질문을 통해서 학생이 자기를 그렸는가 혹은 타인을 그렸는가 확인한다. 타인을 그린 경우, 그 이유를 물어볼 필요가 있다. 설명을 들어본 다음, 그림에 대한 형태를 살펴보는데, 마녀나 귀신처럼 비현실적인 인물을 그린 경우는 현실 적응에 어려움을 느끼고 있거나 대인관계에 적대감을 가지고 있다고 볼 수 있다. 또한 광대나 만화처럼 우스꽝스러운 모습을 그린 경우에는 자존감이 낮아 열등감을 느끼고 있어 충동적으로 행동할 가능성 있다고 볼 수 있다.

　다음은 인물의 나이에 대한 해석인데, 인물의 나이가 +−5년 미만인 경우 적절한 것으로 간주한다. 그렇지 않고, 그림의 나이가 5년보다 적을 경우, 성격적으로 미숙한 상태라 할 수 있고, 또 그림의 나이가 5년 보다 많을 경우는 내적인 성숙과 관련된 느낀 불안감을 과잉 보상받으려는 것으로 이해할 수 있다.

그다음은 이 사람이 하고 있는 생각을 물어보는데, 그 대답에서 생각의 건전성 여부를 들여다보면 좋다. 만약 아무 생각도 안 한다고 말한 경우는, 회피적 태도, 수동성 및 절망감, 우울감을 반영하고 있다고 해석할 수 있다. 그러면 이제 구체적인 해석 방법을 알아본다.

1) 얼굴

가장 먼저 살필 요소는 얼굴의 방향이다. 얼굴은 정면을 바라보는 형태로 그리는 것이 바람직하다. 얼굴의 옆면을 그린 경우는 자신감이 부족하거나 타인과의 관계 혹은 사회적 접촉을 회피하는 것으로 해석해 볼 수 있다.

머리는 인지적 능력, 지적 능력 혹은 공상 활동에 대한 정보를 나타내는데, 머리가 큰 그림은 강한 지적 욕구, 생각은 많으나 감정 표현이 매우 억제되어 있거나 위축된 상태라 하겠다. 또한 지적 좌절감을 느낀 경우도 이런 형태로 그리기도 한다.

머리카락은 타인이 자신의 외모에 대해 어떻게 생각하는지, 얼마나 관심을 두고 있는지, 혹은 중요하게 여기는지에 대한 정보라 하겠다. 머리카락을 그리지 않는 사람은 외모에 자신이 없고 위축감을 느끼고 있는 것으로 해석할 수 있다.

얼굴에서 눈, 코, 입이 모두 그려지지 않은 그림은 애정의 교류에 있어 심한 좌절감, 무능력감, 위축감, 양가감정, 부모와 같은 대상과의 관계에 상당한 갈등이나 결핍을 보여주고 있다고 하겠다.

2) 눈

눈은 다른 사람들과 관계를 어떻게 맺는지, 또 정서적 자극에 대한 반응과 자기감정을 표현하는 방법에 대한 정보를 얻을 수 있다. 눈을 얼굴에 있는 다른 코나, 입, 귀에 비해 크고 검게 그린 경우, 감정적 교류에 불안감이나 긴장감을 느끼고 있으며 상호 작용에 의심을 하거나 타인에 대한 방어적 태도를 보이는 것으로 해석할 수 있다. 또한 심리적으로 과민, 예민한 상태로 해석할 수 있다.

3) 코

코는 환경으로부터 정서적 자극을 어떻게 받아들이고 이에 반응하는지와 외모에 대한 관심의 여부나 정도를 알 수 있다. 만일 코나 입을 그리지 않고 생략한 경우, 타인에게 어떻게 보일지에 대한 예민하고 두려운 마음을 가진 상태, 혹은 사람과 관계 속에서 위축되고 지나치게 회피하는 경향을 보인다고 해석할 수 있다.

4) 입(口)

입은 생존과 심리적인 충족 그리고 여러 가지 정서적 이슈들과 관련된 정보를 알 수 있게 해 준다. 입을 너무 크게 그린 경우, 타인과 정서적 교류, 애정 교류에서 불안감을 느끼고 있다고 할 수 있고, 반면에 자기주장을 과도하게 하고, 심지어 공격적인 태도를 함으로써 자기가 갖고 있는 불안감을 보상해 보려는 의도로도 볼 수 있다.

반대로 입을 너무 작게 그린 경우는 자기주장이 낮고, 자신감의 결여, 소극적인 태도를 지니고 있다고 할 수 있다. 입을 벌리고 있는 그림인 경우, 대인관계 상호 작용에서 무기력감과 수동적인 태도와 관련이 있다. 입이 단선으로 그려진 것은 자기주장과 의지가 강하다는 표현으로 보면 된다.

입에서 이빨을 강조해서 그린 그림이 있는데, 정서적인 욕구 충족, 애정 욕구 충족에서 심한 좌절감을 느끼거나 또한 상처를 받지 않을까 하는 불안감을 느끼고 있는 상태라 볼 수 있다.

5) 귀(耳)

귀는 정보를 받아들이는 통로서 정서 자극을 수용하고 이에 반응하는 방식에 대한 정보를 제공해 준다. 귀를 지나치게 크고 강조해서 그린 그림은 감정적 교류에 대한 불안감, 긴장감, 상호 작용에 의심이나 방어적인 태도, 편집증적인 경향, 과민한 상태, 예민한 상태라 이해할 수 있다.

6) 목(頸)

목은 감정과 몸에서 일어나는 신체적 반응을 연결하는 통로로서 이해하면 된다. 목을 두껍게 그린 경우, 완고하고 저돌적 성향에 관한 정보를 보여주고, 목이 길게 그려진 그림은 현재 소통이 원활하지 않다는 것을 보여준다.

7) 가슴

가슴을 넓고 크게 그린 경우, 현재 강한 에너지를 갖고 권위적인 태도로 타인을 지배하려는 성향으로 해석할 수 있다. 또 이들은 강한 리더십을 발휘하고 싶은 마음을 갖고 있다고 보면 된다. 다른 면으로는 자기가 느낀 결핍감이나 무능력감을 과잉 보상받고 싶은 경우에도 이런 형태의 그림을 그린다.

남자의 경우, 자신의 능력이나 힘에 대해서 주관적으로 어떻게 느끼고 있는지를 보여준다.

8) 팔

팔은 환경과 어떻게 상호 작용하는가, 현실 속에서 어떻게 대처하고 자신의 욕구를 어떻게 충족하는가에 대한 정보로 이해한다. 팔짱을 끼고 있는 경우, 세상과 타인에 대한 의심, 및 적대감, 위험한 세상에서 자신을 보호하려는, 자기를 방어하고 싶은 의지나 욕구가 반영된 것으로 보면 된다. 또 팔이 비정상적으로 길게 그려진 경우는 자기 주변 환경을 지배하고 싶은 욕구가 강하다고 할 수 있다. 혹은 주변 환경이나 주변 사람들을 통제하고 싶은 욕구가 강하다고 해석할 수 있다.

9) 손

손은 세상과 교류 양상과 자신의 욕구 충족을 위한 행동을 어떻게 보이는가에 대한 정보를 보여준다. 손을 너무 크게 그린 경우는 과잉행동성이나 주장성을 통해 환경을 통제하고 대처하려는 욕구가 있다고 할 수 있다. 또 손을 작게 그리거나 대충 그린 경우, 상황 대처 능력이 부족하거나 자신감의 결여, 불안정을 느끼거나 스스로 위축되어 있음을 나타낸다.

또 손에 어떤 물건을 들고 있는 그림은 피검자의 공격성이나 억압된 분노감과 관련되어 있다고 보면 좋다. 손을 주머니에 넣고 있는 그림은 현실을 회피하려는 경향으로 볼 수 있고, 심한 양가감정을 느끼고 있는 경우라 할 수 있다. 손을 안 그린 경우는 현재 불안감을 느끼고 있으며 세상이나 타인과 교류하고 싶은 마음은 있지만 스스로 교류를 거부하거나 통제하고 있는 상태라 하겠다.

10) 다리

다리는 자기를 받쳐주고 있는 힘의 상태를 보여준다. 다리를 온전하게 다 그리지 못한 경우, 양가감정, 회피적, 행동을 억제하고 있는 상태라 할 수 있다. 다리를 너무 길게 그린 경우, 현실 상황에서 자율성, 독립성에 대한 욕구가 있으며, 또한 과잉 과잉행동으로 볼 수 있다.

11) 발

발을 지나치게 크게 그린 경우, 독립성을 지나치게 강조함으로써 자율성에 대한 부적절감을 과잉 보상받으려는 상태로 볼 수 있다. 그리고 발끝을 뾰족하게 그린 경우, 자율성 성취와 관련된 적대감과 공격성, 억압된 분노를 표현한 것으로 이해할 수 있다.

10. 가족화(KFD:Kinetic Family Drawing) 검사와 해석

가족화(KFD:Kinetic Family Drawing)란 가족들이 생활하고 있는 모습, 활동하고 있는 모습을 그림으로 표현하는 것을 말한다. 학생에게 가족이 무엇을 하고 있는 상황을 생각하게 한 다음, 그 모습을 그리라고 안내하면 된다. 함께 놀이를 한다든지, 아니면 가족이 함께 식사를 하거나

TV를 보고 있는 일, 혹은 어떤 운동을 하고 있는 모습 등을 그림으로 그리게 하는 것이다. 이를 통해 교사가 학생의 의식, 무의식을 해석하는 투사기법이다.

이 검사와 해석은 1951년 헐스라는 사람이 맨 처음 도입했다. 그는 이를 통해 가족 내 아동의 심리적인 상황이나 어려움을 파악해 내었다. 이후 해머라는 사람은 가족화를 통해 대인관계를 파악해 낼 수 있다고 생각하고, 사람에 대한 이해를 보다 더 넓게 적용하고 활용하기도 했다.

1972년 번스 카우프만은 운동성 가족화 기법을 사용했는데, 이는 가족 구성원에 대한 주관적 감정이 반영된 것으로 보고, 구성원 간에 감정적 거리, 비중, 분위기 등이 담겨 있다고 봤다.

이 가족화가 주는 장점은 가장 먼저 적용 절차와 준비가 간단하다는 점이다. 또한 가족 내에서의 관계, 가족의 분위기, 가족 내 상황, 가족 내에서 식구들 간에 상호 작용 등을 쉽게 파악할 수 있다. 막연한 표현이 아닌, 눈으로 확실히 볼 수 있는 시각적으로 나타나고 있어 그 상황을 금방 파악하고 상담으로 이어갈 수 있다. 따라서 청소년들의 심리 상태를 진단하고 상담 자료로 활용하기에 매우 유용한 방법이라 하겠다.

1) 상담을 위한 준비

- 조용하고 차분한 환경
- 도화지 (A4용지면 충분하다.)

- 연필 (수정이 어려운 볼펜보다는 연필이 좋다.)
- 지우개

2) 가족화 그리는 안내문

- 가족이 무엇인가를 하고 있는 모습을 생각해 낸 다음 그것을 그리시오.
- 선이나 점으로 단순하게 그리지 말고 가급적 자세하게 그리려고 하시오.
- 그림을 잘 그리지 못하더라도 활동하고 있는, 그러니까 움직임이 잘 드러나도록 그리면 좋습니다.

3) 그림을 그리고 있을 때 관심 가져야 할 것

- 누구를 먼저 그리고 맨 나중에 그리는지 살핀다.
- 누구를 그릴 때 자주 지웠다가 다시 그리는지 살핀다.
- 누구를 그릴 때 시간을 가장 많이 들이는가?
- 누구를 그릴 때 자세하고 꼼꼼하고 확실하게 그리는가?
- 인물들 간에 간격은 어떻게 나타나고 있는가?

4) 그림이 완성된 다음에 살필 내용

- 가족 구성원이 어떻게 그려졌는지 살핀다. 모두 그려졌는지, 빠진 인물이나 구성원에 없는 사람을 그려 넣었는지를 살핀다. 어떤 사람을 빼고 그리거나 지운 흔적이 있는 경우 그 가족 구성원에게 양가감정이 있음을 뜻한다.
- 그려진 인물들의 신체 부위, 팔, 다리 등이 모두 잘 그려졌는지, 혹은 생략된 부분은 없는지, 그 길이나 구성이 적절한지를 살핀다.
- 자신이 안 그려진 경우, 자존감이 낮거나 우울한 아이들에게서 잘 나타난다.
- 그려진 가족 간에 서로 상호 작용은 잘하고 있는지 아니면 일부 구성원만 하는지를 살핀다.
- 가족 내 구성원들의 역할이 잘 드러났는지 — 성역할을 볼 수 있다.
- 가족이 아닌 타인을 그려 둔 경우, 가족 내 어느 누구에게서도 정서적 교류나 친밀감을 느낄 수 없는 상태거나 소외감을 느끼고 있음을 시사한다. 또한 친구나 친척이 그려진 경우 정서적으로 신뢰감이나 애착을 형성했던 대상일 가능성이 높다.

5) 그림 전체적인 양식 살펴보기

- 가족 구성원들의 배치, 혹은 이들과 사물의 배치는 어떠한가?

교사들의 교육 비법 | 2부

- 가족 내에서 느끼는 친밀감, 신뢰감, 주관적인 느낌이 어떻게 반영되었는지
- 구성원 간에 거리감을 주는 사물이나 벽의 존재 여부
- 어떤 사람과 거리를 두고 있는지
- 직선이나 곡선을 사용해서 인물들을 의도적으로 분리하여 그리는지
- 외롭거나 억압된 감정, 혹은 분노감 등이 담겨 있는지. 가족 구성원 중 한 명 이상을 선으로 둘러싸이게 그리거나 사물로 둘러싼 경우, 포위시킨 인물은 내담자에게 위협적인 대상으로써 분리하거나 제외시키고 싶은 욕구가 표현된 경우로 본다. 또한 정서적으로 단절되어 있을 가능성이 있다.

6) 가족화 해석을 위한 질문

- 가족 구성원이 어떻게 되나요?(실제 가족 구성원 중 안 그린 사람이 있는지 알아본다. 그리지 않은 사람이 있다면 부정적 의미를 담고 있다. 또, 가족원이 아닌 사람을 그렸는지 살핀다.)
- 이 그림에 나타난 가족들은 지금 무엇을 하고 있나요?
- 지금 이 가족들이 느끼고 있는 분위기를 설명해 주세요.
- 이 활동을 하고 있는 엄마, 아빠는 무슨 말을 하고 있나요?
- 가족 중에 누구와 제일 친한가요?
- 가족 중에 누가 제일 어렵나요? 그 이유는 무엇인가요?
- 이 그림을 보면 무슨 생각이 드나요?

7) 가족화 해석

　필자의 경험으로 봤을 때, 인물을 그리는 순서와 위치, 거리 등만으로도 학생의 심리 상태, 혹은 가족과의 관계나 친밀도 등을 파악할 수 있었다. 그림을 그릴 때 앞에서 언급했던 것처럼 누구를 먼저 그리고 나중에 그리는가의 순서는 학생이 의식하고 있는 가족 내 힘의 서열이나 정서적, 심리적인 거리를 알 수 있게 해 준다. 아래 그림에서 볼 수 있는 것처럼 동생이 무서워 맨 먼저 그리면서 거리상으로 나와 가장 멀리 그렸다. 그러니까 맨 먼저 그린 인물은 그가 가족 내에서 권위나, 책임, 가족 내에서 가장 큰 비중을 차지하고 있는 것으로 해석할 수 있다.

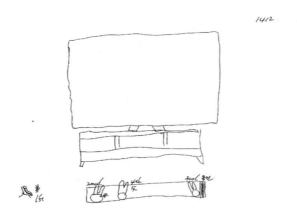

　가족화를 그리라고 하면 대부분 아빠를 먼저 그리는데, 그렇지 않고 엄마나 할아버지를 먼저 그리는 경우가 있는데, 이 역시 마찬가지로 그 인물이 그 집안에서 핵심적인 인사라고 생각하면 된다.

여기 그림에서도 아빠를 맨 나중에 그렸다. 그리는 학생의 아빠에 대한 인식 정도를 보여주고 있다.

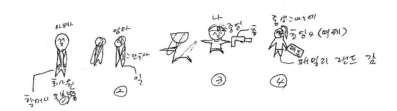

또 자신을 제일 먼저 중앙에 그린 경우가 있는데 이는 집안에서 부모나 형제, 다른 어떤 것들보다 자기를 중심에 놓고, 자기를 중심으로 살아가고 있는 모습이라 해석하면 된다. 또 반려동물을 맨 먼저 그리는 경우가 있었는데, 이는 가족 내에서 학생이 교감을 나눌 수 있는 대상으로 가장 먼저 반려동물을 꼽은 경우였다. 또 가족 외의 인물을 가장 먼저 그린 경우가 있는데, 이는 가족 내에서 소속감이나 유대감이 형성되어 있지 않아 외로움을 느끼고 있을 가능성이 높다고 하겠다.

그림을 그리는 순서와 함께 그림의 풍성함, 두껍고, 크게 그렸는가 아니면 작고 얇게 그렸는가 등도 살펴보는데, 키가 크게 그려지거나 두껍고 뚱뚱하게 그려진 인물은 존경받는 대상이거나 권위적인 대상으로 가정에서 중심적 위치에 있을 가능성이 높다.

필자는 어떤 학생이 아버지를 뚱뚱한 사람으로 그리고 나머지는 날씬한 몸 형태로, 자신은 매우 작은 모습으로 그려놓은 경우도 보았다. 그래서 필자가 아빠에 대한 느낌이나 감정을 말해보라고 했더니, "아빠 앞에서는 온 가족이 찍소리를 못한다"라고 했다. 그 학생은 아빠의 권위와 위엄에 눌려 자존감이 매우 낮아져 있는 학생이었다. 그래서 필자가 이를 통해 학생이 소심하고 위축된 생활에서 벗어날 수 있도록 도움을 주기도 했다.

반대로 키나 체격을 작게 그려진 인물은 그리는 사람이 그를 가볍게 여기거나 가족들에게 무시당하는 위치에 있을 가능성이 높다고 하겠다. 여기 학생은 도화지는 큰 데, 인물들을 아주 작게 그렸다. 자신감이 결여되고, 열등의식이 심해 학교생활에 어려움을 겪고 있는 학생의 그림이다. 따라서 그림 그리는 순서와 그림의 모양을 살피는 것은 상담에서 중요한 단서가 된다.

다음으로 그림을 그려놓은 위치를 살펴볼 필요가 있는데, 인물이 그림의 상단에 그려진 경우 가족을 이끌어가는 주도적 인물일 가능성이 높다. 그리고 도화지의 한 중앙에 그려진 경우 실제로 가족에서 중심인물인 경우가 많았다. 도화지 하단에 그려진 경우는 소외되거나 덜 중요한 인물, 우울하거나 활력이 부족한 인물로 해석하면 좋다. 또 도화지의 왼편에 그려진 인물은 내향성 침체성을 지닌 인물로 해석할 수 있다. 또 오른편에 그려진 인물은 외향성 및 활동성 있는 인물로 이해하면 좋다.

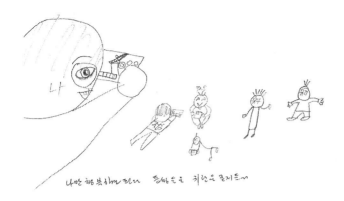

나만 행복하게 린다   동생으로 치는 물지도~

이 그림은 집에 가면 하루 8시간 이상 게임만 하는 학생의 그림이다. 자기만을 가장 크고 확실하게 그려두고 부모는 그리지도 않았다. 이 학생은 오직 게임을 하는 것만 중요하게 여기고 있다.

다음으로는 가족 구성원 간 거리인데, 이는 내담자가 지각하고 있는 구성원 간의 친밀도나 심리적인 거리를 나타낸다. 가깝게 그려진 인물일수록 친하고 편한 감정을 지닌 관계라 할 수 있고, 멀리 그려진 인물일수록 심리적인 거리가 먼 인물이라고 해석하면 된다. 가족 구성원 간에 서로 방해물, 가림막, 혹은 선으로 나눠 놓은 것이 없이 그려졌다면 서로 친밀함을 나타낸다.

가족 구성이 손에 무엇을 들고 있는 모습을 그려놓은 경우, 그 물건이 의미하는 상징과 연관시켜 해석하면 도움이 된다. 칼, 총, 방망이, 날카로운 물체 등을 들고 있는 경우 분노, 거부, 적개심이 있음을 나타낸다고 보고, 자전거나 오토바이, 차, 기차, 비행기 등과 같은 것들은 힘을 과시하고 싶은 욕망이 있는 것으로 보면 된다. 또 손에 공이나 던질 수 있는 물체, 빗자루, 먼지떨이 등을 들고 있는 경우, 공격이나 경쟁심이 있는 것으로 볼 수 있다. 그리고 태양, 전등, 난로 등을 그린 경우 애정이나 온화한 마음을 얻고 싶은 욕구가 있는 것으로 봐도 무방하다.

지금까지 그림을 통해 학생의 심리를 알고 이해하는 방법들을 알아봤다. 이런 그림을 이용하면 전혀 모르는 사람일지라도, 혹은 긴 대화를 나누지 않더라도 내담자의 심리를 어느 정도 알 수 있다. 따라서 이 그림 상담기법은 상담자에게 매우 유용한 도구라 하겠다.

교사가 여기에서 열거하고 있는 그림의 상징을 모두 알고 있으면 좋겠지만 행여 잘 모르더라도 괜찮다. 다만 그림을 가지고 대화의 재료로 삼을 수 있겠다는 생각만 가지고 임해도 효과적인 상담을 할 수 있기 때문이다. 앞에서 그림을 놓고 상담할 때, 사용할 수 있는 대강의 물음들을 실어 두었는데, 처음에는 이런 것을 기준으로 접근해도 좋을 것이다. 꼭 이런 질문에 얽매이지 않고 그냥 단순하고 편안하게 대화체로 접근해도 상담의 실마리를 풀어가는데 매우 좋은 매개물이 된다.

예를 들어 지금 이 사람이 느끼고 있는 감정은?, 이 사람이 불편이나 어려움을 느끼고 있는 것은 없나요?, 어떤 때 불편이나 어려움을 느끼나요? 그런 감정은 언제 느끼나요?, 이런 감정은 어디에서 비롯된다고 생각해요?, 무엇이 삶을 힘들게 하나요? 어떤 때 즐거운 마음이 드나요?, 누구를 제일 아끼고 사랑하나요?, 그런 이유를 설명해 줄 수 있나요?, 언제 공부가 제일 잘 돼요? 집에서 공부에 방해되는 요소는 있나요?, 있으면 무엇이 공부를 방해해요? 등과 같이 그림을 매개로 다양한 질문들을 사용하면 좋은 상담을 할 수 있다.

이런 방법으로 대화를 풀어나가면 내담자를 더 잘 이해할 수 있게 되고 마음에서 느끼는 불편이 있거나 어려움이 있다면 그 해결의 실마리를 비교적 쉽게 찾아갈 수 있도록 도움을 준다. 필자는 이런 상담 활동을 통해 학생들에게 많은 도움을 줄 수 있었다. 이 책을 접한 우리 선생님들께서도 학생들을 지도하고 인도할 때 유용하게 사용할 수 있기를 기대한다.

11. 누리에(ぬりえ)를 통한 학생 심리 이해

누리에(ぬりえ)는 일본어로 색칠할 수 있도록 윤곽만 그려놓은 그림을 말한다. 다음 쪽에 필자가 사용하고 있는 누리에를 실어 두었는데, 이런 형태의 윤곽만 그려진 그림을 말한다. 이것이 누리에에서 기준이 되는 그림은 아니다. 상담자에 따라 다양한 형태의 그림을 사용할 수 있다.

심리검사에서 누리에를 사용하는 것은 그림 그리기를 싫어하는 학생들이나 그림으로 자기표현 것을 힘들어하는 학생들에게 편안한 상태에서 그림을 그릴 수 있도록 도움을 주기 위해 사용한다. 따라서 누리에는 이미 그림이 어느 정도 그려져 있기 때문에 색칠만 하는 것으로써 검사를 쉽게 할 수 있다는 장점이 있다. 누리에에 색칠하는 방법만으로도 학생의 행동, 삶의 태도, 현재 감정 상태 등을 상당히 잘 읽어낼 수 있다.

이 그림 해석방법 역시, 앞에서 다루었던 HTP, KFD, LMT(Landscape

montage technique) 해석법에 따라 해석하면 된다.

학생의 태도나 심리 상태를 파악하기 위해서는 그림을 그리기 시작하는 태도부터 관찰하는 것이 좋다. 그림에 색칠하라는 안내를 하고 나서 색칠하고 있는 학생의 태도를 살펴보는 것이다. 머뭇거리거나, 당황하거나, 거부하거나 하는 등 어떤 부정적인 태도는 없는가? 아니면 매우 즐거운 마음으로 기꺼이 그리는가? 아니면 그림을 그리는데 어떤 조건이나 설명을 요구하는가? 아니면 그림을 그리면서 나름대로 혼잣말로 무엇인가를 설명하면서 그리는가? 등을 살펴서 이런 행동이 담고 있는 정보에 관심을 가질 필요가 있다.

그다음은 무엇을 먼저 그리는가에 관심을 가져 보는 것이다. 구름을 먼저 그리는가, 아니면 새나 하트 모양을 먼저 그리는가? 아니면 나무의 기둥을 먼저 그리는가? 아니면 집을 먼저 그리는가, 아니면 길이나 언덕, 나무의 뿌리를 먼저 그리는가 등을 살펴본다.

구름을 먼저 그리는 경우는 현재 마음이나 생각이 이상적이고, 형이상학적인 곳에 가 있는 것으로 해석할 수 있고, 하트를 먼저 그린 경우 인간관계에서 관심과 교제, 사랑 등에 관심을 두고 있거나 필요하다는 의미로 해석할 수 있다. 또 집을 먼저 그린 경우, 안락과 안전, 그리고 자기 자신의 가치 등으로 해석할 수 있다. 또 나무 기둥을 먼저 그린 경우, 자신감과 강한 의지, 상대를 압도하는 정신력 등의 의미로 해석할 수 있다. 나뭇잎으로 표현되는 나무 둘레를 먼저 그린 경우, 자기 과시, 과대 포장, 우월의식 등으로 해석할 수 있다. 또 새, 둥지, 등을 먼저 그린 것은 세상과 상호 작용에서 느낀 불안을 보상받으려는 욕구가 나타난 것으로 해석할 수 있다. 그림에 없는 과일을 그려 넣은 경우, 사랑과 관심을 주거나 받고 싶은 상태로 이해할 수 있다.

또 산 너머로 나 있는 길을 먼저 그린 경우, 자기 진로나 미래 꿈을 찾기 위해 노력하거나 달려가고 있는 상태라 해석할 수 있다. 또 나무가 서 있는 언덕이나 뿌리를 먼저 그린 경우, 든든한 배경, 힘, 공부에서 자신감, 부모에 대한 자신감, 스스로 설 수 있는 독립심 등으로 해석할 수 있다.

그다음으로 관심을 가져야 할 부분은 색상을 선택하는 순서이다. 색을 선택한 순서는 칼라심리에서 보여주고 있는 색이 갖고 있는 상징을 대입해 심리 상태를 해석하면 된다. 구체적인 내용은 뒷장, 칼라심리에서 다루게 될 것이다.

다음에서 다루겠지만 여기에서 잠깐 언급하면 맨 먼저 선택한 색은 지금 행동으로 옮기고 있거나 말을 하고 있는 현재 보이는 모습이라 할 수 있다. 그리고 두 번째 선택한 색은 지금의 행동으로 인해 얻고 싶거나 이루고 싶은 목적이나 목표 등으로 해석하면 된다. 또 세 번째와 네 번째 선택한 색은 지금의 심리 상태라고 해석하면 된다. 마지막에 선택한 색은 지금 내게 필요하지 않은 감정이나 태도로 자기 단점이나 부족한 면을 보여주고 있는 것으로 해석하면 된다.

그다음으로 관심을 가져야 할 것은 그림의 형태, 색채대비, 그림과 그림의 상관관계 등이다. 그려진 그림의 모양을 변형시켜 그린다든지, 보색을 골라 대비시켜 그림을 그린다든지, 보조적인 그림, 강아지, 작은 꽃 등에 관심을 갖고 먼저 그린다는 것 등을 살펴보는 것이다. 이런 내용을 참조하여 해석하면 된다.

참고할 수 있는 누리에 그림 형태는 여러 유형을 들 수 있는데, 여기에서는 필자가 주로 사용하고 있는 그림을 실었다. 이것만으로도 내담자의 마음 상태를 이해하고 상담하는 데 많은 도움을 얻을 수 있다.

12. 누리에(ぬりえ)

이름:		색칠 순번	①:◯	②:◯	③:◯	④:◯	⑤:◯

분석:

3장

칼라를 통한
학생 심리 이해

1. 빛과 색

17세기 말 뉴턴은 프리즘을 통해 빛에는 7가지 단 광색이 있다는 사실을 발견했다. 빛은 파장에 따라 달리 보이는데, 파장이 긴 것은 빨간색, 짧은 것은 보라색으로 보인다는 것이다.

빛은 크게 두 가지로 나눌 수 있는데, 우리 눈에 보이는 가시광선과 보이지 않은 불가시광선이다. 가시광선은 380~780nm의 영역으로 장파장역, 중파 장역, 단파장역으로 나뉘고, 불가시광선은 단파장 자외선을 비롯한 장파장의 적외선 등으로 나뉜다.

1) 불가시광선

눈에 보이지 않은 빛으로는 자외선과 적외선으로 나눌 수 있는데, 단파장 영역에 속한 자외선은 투과력이 약하지만 피부에 닿으면 화학작용을 일으킨다. 그래서 피부색소 세포가 멜라닌을 생성하게 되어 피부가 태양에 노출되면 갈색을 나타내게 된다. 자외선은 살균, 소독, 비타민 D 합성, 아토피 피부염 치료, 호르몬 분비를 촉진한다.

적외선은 파장이 긴 장파로 투과력이 좋고, 피부에 침투하면 헤모글로빈 생성을 돕고, 조혈작용을 촉진하여 체내 대사를 활성화하고, 열에너지를 발생시킨다.

2) 가시광선

가시광선은 우리가 눈으로 인식할 수 있는 빛인데, 7종류가 있다.

- 빨강: 빛의 3원색 가운데 하나로 가시광선 중 가장 긴 파장역에 속한다.
- 주황: 빨강과 노랑의 중간색으로 가시광선 스펙트럼에서 590~610nm 파장을 지녔다.
- 노랑: 빨강과 초록의 혼합된 색으로 빛에 가장 가까운 색이다.
- 초록: 빛의 3원색 가운데 하나로 중도의 간색이다.
- 파랑: 스펙트럼에서 단파장역에 속한 색으로 하늘빛이 파란 것은 태양빛이 대기 중의 질소나 산소분자에 의해 산란될 때 특히 파장

이 짧은 파란빛이 산란되기 때문이다.

- 남색: 스펙트럼에서 430~460nm 단파장역에 속한 색이다.
- 보라: 스펙트럼에서 380~430nm 단파장역에 속한 색이다.

3) 빛의 3원색

빨강, 파랑, 녹색이다.

4) 색의 삼원색

빨강, 파랑, 노랑이다.

5) 색의 속성

색은 빛에 의해 나타나기 때문에 빛이 없는 어둠 속에서는 색을 볼 수 없다. 우리들이 물체나 색을 볼 수 있는 것은 사물에 비친 빛이 반사되어 나온 반사광선 때문이다. 이 색에는 3가지 속성이 있는데 '색상'과 '명도'와 '채도'이다. 이 세 속성이 모여 색을 만들어낸다. 이들은 별도로 독립되어 있지 않고 밀접한 관계를 맺고 서로에게 영향을 미치고 있다.

(1) 색상

먼저 색상은 색을 구별하는 특성을 말하는데, 빨강, 파랑, 노랑 등과 같이 이름한다. 주로 먼셀의 20색 상환이 많이 사용되는데, 우리나라 역시 이 체계를 사용하고 있다. 한국산업규격에 따른 색이름은 먼셀의 색 체계 중 10색을 기준으로 하고 있다.

색의 용어로는 순색을 들 수 있는데, 색의 기본이 되는 가장 순수한 색으로 색을 혼합하여 만들 수 없는 원색을 말한다. 먼셀이 정한 20색 중 빨강, 주황, 노랑, 초록, 파랑, 남색, 보라 등 7가지 색을 순색이라 한다.

(2) 명도

명도는 색의 밝고 어두움 정도를 말한다. 세 속성 가운데 사람이 가장 잘 인지할 수 있는 속성이다. 가장 밝은색은 흰색, 가장 어두운색은 검정색이다.

(3) 채도

채도는 색의 맑고 탁한 정도를 말한다. 한 색상에서 채도가 가장 높은 색을 원색이라 하는데 가장 탁한 정도를 1로 하고 가장 맑은 단계를 14로 하여 14단계로 나뉜다. 원색에 흰색을 더하는 비율에 따라 점점 채도가 떨어진다.

(4) 무채색과 유채색

무채색은 채도가 없는, 즉 채도가 0인 색으로 색상을 갖지 못한 색이라는 하겠다. 색의 속성 중 명도만을 가지며 가장 밝은색은 흰색, 회색, 검은색을 말한다.

다음은 유채색인데 색상을 갖지 못하는 흰색, 회색, 검은색을 제외한 모든 색을 유채색이라 한다.

(5) 보색

보색은 색에 대한 서로 반대색을 말한다. 색상환으로 보면 정 반대편에 자리한 색을 말한다.

2. 빛의 기능과 역할

우리 눈은 빛이 사물에 비쳐 반사되는 빛을 인식하게 된다. 눈에 들어오는 빛은 시상하부와 뇌하수체를 통하여 즉 뇌의 시스템을 통해서 색을 인지하게 된다. 이를 통해서 색에 대한 감정을 느끼게 된다. 사람들은 빛이나 색상을 보면서 즐거워하거나 우울해지기도 하고, 또한 기쁨과 차분함, 열정, 안정감 등 다양한 느낌을 경험하게 된다.

색상에 대한 느낌도 같은 색이라도 사람에 따라 다르게 느낀다. 빨간색을 보고 어떤 사람은 도전적인 힘을 얻는가 하면, 어떤 이들은 도발적이고 반항적이고 투쟁감을 일으키기도 한다. 또 빛의 자극에 따라 좋아하는 색과 부담스러워하는 색, 혹은 싫어하는 색, 긍정적인 색 등으로 구분하게 된다. 이런 것으로 봤을 때, 빛은 인간의 감정 체계에 많은 영향을 미치고 있는 요소라 하겠다.

따라서 색은 사람의 심리에 많은 영향을 미치고 있다는 것을 알 수 있다. 그리고 색 자체가 사람들에게 중요한 역할을 하기도 한다. 색 자극은 해마와 변두체에서 마음에 '심상'으로 나타나기도 하고, 밖에서 색 자극을 통해 몸과 마음의 양면에 메시지를 주기도 한다. 그 때문에 우리 몸은 몸에 출입하는 색에 따라 에너지의 흐름이 더해지거나 깨지고 멈추게 되면 무의식적으로 강함과 불편을 느끼기도 한다. 심지어 색의 영향에 따라 병을 얻기도 하고 치유되기도 한다.

사람은 몸에서 색채의 흐름이 원활하게 이루어지지 않으면 극도의 스트레스를 받게 되는데 이때 육체는 불편을 느끼고 마음의 감정도 흔들리게 된다. 이처럼 색은 사람에게 유형, 무형으로 많은 영향을 미치고 있다는 것을 알 수 있다.

3. 색의 활용

사람들은 오래전부터 색을 활용하여 개인의 본질을 파악하려고 시도해 왔다. 여기에 따르면 색은 그냥 우리의 눈을 즐겁게 만들어 주는 요소만 있는 것이 아니라, 개인 성격의 본질을 보여주고, 마음의 현재 상태를 말해 주기도 한다. 또 아픈 마음을 치유해 주고, 더 나아가 몸의 질병까지도 치료해 주는 도구로 사용되기도 한다.

이렇게 색채를 이용해서 사람의 심리와 정신 상태 등에 접근하는 일은 많은 장점을 갖고 있다. 우선 색채를 활용하면 어떤 부작용도 없이 내담자의 현재 심리 상태를 알고 이해할 수 있게 된다. 또한 사람들은 빛에 영향을 주고받고 또한 여기에 따라 민감하게 반응하기도 한다. 따라서 색채를 사용하게 되면 효능과 효과가 생각보다 상당하다는 것을 알 수 있다.

예를 들면 파란색을 보면 어떤 사람은 차분하고 편안함을 느낀 반면, 어떤 사람은 차가움을 느낀다. 보라색에 대해서도 어떤 사람은 신비함과 상상력이 잘 발휘되는 에너지로 사용하는가 하면 어떤 사람들은 우울하거나 정서적인 불안을 느끼기도 한다.

이러한 현상과 차이들에 관심을 가졌던 사람들은 일찍이 색의 효용과 가치를 알고, 색들이 사람들의 생활과 심리에 미치는 영향들에 대해 많은 연구를 해 왔다. 최근에는 이 색으로 사람의 심리를 알 수 있는 방법들을 구체적으로 발전시키고 결과물들을 생산해 내고 있다.

4. 색채심리 활용

색은 오래전부터 우리 생활 속에서 다양하게 이용되어 왔다. 인도에서는 전통적으로 색을 사용하여 계급을 나타내기도 했는데, 브라만은 흰색을, 크샤트리아는 빨강, 바이샤는 노랑, 수드라는 검정을 사용했다.

또 아리스토텔레스나 플라톤 같은 철학자들은 색채의 기능과 의미에 대해 연구했는데, 괴테 같은 문호는 색상을 생리적, 물리적 측면에서 목적을 어디에 두고 사용하느냐에 따라 의미가 달라질 수 있다고 했다. 그래서 이런 색을 이용하면 삶을 어느 정도 조정해 갈 수 있고 더 나아가 긍정적인 에너지로도 사용할 수 있다고 보았다.

막스 러셔는 일찍이 색과 사람의 심리에 대해 관심을 가져 색이 사람의 마음에 미치는 영향력에 대해 연구했다. 그에 따르면 각각의 색에는 특정한 감정의 가치가 있다는 것이다. 그리고 사람마다 좋아하는 색이 있는데, 그 좋아하는 색이 바로 그 사람의 기본 성격을 나타낸다고 했다.

또 알 슈우라는 순수한 욕구가 억압되기 이전의 무의식 상태가 남아 있는 유아의 그림을 통해 인간의 무의식 심리와 색채 기호와의 관계를 알아냈다. 그는 이를 통해 어린아이들의 불안을 치유할 수 있다고 주장했다. 예를 들어 오렌지색은 상쾌한 기분을 돋우거나 억압된 아이의 불안을 해소하는 데 상당한 효과가 있다고 했다.

또 스에나가 타미오는 암을 치료하고 있는 환자들에게 치료과정에서 자유롭게 색을 칠하도록 했더니, 20~30%의 사람들이 손과 발이 따뜻해지는 체험을 했다고 발표했다. 이를 통해 그는 좋아하는 색을 사용하는 것만으로 몸과 마음이 쾌적감을 느낀다고 했다.

이러한 연구 결과물들을 바탕으로 일본의 색채심리 연구가인 하워드 선·도로시 선은 CRR(Colour Reflection Reading) 분석법을 개발하여 사람들의 심리적인 문제에 도움을 주었다. 또한 CAMES에서는 태양광선 중에 12색을 선택하고 이 색들이 지닌 심리적 특성을 종합 정리하여 사람의 성격을 규정하고 있다. 그 외 색채를 다루는 많은 전문가들은 8가지 색, 혹은 10가지 색, 혹은 15가지 색을 이용해 사람의 심리를 알아내는 결과물들을 만들어내고 있다.

먼저 색채를 사용해서 심리 분야에 활용하는 방법에는 CRR(Color Reflection Reading) 분석법을 들 수 있다. CRR 분석법에서는 태양광선 중 8가지 색, 즉 빨강-주황-노랑-초록-청록-파랑-보라-마젠타를 기본색으로 한다. 이 각각의 색들이 지닌 정서적·정신적 특징들을 들고 이 특징들을 바탕으로 사람의 심리 상태를 읽어내려고 노력했다. 그러니까 사람들이 선택한 색상에 따라 그 색들이 지니고 있는 특징을 가지고 내담자의 기질과 성격, 현재 심리 상태를 해석하는 방법이다.

다음으로는 일본에서 사용하고 있는 CAMES(Color and Aroma MEssage System)의 색채 활용법이다. 이는 12가지 태양광선 즉, Red, Red Orange, Orange, Yellow, Yellow Green, Green, Blue Green, Turquois, Blue, Indigo, Purple, Magenta를 기본색으로 삼는다. 이를 통하여 빛이 사람의 심리에 미치는 영향을 알고, 그 상황을 파악하게 된다. 이를 바탕으로 사람이 본질적으로 타고난 기질과 현재 심리 상태, 또는 앞으로 변화될 삶을 예측하는 데 사용하고 있다.

이처럼 오늘날 색은 사람들의 삶에 매우 유용한 도구로 사용되고 있다. 스에나가 타미오는 "언어가 의식된 감정을 말하는 것이라면 색채를 사용한 그림은 파묻혀 있던 감정을 드러내는 것이다"라고 했다.

필자는 이러한 방법을 학생들과 상담할 때 사용했는데, 상당한 도움을 받을 수 있었다. 그래서 여기에 그 방법을 소개하려고 한다.

필자가 학생 상담에 이용한 색상은 노란색, 연초록, 초록색, 청록색, 파란색, 오렌지, 빨간색, 마젠타, 보라색, 회색, 검정색, 흰색 등 12색이다.

5. 색상 분류

봄	노란색	연초록	초록색
여름	청록색	파란색	오렌지
가을	빨간색	마젠타	보라색
겨울	회색	검정색	흰색

6. 색상의 의미와 상징

색상을 심리에 이용하기 위해서는 여기에서 제시하고 있는 12색을 이용하면 된다. 그리고 이 색들이 가지고 있는 의미와 힘, 그리고 작용을 알고 있으면 된다. 그러면 내담자가 무의식적으로 지니고 있는 생각이 무엇이며, 필요하거나 요구하고 있는 사항이 무엇인지 알아낼 수 있다. 그래서 내담자가 느끼고 있지만 차마 말할 수 없는 내면의 세계까지 들여다볼 수 있는 도구로 사용할 수 있다.

이제 색이 지니고 있는 의미와 상징, 에너지들, 그리고 색이 지니고 있는 긍정의 의미와 부정의 의미들을 알아보자.

1) 　노란색(Yellow)

이제 막 땅을 뚫고 나오는 어린 새싹의 모습을 보면 여린 노란빛을 띠고 있다. 그리고 이제 막 부화한 병아리도 노란색이다. 그런 것처럼 노란색은 여리고 연약함을 나타낸다. 그래서 빛을 필요로 하고, 따뜻함을 원하고 있다. 또한 성장에 대한 기대가 있어 이것저것에 관심이 많고, 행복을 느끼고, 명랑하고 활발한 면이 있다. 하지만 내면이 연약한 상태라 사람들로부터 지적받거나 주의를 들으면 쉽게 불편을 느끼고 상처를 입는다. 새로운 것이라 더럽혀지지 않아 정의감이 있어 자기주장을 드러내기도 하지만 끝까지 추궁하지 못하고 중간에 그만두는 경향을 보인다. 이 색은 마음이 순수하고 여리기 때문에 거짓이나 억지 대응을 하지 못한다. 이제 태어난 새싹이 미래 발전성장을 기대한 것처럼 새로운 것을 좋아해서 외부로부터 주어진 정보에 민감하다. 그러다보니 점점 발전적이고 향상을 추구하며 언제까지나 현장에서 직접 뛰고 싶어 하는 마음이 있다.

이들은 사람과 관계를 소중하게 여기고 서로 상처 주는 일을 싫어한다. 그래서 상대방과 경쟁하지 않고 가급적 상대방에게 맞춰나가는 것으로 인간관계를 유지한다. 자기 마음이 본질적으로 연약한 상태라 상대도 그런 줄로 알고 말을 할 때, 과격하고 노골적인 표현은 피하고 완곡하게 한다. 따라서 이들은 어떤 일의 타당성, 합리성, 사명감을 소중히 여긴다. 원리원칙을 추구하고 진품을 좋아한다.

이 색이 지니는 긍정적 키워드는 정보수집, 발전적, 향상성, 지적인 활동, 호기심, 탐구심, 명랑, 기쁨, 만족, 만남, 희망, 낙천성 등을 들 수 있다.

반면 부정적 키워드는 겁이 많음, 외로움, 집착, 빈정거림, 경솔함, 신경질적, 변덕쟁이, 제멋대로, 고독감, 지나친 생각 등이다.

2) 연초록(Yellow Green)

새싹이 조금 자라면 연초록색을 띠게 된다. 제법 자라긴 했지만 그래도 아직은 여리고 나약한 면이 있다. 그래서 이들은 인간관계를 가질 때, 상처를 입을까 봐 편하고 친한 사람들과 어울리는 것을 좋아한다. 처음 만나는 사람에게는 경계심을 갖고 편안해질 때까지 긴장을 놓지 않는다. 그러다가 한번 친해지면 대담해지고 말도 많아지고 활발해진다. 그러니까 이들은 마음이 편안한 환경과 여건에서 활발한 모습을 보인다. 따라서 이들에게는 이런 좋은 분위기를 조성해 주는 것이 중요하다. 이들은 사람과 관계 속에서 애정을 확인하지 못하면 불안을 느낀다. 감정을 숨기지 못하고 상대 입장을 고려해서 흥정하는 것을 잘하지 못한다. 사람들을 가르치고 양육하는 것을 좋아한다. 진품을 좋아하고, 호기심이 많다.

이 색의 긍정적인 키워드는 인간적인, 인간애, 자상함, 포용력, 차분함, 안심, 행복감, 배려, 자연, 모성이다. 그리고 부정적인 키워드는 의존적, 감정적, 질투, 원망, 현실도피, 자기 멋대로, 주는 만큼 받기를 원한다.

3) 초록색(Green)

이제 새싹이 제법 많이 자라서 초록색이 되었다. 성장했다고 하지만 완전히 성숙한 것은 아니다. 그러니 혼자 독립적으로 서는 것은 어렵다. 외로움을 잘 타서 혼자 있는 것도 싫어한다. 따라서 조직이나 사람과 관계 속에서 어울리며 지내는 것을 좋아한다. 따라서 주변 사람들로부터 따돌림을 당하면 상처를 받는다. 대신 자기에게 신경을 써주면 기뻐하고 활발해진다.

이들은 지킬 수 없는 약속은 잘 하지 않는다. 이유가 있다면 화합이나 평화가 깨지고 관계가 훼손되고, 사랑을 받지 못할까에 대한 염려 때문이다. 좋은 관계를 유지하려다 보니, 사람들과 경쟁하는 것을 좋아하지 않는다. 가급적 상대방에게 맞추는 사교성으로 인맥, 애정을 소중히 한다. 어떤 일을 객관적으로 판단하고, 좋은 것과 싫은 것을 구분해서 확실하게 말할 수 있다. 하지만 관계를 위해서 참기도 한다. 서로 신뢰가 충분하게 쌓이면 푸념이나 불평이 많아지기도 한다. 타인이 하는 권유를 거절하지 못하고, 극히 도덕적이고 상식적인 생활을 좋아한다.

긍정 키워드는 생명력, 항상성, 안정, 진정, 균형, 중립, 보수, 평화, 평안, 기쁨, 휴식, 치유, 우호적, 근면, 인내력, 피로 회복, 힘 충전 등이고, 부정적인 키워드는 물질주의, 이기적, 탐욕, 원망, 질투, 무관심, 참는다, 등이다.

4) 청록색(Blue Green)

새싹이 이제 거의 자라 스스로 버틸 수 있게 되었다. 그러니 이들은 자기 생활을 중요하게 여기고 기본에 충실하다. 균형 감각이 뛰어나 전체성을 파악한 다음, 균형 잡힌 이해나 수긍을 할 수 있다. 따라서 다른 사람의 선동이나 꼬임에 쉽게 넘어가지 않는다. 힘이 있는 현실파라 경쟁하는 것도 마다하지 않고, 계획성이 높은 목표지향형의 사람들이다. 따라서 아집이 강하고, 신념이 있어 한번 결정하고 나면 철저히 성심성의껏 행동한다. 웃으면서도 정곡을 찌르는 예리한 말을 할 수 있다. 직설적인 표현을 좋아해서 상대 마음도 말로 확인하려고 한다. 예술성·창조성이 풍부하다. 자유·평등·박애주의자라 하겠다.

긍정적인 키워드는 균형성, 유연성, 인내력, 자기통솔, 자기인식, 자기중심적, 저항력, 부드러움, 상쾌함 등이다.

부정적인 키워드는 고독, 절망, 이별, 개인주의, 자기과신, 완고, 고집, 비판적, 차갑다, 깔본다, 자기도취, 겉보기만 근사함, 등이다.

5) 파란색(Blue)

새싹이 이제 완전하게 성숙했다. 사람으로 말하면 장성한 어른이 되었다고 할 수 있다. 이 색의 성격적 특성은 고집과 끈기가 있어 달라붙는 성질과 근성이 있다. 그래서 무슨 일이든 잘 수행하고, 역할 분담도 잘한다. 이들은 적당히 대충대충 하는 것을 싫어한다. 모든 일에 경험과 실적을 중요시하고, 오래된 것을 소중히 여기며, 상하 관계를 중요하게 여긴다. 자기가 소중하다고 여기는 것은 몸을 아끼지 않고 지킨다. 근거 없는 자신감이 있고, 최고 명품을 선호한다. 상대가 하는 부탁을 거절하지 못한다.

긍정적인 키워드는 의사 소통력, 책임감, 의무감, 충성심, 성실성, 관찰력, 자제심, 보수적, 겸손, 인내력, 계획적, 이성적이다.

부정적인 키워드는 내향성, 보수적, 자기억제, 상실감, 반성, 의식, 깔보다 등이다.

6) 오렌지(Orange)

새싹이 완전히 자라 여름이 되었다. 푸른색을 넘어 타들어가는 색이 되었다. 바깥 활동을 즐기는 여름처럼 이들은 딱딱한 분위기를 싫어하고 나서서 표현하는 것을 좋아한다. 그뿐만 아니라 드러내놓고, 자유분방하게 지내는 것을 자랑으로 여긴다. 활발하게 잘한다는 칭찬을 좋아하여 바로 결과를 내기 위해 일을 열심히 한다. 길게 장기간에 걸쳐 진행하는 프로젝트보다는 단기간 승부 보는 것에 강하다. 손재주가 좋고 낭비를 싫어한다. 흑백이 확실하여 쓸데없는 것과 우유부단한 것을 싫어한다.

긍정적 키워드는 자기표현, 수다쟁이, 자기자랑, 명랑, 쾌활, 자유, 변화, 탐구심, 창조성, 가정적 등이다.

부정적 키워드는 경쟁의식, 쓸쓸함, 고독감, 뻔뻔함, 자기과시욕, 자랑, 손익계산 빠름 등이다.

7) 빨간색(Red)

이제 나무들이 붉게 물들기 시작했다. 이 색의 성격적 특성은 바로 지금 행동으로 옮기는 적극적인 행동파라 하겠다. 권위나 권력을 중시하고 조직, 파벌, 동료 의식도 강하다. 가능성, 소망을 소중하게 여기고, 큰 업적을 이루고 싶은 대단히 큰 것을 목표로 한다. 항상 빛나고 싶어 하는 마음이 있고 자신을 드러내려고 한다. 의성어와 의태어가 많은 말을 크고 확실하게 하고, 몸동작 역시 크다. 하지만 종잡을 수 없이 막연한 면도 있다. 무슨 일이든지 핑계 대는 것을 싫어하고 피아가 분명하다. 무슨 일이든 노력과 근성으로 끝까지 전념(몰두)할 수 있다. 기억력·동화·흡수력 뛰어남. 통찰력과 예측력이 모자라다. 핵심적인 이야기를 중심으로 말하기 때문에 세세한 이야기를 건너뛰어 말한다.

긍정적 키워드는 열정, 활력, 활동력, 에너지, 행복, 적극적, 성공 욕구, 야심가, 권력, 리더십, 자기주장, 투쟁심, 애정 욕구, 대담성 등이다.

부정적 키워드는 증오, 분노, 공격성, 난폭함, 폭력적, 지배욕, 감정적, 욕구불만, 호색가 등이다.

8) 보라색(Purple)

이 색의 의미는 직관력, 즉 정신과 관련이 있다. 감정 기복이 심하고 프라이버시를 소중하게 여긴다. 잘하는 분야에는 폭발적인 능력을 발휘하지만 근거 없는 생각을 하여 과장되고 부풀려지기 쉽다. 자유로운 것을 좋아해서 속박되는 것과 일일이 지시받는 것을 어렵게 여기고 싫어한다. 우울하고 침체된 기분 상태이다.

긍정적 키워드는 정신적인, 집중력, 신비성, 명상력, 헌신적, 이타적, 섬세함, 정신적 지도자, 감정이 풍부함, 예술성 등이다.

부정적인 키워드는 비현실적, 독단적, 도피주의, 망상, 침체되고 우울한, 정서불안, 위기 상황, 몸 상태가 좋지 않다, 스트레스, 호르몬 이상 등이다.

9) 마젠타(Magenta)

이 색이 지니는 성격적 특성은 책임감과 경쟁의식이 강하여 승부에 강하다. 최악의 경우를 생각하고 나서 행동하는 특성이 있어 주변의 선동에 쉽게 넘어가지 않는다. 웃으면서 하는 독설가, 쓸데없는 것을 싫어한다. 여유와 멍때리는 시간이 없으면 맥을 추지 못한다. 현실적인 로맨티스트이자 포용력이 뛰어나다. 무슨 일을 하고 지나고 나서 나중에 후회한다. 자기를 높이는 것을 좋아한다. 남에게 서비스를 잘한 만큼 자신 역시 무시당하지 않는 것을 좋아한다.

긍정적 키워드는 모성적, 헌신적, 인간애, 자상, 친절, 배려, 편안함, 애정, 포용력 등이다.

부정적 키워드는 독점적, 독재자, 공연한 참견, 동정, 희생적 등이다.

10) 회색

이 색의 성격적 특성은 안정되고, 차분하고 조용하다. 누구에게나 부드러운 특성을 나타낸다. 그래서 어떤 조건이나 계기가 되면 쉽게 동조한다. 삶의 목적이나 방향성이 없어 머뭇거리는 생활을 한다. '좋은 것이 좋다'라는 생각을 갖고 있어 남의 잘못을 함부로 지적하지 못한다. 자기 일에는 늘 겸손하고, 쾌락적인 삶을 좋아하지 않고 금욕적인 태도로 살아간다. 매사에 협조적이어서 어느 조직이나 모임에서도 잘 어울린다. 내향형의 사람들이 많으며 주위에서 권하지 않으면 특별히 나서지 않은 얌전한 사람들이다. 적극성과 생동감이 약한 타입으로 경계심이나 의심이 많고, 열등감도 많이 가지고 있다. 대체로 결단성이 부족하고 무기력한 정신 상태를 나타내기도 한다. 자립심과 패기가 부족하며 유혹에 빠지기 쉽다.

긍정적인 키워드로는 조용, 겸손, 화합, 함께. 조용히 등이다.

부정적인 키워드로는 존재감이 없는 사람, 무기력, 게으름, 소극적, 삭막함, 평범한, 불안한, 애매한, 생기가 없는, 절망, 공포 등이다.

11) **검정색**

　이 색이 지니는 성격적 특성은 큰 변화보다는 점진적인 변화를 원하는 보수적인 마음을 가지고 있다. 사회나 조직, 모임에서 어떤 권위나 위엄, 품격을 유지하고 싶은 마음이 있다. 다른 사람의 위에 군림하면서 어떤 힘을 구사하고 싶은 마음이 강하다. 매사에 엄격하고, 신중하고 철저하다. 일이나 작업이 체계적으로 진행되고 완벽하게 완료되는 것을 좋아한다.

　부정적인 감정으로는 주위를 둘러싼 부정적인 모든 것들로부터 보호막을 찾고 있다. 삶에서 감사나 기쁨을 누리지 못하고 자기 부정을 하고 있는 상황이다. 자기 단점이나 두려움, 혹은 나쁜 일이나 상황을 타인과 공유하지 못하고 내면에 담아 두고 있다. 우울하고 위협적인 느낌이 들 수 있다. 자기감정을 숨기고, 세상에서 자기를 분리하고 자신을 감추고 싶은 마음이 있다.

　긍정적 키워드는 안정적, 권위적, 고품격, 지도력, 강력한 리더십 등이다.

　부정적 키워드는 거만, 우울, 좌절, 지나친 보수성 등이다.

12) **흰색**

　이 색이 지니는 성격적 특성은 정의감이 넘치고 높은 이상을 추구하는 완벽주의자 타입이다. 지저분한 것을 싫어하고 무슨 일이든 철저하고 깔끔하게 처리하려고 한다. 부지런하고 성실한 성격으로 실용적이고 기능적인 면도 중요하게 여긴다. 다툼이나 경쟁을 좋아하지 않고 평온한 상태를 갈망한다. 이들이 에너지를 소진하게 되면 지나친 이상적인 것을 추구하거나, 허황된 것을 따라가기도 한다.

긍정적 키워드로는 청결, 순수, 깨끗함, 단순, 신중, 평화 등이다.

부정적 키워드로는 춥다, 차갑다. 결백, 평범함, 늙음, 죽음, 귀신, 허상 등이다.

7. 칼라검사와 해석 방법

우선 색을 가지고 학생의 심리상담을 하기 위해서는 앞에서 제시한 색상이 지니고 있는 색의 의미와 상징을 충분히 익혀서 잘 알고 있어야 한다. 이를 바탕으로 내담자가 고른 색을 기준으로 해석하면 된다. 하지만 이 내용을 충분히 숙지하지 못하더라도 상담하는 데는 크게 지장이 없다. 익숙하게 될 때까지는 본 설명을 보면서 해석해도 되기 때문이다. 하지만 보고 할 경우, 내담자에게 신뢰감을 떨어뜨릴 수 있다는 단점이 있으니, 사전에 충분한 공부와 임상경험이 중요하다고 하겠다. 이제 구체적으로 해석 적용 방법을 알아보자.

1) 칼라검사 방법

칼라검사 방법은 비교적 간단하고 쉽다. 검사 전에 미리 12색의 카드를 마련하고 학생에게 색을 보여주면서 자기가 좋아하는, 혹은 마음에 드는 색을 순서대로 쭉 나열해 보라고 안내한다.

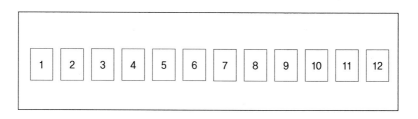

이렇게 색상을 나열했으면 혹시 마음에 들지 않은 색의 순서가 있으면 바꿔놓아도 좋다고 안내해 준다. 이렇게 해서 내담자가 원하는 색상을 순서대로 배열했으면 이제 해석을 시작하면 된다.

2) 해석 방법

맨 먼저 고른 색은 현재 내담자가 보이는 행동이나 의지, 노력 등을 상징한다. 지금 취하고 있는 태도나 하고 싶은 말, 혹은 삶의 형태로, 지금 볼 수 있거나 짐작이 가능한 태도나 몸가짐이라 하겠다. 그러니까 친구들 앞에서 매우 활발한 활동을 한다든지, 선생님 앞에서 열심히 발표에 나선다든지, 말을 많이 한다든지, 수줍은 모습을 보인다든지, 어떤 일을 철저히 하려고 한다든지, 이것저것에 관심이 많다든지,

주변에 구속되지 않고 자유분방하게 생활한다든지, 아니면 지나치게 확대하거나 과장되게 말하는 등과 같은 모습들이라 하겠다.

또 내담자의 현재 모습, 상태, 등으로 자기 목표를 실현 시켜 주거나 해결해 줄 열쇠라 하겠다. 그러니까 자기 성격 특성을 가장 잘 발휘하고 있는, 가장 잘 표현할 수 있는 색이라고 보면 된다. 내담자에게 자신감과 힘을 주고, 또한 지지해 주고 후원해 주는 색상이라 하겠다.

두 번째 고른 색은 지금 내담자가 바라거나 목적하고 있는 그 어떤 것이라 하겠다. 처음에 나온 색에 비하면 조금 내면에 자리하고 있는 내용으로, 즉 마음에 담아 두고 있는 신념이나 이루고 싶은 목표나 목적이라고 보면 좋다.

예를 들어 학생의 경우, 핸드폰을 갖고 싶다. 공부를 잘하고 싶다. 선생님이나 부모님에게 사랑을 받고 싶다. 선후배 간 질서를 지키고 싶다. 친구들과 다투고 싶지 않다. 친구들과 경쟁하더라도 목적을 이루고 싶다 등과 같은 것들이라고 보면 된다.

또한 이 색상은 지금보다는 미래 일을 보여준다. 즉 미래를 열어줄 수 있는 열쇠라 하겠다. 내담자가 앞으로 바라고 하고 싶은 일을 보여주고, 그 일이 더 발전하도록 에너지를 주는 색상이다. 곧 이뤄지거나 볼 수 있는 목적지라고 하겠다.

그러니까 첫 번째, 두 번째 색을 종합해서 해석하면 '학생의 목적이나 소망인 두 번째 색을 이루기 위해 현재 첫 번째 색의 행동이나 태도를 취하고 있다.'라고 해석하면 된다.

예를 들어 첫 번째 색에서 '블루'를 선택하고 두 번째에서 '레드'를 선택했다고 가정해 보자. 그러면 '레드'를 하기 위해 현재 '블루'의 행동이나 말을 하고 있다고 해석하는 것이다. 즉 반장이 되고 싶어서 대충 생활하지 않고, 끈기를 갖고 무슨 일이든 잘 수행해 내고 있다. 혹은 모임 내에서 주도권을 잡고 싶어서 조직을 위해 성실하게 생활하고 있다. 자기 목표를 이루기 위해 선후배 간의 질서를 존중하고, 차분하게 자기 일을 열심히 하고 있다. 등으로 해석할 수 있다.

이번에는 세 번째와 네 번째 놓인 색에 대한 해석이다. 이 색은 현재 학생이 갖고 있는 현재 상황, 심리 상태 등에 대한 정보를 보여주고 있다. 그러니까 세 번째와 네 번째 상황에 놓여있고, 이런 감정을 느끼고 있다는 것을 보여준다. 또한 두 번째를 이루기 위한 현재의 마음 상태, 마음을 가지고 있다 등으로 해석하면 된다.

예를 들어 세 번째와 네 번째에 그린과 오렌지색이 놓여있다는 가정하고 해석해 보면 이 사람의 현재 심리는 혼자 있는 것을 싫어해서 조직이나 사람들 속에서 어울려 지내고 싶은 마음을 갖고 있다. 그래서 자기표현과 자랑하고 싶은 마음이 있고, 자기에게 신경 써주는 것을 기뻐하고 그런 관계 속에서 활발하게 지내고 싶은 마음이 있다. 또 잘한다는 칭찬을 듣고 싶어 열심히 일을 하고 있다. 등으로 해석할 수 있다.

그리고 마지막에 놓인 열한 번째와 열두 번째 색은 학생이 느끼고 있는 부정이나 불안의 원인 혹은 이로 인해 느끼는 어려움이나 스트레스로 해석할 수 있다. 또 다른 말로 하면 이 학생이 극복하기 힘든 어려운 일, 단점, 약점이라고 할 수 있다. 그래서 꺼내고 싶지 않은 성격적 특성이나, 상담자가 할 수 없는 일, 현재 어렵다고 느끼는 일로 노력하거나 시도해도 할 수 없는 일을 알려주는 혹은 몹시 바라는 희망 사항이라고 보면 좋다.

그래서 상담을 할 때 앞에서부터 순차적으로 진행할 수도 있지만 때에 따라서는 끝에 놓인 색부터 먼저 언급하면서 내담자가 겪고 있는 어려움을 점검하면서 라포를 형성해 가는 것도 좋은 상담 방법 가운데 하나라 하겠다.

칼라를 이용한 심리검사와 해석은 매우 편하고 블록을 형성하지 않는다는 점에서는 매력적이지만 여기에서 제시하고 있는 색의 상징과 의미만을 가지고 학생을 판단하고 단정 지어서는 곤란하다. 학생의 실제 마음과 가깝도록 읽어내고 해석하기 위해서는 느낌만으로는 부족하다는 말이다. 학생과 충분한 대화를 통해 짐작되는 부분에 대해 설명을 요청하든지, 아니면 상담에 임하는 태도 등을 함께 살피면서 학생의 심리상태를 파악하는 것이 중요하다. 할 수만 있다면 여타의 다른 임상 보조자료와 함께 해석하는 것이 바람직하다. 가급적 가설을 뒷받침할 만한 다른 검사자료를 참고할 필요가 있다고 하겠다.

4장

도형을 통한
학생 심리 이해

1. 도형심리란

　도형심리는 히포크라테스의 4 기질설을 바탕으로 칼라이너가 처음으로 도형에 대입시켰다. 이후에 팀 라헤이라는 사람이 성경 속에 등장한 인물을 중심으로 기질분석을 거치면서 비로소 확립되었다.

　도형심리는 그래픽 테라피(Graphic Therapy)라 할 수 있는데, 4개 도형 ○, △, ㅁ, S 을 기반으로 하여 알기 어렵고, 복잡한 개인의 성격과 현재 심리 상태를 간단하게 알아내는 심리상담 도구이다.

　이는 도형과 기질론을 접목한 심리상담의 한 기법으로 이론보다는 내면의 상처와 갈등, 고민, 스트레스 요소를 찾아낼 수 있도록 도와준다. 이를 바탕으로 마음의 상처와 괴로움, 등을 근본적으로 치유하는 데 도움을 주는 매우 좋은 상담도구이다.

2. 도형심리 활용과 이점

도형심리는 내담자가 그린 도형의 형태를 통해 개인이 지니고 있는 의식 상태, 혹은 마음 상태를 알아내게 된다. 이를 바탕으로 자신은 물론 타인의 삶까지 이해하고 점검할 수 있다. 또한 내담자에게 숨겨진 내면의 상처를 발견하고, 치유하고 잠재능력을 개발하는 데 도움을 준다. 따라서 도형심리의 최종 목적은 내담자가 행복하고 자존감을 갖고 능력 있는 삶을 살 수 있도록 돕는 일이라고 하겠다.

3. 도형심리 상담의 장점

우선 이 도형 검사방법은 매우 쉽고, 간단하다. 시간 또한 얼마 걸리지 않는다. 그리고 모든 정보가 도형상담지 안에 담겨 있어서 내담자의 상태를 한눈에 파악할 수 있다. 따라서 내담자의 거부반응 없이 상담자가 쉽게 내담자의 마음이나 삶을 읽어낼 수 있다. 때문에 아주 빠른 시간 내에 성격 유형, 삶의 문제들에 대한 정보를 얻을 수 있다.

도형심리의 또 다른 장점으로는 매우 빠른 시간 내에 문제를 진단할 수 있을 뿐만 아니라 내담자와 라포 형성에 매우 효과적이다. 심지어 전혀 모르는 사람과도 종합적인 상담을 할 수 있다. 따라서 바로 본 상담으로 들어갈 수 있는 장점이 있다.

필자의 경험으로 봤을 때, 이 검사는 학생 상담을 할 때 경이로운 도움을 주었다. 학생들의 생각을 노출시키고, 생활을 돕고, 격려하고, 치유하는데 이만한 검사자료가 없다고 생각할 만큼 좋은 검사도구였다. 그래서 선생님들에게 이 검사자료를 꼭 추천하고 싶다.

4. 검사와 해석 방법

검사 방법은 이 장 맨 끝에 실린 검사 용지를 가지고 내담자에게 도형을 그리도록 안내하면 된다. 간략하게 소개하면 먼저 4개 도형을 제시하면서 자기가 좋아하는 도형을 순서대로 고르게 한다. 그런 다음 맨 먼저 선택한 도형(메인 도형)을 3번 그리게 하고, 이어서 나머지 도형은 차례로 한 개씩 그리게 하면 된다. 이 조건만 충족하고 나머지는 주어진 영역 안에서 마음대로 자유롭게 그리도록 안내한다.

도형이 모두 그려지면 도형이 그려진 모양과 형태를 보고 해석하면 되는데, 해석 순서는 메인 도형(맨 먼저 선택한 세 개 그린 도형)을 먼저 해석하고 이어서 특이도형을 해석하면 된다.

그러기 위해서 교사는 도형에 담긴 의미와 상징을 알아야 한다. 그런 다음 팀라헤이가 연구해 둔 모양에 따른 의미를 적용해서 해석하면 된다. 그러면 내가 가진 능력보다 더 많은 정보를 얻을 수 있다. 그뿐만 아니라 무엇보다 내담자와 깊은 상담을 진행할 수 있다. 그러면 이제 도형에 담긴 의미와 상징을 알아보자.

1) 동그라미(○)

동그라미(○)는 사람과 관계 나누는 것과 관련이 있다. ○를 세 개 그린 사람들은 사람들과 만나 대화 나누는 일이나 함께 어울리는 것을 좋아하고, 사람들과 관계를 잘 맺는 것을 중요하게 여긴다. 자기감정을 밖으로 잘 표현하고, 상대 감정을 수용하면서 사람들과 따뜻한 인간관계를 선호한다.

그다음은 경제적(금전)인 부분과 관련이 있다. 이들은 금전 관리를 잘 못하는 경향이 있다. 들어오는 것과 나가는 것에 대한 관념이 없는 편이다. 그래서 재산을 축적하는데 재능이 없다고 해야 할 것이다. 이들이 자기 특성을 잘 발휘하게 되면 관계성을 즐기고 활발한 모습을 보이는 데 비해, 에너지가 소진되고 자기 특성을 잃게 되면 단순하게 되는 것을 볼 수 있다. 필자의 경험으로 봤을 때, 학급에서 가장 많은 학생들이 선택한 도형이었다.

2) 삼각형(△)

삼각형(△)은 주도적인 역할이나 능력을 발휘하고 싶은 사람들과 관련이 있다. △을 세 개 그린 사람들은 비교적 어떤 일의 비전이나 목표를 분명히 갖고 있거나 알고 있는 사람들이다. 또한 이들은 이 목표를 이루기 위한 계획과 능력을 충분히 갖추고 있다. 그래서 이를 실천하고 목표를 얻기 위해 노력하는 사람들이다.

이들은 무엇인가 하려고 하는 에너지가 충분하고, 주변 사람들을 휘어잡으려 하고, 목표를 향해 돌진하려는 경향이 있다. 이들이 자기 능력을 충분히 잘 발휘하면 무슨 일이든지 자기 주도하에 적극적으로 추진하여 꼭 목표를 이루어 낼 수 있다. 그래서 이들은 무슨 일이든 자신감 있고, 힘 있게 추진하려고 한다.

그런데 이들에게 에너지가 결핍되거나 자기 에너지를 부정적으로 사용하게 되면 고집이 세지고, 자기주장을 강하게 드러내 주변 사람들에게 불편을 주기도 한다. 필자의 경험으로 봤을 때, 학급 아이들 가운데 △을 그린 사람은 학급 반장을 하고 싶어 하거나, 아니면 작은 모임에서도 리더가 되고 싶은 마음을 갖고 있는 아이들이 많았다.

3) 네모(□)

이 도형은 공동체, 그러니까 가정이나, 학교, 직장, 종교활동 등에서 역할이나 책임과 관련이 있다. 그래서 공동체 내에서 수행해야 하는 역할, 또는 책임감을 갖고 있고, 그것의 수행 여부에 따라 감정이 영향을 받는다.

또한 ㅁ는 지식과도 상당한 관계가 있다. 그래서 이들은 공부에 매력을 느끼거나 즐겁게 공부하는 것을 좋아한다. 이들의 성격적인 특성은 조심조심하고 신중함에 있어서 돌다리도 두들겨 보는 꼼꼼함이 있다. 이들이 자기 특성을 잃게 되면 너무 소심한 모습을 보이게 된다.

4) 에스(S)

이 도형은 자신이 하고 싶은 일(욕구)과 관련이 있다. 무엇을 하고 싶은 마음을 품고 있거나 원하는 것을 얻고자 하는 마음이 많다. 이들은 다른 도형보다 재능이 많고, 감정도 풍부하다. 그리고 영성에도 상당히 민감한 편이어서 영적인 지도자들이 좋아하는 도형이다. 또한 미래에 대한 생각들이 많아 미래 변화될 일들에 대해 예언하거나, 견해를 나타내기도 한다.

이들이 자기 특성이 잘 발현할 경우, 매우 안정되고 차분한 모습을 보이지만 반대로 에너지가 소진될 경우 지나치게 완벽함을 추구하는 경향을 보인다.

5. 도형 해석의 실제

앞에서 잠깐 언급했던 것처럼 도형을 해석할 때는 메인도형(1차 도형
으로 맨 먼저 선택한 도형을 세 개 그린 것)을 먼저 해석하고, 이어서 나머지
도형(특이도형)들에 대한 해석을 한다. 그러니까 도형이 그려진 모양에
따라 해석하는 방식이다. 이제 내담자가 그린 도형 형태를 살펴보고 해
석하는 방법을 구체적으로 알아보자.

메인도형의 유형에는 미개발형, 조사형, 중복형, 몰입형, 천재형, 드
문형, 콤플렉스형, 우울형 등 9가지로 나눠서 해석한다.

1) 미개발형

(1) 모양

맨 먼저 선택한 도형을 아래 그림과 같이 세 개를 같은 크기로 흩어
서 그려놓은 형태를 말한다.

(2) 의미

이런 도형이 의미하는 바는 자기 능력을 아직 제대로 발현하지 못하고 미개발상태로 묵혀두고 있다는 것을 의미한다.

(3) 도형별 해석

① 동그라미(○)

이 도형은 근본적으로 인간관계와 관련이 있다. 그래서 이들은 여러 사람들과 만나 활발하게 지내고, 그룹을 짓고, 모임 활동을 좋아하는 사람들이다. 그런데 ○를 흩어지게 그렸으니, 미개발 형태로 현재 인간관계에서 적극적이거나 활발하지 못하다. 주변에 있는 친구 한둘이나 아니면 친한 벗과 형식적으로 만나면서 그냥 자기에게 주어진 여건에서 교제를 대충 하며 지낸다. 그러면서 자기의 보통 능력보다 못한 능력을 발휘하고 있는 사람들이다.

그러니까 이들은 인간관계를 잘하는 자기 장점을 살리지 못하고, 자기가 타고난 기질대로 살지 못하고 있는 사람들이다. 따라서 자기의 장점을 살리고, 긍정적으로 발전시키기 위해서는 현재 자기의 생활에서 자기 에너지 상쇄요인을 찾아서 제거하고, 자기 에너지가 긍정적인 방향으로 잘 사용될 수 있도록 관심을 기울이는 것이 좋다. 무엇보다 주변 사람들과 원만한 교제를 통해 자기 삶이 적극성을 지니도록 노력하는 것이 좋다. 따라서 이들에게 필요한 것은 자기에게 맞는 적당한 목표를 세우고 실천하고 노력하는 것이 필요하다.

② 삼각형(△)

삼각형(△)을 선택한 사람은 목표와 계획 달성에 강한 의지와 에너지를 가지고 있다. 그런데 △을 흩어진 형태로 그렸으니, 자기가 이루고자 한 목표가 뚜렷하지 않다고 하겠다. 현재 목표가 없이 우왕좌왕하며 무엇을 해야 할지 모르는 생활을 하고 있다고 하겠다.

이들은 어떤 일을 이룰 수 있는 강한 힘과 에너지를 가졌으나 그 좋은 능력을 잘 활용하지 못하고 있을 뿐 아니라 목표를 세우지도 못하고 있다. 이들의 에너지 사용 정도를 보면 자기 능력이 10이라고 한다면 현재 자기 능력에 5~6정도 밖에 활용하지 못하고 있다고 하겠다.

따라서 이들이 현재의 무기력으로부터 벗어나려면, 먼저 실현 가능한 작은 목표를 세우고 실천해 가면서 점점 더 큰 목표를 설정하고 실행에 옮기려고 노력해야 한다. 이들은 자신이 무엇을 하겠다고 한번 마음먹으면 강하게 밀고 나가는 능력이 있다. 따라서 우선 자기 능력에 맞은 작고 단기적인 계획을 마련하고 이를 잘 실행하려는 노력이 필요하다고 하겠다.

③ 네모(ㅁ)

ㅁ는 자신이 속해 있는 공동체 생활과 관련이 있다. 따라서 자기가 속한 공동체에서 자기 역할을 잘 수행하는 것으로 에너지를 얻는다. 그런데 ㅁ를 미개발 형태로 그렸으니 이 사람은 지금 자기 공동체에서 작게는 가족 안에서, 혹은 학교나 동아리에서 어떤 소속감을 느끼지 못하고 있다. 또한 거기에서 자기 역할을 찾지 못해 제 역할을 제대로 수행하고 있지 못하여 지금은 의미 없게 무기력하게 지내고 있다고 하겠다. 그러니까 이들은 공동체에서 자기 몫을 할 능력이 있는데도 자

기의 좋은 능력과 역할을 찾지 못하고 있거나 스스로 묻어두고 있다고 하겠다. 따라서 집단 내에서 자기가 할 수 있는 작은 일부터 찾아 충성심을 발휘해 보고, 집단에 기여할 수 있는 일을 찾아 참여하게 된다면 발전을 기대할 수 있다.

④ 에스(S)

S는 근본적으로 자신의 욕구와 타고난 예술적 재능, 기술과 관련이 있다. 그런데 S를 흘려서 그렸으니, 역시 미개발 형태로 현재 자기가 지니고 있는 좋은 예술적 재능이나 자기 욕구들을 묵혀두고 있거나 잘 발휘하지 못하고 있다. 자기가 하고 싶은 욕구나 자신의 감정을 밖으로 드러내지 못하고, 내면에 묻어두고 지낸다고 하겠다.

이들의 역량을 표현해 보면 이 사람들이 가지고 있는 재능을 10이라고 한다면 현재 이들은 자신들이 가지고 있는 재능의 5~6정도 밖에 사용하지 못하고 있다. 따라서 이들이 자기 재능을 잘 발현하기 위해서는 우선 자기 욕구가 무엇인지, 파악하고 실현 여부를 가려 실행에 옮기려고 노력해야 한다. 그리고 주어진 예술적 재능이나 기술이 무엇인지 파악하고 이를 실현할 수 있도록 노력해야 한다. 현재는 커다란 목적을 향해 나가는 것보다는 주변에서 작은 부분에 자기 재능을 적용해 보는 것이 중요하다. 또한 자신감이 결여되어 있는 경우, 자기 내적 에너지를 고갈시키는 원인, 부모의 반대나 환경적 어려움 등을 잘 파악한 다음 이를 극복하려는 노력을 기울여야 한다. 이런 노력을 통해 자기 재능을 계발하고 발전시키려고 노력하면 현재보다 훨씬 더 나은 자기 모습을 갖게 될 것이다.

⑷ 임상경험

필자의 경험으로 보면 학생들이나 일반인들에게 도형심리검사를 해 보면 일반적으로 이 미개발형이 가장 많이 보였다. 아마 대부분 사람들이 자기 삶의 방향이나 목적, 그리고 자신의 장점을 잘 살려내지 못하고, 매우 단순하고 태만하고 소극적인 생활을 하고 있어서 그러지 않는가 하는 생각을 해 보았다.

그리고 이들은 대부분 자기 생활이나 삶의 목표에 대해 별다른 고민 없이 생활하고 있었다. 설령 고민을 하더라도 겉으로만 하고, 소극적인 생활을 하고 있었다.

이들은 자기가 지닌 능력이 10이라고 한다면 겨우 4~6 정도를 발휘하고 있었다. 이런 미개발형을 그리는 학생들은 생활에서나 미래에 특별한 목표가 없었고, 주어진 환경에서 대충대충, 마지못해 생활하는 학생들이 많았다. 자기가 무엇을 해야 하는 줄을 모르고 그냥 하루하루 삶을 무기력하게 살아가고 있는 아이들이 대부분이었다. 이를 바꿔 말하면 이들은 자기 기질과 장점을 개발할 수 있는 가능성이 큰데, 자각하지 못하거나, 노력을 하지 않아 무기력하게 지내고 있다고 하겠다. 따라서 이들에게 각자에게 맞는 목표나 목적을 제시해 주면 매우 활발하고 적극적인 생활 태도로 바뀌는 것을 경험할 수 있었다.

2) 조사형

(1) 모양

세 개의 도형을 그리는데, 아래 그림처럼 도형끼리 같이 붙어 있는 형태를 말한다.

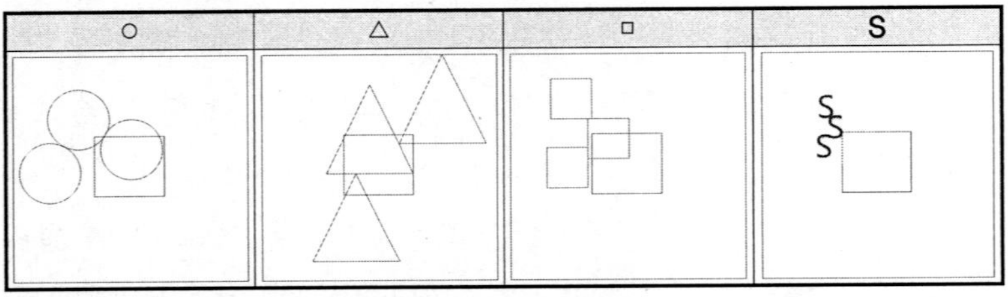

○	△	□	S

(2) 의미

이들은 우선 머리가 매우 총명하다. 또한 분석 능력과 관찰력이 좋고 논리적인 사고를 지녔다. 그래서 이들은 지적인 에너지가 상당히 높은 사람들이라 하겠다. 다만 결단력과 실천력이 부족한 것이 흠이다. 그리고 마음이 순수하지 못해 매사에 의심이 많은 편이다. 좋게 말하면 궁금증이 많은 사람이라 하겠다. 이들에게 어울리는 직업은 수사관, 연구원 같은 유형이다.

(3) 도형별 해석

① 동그라미(○)

이 도형은 근본적으로 인간관계와 관련이 있다. 따라서 이들은 인간관계에서 주변 사람들을 잘 관리하고 친밀한 인간관계를 유지하는 사람들이다. 조직관리를 잘하고, 상하 사람들에게 잘 대하는 사람들이다. 이들은 관찰력과 머리가 좋아 지적인 일을 좋아하고 무슨 일이든 논리적으로 생각하는 사람들이다. 하지만 결단력과 실천력이 부족해 머뭇거리는 태도를 보인다.

② 삼각형(△)

삼각형(△)은 목표와 계획 달성에 대한 강한 의지와 에너지를 가지고 있는 사람들이다. 따라서 이들은 일에 대한 열정과 집중이 뛰어난 사람들로, 자신의 목표에 대한 방향을 분명하게 가지고 있어 실천력이 따르면 목표 실현에 대한 성취가 기대되는 사람이다. 그리고 자기 분야에 전문적인 지식을 갖고 있고 또한 목표 실현을 위한 세밀한 계획을 갖고 있어 기대할 만한 사람이다. 하지만 실천력이 따르지 않으면 어려움을 겪을 수 있다.

③ 네모(□)

□는 자신이 속한 공동체와 관련이 있다. 따라서 이들은 자신이 속한 공동체의 장점과 단점을 잘 파악하고 이를 통해 공동체에 많은 기여를 하고, 또한 공동체 안에서 자신의 역할을 충실히 잘하고 있는 사람이기도 하다. 따라서 이 사람의 활동은 조직 내에서 돋보인다. 주어진 시

간 안에 가장 빠르게 많은 일을 잘 처리한다.

④ 에스(S)

S는 근본적으로 하고 싶은 욕구와 타고난 예술적인 재능이나 기술과 관련이 있다. 이들은 자기 욕구가 무엇인지 알고 실현해 나가는 사람들이다. 또한 상상력이 풍부하고, 여기에 따른 추상적인 표현 능력이 뛰어나 이 분야에 탁월한 재능을 나타낸다. 또한 자기감정을 잘 표현하고 활용할 줄 안다. 자기 능력의 장점과 단점도 잘 알고 있다. 이들은 자기 일을 잘 분석하고 합리적으로 적용할 줄 아는 사람들이다.

(4) 임상경험

상담을 통한 경험을 정리해 보면 이들은 대부분 자기 일을 매우 잘하고 있는 사람들이었다. 또한 자기가 하는 일에 충분한 자긍심을 가지고 있었고 자기 행동과 노력을 논리적으로 잘 설명했다. 또한 선생님이 논리적으로 설명하면 잘 알아듣고 실천해서 좋은 결과를 보여주었다.

3) 중복형

(1) 모양

맨 먼저 선택한 도형 세 개를 아래 그림처럼 겹쳐서 중복되게 그린 형태이다.

○	△	□	S

(2) 의미

이 사람들은 순발력과 결단력이 좋고 아주 뛰어난 능력을 지녔다. 하지만 어떤 일이나 기능, 재능 등에서 잘한 것은 아주 잘하고, 못한 것은 아주 못하는 극상·극하 형의 사람들이다. 또 어떤 일을 할 때 쉬운 방법이 아닌 어려운 길을 택함으로써 일을 어렵고 힘들게 진행하는 사람들이다. 또한 일의 목적성이 없다 보니, 한 방향으로 나아가지 못하고 우왕좌왕하며 시간을 낭비하기도 한다. 그러다 보니, 쉽게 지치고 견디지 못해, 끈기나 인내심, 지구력이 부족한 것처럼 보인다. 따라서 이들은 생활하면서 목표를 세우고, 편하고 쉬운 방법대로 해 나가면서 생활 속에서 주변의 일을 잘 정리 정돈할 필요가 있다.

(3) 도형별 해석

① 동그라미(○)

이 도형은 근본적으로 인간관계와 관련이 있다. ○를 겹쳐서 그렸으니, 도형이 담고 있는 의미처럼 인간관계에서 원만하지 못하고 지속적이지 못한 상태라 하겠다. 또한 사람과 관계 속에서 얽히고 맺힌 일이 있어서 심적으로 복잡함과 불편을 느끼고 있는 상태다. 따라서 사람과 사귀면서 긍정적인 목적성을 갖고 좋은 관계를 위해 노력할 필요가 있다. 다툼이나 속이 상한 일이 있으면 가급적 이른 시일 안에 그 사람과 풀어내는 것이 좋다. 인간관계에서 무엇인가로 얽혀 있는 것을 정리하는 것이 자기 능력을 발휘하는 데 도움이 된다.

② 삼각형(△)

삼각형(△)은 목표와 그 달성에 대한 강한 의지, 그리고 에너지와 관련이 있다. 그런데 이 목적이 겹쳐 있으니, 하고 싶은 일, 즉 목표하는 바가 많아 이것도 하고 싶고, 저것도 하고 싶은 마음이 있어서 현재 혼란스러운 상태라 하겠다. 그렇지 않으면 자신이 이뤄내야 할 목표가 너무 크고 심각하게 보여 부담을 느끼고 있다고 하겠다. 그래서 현재는 하나의 목표를 향해 나가는 적극성이나 인내, 끈기가 없는 상태라 하겠다.

따라서 현재에서 벗어나 자기 특성을 발전시키고 성공적인 방향으로 나아가기 위해서는 복잡하게 세워진 목표를 명쾌하고 분명하게 정리할 필요가 있다.

③ 네모(ㅁ)

ㅁ는 자신이 속해 있는 공동체와 관련이 있다. 따라서 네모를 겹쳐 그렸으니, 자신이 속한 직장이나 가족 내에서 일들이 복잡하게 얽혀 있는 상태다. 그래서 현재 공동체 안에서 자신의 역할을 다하지 못하고

있다고 해석할 수 있다.

이를 효과적으로 극복하기 위해서는 공동체 내에서 자신의 맡은 일을 단순화하는 작업이 필요하다. 또한 쉽게 해결될 수 있는 문제를 너무 어렵게 접근하고 있다고 하겠다. 따라서 문제 속에서 해결하려 들지 말고 한 걸음 떨어져 객관적으로 보고 쉽게 풀어내도록 생각을 정리하는 것이 좋다.

④ 에스(S)

S는 근본적으로 자신의 욕구와 타고난 예술적인 재능이나 기술과 관련이 있다. 이를 겹쳐서 그렸으니, 현재 자신이 하고 있는 일이나 욕구가 많아 중요한 것을 고를 수 없거나 목적성이 없다고 하겠다. 우선 자기 욕구가 뭔지 정확하게 정리가 되지 않아 어려움을 겪고 있는 상태다. 그러한 원인으로는 우선 자기감정을 잘 살펴볼 필요가 있다. 자기에게 주어진 문제를 너무 심각하게 보고 있어 스스로 어려움을 가중하고 있다고 볼 수 있다. 따라서 자기감정 문제를 돌아보고 잘 관리할 필요가 있다고 하겠다.

⑷ 임상경험

학교에서 검사해 보았더니, 이런 형태의 그림은 친구와 다퉈서 냉전 상태에 있는 아이들이 많았다. 또 뭔가 하고 싶은 일이 있는데, 부모가 반대하거나 자기 목표가 지나치게 커서 실행하지 못하고 있는 아이들도 있었다. 또 어떤 아이들은 자기 재능에서 정리되지 않은 여러 일들로 어려움을 겪고 있는 아이들이 있었다. 그래서 학급에서나 집에서 어떤 역할을 하고 싶은데, 의욕이 생기지 않아 실천하지 못하고 있었고, 또 자기가 하고 싶은 일이 여러 가지가 있는데, 가족들로부터 지원과 지지를 받지 못해 고민하면서 어려움을 겪고 있는 경우가 많았다. 상황에 맞게 해결 방향을 제시해 주었더니, 매우 만족하는 아이들이 많았다.

4) 몰입형

(1) 모양

선택한 도형 세 개를 아래 그림처럼 도형 안에 크기를 작게 하여 반복해 그려 넣은 형태를 말한다.

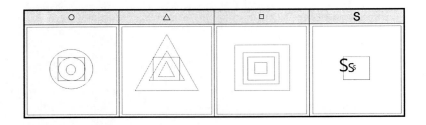

(2) 의미

이런 모양으로 도형을 그린 사람들은 우선 집중력이 상당히 좋다. 무슨 일이든지 오랜 시간 집중할 수 있을 뿐만 아니라 반복적인 일도 잘해 낸다. 또한 이들은 매우 부지런해서 과제를 잘 수행하고, 끊임없이 노력하는 노력형 천재들이라 하겠다. 그래서 대체로 삶을 열심히 살아가고 있는 사람들이다. 노력을 많이 하다 보니, 자기가 관심 있는 분야에 공부를 해서 여러 유형의 자격증을 많이 가지고 있기도 하다. 주의해야 할 점은 자기 일이나 자기에게 집중하는 경향이 있어 어느 순간 크게 외로움을 느낄 수 있다.

몰입형은 도형을 그리는 순서를 살펴볼 필요가 있는데, 안에서 밖으로 나오면서 그러니까 처음 작게 그렸다가 점점 크게 그린 그림은 몰입상태가 긍정적인 상태라 할 수 있고, 반면에 큰 것을 먼저 그리고 점점 안으로 작게 그려 넣은 그림은 부정적인 몰입상태라고 보면 되겠다.

(3) 도형별 해석

① 동그라미(○)

이 도형은 근본적으로 인간관계와 관련이 있다. 따라서 이들은 대인관계에서 사교적이고, 친화적이어서 매우 좋은 인간관계를 유지하고 있다. 그리고 주어진 일에 집중력을 발휘하여 열심히 살고 있는 사람들이다.

주의할 점은 정이 많아 돈을 빌려달라는 사람에게 거절하지 못한다. 또 경제관념이 부족해 돈거래가 엉망이 될 수 있으니 조심할 필요가 있다. 그리고 이와 관련하여 경제적인 문제로 고민하고 있을 가능성도 높다. 또한 자기 생활에 너무 집중한 나머지 주변을 돌아보지 못해 어느 순간 공허함을 크게 느낄 수 있다.

② 삼각형(△)

삼각형(△)은 목표와 계획 달성, 이와 관련한 강한 의지, 혹은 에너지와 관련이 있다. 따라서 이들은 자신이 목표한 것에 대한 집중력이 좋은 사람이다. 그래서 자신의 높은 기대치와 성취욕구 등으로 인해 현재 매우 바쁘게 살아가고 있는 사람이다. 그래서 자신감이 충만하고, 추진력과 결단력이 높다. 다만 주의해야 할 점으로는 너무 완벽함을 추구하는 경향이 있고, 자기주장을 지나치게 세게 내세울 수 있다. 따라서 고집이 센 사람으로 보여 주변에 부담을 줄 수도 있다.

③ 네모(□)

□는 자신이 속해 있는 공동체 생활과 관련이 있다. 그래서 이들은 강한 책임감과 의무감을 가지고 공동체에서 자기 역할, 자기 책무를 잘하고 있는 사람이다. 또한 학습과 지적 호기심이 높아 학습에 대한 집중력이 매우 좋은 사람이다. 그리고 이들은 경제 개념도 좋아서 완벽하게 물질 관리를 잘한다. 다만 너무 신중하게 일을 처리하는 까닭에 융통성이 없는 사람으로 보일 수가 있다. 그 때문에 다소 느긋하고 천천히 여유를 갖고 일을 하도록 노력할 필요가 있다.

④ 에스(S)

S는 근본적으로 자기 욕구와 타고난 예술적인 재능, 기술과 관련이 있다. 따라서 자기에게 주어진 일에 충실하고, 자기 욕구 실현을 위해 모든 재능을 집중해서 잘 발휘하고 있다. 또한 상상력과 창의력, 그리고 예술적 재능이 충분히 잘 발휘하고 있다. 어떤 일을 수행함에 있어서 완벽하고 철저하게 하려고 한다. 따라서 이런 태도가 인간관계에서 완벽주의, 두려움, 망설임, 등으로 나타나 어려움을 겪을 수 있다. 이들은 다만 성장 과정에서 남모르는 고독이나 비밀이 있다.

(4) 임상경험

필자의 상담 경험으로 보면 이들은 자기가 하고 있는 일에 있어서 상당히 적극적이고 집중력을 발휘하고 있었다. 교사 연수 때에 어느 선생님이 O를 이렇게 그렸는데, 무슨 일이든 집중해서 잘할 수 있는데, 경제관념이 없어 어려움을 겪고 있다고 자기 고백을 하는 것을 봤다. 학생들의 경우 경제 관념에는 잘 드러나지 않았는데, 친구 관계가 좋고, 자기 일을 최선을 다하는 모습을 볼 수 있었다. 여기에서 나타난 단점들을 언급하고 현재 하고 있는 일에 칭찬과 격려를 해 주었더니, 매우 만족하고 흐뭇해하는 모습을 볼 수 있었다.

5) 천재형

(1) 모양

아래 그림처럼 도형 하나를 그려놓고 세 개를 다 그렸다고 설명하거나, 같은 도형을 한 번 그려서 3번을 완성한 경우이다.

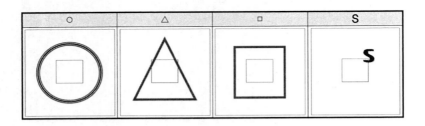

(2) 의미

이런 모양의 도형을 그리는 사람은 타고난 재능과 장점을 잘 승화시킨 사람으로 타고난 천재라 하겠다. IQ로 따져본다면 140 이상 되는 지능이 매우 높은 사람들로, 만 명당 한 명이나 두 명 나올 정도로 뛰어난 사람이라 하겠다. 이들이 사업을 한다면 대기업을 이끌 재벌가로 탁월한 능력을 소유한 사람이라 하겠다.

(3) 도형별 해석

① 동그라미(○)

교사들의 교육 비법 | 2부

이 도형은 근본적으로 인간관계와 관련된 의미를 담고 있다. 이들은 사람과 사람의 관계를 매우 중요하게 여긴다. 그래서 인간관계를 매우 잘 관리하는 사람이라 하겠다. 그리고 사람들을 잘 설득하여 자기에게 유리하도록 이끄는 능력이 좋다. 머리가 매우 뛰어난 사람이라 하겠다.

② 삼각형(△)

삼각형(△)은 목표와 계획 달성에 강한 의지와 에너지를 가지고 있는 사람들이다. 이들은 매사에 자신감이 넘치고, 리더십이 있어서 사람들을 불러모아 끌고 다닐 뿐만 아니라 자신의 목표에 대한 확신과 자신이 있다. 사람들을 적절히 잘 활용하여 자신의 목적을 이루는 뛰어난 사람이다.

③ 네모(□)

□는 자신이 속해 있는 공동체 생활과 관련이 있다. 이들은 조직을 잘 만들어 운영할 줄 아는 사람이다. 뿐만 아니라 자기 맡은 일을 철저히 잘하는 사람이라 자기 조직 내에서 구심점 역할을 한다. 또한 다른 사람에게 많은 영향력을 행사하는 사람이다.

④ 에스(S)

S는 자기 욕구와 근본적으로 타고난 예술적인 재능이나 기술과 관련이 있다. 이들은 자신의 예술적 재능을 매우 잘 발휘한다. 그뿐만 아니라 정신적으로 큰 리더가 될 수 있다. 이런 사람은 강자에게 약하고 약자에게 강하는 경향을 보이기도 한다.

(4) 임상경험

필자의 상담 경험으로는 도형을 이렇게 그린 학생을 꼭 한번 만나보고 싶었다. 하지만 아쉽게도 필자는 이런 유형의 아이들을 만나 보지 못했다. 그래서 이들은 어떤 특징을 지녔을까, 팀라헤이 연구가 맞는 것일까? 궁금증을 갖고 있었다. 또한 이런 학생을 통해 임상을 경험하고 싶은 마음이 있었다. 필자는 그동안 많은 우수한 학생들을 지도하기도 했었는데, 교직에 있는 동안 이렇게 그린 학생을 만나보지 못했다. 그래서 여전히 아쉬움과 궁금증을 가지고 있는 도형 형태이다.

6) 드문형

(1) 모양

아래 그림 모양처럼 좀처럼 보기 드물게 상담지 선을 이용해 그린 것이다.

교사들의 교육 비법 | 2부

(2) 의미

이들은 매우 똑똑하고 독특한 생각을 가진 사람이라 하겠다. 상상력이 뛰어나고 순수를 추구하는 사람들이기도 하다. 머리가 뛰어나고, 훌륭한 아이디어를 가진 사람인 경우가 많다. 이들은 자신의 장점뿐만 아니라 타인의 장점도 잘 이용할 줄 안다. 이들의 사고는 독특해서 자기 외모로도 표현을 하는 경우가 많은데, 그러면 겉으로 봐도 사람됨의 대강을 짐작할 수 있다. 이들은 세상을 너무 앞서 살아가다 보니, 함께 살아가는 사람들이 수긍하지 못하고 받아들이지 못하기도 한다. 그래서 이런 이들은 미래 시대에 태어나면 주목받을 사람이라고 할 수 있다. 때문에 이들은 보통 사람들과 잘 어울리지 못하는 경우도 있다. 대략 통계로 보면 200~300명 가운데 1명꼴로 나오는 유형이다.

(3) 도형별 해석

① 동그라미(○)

이 도형은 근본적으로 인간관계와 관련되어 있다. 이들은 사람들과 잘 어울리기는 하는데, 특별하게 말로 표현하기 어려운 독특한 면이 있다. 그래서 아이들 사이에서 쉽게 눈에 들어온다. 친구들을 잘 부리기도 하고 활용하기도 잘 한다. 어떤 조직의 리더가 되고 싶어한다. 하지만 아이들이 쉽게 동조하지 않아 고민을 하기도 한다.

② 삼각형(△)

삼각형(△)은 목표와 계획 달성에 강한 의지와 에너지를 가지고 있는 사람들이다. 보통 사람들이 생각하기 어려운 일을 목표로 삼기도 하고, 실현 불가능한 일을 도모하기도 한다. 다소 엉뚱한 면이 있다고 할 정도로 생각이 고차원적이다.

③ 네모(ㅁ)

ㅁ는 자신이 속해 있는 공동체 생활과 관련이 있다. 공동체 속에서 자기 역할을 잘하려고 하나 주변 친구들로부터 지지를 받지 못한 경우가 많다. 때로는 독자적인 생각과 엉뚱한 생각을 제시하기도 한다.

④ 에스(S)

S는 자기 욕구와 근본적으로 타고난 예술적인 재능이나 기술과 관련이 있다. 행동이나 자기표현을 아주 독특하게 표현한다. 그래서 당장 눈에 띄게 된다. 복장이나 악세사리, 등 꾸밈세에서 그 특징이 잘 드러난다.

⑷ 임상경험

필자의 상담 경험으로는 이런 유형의 아이들은 많지 않았는데, 설명에도 있는 것처럼 말로 표현하기 어려운 시대를 앞서가는 별다른 생각을 지닌 아이들이 있었다. 그래서 학생들의 경우, 친구들과 잘 어울리지 못하고 독립적으로 생활하는 아이들을 만날 수 있었다.

7) 콤플렉스형

(1) 모양

아래 그림처럼 도형을 좌상에서 우하향으로 내려가도록 그려놓은 형태이다.

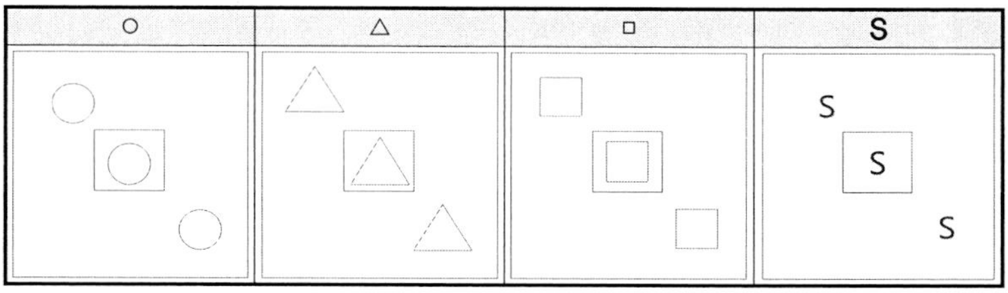

○	△	□	**S**

(2) 의미

자기 상실감, 혹은 자기 존중감이 없고 열등감에 사로잡혀 무기력하게 생활하고 있는 경우이다. 그려진 도형의 크기가 크면서 이런 모습을 띠면 그런대로 가볍게 볼 수 있으나 작으면서 이런 형태를 띠면 반드시 많은 대화를 통해 그 내면의 상황이나 사연을 들어볼 필요가 있다.

(3) 도형별 해석

① 동그라미(○)

이 도형은 근본적으로 인간관계와 관련이 있다. ○는 주로 사람에게서 얻은 상처로 인해 관계 문제로 열등감을 느끼고 있는 경우라 하겠다. 따라서 이들은 사람들에게 다가가는 일을 어렵게 여기고, 사람들이 내게 다가오는 것조차 어렵게 느낀다. 도형의 크기에 따라 조금씩 달리 해석해 볼 수 있는데, 이들은 대체로 자존감이 낮아져 있어 심하면 우울감을 느끼기도 한다. 따라서 관계에서 입은 상처의 내용이 어떤 것인지, 해결할 수 있는 문제인지 드러내 놓고 해결하고 풀어나가는 것이 자존감을 올릴 수 있는 기본적인 출발점이라 하겠다.

② 삼각형(△)

삼각형(△)은 목표와 계획 달성에 강한 의지와 에너지를 가지고 있는 사람들이다. 따라서 자신이 세운 이상적인 비전이나 목표가 실현되지 못해서 열등감을 느낀 경우가 대부분이다. 자기가 늘 꿈꾸어 왔던 일을 실현할 수 없게 되거나 상실감을 얻은 경우도 이런 형태로 그린다. 그래서 이들은 매우 심한 스트레스 상황에 놓여있다고 하겠다. 그러면서도 고집스럽게 자기주장을 내 세우고, 그것을 버리지 못한 상황이다. 그래서 단순하게 흑백논리를 동원해 편을 가르고 옳고 그름을 가르려고 한다.

③ 네모(ㅁ)

ㅁ는 자신이 속해 있는 공동체 생활과 관련이 있다. 이런 형태는 공동체 안에서 주어진 책임이나 의무를 다하지 못하고 있다고 느낀 경우라 하겠다. 필자의 상담 사례를 통해 보면 반장이 자기 역할을 잘 하지 못하고 피로를 느낀 경우, 이런 모습으로 그리는 것을 봤다. 또 집에서 형제간에 푸대접을 받고 있다고 느낀 경우라든지, 집에서 부모로

부터 소외되고 있는 아이도 이런 형태로 그리는 것을 봤다. 이들은 상대적 비교 의식을 갖고 있으면서 자신이 그 열등함에 속한다고 생각한다. 그래서 이들은 조직이나 모임 내에서 자기 때문에 무슨 일이 안 된다는 생각을 갖고 있다. 이들의 상태가 오래되면 객관적 지식으로만 접근하고 따지려고 한다.

④ 에스(S)

S는 자신의 욕구나 근본적으로 타고난 예술적인 재능이나 기술과 관련이 있다. 이들은 자신이 하고 싶은 일과 욕구, 재능 등에서 인정받지 못하고 있는 것으로 열등감을 느끼고 있다. 예술을 전공하고 있는 사람이라면 자기가 전공하고 있는 예술 분야에서 객관적으로 혹은 자기 스스로 인정받고 있지 못하다고 여기고 있는 상태다. 따라서 이들은 근심이나 걱정, 염려가 많다. 그래서 우울감, 분노, 비난하는 모습을 보이기도 한다. 또한 자기와 코드가 맞지 않는다고 생각하면 당장 관계를 거절한다.

8) 역동형

(1) 모양

아래 그림처럼 도형을 좌하에서 우상향 사선으로 그린 형태의 모양을 말한다.

○	△	□	**S**

(2) 의미

이는 콤플렉스형과 반대로, 매우 적극적이고, 역동적이며 긍정적이고 자신감 있는 삶을 살고 있는 사람이다. 형태뿐만 아니라 도형의 크기에 따라 달리 해석할 수 있는데, 도형의 크기가 크면 클수록 역동성이 크게 작용한 것으로 볼 수 있고, 작으면 작을수록 그 역동성이 작은 것으로 해석할 수 있다.

(3) 도형별 해석

① 동그라미(○)

이 도형은 근본적으로 인간관계와 관련이 있다. ○를 우 상향 사선으로 그린 경우, 사람과 사람, 인간관계에서 매우 적극적인 태도를 하고 있어 주변 사람들과 관계가 매우 좋은 상태다. 무슨 일이든 동기부여를 잘하고 적극적으로 살고 있어 이 상태에서는 기분이 몹시 상승해 있다고 볼 수 있다. 그래서 스스로 자아실현을 위해 적극적인 태도로 생활하고 있다고 하겠다. 필자의 경험으로 보면 이렇게 그린 아이들은 친구들 관계가 원만해서 즐겁게 생활하면서 적극적이며 활기찬 모습을 보여주었다. 이런 아이들은 선생님의 지도에도 매우 적극적이고, 지지하고 활발하게 참여해 주는 것을 볼 수 있었다.

② 삼각형(△)

삼각형(△)은 목표와 계획 달성 의지와 관련이 있다. △를 이런 형태로 그린 아이들은 목표가 분명하고 이를 실현하기 위한 강한 자신감을 갖고 있는 상태다. 학교 성적으로 말하면 자기 등수나 목표 지점을 분명하게 가지고 있고, 자기가 무엇을 해야 할지를 잘 알고 있는 상태이다. 자기 능력을 잘 발휘하고 있어서 비전, 계획, 성취가 잘 되고 있다. 현실적으로 계산을 잘하고 언제나 자신감이 넘친다.

③ 네모(▫)

▫는 자신이 속해 있는 공동체 생활과 관련이 있다. ▫를 우 상향 사선으로 그린 것은 공동체 안에서 자신의 역할과 능력을 제대로 발휘하고 있는 상태로 주변에서 칭찬과 인정을 받고 있다. 또한 자기 역할에 맞는 일을 열심히 잘하고 있다. 그래서 자기 스스로 일이나 소속감, 책임감에서 만족을 느끼고 있다. 자신의 역할을 잘 수행하고 있어, 그것에 만족한 상태다. 학급에서 보면 학급 일을 긍정적으로 잘 수행하고, 가정에서도 자녀로서 자기 역할을 충분히 잘 수행하는 아이들에게서 잘 나타나는 모양이다.

④ 에스(S)

S는 근본적으로 타고난 예술적인 재능이나 기술과 관련이 있다. S를 우 상향 사선으로 그렸으니, 현재 자신이 하고 싶은 일을 잘 실현하고

있어서 타인으로부터 인정받아 특별한 대접을 받고 있다. 따라서 자신의 재능을 충분히 잘 발휘하고 있기에 스스로 만족하고 있다. 낙관적이고 배짱이 두둑한 사람이다. 무슨 일이든 예민하고 빠르다.

9) 탑형

(1) 모양

도형을 그릴 때, 아래 그림처럼 탑이나 기둥 모양처럼 바르게 쌓아서 그린 형태를 말한다.

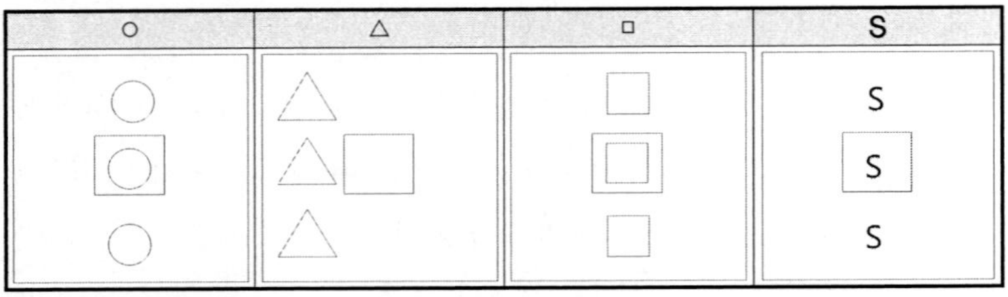

○	△	□	S
○ ○ ○	△ △ □ △	□ □ □	S S S

(2) 의미

이렇게 그린 사람의 심리 상태는 자기를 중심으로 주변과 소통을 꺼리고 있고, 자기 고집만 내세우고 있는 상황이다. 도형이 위 그림 ○처럼 한 중앙에 쌓아 그린 도형은 최근에 이런 상태에 놓여있다고 보면 되고, △처럼 왼편에 그린 경우는 그 이전부터 상당히 오래전부터 이런 마음 상태를 가지고 있었다고 보면 된다. 또 □처럼 오른편에 그린 경

우, 어제나 오늘로부터 앞으로 소통을 꺼리고 고집을 내세울 가능성이
높은 모습이라고 해석하면 좋다.

(3) 도형별 해석

① 동그라미(○)

이 도형은 근본적으로 인간관계와 관련이 있다. 먼저 ○은 매우 보수
적이고 제한적인 심리 상태를 가지고 있는 것으로 자신과 코드가 맞지
않은 사람과는 관계를 외면하고 있는 상태라 하겠다. 먹는 것, 노는
것, 일하는 것도 자기 스타일대로만 하고 싶어 한다. 이렇게 자기 자신
을 가둬두려고 하는 사람과 상담할 때에는 내담자의 말을 충분히 들
어주는 것이 좋다.

② 삼각형(△)

삼각형(△)은 목표와 계획 달성과 관련이 있다. 이들은 주변을 돌아
보지 않고, 자기 목표만 생각하고, 이기심으로 오로지 일에만 전념하
는 상태라 하겠다. 음식도 한 가지만으로 만족하는 스타일이라 인생을
즐기지 못하고 있는 상태다. 주변을 돌아보지 않고, 언제나 일만을 생
각하고 있기 때문에 성공 에너지는 높지만, 자기주장이 너무 강해 주변
으로부터 외면당해 고립되기 쉽다.

③ 네모(□)

□는 자신이 속해 있는 공동체 생활과 관련이 있다. 이들은 새로운
것을 받아들이지 못하고 극보수적인 입장을 취하고 있는 상태다. 자기

생각이나 집착에서 벗어나 자기 삶을 개방적인 태도로 바꾸려고 노력
하면 원만하고 행복한 삶을 영위할 수 있다.

④ 에스(S)

S는 일에 대한 욕구와 근본적으로 타고난 예술적인 재능이나 기술과
관련이 있다. 이들은 자신의 분야에 집중하고 있어서 주위 사람들이나
일을 물리치는 상태다. 이들은 자기중심적 사고를 하여 가족들을 고생
시킬 수 있다. 고집이 매우 세다.

10) 우울형

(1) 모양

아래 그림처럼 도형을 평행한 상태로 옆으로 이어 그린 형태이다.

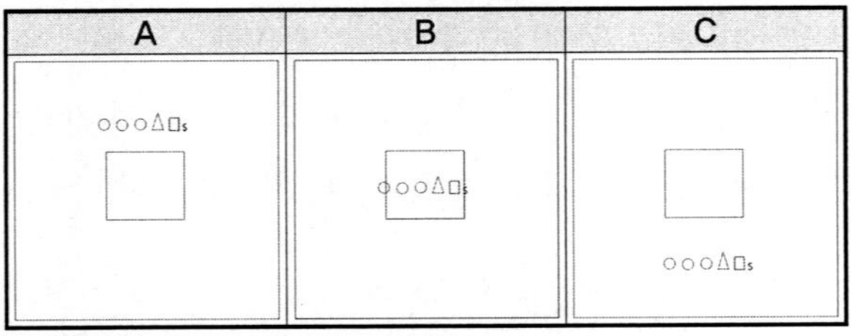

A	B	C
○○○△□s	○○○△□s	○○○△□s

(2) 의미

심리적으로 불편이나 어려움을 겪고 있는 상태라 하겠다. 그래서 이런 모양은 주로 우울증을 앓고 있는 사람에게서 잘 나타난다. 이들은 우선 자신이 가지고 있는 자기 기질적인 특징을 잃어버렸을 뿐만 아니라 자신이 좋아하는 것조차 잃어버린 상태라 무기력하게 지낸다.

여기에서는 도형을 그린 형태도 중요하지만 도형의 크기나 위치(상·중·하)도 상당히 중요하다. 위 그림 A처럼 용지 상단에 나란히 그린 경우는 우울증 초기 상태로 자존감이 매우 낮아 외부로부터 오는 스트레스에 저항하지 못하고 있는 상태다. 이를 방치해서 계속 진행하게 되면 정신적 우울감이 올 수 있다. 심리적인 감기 증상으로 볼 수 있는데, 외로움을 느끼고, 기분이 우울하고 모든 것을 싫어하고 있는 상태라 하겠다. 우울증 초기로 잠을 잘 자지 못하고, 기운이 가라앉는 경험을 하기도 한다. 자기에게 주어진 삶에 대한 회의감으로 인하든지, 아니면 어떤 상황, TV를 보는 중에 그냥 울기도 한다. 1달이면 1~3회 정도 운다. 도형의 크기가 크면 간단하게 벗어날 수 있으나 크기가 작으면 적절한 상담이 필요하다고 하겠다.

위의 그림 B처럼 작은 네모 안에 도형이 그려진 경우, 우울증의 중기로, 삶에서 재미를 느끼지 못하고, 걱정 근심이 많은 상태다. 이때에는 사소한 일이나 감정을 자극하는 상황을 만나면 쉽게 운다. 일주일에 2~3회 정도로 잘 우는데, 이때에는 전문가의 도움이나 치료를 받아야 한다. 상담자는 내담자가 치료를 받을 수 있도록 적극적으로 권해야 한다.

위 그림 C처럼 도형이 아래쪽에 그려진 경우인데, 이때는 우울증이 심해진 시기로 반드시 정신과적인 치료가 필요하다. 이때는 육체적으로나 정신적으로 축 처지고, 죽고 싶은 마음이 들기도 한다. 이 경우에는 하루에도 몇 번씩 우는 일이 일어나기도 한다.

필자는 이 우울증을 나타내는 그림을 통해 학생이나 학부모에게 매우 만족할 만한 도움을 줄 수 있었다. 따라서 이 검사는 매우 흥미롭고 의미 있는 검사도구라 하겠다. 필자가 상담하는 교사들에게 강력하게 추천하는 검사자료이기도 하다.

(3) 도형별 해석

① 동그라미(○)

○를 먼저 그리면서 평행으로 그린 경우는 인간관계에 문제가 발생했을 때 나타난 것으로 해석하면 된다. 따라서 문제가 된 인간관계, 친구 관계를 개선하도록 노력하고 해결하는 것이 학생을 도와주는 일이 된다.

② 삼각형(△)

△을 먼저 그리면서 평행하게 그린 경우는 사업에 실패했거나 자기 자신이 실현하려고 했던 목표를 잃어버렸을 때 주로 나타난다.

③ 네모(□)

□를 먼저 그리면서 평행하게 늘어놓은 경우는 자신이 속한 공동체에서 어떤 일을 계기로 안정감을 잃었거나 깨졌을 때 많이 나타난다.

④ 에스(S)

S는 자기가 하고 싶은 일이나 어떤 욕구가 좌절되었을 때 생긴다. 상담자가 이런 모습을 보면 상황을 잘 판단해서 우울증 초기는 자기 스스로 혹은 상담자의 조언으로 치유할 수 있으므로 조심스럽게 안내할 필요가 있다. 반면 깊은 우울증으로 판단되면 전문가의 전문적인 치료를 받도록 적극 권장해야 한다.

6. 특이도형

1) 라이프 쇼크

(1) 모양

메인 도형 세 개를 그리는데, 도형의 크기와 간격에서 서로 큰 차이를 보인 형태이다.

A	B	C	D

(2) 의미

살아오면서 기억에 남을 만한 큰 상처나 아픔이 있었던 경험이 존재한다는 것을 의미한다.

(3) **도형별 해석**

① **동그라미**(○)

A처럼 ○를 크기에서 차이 나게 그린 경우는 인생을 살아오면서 인간관계에서 가장 충격적이고, 가슴 아픈 상처 또는 갈등에 관한 뚜렷한 기억이 있음을 나타낸다.

② **세모**(△)

B처럼 △ 모양에서 크기가 차이 나게 그린 것은 자신이 가졌던 목표에 대해 충격을 받은 상태로 겉으로는 행복해 보이지만 내면적으로 상처가 있다는 것으로 해석할 수 있다. 그래서 누군가로부터 받은 고통에 대한 기억을 지금까지 자세하게 지니고 있다고 하겠다.

③ **네모**(□)

C처럼 □가 차이 나게 그린 것은 자기가 속한 공동체 속에서 충격을 받은 상태, 조직 내에서 심한 열등감을 느끼고 있는 상태로 조직 속에서 자신의 역할을 잘 해내지 못한다는 것으로 인해 심한 부담감을 지닌 상태라 하겠다.

④ 에스(S)

D처럼 S를 크기가 다르게 그린 경우는 자기가 하고 싶었던 일이나 감정이 생활 속에서 실현되지 못해 충격을 받은 상태라 하겠다. 타인으로부터 재능을 인정받지 못해 심한 불편을 겪고, 심한 스트레스로 인해 신경성 위장장애나 불면증을 가지고 있을 수 있다.

2) 조인트 포인트

(1) 모양

그림처럼 메인 도형의 크기와 비교했을 때, 2차 도형의 크기가 너무 크거나 작게 그린 형태이다. 그림처럼 메인 도형은 ○인데, 2차 도형으로 그린 △를 지나치게 크게 그렸다.

(2) 해석

이 경우는 자신의 타고난 장점을 잘 살리지 못하고, 자신의 약점에 대해 지나치게 큰 집착을 보이는 것으로 해석한다. 반대로 작게 그린 경우는 자기 약점으로 인해 지나치게 열등의식에 사로잡혀 있다고 하겠다.

3) 강박증 형

(1) 모양

아래 그림처럼 S 도형이 누워 있는 형태로 그려놓은 것을 말한다.

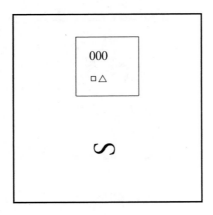

(2) 해석

이는 인생에 대한 저항과 반항이 극도로 심해진 경우로 자기 뜻이 계속 실현되지 못해 정신적, 신체적으로 어려움을 겪고 있는 상태라 하겠다. 또한 한 가지 일에 지나치게 강박증세를 보이는 상태이거나 혹은 과도한 집착으로 망상에 시달려 고통스러워하고 있는 상태라 하겠다.

이런 모양으로 도형을 그리는 사람은 관계적 사고, 사회적 고립, 은둔, 괴벽, 의심, 증오 폭력행사 등을 수반하는 등 다양한 형태의 반응이 나타날 수 있다.

4) 산만형

(1) 모양

오른편 그림처럼 도형의 크기가 서로 다른 각각의 형태를 한 모양이다.

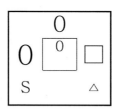

(2) 해석

이는 목표가 좌절되어 상처를 입었을 경우 또는 하고 싶은 일이나 감정이 상한 경우가 많다. 그렇지 않으면 인간관계에서나 자기의 재능, 일 등에서 최근 상처를 입고 불편을 느끼고 있는 경우라 할 수 있다.

7. 도형과 도형이 만났을 때 해석

1) 목적(△)이 관계(□)를 만난 경우

(도형)	도형의 형태가 보여주는 것처럼 공동체가 목표를 누르고 있다. 이는 자신이 가지고 있는 목표가 공동체라는 걸림돌로 인해 실현되지 못하고 있는 상태라 하겠다. 따라서 서로 불편을 느껴 상극관계, 적대적 입장에 놓여 있는 형편이라 하겠다. 예를 들어보면 어떤 이루고 싶은 일이나, 목표가 있는데 결혼을 하면서 매여 살고 있거나 아니면 진학하고 싶은 대학이 있는데, 점수 미달로 원하는 대학에 가지 못하고 있는 상태 같은 경우를 들 수 있다.
(도형)	이는 위의 모습과 반대인 경우로 자기가 갖고 있는 목표가 공동체의 후원으로 추진력 있게 잘 진행되고 있는 상태라 하겠다. 따라서 서로 돕는 관계로 상생 관계에 있으며 매우 역동적인 상태라 하겠다.

2) 관계(ㅁ)가 S를 만난 경우

S □	공동체 속에서 욕구충돌로 갈등을 느낀 경우이거나 자기가 하는 일에 갈등을 느끼고 있는 상태라 하겠다.
□ S	이런 경우 공동체가 욕구를 누르고 있는 모양으로 공동체에 대한 편집증을 갖고 있다고 하겠다.
□ SSS	이런 경우도 공동체 속에서 갈등을 느끼고 있고 자기 일에서 어려움을 겪는 상태라 하겠다.

3) 각 유형이 S를 품었을 때

Ⓢ	환경과 인간관계에서 갈등을 보이는 상태라 하겠다.
△S	목표와 계획에서 갈등을 보이는 상태로 해석할 수 있다.
[S]	일이나 학벌 등으로 갈등을 보이는 상태로 해석할 수 있다.

■ 도형 심리검사지

·나이: 세   ·소속: ·성명:

5장

아로마를 통한
학생 심리 이해

1. 아로마란?

향기를 이용해 사람의 건강을 유지하고 심신의
불편을 치유하는 자연치유기법을 말한다. 아로마는
여러 가지 식물에서 추출한 에센셜 향기 오일인데,
이를 몸에 바르거나 코를 통해 흡입하게 함으로써
심리적인 만족감과 건강증진에 도움을 주는 것을
말한다.

2. 아로마 조성

아로마는 주로 허브 식물에서 오일 형태로 추출한다. 이 오일은 각각 서로 다른 향기를 지니고 있는데, 이는 특정한 치유 효과가 있는 것으로 알려져 있다. 그래서 증상에 따라 치유 효과를 높이기 위해 한가지 향만을 사용하기도 하고, 또한 화학적 조성이 다른 여러 향을 함께 섞어 사용하기도 한다.

3. 아로마 사용 배경

아로마는 역사적으로 고대 이집트, 중국, 인도 등 여러 나라에서 사용했다는 기록이 있다. 이집트인들은 신과 교통하는 성직자들로부터 향기를 이용하는 방법들을 배워 사용했으며, 중국에서는 사람을 치료하는 수단으로 향기를 사용하기도 했다. 인도의 경우 오래전부터 요가나 명상에 아로마를 널리 사용하기도 했다.

아로마와 관련된 전문적인 연구는 20세 초반에 시작되었는데, 프랑스의 화학자인 르네-모리스 게테포세가 본격적으로 화학적 구조를 연구하기 시작했다. 이를 계기로 아로마 치료법이 발전하게 되었다. 이후로 아로마를 활용하는 사람들은 향기의 장점과 가치를 알고 삶과 마음을 치유하는 데 도움을 주려고 노력했다. 그런 노력의 결과, 오늘날 아로마는 세계적으로 많은 사람들에게 도움과 치유의 기쁨을 선사해 주고 있다.

아로마는 우선 사람들에게 좋은 향을 주는 것으로 기쁨과 만족을 주고 있다. 일상에서 경험하기 힘든 향을 제공해 줌으로써 새로운 경험은 물론 정서적인 만족감을 높여주고 있다. 이런 향들은 고급스럽고 귀한 향이라 사람들에게 행복한 기분을 느끼도록 만들어 주고 정신적 수준을 높여주는 역할을 해 준다. 그뿐만 아니라 적절한 치료 약이 없던 오래전부터 아로마는 사람들의 병을 치료해 주는 의약품과 같은 역할을 해 주었다. 이런 기능은 오늘날에도 이어져 사람의 고통이나 아픔을 치유해 주고 있다.

4. 아로마와 상담

필자는 상담을 하는 교사로서 사람의 마음과 정서에 도움이 될만한 방법을 찾고 있었다. 그러던 중, 아로마 오일을 생산하고 있는 도테라에서 사람의 기분을 조절하는 도구로 향을 사용하고 있는 것을 발견하게 되었다. 이를 상담에 적용하게 되었는데, 상당히 좋은 효과를 볼 수 있었다. 아로마를 활용해서 심리적인 균형을 잃은 사람들의 기분을 조절하게 되어 정신적인 안정을 돕고, 또한 아픔을 치유하는 여러 효능을 경험할 수 있었다. 그래서 여기에 아로마 요법을 소개하려고 한다.

상담자에게 첫 번째 과제는 내담자와 라포를 형성하는 일이다. 그다음으로는 내담자의 말이 우왕좌왕하면서 꼬이거나 멈추게 될 경우, 대화에 필요한 적절한 도움을 주는 일이다. 상담을 위해 상담가로서 거들어야 할 적절한 말을 해 주어야 한다는 말이다. 그런데 종종 그것이 무엇인지 몰라 어려움을 겪기도 한다. 그런데 여기 소개하고 있는 도테라 아로마 오일은 상담을 시작하는 시점만이 아니라 상담이 어려움을 만났을 때, 진행하고 유지하고, 해결에 이르기까지 전(全) 과정에 걸쳐 상당한 도움을 준다.

상담가의 역할이라고 하면 내담자의 아픔이나 고민을 들어주고 할 수 있다면 그 문제 해결의 실마리를 제공해 주는 것이다. 이 과정에서 상담가의 고충이라고 하면 해결책을 제시해 주는 일이 쉽지 않다는 것이다. 상담을 통해 내담자의 문제를 알고 또 그 문제의 심각성은 알 수 있겠는데, 그리고 나름대로 해결책을 얻어내기도 하는데, 마음이 아픈 경우, 내담자에게 구체적인 도움을 주거나 해결책을 제시해 주는 것이 쉽지 않다는 점이다.

그러니까 예를 들어보면 사람들이 머리나 배가 아프다고 하면 약사는 약을 주어 아픔으로부터 해방해 준다. 그런데 상담사는 약사처럼 그렇게 내담자에게 직접적인 혹은 가시적인 어떤 도움을 주는 일이 쉽지 않다는 말이다.

그런데 이 도테라 아로마는 심리적 부담이나 정신적인 불편을 겪는 사람에게 그 증상에 맞는 향을 맡게 해 줌으로써 문제나 어려움을 해결하는 데 상당한 도움을 줄 수 있다. 따라서 상담가가 상담을 완성하는 데 매우 중요한 도구가 된다고 하겠다.

아로마에 조금만 관심을 갖고 공부하고 노력하면 그 활용 방법에 쉽게 접근할 수 있다. 여기에는 물론 주의 사항이나 부작용이 없는 것은 아니지만 전문 의약품에 비하면 없는 것이나 다름없다. 그래서 필자 같이 상담을 전문으로 하는 사람들에게 도테라 아로마는 참 좋은 상담 도구라 하겠다.

5. 아로마를 이용한 상담 사례

아이들은 우리들이 생각할 수 없는 어려운 문제와 꺼내기 곤란한 불편을 가지고 있다. 근심, 걱정, 염려 등으로 잠을 이루지 못한 아이들도 많다. 또한 공부에 대한 스트레스로 두통을 앓고 있는 아이들도 많고, 억울한 일로 분을 삭이지 못한 아이들도 있다. 이런 학생들과 상담할 때, 아로마 향은 상당한 도움을 주었다.

무엇인가에 쫓기는 듯한 기분을 느끼고 불안을 느끼는 학생들에게 향기를 맡게 해 주었더니, 차분함을 느끼고 심리적인 안정을 찾아가는 것을 볼 수 있었다. 또한 학생들이 상담을 요청하는 경우, 심리적으로나 정신적으로 혹은 급박한 심리적 불편을 안고 있는 경우가 있는데, 이런 경우에도 아이의 상황에 맞는 향을 맡게 해 주었더니, 안정을 얻을 수 있었다.

상담자의 어려움이라고 하면 문제 해결에 많은 시간이 소요된다는 점이다. 내담자의 불편이나 괴로운 사연을 듣고 말로 상담을 진행해 나가게 되면 그 문제가 해결되기까지는 여러 번 만나 상담을 해야 한다. 이 과정에서 상당한 시간이 걸리고 지루해지기 십상이다. 그런데 이런 경우에도 아로마를 사용하면 보다 빠른 시일 안에 안정감을 찾고 비교적 안정된 상황에서 상담을 할 수 있다. 따라서 아로마는 상담가 입장에서 보면 내담자에게 구체적으로 도움을 줄 방법, 해결 방법을 제시할 수 있다는 점에서 매우 매력적인 도구라 하겠다.

6. 상담에 사용된 아로마

필자가 상담할 때에는 주로 도테라의 기분조절 오일과 감정 오일을 사용한다. 이 오일은 내담자가 향을 맡으면 현재 기분 상태와 감정 상태에 따라 선호나 불호를 나타내도록 개발되었다. 따라서 이 아로마 오일을 사용하면 내담자의 현재 기분이나 감정상태를 어느 정도 파악해 낼 수 있다.

도테라에는 이런 용도로 개발된 기분조절 오일 네 종류와 감정 오일 여섯 종류가 있다. 사용 방법은 내담자에게 이 네 가지 오일 향을 맡게 한 다음, 좋게 느껴지는 향부터 순서대로 배열하도록 안내한다. 그런 다음 맨 먼저 선택한 향이 담고 있는 정보를 해석하면서 내담자와 상담을 진행하면 된다.

그러면 이제 기분조절 오일 네 종류와 감정조절 오일 여섯 종류의 기능을 알아보자. 이 오일들을 사용하기 위해서는 한국 도테라 홈페이지에 들어가서 이 열 종의 오일 세트를 구입해야 한다. 이제 이 오일들에

대한 구체적인 설명으로 들어가 그 기능을 알아보고 이어서 활용 방법
까지 알아보자.

7. 기분조절 오일의 기능

먼저 기분조절 오일은 네 종류인데, 밸런스(Balance), 엘리베이션
(Elevation), 세레니티(Serenity), 시트러스(Citrus) 등이다.

1) 밸런스(Balance) 오일

이 오일을 맡았을 때, 좋은 향으로 느껴지는 사람은 자기 역량이나
능력에 비해 일을 지나치게 많이 한 결과 심한 스트레스를 받고 있는
상태라 하겠다. 그러니까 현재 자기 능력에 비해 지나치게 많은 업무를
맡아 처리하고 있는 상태라는 말이다. 따라서 이 오일은 지나친 피로
나 과로에서 벗어나는 데 도움을 준다. 심한 피로에 시달리고 있는 사
람에게는 이 오일을 맡게 해 주면 도움을 받을 수 있다. 이 오일 향을
맡으면서, 일을 조금 줄이고 휴식을 취하거나 여유를 갖는 것이 회복
에 도움이 된다.

이 오일을 CEO의 오일이라고도 하는데, 그만큼 일을 많이 하는
CEO와 같은 사람들에게 안정감과 편안함을 주는 향이라 하겠다.

이 오일이 선택 순위에서 밀려나 맨 나중에 놓이게 되면 위와는 반대로 현재 내담자는 자기가 해야 할 일을 찾지 못하고 있거나, 혹은 자기에게 주어진 일을 열심히 하지 않고 놀고 있는 상태라 하겠다. 그러니까 재능이나 능력은 충분히 있는데, 이를 다 활용하지 못하는 상태라 하겠다. 이를 조금 달리 표현해 보면 그냥 자기 일을 좋아하고 현재 일 없는 상태를 즐기고 사랑하고 만족하고 있는 상태(남자보다 여자가 더 많음)라 하겠다. 일에 대한 스트레스가 거의 없고 즐겁게 지내고 있다고 하겠다.

2) 엘리베이션(Elevation) 오일

이 오일을 제일 먼저 고른 경우, 내담자는 현재, 일상에서 침체되어 우울한 감정을 느끼고 있는 상태라 하겠다. 만일 시트러스 블리스까지 함께(1~2) 앞에 놓인다면 매우 무기력한 상태라고 할 수 있다. 남자의 경우 섬세하거나 감성적인 사람으로 예술 관련 일을 하거나 고객을 직접 상대하는 직업을 가진 경우가 많다. 여자인 경우, 주어진 환경에서 육아 스트레스와 산후우울감 등 심한 스트레스를 느끼고 있는 상태라 하겠다.

이 오일이 선택 순위에서 맨 나중에 자리한 경우는 스트레스를 받는 일이 없이 즐겁고 유쾌하게 자기 능력을 잘 발휘하면서 생활하고 있다고 하겠다.

3) 세레니티(Serenity) 오일

이 오일을 제일 먼저 고른 경우, 최근에 혹은 조금 전에 불편한 일로 일시적으로 짜증이나 화가 나 있는 상태라 하겠다. 일시적으로 어떤 일이 잘 풀리지 않아 신경을 쓰고 있는 상태로, 문제가 해결되거나 시간이 조금 지나면 금방 해소될 감정이다. 일시적으로 짜증이 나거나 화가 날 때 진정 효과가 있는 오일이다.

이 오일이 선택 순위에서 맨 나중에 놓인 경우는 웬만한 상황에서는 쉽게 짜증을 내거나 화를 내지 않은 평온하고 안정적인 상태라 하겠다. 이 사람은 자신의 감정을 잘 절제하고 티를 내지 않은 타입이라 하겠다. 따라서 주변에서 화를 잘 내고 짜증을 내는 사람을 싫어하고 이해하지 못하기도 한다.

4) 시트러스(Citrus) 오일

이 오일을 제일 먼저 고른 경우, 현재 몸에 일시적으로 심신의 피로를 느끼고 있는 상태라 하겠다. 피로가 오래 쌓인 것이 아니라 조금 쉬거나 일로부터 멀어지면 당장 해소될 상태이다. 이 오일은 사람들이 하루 종일 일하고 난 늦은 오후나 저녁에 많이 선택하는 오일이다. 엘리베이션 오일과 함께 1~2에 놓인 경우는 현재 무기력을 느끼고 있는 상태라 하겠다.

이 오일이 선택 순위에서 맨 나중에 놓이게 되면 피로를 쉽게 느끼지 않는 건강하고 체력이 좋은 사람으로 심신이 매우 건강한 상태에 있다고 하겠다. 또 항암치료 중이거나 중한 질병을 가지고 있는 환자들의 경우, 이 시트러스 향을 아주 거북하게 느끼는 경우가 많다.

8. 감정조절 오일의 기능

감정조절 오일은 모두 여섯 종류가 있는데, 패션(Passion), 모티베이트(Motivate), 콘솔(Console), 치어(Cheer), 포기브(Forgive), 피스필(Peacefeel) 등이다.

1) 패션(Passion) 오일

이 오일 향이 제일 좋다고 느낀 경우, 남들에 비해 높은 이상을 가지고 있어서 일에 대한 욕심이 많고, 큰 목표를 향해 질주하는 목표지향적인 사람이라 하겠다. 하지만 현재는 열정이나 에너지가 딸려 목표를 따라가지 못하고 무기력한 상태에 있는 것으로 볼 수 있다. 일들을 많이 하고 싶지만 체력이 부족하거나, 여러 가지 심리적인 이유로 인해 그 일을 다 하지 못하는 상태이다. 따라서 본인 스스로 자책하고 속상해하는 마음을 가지고 있다고 하겠다. 남들이 볼 때는 굉장한 열정이 있는 사람처럼 보이지만 스스로는 늘 본인의 열정이 부족하다고 느끼고 있다. 때문에 이런 경우 본인을 응원해 주고 지지해 주는 사람이 필요하다. 따라서 패션 옆에 치어도 함께 오는 경우가 많다.

또한 자기 삶의 방향을 바꾸고자 하는 욕구도 있고, 열정에 대한 욕구도 있어서 큰 변화를 앞둔 상태이기도 하다. 하지만 변화에 대한 두려움이 있고, 체력적으로도 부족하다고 느끼기 때문에 그 마음을 실행으로 옮기지 못하고 있다고 하겠다. 현재 삶의 방향성이 뚜렷하게 정해져 있지 않은 상황이라 딱히 열정을 내 실행에 옮길 필요성을 느끼지 못하고 있는 경우일 수도 있다.

이 오일이 선택 순위에서 밀려 맨 나중에 놓인 경우는 '삶을 굳이 열정적으로 살 필요가 있을까?'라는 생각을 하면서 열정이라는 단어에 큰 매력을 느끼지 못한다. 또한 내면에 치열하게 살아야 한다는 생각이 없어서 열정을 내고 싶은 마음이 없는 상태라 하겠다. 옆에서 누군가 부지런하게 살 것을 요구하면 "제발 날 그냥 내버려 둬~"하면서 본인 스스로는 자기가 하는 일에 대해 스스로 충분히 열정을 쏟고 있다고 생각하고 있다.

2) 모티베이트(Motivate) 오일

이 오일 향이 제일 좋다고 느낀 사람은 현재 삶의 목적이나 방향성이 없는 상태이거나 삶의 목적이나 방향성에 대한 고민과 선택을 고민하고 있다고 하겠다. 아니면 이사나 이직, 아니면 큰 변화 같은 문제를 앞둔 경우일 수도 있다. 달리 표현하자면 현재 삶에 만족하지 못하고 무엇인가 새로운 것을 배우거나 새로운 삶을 살고 싶은 욕구가 있는 상태로 새로운 변화를 꿈꾸고 있다. 10~20대 젊은 내담자가 이 오일을 많이 선택한다.

이 오일이 선택 순위에서 밀려 맨 나중에 놓인 경우는 목적이나 방향이 확고해서 그곳을 향해 나아가고 있는 경우이거나 직업적으로나 삶에 있어 안정된 시기를 보내는 중이라 하겠다. 큰 변화를 원치 않고 지금의 삶으로도 큰 만족을 느끼고 있는 상태다. 그래서 삶에 있어서 안정된 시기인 40대 후반이나 노년층이 선택한 경우가 많다. 변화 지향적이기보다 안정 지향적인 성향의 사람이라 하겠다. 이들은 변화를 원치 않고 열정도 그렇게 필요하지 않는다고 생각한다. 현재 본인의 삶에 굉장히 만족감을 느끼며 살아가는 경우일 수도 있으나 삶에 열정도 변화도 원하지 않은 굉장히 지쳐있는 상태일 가능성도 높다. 이제 지쳐서 쉬고 싶을 정도로 번 아웃 상태일 수도 있다.

3) 콘솔(Console) 오일

이 오일 향을 제일 먼저 고른 경우, 내향적인 성향을 지닌 사람으로 현재 깊은 슬픔이나 우울감을 느끼고 있다고 하겠다. 그래서 친구의 도움이나 관심을 받고 싶고, 친구나 사람에 대한 그리움이 있는 상태다. 지금은 마음에 외로움이 있어 자기 마음속 진술한 이야기나 고민을 들어줄 만한 진정한 친구가 필요한 상태라 하겠다. 일상적이고 가벼운 대화보다는 진술하고 속 깊은 대화를 나눌 친구가 필요하다. 따라서 나와 진실한 대화를 나누고 내 마음에 공감해 줄 수 있는 친구가 필요한 상태다. 가식적인 것을 싫어해서 사람들이 하는 칭찬을 립서비스라고 여기고 수용하지 않으려고 한다. 가벼운 대화를 주고받은 사람과 만남은 가치 없다고 여기고 피하려고 한다.

　이 오일이 선택 순위에서 밀려 맨 나중에 놓인 경우는 내게 다가오는 사람을 싫어하는 상태, 칭찬이나 격려로 지기를 띄워주는 친구를 필요한 상태라 하겠다.

4) 치어(Cheer) 오일

　이 오일을 제일 먼저 고른 경우, 사람과 사람의 관계를 중요하게 여기는 외향형의 사람이다. 그런데 현재는 자기의 외향적 성향을 잘 살리지 못하고 눌려있는 상태이다. 그래서 친구나 사람에 대한 그리움이 있어 쉽게 외로움을 느낄 수 있다. 그러니 가볍고 즐겁게 놀아 줄 만한 친구, 자기를 웃게 해 주고 즐거운 시간을 보낼 수 있도록 도와줄 만한 친구가 필요한 상태다. 응원과 지지가 필요해서 칭찬받고 싶은 마음이 많은 상태라 하겠다. 인정받고 싶은 욕구도 커서 지금은 나의 선택을 지지해 줄 수 있는 사람이 필요하다고 외치고 있는 거와 다름없다고 봐야 한다.

　치어가 1~3번, 콘솔이 5~6번 자리인 경우, '진지한 사람이 딱 싫어, 사는 것도 힘든데 친구를 만나서까지 진지한 대화를 해야 해? 친구를 만났으면 그냥 즐겁게 놀아야지~ 진지한 사람은 필요 없다'라고 느끼는 마음 상태이다.

　이 오일이 선택 순위에서 맨 나중에 놓인 경우는 독립적인 사람, 자기 스스로 자기 일을 잘하고 있는 사람이다. 칭찬이나 응원으로 하는 말은 가식적이라 큰 의미가 없다고 느낀다.

5) 포기브(Forgive) 오일

이 오일 향이 가장 좋게 느껴진 경우, 현재 마음에 내가 용서하고 이해해야 할 대상이 내 감정의 대부분을 차지하고 있다. 따라서 마음에 용서하고 싶은 사람이 있거나 마음에 부담으로 느껴지는 사람이 있다고 하겠다. 내가 그 사람을 품어야 하는 것을 알고는 있지만 현실적으로 잘되지 않는 것에 대한 내적 갈등이 있는 경우다.

이 오일이 선택 순위에서 밀려 맨 나중에 놓인 경우는 마음에 부담이 없는 상태로 사람에 대한 호불호가 분명한 사람으로 자기에게 필요 없다고 생각되는 사람은 바로 외면한다. 내가 좋아하는 사람에게만 잘하고 싫어하는 사람은 얼굴도 안 보는 타입이다. 좋아하는 사람만 만나기에도 힘든 세상인데, 마음에 들지 않은 사람까지 신경 써야 한다는 말인가 하면서 인간관계에 있어 크게 신경 쓰지 말자는 생각이 많은 사람이라 하겠다.

6) 피스필(Peacefeel) 오일

이 오일 향이 가장 좋게 느껴진 경우, 어떤 트라우마가 있거나 경제적인, 혹은 건강, 미래에 대한 염려와 걱정, 두려움이 있다고 하겠다. 그래서 현재는 마음의 안정이나 평화가 깨진 상태라 하겠다. 마음에 걱정과 두려움이 큰 상태. 중년의 경우, 주로 노후에 대한 걱정이 많고, 건강이나 경제적인 문제가 있거나 본인이나 가족의 건강을 염려하는 마음이 큰 경우다. 화려하고 아름다운 삶을 추구하는 사람이라 화려하고 예쁜 것을 좋아한다. 따라서 명품을 좋아한다.

이 오일이 선택 순위에서 맨 나중에 놓인 경우는 정신력이 강하거나 신앙심이 좋은 사람, 혹은 주관이 뚜렷한 사람이라 하겠다. 미래에 대한 걱정과 두려움이 크지 않고 비교적 안정적인 상태로 힘든 상황이 생겼을 때도 본인 스스로 이겨내고자 하는 마음과 강한 의지가 있는 사람이라 하겠다. 혹은 신앙심이 깊어 인간이 아닌 절대적 존재에게 어려운 상황을 의지하고 이겨내고자 하는 마음이 강한 상태의 사람이라 하겠다.

3부

1장

감정 분리와
수용선

    교사들의 공통된 꿈 가운데 하나는 하루하루를 학생들과 즐겁고 평화롭게 지내는 일일 것이다. 그런데 학교에서 아이들과 생활하다 보면 이런 소박한 꿈들이 참 허망하다는 것을 느끼게 된다.

    수업 시간에 팔짱을 끼고 비스듬히 앉아서 수업을 듣고 있는 아이, 또 다리를 흔들면서 주변을 두리번거리며 수업을 외면하고 있는 학생, 종종 다른 반 아이와 싸워서 눈 위에 상처를 내고 씩씩거리며 들어오는 학생이 있다. 선생님의 안내를 따르지 않고, 학교 규칙을 제 마음대로 적용하는 학생도 있다. 이 외에도 열거하기 어려운 일들이 날마다 수북히 쌓여 있다. 이럴 때면 교사의 마음은 참으로 답답하고 한숨이 저절로 나오기 마련이다.

    '또 일거리가 생겼어. 다른 반 아이와 싸웠으니 그

반 선생님과 만나 지도방안을 강구해야 하겠구나. 어떻게 해결하는 것이 좋을까? 저 녀석은 감정 조절을 늘 너무 못해. 참 지도하기 힘든 학생이야.' 이런 생각이 들면 교사의 마음은 당장 불편해지고 만다. 게다가 이런 일 하나로만으로 끝나면 좋을 텐데, 다른 일들과 겹쳐서 일어나면 혹은 다른 여러 바쁜 업무들과 맞물려 일어나면 교사는 자책하기도 하고, 교직에 대한 실망감을 오롯이 느끼게 된다.

그뿐만이 아니다. 보통 새 학기가 되면 교사는 잔뜩 기대를 갖고 시작하게 된다. '어떤 아이들을 만나게 될까?', '어떻게 좋은 수업을 할 수 있을까?' 방학 동안 내내 열심히 준비한 수업자료를 점검하기도 하고, 좋은 자료들을 주섬주섬 챙겨서 교실로 들어간다.

기분 좋게 막 수업을 시작하려고 할 때, 불편한 광경들을 만나게 된다. 한 학생이 숨을 거칠게 쉬면서 책상에 엎드려 있다. 덩치도 남산만한데 잘못 건드렸다가는 교사가 해를 당할 수도 있겠다는 생각이 든다. 순간 왜소해지고, 당황스러움까지 느낀다. 시작부터 이런 상황을 만나면 한껏 지녔던 기대가 순간에 우두둑 무너져 내리고 만다.

대부분 교사들은 속으로 '이제 어떻게 하지?'하면서도 엎드려 있는 아이에게 수업에 참여하도록 권유한다. 다행히 아이가 별다른 반응 없이 일어나면 좋은 일이다. 그런데 그렇지 않은 경우가 많아서 아이 스스로 알아서 일어날 때까지는 상당한 신경을 소모해야 한다. 엎드려 있는 아이에게 매달리자니, 내 기분이 망가질 것 같고, 또 수업을 기다리는 아이들 시간 낭비를 해서는 더욱 안 될 일이다. 그래서 수업 참여 권유를 해도 일어나지 않으면 그냥 수업을 진행하게 된다. 하지만 아이의 마음을 움직이지 못했다는 교사로서 무기력감이 수업 시간 내내 불편을 만들어낸다. 그렇더라도 교사는 수업을 진행해야 한다. 이런 상황을 적절히 대처하지 못하면 교사는 이 상황에 매몰되어 학생에게 끌려가게 되고, 수업까지 어설프게 되고 만다. 그러면 수업은 수업대로 힘들어지고 교사는 교사대로 불편하게 되고 만다. 교사의 지혜가 필요할 때다.

교사들은 수시로 이런 함정에 빠져들 수 있다. 그렇게 되지 않으려면 어떻게 해야 할까? 우선 먼저 얼른 냉정해지는 것이다. 그러기 위해서는 '저 녀석이 저러고 있는 것은 나 때문에 그러는 것이 아니다. 나는 저 친구를 처음 본 거야.' 이런 생각을 하는 것이다. 그 학생을 무시하거나 업신여겨서 하는 생각이 아니다. 그냥 학생의 행동과 나의 감정을 분리하는 방법으로서 그렇게 생각하는 것이다. 그러면 일단 교사는 그 상황과 감정을 분리할 수 있다. 그러면 예상치 못한 어떤 불편한 상황을 만나더라도 어느 정도 차분함을 유지할 수 있다.

또 다른 대처 방법으로는 '나는 교육 전문가로서 학생의 어떤 행동이나 말들도 수용할 수 있다'라고 생각하는 것이다. 즉, 수용의 폭을 넓히는 것이다. 그 학생의 지도를 포기하는 것이 아니라 내가 그 학생에게 보다 더 효과적인 도움을 주기 위해 수용하는 것이다. 그러면 이런 상황에 휩쓸리지 않고 객관적으로 지도할 수 있다.

가능하다면 학생에게 관심을 가지면서 "무슨 일이 있느냐?"고 묻고 반응이 있으면 거기에 따라 적절하게 대처하면 좋을 것이다. 만일 그렇지 않더라도 내 감정을 개입시키지 말고 그냥 수업을 진행해 나가는 것이다. 만일 교사가 이런 상황을 수용하지 못하고 큰소리로 꾸짖거나 비난하면서 내 감정과 동일시하게 된다면 내 기분만 나빠지게 될 뿐이다. 게다가 그 학생을 지도마저 할 수 없게 되고 만다. 그래도 내 불편한 마음을 전하고 싶다면

"이제 새 학기를 처음 시작하는 날이니까 여러분도 워밍업이 덜 돼 수업이 힘들지도 모르겠어요. 선생님이 수업을 열심히 준비해 왔으니까 여러분들이 이런 자료들을 보면서 천천히 수업으로 빠져들어 봐요."라는 형태의 말을 하고, 수업을 진행하면 좋을 것이다. 혹 아이의 태도가 전혀 달라지지 않아도 상관할 필요가 없다. 그냥 내가 진행하고자 한 수업과 내 마음 상태가 영향을 받아서는 안 되기 때문이다. 또한 수업 시간을 버려가면서까지 그 아이에게 매달리기보다는 수업을 잘 마치고 난 다음, 별도 시간을 마련해서 상담을 하든지, 아니면 담임 선생님과 상의해 보는 것도 효과적인 지도가 될 것이다.

필자가 앞에서 예로 들었던 책상에 엎드려 있던 학생의 경우, 필자가 상황과 감정을 분리해 대응했더니, 다행히 부드럽게 해결될 수 있었다. 수업을 시작하고 20여 분쯤 지났을까? 엎드려 있던 아이가 스스로 슬 그머니 몸을 세웠다. 못 본 척하고 시선을 다른 학생들에게 돌리고 수 업을 진행해 나갔더니, 끝날 무렵 진우의 표정은 수업 시작 전과 상당 히 달라졌다. 끝종이 울려 수업을 마치고, 교무실로 향하고 있는데, 진 우가 내 뒤를 따라왔다.

"선생님, 죄송합니다. 제가 쉬는 시간에 옆 반에 놀러갔다가 친구와 싸우고 와서 기분이 나빴어요."

"아~ 그랬구나. 이렇게 사정을 말해 주다니 고맙구나. 말보다 행동 으로 보여주는 사람이 더 멋있게 보인단다. 다음 수업 시간을 기대할 게."하고 웃어 주었다.

이후로 진우는 나의 팬이 되었다. 친구들이 떠들면 "조용히 해, 선생 님이 힘드시잖아."라고 말하기도 했다. 덕분에 수업 시간이면 모든 학 생들과 비교적 좋은 관계를 유지할 수 있었다.

교사가 학생의 어떤 행동에 감정을 그대로 이입해 버리면 화만 날 뿐만 아니라 내 감정이 조절되지 않아 실수로 이어지기 쉽다. 그러면 학생과 관계도 멀어지고, 우리가 최종적으로 바라는 교육이 실패하게 되고 만다. 학생들의 예상 밖의 행동을 만나면 교사는 스스로 자책하거나 '학생이 교사를 무시해서 그러는구나'처럼 단정지어서는 안 된다. 그러면 그 순간부터 학생도 힘들어지고 교사도 힘들어지게 된다. 무슨 일이 있어도 교사는 학생 행동에 대한 감정을 분리할 수 있어야 한다. 그러니 무슨 일이 있더라도 교사는 학생의 행동과 언어에 휩쓸려 매몰되어서는 안 된다. 그러기 위한 방법 가운데 하나로 교사는 학생의 행동에 대한 수용의 폭을 생각해 볼 필요가 있다.

연수에 참가했던 어느 여선생님의 경험담을 들어 보자. 교직 생활을 하다 보면 우수한 학생들을 지도할 때도 있지만 학업 능력이 모자란 학생들을 지도하는 때도 많다. 어느 해에 선생님이 담임을 했을 때 일이라고 한다. 그 해에는 신기하게도 속칭 문제아 — 본래 문제아는 없으므로 이런 표현을 써서는 안 되지만 이해를 돕기 위해 — 꼬리표를 달고 온 학생들이 유난히 많이 모였다고 한다.

그러다 보니 거의 매 주마다 아이들은 불편한 일들을 만들어냈다고 한다. 한번은 영어 선생님께서 화가 많이 나서 선생님을 찾아오셨다. "00 선생, 정말 그 반 종현이 때문에 수업을 할 수 없어요. 그런 아이는 정말 처음 봐요. 말이 전혀 안 통해요. 담임 선생님께서 어떻게 지도를 좀 해 주면 좋겠어요."

영어 선생님이 하도 불편한 어투로 말씀하셔서 상황을 파악하고 싶어서 다시 선생님께 "무슨 일이 있었어요? 구체적으로 알고 싶습니다" 했더니, 선생님은 종현이가 수업 시간에 계속 장난을 치고 더구나 앞에 앉은 친구까지 공부를 하지 못하도록 괴롭힌다고 하셨다. 선생님 말씀을 듣고 보니 선생님이 화를 낼만도 한 일이었다. 종현이는 평상시에 담임인 내 말도 대충 흘리고 넘어가려고 한다. 그러더니 오늘은 영어 선생님에게도 그랬다니, 선생님도 당장 화가 나려고 했다는 것이다. 그래서 종현이와 만나 대화를 나눠야 하겠다고 생각했다.

오후에 빵과 우유를 마련하고, 종현이를 불렀다. 보자마자 당장 "야, 이놈아! 너 때문에 내가 영어 선생님으로부터 소리를 들었잖아, 너는 정말 못 되었구나. 어쩌면 그렇게 할 수 있어?"라고 말하고 싶었다. 하지만 교사는 그럴 수 없다. 그래서도 안 된다. 무슨 일이든 이런 상황에서 감정을 분리하고, 무엇이든 수용할 수 있어야 한다. 그래야 전문직에 종사하고 있는 교사의 모습이라 할 수 있다. 그래서 평상시에 말하는 것처럼 "종현아, 어서 와. 잘 왔구나. 우리 이것 먹으면서 이야기 좀 할까."라고 제안했다. 학교생활이 어떤지, 집에서는 무엇을 하며 보내는지, 용돈은 얼마를 받는지, 비교적 부담이 적은 생활 이야기로부터 시작했다. 어느 정도 시간이 지나자 종현이는 무장 해제를 하고 편안하게 말하기 시작했다. 조심스럽게 영어 수업 시간은 어떠냐고 물었다. 종현은 고개를 숙이고 우물쭈물하다가 "영어 선생님이 정말 싫어요."라고 했다.

"영어 시간이 힘든가 보구나."
종현이 고개를 끄덕이더니, "선생님이 저만 미워해요."라고 억울한 듯이 대답했다.
"영어 선생님이 너만 미워한다고 생각하는구나?"
"네 억울해요. 선생님이 내게만 꾸중해요."

"선생님이 네 어떤 점을 들어 꾸중하시는지 듣고 싶구나"

"……. 영어가 재미없어요. "라고 짧게 대답했다.

"무엇 때문에 재미가 없을까?"

"……. 영어 단어를 잘 몰라요. 그래서 심심하다 보니, 친구들에게 장난을 걸고 싶어요." 아주 작은 목소리로 더듬거리면서 대답했다. 아, 가슴이 먹먹해지고 눈물이 날 것 같았다.

종현이의 성적은 학년 꼴찌 수준이다. 자기 생각조차 조리 있게 정리해서 표현하지 못하는 학생이다. 그렇다고 상황을 파악하지 못할 아이는 아니다.

"종현이가 많이 억울했나 보구나. 선생님도 영어 선생님으로부터 종현이가 수업 시간에 수업을 듣지 않고 짝꿍에게 장난을 걸거나 앞에 앉은 친구 교복에 낙서한다고 들었어. 그런 일이 있었니? 선생님이 네게 혼내려고 하는 것이 아니라 어떻게 해서든지 너를 도와주고 싶은 마음이 있어서 물어보는 거야."

항상 꾸중 듣는 일에 익숙했던 종현이는 놀라서 잠깐 나를 쳐다보더니 또 고개를 숙이고 손가락을 만지작거리며 가만히 있었다. 종현이가 더 말을 할 수 있도록 내가 말을 하지 않고 상당히 기다려 주었다. 그랬더니, 종현이는 "영어가 어려워요. 단어를 모르겠어요" 했다.

"단어를 몰라 수업을 따라가는 것이 어렵구나. 그래서 심심해서 친구 등에 장난을 한 거고?"

종현이는 대답 대신 고개를 끄덕였다.

"그래, 선생님이 종현이 마음을 이해할 수 있겠어. 선생님도 중학교 때 수학이 너무 어려워서 싫었거든 수학 시간에는 땀이 나고 교실을 나가고 싶다는 생각을 한 적도 있거든. 그러면 어떻게 하면 네게 도움이 되겠니?"

그랬더니 종현이는 자리를 영어 선생님 시선과 먼 곳으로 옮겨달라고 했다.

"그러면 어느 자리로 옮기면 좋을까?"

종현이는 생각하다가 창가 쪽을 선택했다. 나는 종현이의 영어 시간 문제는 영어 선생님의 도움도 필요하다고 생각했다. 그래서 종현이와 대화를 마치고 영어 선생님을 만났다.

"선생님, 종현이와 만나 이야기를 나눴어요. 영어 시간에 종현이가 그런 태도를 보인 것은 선생님을 무시하거나 수업을 방해하려고 한 것은 아니라고 했어요. 종현이는 할머니랑 함께 둘이 살고 있는데 학원에 다닌 적도 없고 성적 또한 최하위권이에요. 그래서 지금으로서는 학습 능력이 많이 부족해요. 아직까지 아는 영어 단어가 몇 안 돼 수업을 따라가기가 힘들다고 해요. 그래서 심심하다 보니, 무료해서 앞 친구에게 장난을 걸었다고 합니다. 선생님께서 불편하시더라도 그런 종현이 형편을 이해해 주시고 감안해 주시면 좋겠습니다. 선생님이 도와주세요." 했다. 그리고 종현이가 자리를 옮길 것이라는 점도 말씀드렸다.

영어 선생님은 종현이에 대한 오해를 푸시고, 마음도 편안함을 유지하셨다. 그리고 영어 선생님도 종현의 발전을 위해 도움을 주시기로 약속하셨다. 선생님은 다음 날부터 종현이에게 수업을 듣는 대신 간단한 단어를 외우고 쓰는 일을 부여해 주었고, 종현이도 영어 단어 외우느라 수업을 방해하지 않았다.

종현이를 대하는 영어 선생님 태도와 말투도 부드럽고 따뜻해졌고 종현이도 선생님 지도를 잘 따라 주었다. 이후 영어 선생님은 종현이 칭찬도 해 주셨다. 급우들도 종현이에게 조금씩 관심을 가져 주었고, 학급에서 겉돌던 종현이도 조금씩 평범한 남학생들의 일상으로 돌아올 수 있었다. 그러면서 한 해를 마무리했던 일이 있었다.

교사는 마음에 들지 않는 학생을 만나면 버릇없는 학생이구나, 이 아이는 교사의 권위를 인정해 주지 않은 못된 아이라고 단정하기 쉽다. 그러면 당장 불편한 감정이 만들어지기도 한다. 내 감정 상태와 감정을 분리하고 수용의 폭을 생각할 겨를도 없이 부정적인 생각이 먼저 떠오르기 쉽다. 또 학생이 왜 그렇게 행동하는지 그 동기와 원인에 대해 주목하지 않고 못된 아이 탓으로 돌리기도 쉽다. 그러면서 교사 스스로 마음을 상하게 되고 학생을 미워하는 상황을 만들어내기도 한다.

교사도 인간이니까 어찌 보면 당연한 감정일는지 모르겠다. 다만 교사로서 함께 생각해 보고 싶은 것은 이런 태도는 교사도 학생도 모두를 불행하게 만들고 학생과 관계도 훼손하게 된다는 사실이다. 교사는 교육 현장에서 현장을 지휘하는 최고의 전문가이다. 어떤 상황이든지 교사는 전문가로서 전문가다운 역량을 발휘할 수 있어야 한다. 그러기 위해서는 무엇보다 학생 행동과 나의 감정을 분리하는 것이 좋다.

그리고 모든 상황에서 어떤 일이든 다 수용할 수 있다는 넓은 마음의 폭을 지니는 것이 좋다.

1. 수용은 어떻게 이루어지는가?

어느 선생님의 이야기다. 비가 많이 내리는 어느 수요일 아침이었다. 학급조회를 하고 있는데, 학생들 자리가 몇 군데 비어있었다. 얼른 보니, 지각생이 5명이나 되었다. 아이들을 파악하고, 연락을 위해 교실을 나오면서 지각한 친구들은 1교시 수업을 마치는 대로 교무실로 오라고 전달했다. 집에 전화했더니, 다행히 아이들은 모두 정상적으로 등교했다고 한다. 그런데 아직 학교에 도착을 하지 않고 있었다.

1교시가 끝나자 다섯 명의 아이들이 교무실로 주르륵 왔다. 부드러운 말투로 이유를 물었다. 그러면서 앞으로는 지각하지 말자고 당부했다. 그런데 마지막에 서 있는 윤철이에게는 "또 너야, 너는 정말 늘 지각이구나."라고 퉁명스럽게 말했다.

윤철이는 "어제는 지각을 안 했는데요." 너무나 태연하게, 다소 억울하다는 듯이 말했다. 교사의 기대는 "선생님, 죄송합니다."라는 반응이었다. 그런데 윤철은 기대와 전혀 다르게 '억울하다'는 표정을 지었다.

학생을 지도하는 교사는 나머지 네 명에게는 부드러운 말로 지도하면서 유독 윤철이에게는 매일 지각한다는 선입관을 갖고 짜증 섞인 말투로 불편한 감정을 실어서 지도했던 것이다. 선생님은 5명의 지각은 수용했지만 늘 지각을 하고 있다는 선입관을 갖고 있던 윤철이에게만은 수용선이 무너지고 말았다.

또 이런 경우도 있다. 평화로운 수업이 시작되고 한참이 지났다. 그런데 이제야 교실 뒷문이 열리면서 한 학생이 들어온다. 수업 시간이면 종종 엎드려 자기도 하고 수업에 잘 집중하지 않은 호철이다. 늦게 교실에 들어오면서 죄송하다는 표정이나 말없이 신경질적으로 가방을 책상 위에 툭 내려놓고 주머니에 손을 끼고 비스듬히 앉는다.

이런 상황을 만나면 교사는 '어쩌면 저렇게 예의나 개념이 없는 아이가 있을까? 도저히 있을 수 없는 일이야'라며 화가 나기 시작한다. 쉽게 수용하기 어려운 상황이다.

역시 한 참 수업하고 있는데, 모범생이자 공부를 잘하는 민영이가 늦게 들어오면서 아무런 말 없이 그냥 슬그머니 자리에 들어와 앉는다. 이 모습을 보고 교사는 그냥 당연한 일인 양 마음의 어떤 동요도 없이 수업을 진행한다.

두 학생이 만들어낸 상황이나 일의 정도는 서로 비슷한데, 교사의 감정은 호철이와 민영에게 서로 다르게 적용되고 있다. 무엇이 이렇게 서로 다른 결과를 만들어 낸 걸까?

이유가 있다면 학생을 보는 교사의 수용 태도가 학생에 따라 달랐기 때문이다. 교사들은 학생들을 지도할 때에 수용의 폭을 넓게 가지려고 한다. 그래서 어떤 상황이나 학생의 어떤 태도 등 여러 면에서 모두 수용하려고 한다. 하지만 막상 이런 상황을 만나게 되면 수용의 범위가 상대에 따라 달라지는 것을 볼 수 있다.

그러니까 내가 좋아하는, 혹은 좋은 선입관을 갖고 있는 사람에게는 수용의 폭을 비교적 넓게 가져가지만 불편한 감정을 가지고 있는 사람에게는 수용의 폭을 좁게 가져간다는 사실이다. 결과적으로 상대에 따라 수용의 폭이 달라지게 된다는 말이다. 따라서 교사들은 학생들을 지도할 때에 이런 현상을 인정하고 자기의 학생 지도관점을 점검해 볼 필요가 있다.

다음 상황을 보자. 역시 어느 교사의 경험담이다. 여러 해 고등학교 3학년 아이들을 지도하다 보니, 어느 순간 건강이 좋지 않게 되었다. 그래서 수업 부담이나 입시부담이 다소 적은 중학교로 옮기게 되었다. 중학교로 옮기고 보니 좀 편할 줄 알았는데 이번에는 중학생들의 방만함이 문제가 되었다. 그렇다고 아이들을 대충대충 지도할 수 없는 노릇이다. 나름대로 아이들을 열심히 지도하다 보니 몸이 더 안 좋아지게 되었다. 엎친 데 덮친 격으로 가족 문제와 주거 문제까지 겹치면서 몸과 마음이 지치게 되었다. 이런 상황 속에서도 선생님은 나름대로 좋은 수업을 위해 노력하고 있었다. 그러던 어느 토론 수업 시간이었다.

"은지야. 네가 거울을 보니까 토의 진행이 잘 안되는 것 같다. 거울 좀 넣어줄래."

"네, 쌤."

다른 모둠을 지도하고 다시 돌아왔더니 은지는 여전히 뾰루지를 짜고 있었다. 은지가 그러건 말건 도외시하려고 했더니, 신경이 쓰인다. 다른 아이들의 활동을 지켜보고 있음에도 은지가 자꾸 마음에 걸린다. 그래서 "은지야. 다 같이 해야지, 거울은 그만 보자." 했더니, 은지는

입을 쭈욱 내밀면서 책상에다 거울을 탁, 치면서 뒤집어 놓는다. 그 모습이 어찌나 건방지게 느껴지는지, 몇 마디 더 하고 싶었지만 겨우

참았다. 애써 외면하면서 다른 그룹들 활동을 지도하고 있었다. 그러다가 다시 은지 쪽을 보니, 맙소사, 은지는 또 거울을 보고 있었다. 화가 치밀어 올라 나도 모르게 소리를 빽 질렀다.

"은지야! 한 번만 더 거울 보면 거울 깨버릴 거야!"

고함을 지르자마자 알 수 없는 불안함과 후회가 밀려왔다. 내가 왜 이러는 걸까? 이렇게 극단적인 말을 해버리다니…… 선생님은 토론 수업에 참여하지 않고 거울을 보고 있는 은지를 수용할 수 없었다. 필자가 봤을 때, 그 선생님의 경력이나 평소 성품으로 보아 이런 사소한 일로 감정을 상할 분이 아니다. 그런데 은지의 태도를 수용하지 못하고 후회할 만한 일을 저지르고 말았다고 한다.

선생님이 보여준 상황처럼 수용은 이렇게 자기 몸이나 마음 상태에 따라 달라지게 된다. 아마 선생님이 건강하고 마음이 평온한 상태였더라면 거울을 보고 있는 은지의 태도를 보고 수용적인 태도로 지도하셨을 것이다. 그런데 선생님의 몸과 마음이 지쳐있다 보니 버럭 소리를 지르는 행동을 했던 것이다.

또 이런 경우도 보자. 김 교사는 매일 퇴근 후에 유치원에 다니는 아이를 데리러 가야 한다. 유치원에 있는 아이는 엄마가 늦게 도착하면 매우 불안해하곤 한다. 그래서 김 교사는 가급적 퇴근하면 바로 아이를 데리러 가려고 한다.

그런데 오늘 아침, 김 교사는 부장 선생님으로부터 학급 청소가 되지 않았다는 지적을 받았다. 그래서 오늘은 청소시간에 임장 지도를 하면서 함께 청소를 해야겠다고 생각하고 있었다. 그래서 청소 시간이 되자마자 교실로 갔다. 그런데 오늘따라 아이들이 교실에 없었다. 이동 수업으로 특별실에 간 아이들이 수업이 늦게 끝났다며 청소 시간이 상구 흘러가고 있는데도 나타나지 않았다. 유치원에 있는 아이를 얼른 데리러 가야 하니 마음이 조급해지고 있는데 아이들이 늦게 온 것이다. 그것도 교실에 돌아온 아이들이 청소를 대충대충, 슬렁슬렁하고 있다. 시간에 쫓기고 있던 김 선생님은 아이들의 청소 태도에 몹시 화가 났다. "야, 청소 시간에 늦게 온 데다가 이렇게 청소하는 태도가 뭐야." 큰소리를 내고 말았다. 이런 상황을 놓고 화를 낼 교사는 별로 많지 않다. 그런데 오늘은 화를 내고 말았다.

화를 내지 않을 수도 있었는데, 선생님은 아이들 앞에서 화를 내고 말았다. 이유가 있다면 딸아이를 데리러 가야 하는 현재 선생님의 상황이 그렇게 만들고 말았다. 조급한 마음이 선생님의 수용의 폭을 좁혀 놓았기 때문이다.

교사들은 학교 현장에서 늘 마음의 폭과 수용의 폭을 넓히려고 노력한다. 하지만 상황에 따라 이렇게 수시로 그 폭이 달라지곤 한다. 이렇게 앞에서 살펴본 것처럼 수용의 폭은 상대가 누구냐에 따라, 혹은 내 마음이나 건강 상태에 따라, 혹은 내가 처한 상황에 따라 달라지게 된다.

학교에서 학생들을 지도하는 교사라면 수시로 이런 불편한 일들을 만나게 된다. 그럴 때마다 실수하지 않기 위해서는 이런 일들이 내게 어떤 영향을 주고 있는가를 생각해 볼 필요가 있다. 그리고 내게 불편을 주는 일들이 내 수용의 폭과 어떤 연관이 있는가도 생각해 볼 필요가 있다. 그런 다음에는 내 수용의 폭이 달라지게 된 요인이 어디에서 연유하고 있는지 따져볼 필요가 있다. 그래야 교사로서 초연해질 수 있다.

어떤 연유에서 지금 이런 일이 벌어졌는지, 그러니까 발생 요인이 상대인 학생에게 있는지, 아니면 내가 처한 환경이나 상황이 이런 결과를 가져왔는지, 아니면 내 개인적인 문제로 인한 것인지 점검해 봐야 한다는 말이다. 그러면 불편으로부터 보다 쉽게 벗어날 수 있는 방법이 될 것이다.

결과적으로 이런 생각으로 자신의 감정을 점검하는 일은 전문가로서 교사의 지도역량을 높이는 일이라 하겠다. 어떤 상황에서도 자기감정을 조절할 수 있게 되었으니 말이다. 그러면 그냥 아무런 생각 없이 불편한 일들을 놓고 불평하고 한탄하고 있는 교사와는 차원이 다른 교사가 될 수 있다. 이런 방법을 알고 실천하는 일은 힘들고 어려운 교직생활을 즐겁고 평화롭게 만들어 줄 수 있는 좋은 자양분이 될 것이다.

2. 좋은 대화를 위한 언어 기술

학교에서 학생들을 지도하다 보면 예상치 못한 상황에서 생각지도 못한 어려움을 만나곤 한다. 교사들은 교사로서, 혹은 어른으로서 학생들에게 꼭 필요한 말을 건넨다. 정해진 시간 안에 등교하자. 준비물을 잘 챙겨서 수업에 임하자. 게임하는 시간을 줄이자. 친구들과 사이좋게 지내자 등이 그것들이다. 그런데 학생들의 반응은 기대와 달리 반응하거나 달리 해석되는 경우가 많다. 아이들은 거부하고, 대들고, 반항하는 모습을 보이기도 한다. 그래서 마음의 평온이 망가져 얼굴을 붉히게 되는 일이 종종 있다.

수업이 시작되었는데도 어떤 아이는 선생님이 교실에 들어왔는지조차 모르고 책상에 엎드려 자고 있다. 깨워도 반응이 없다. "그만 자고 일어나 수업하자"라고 해도 응하려고 하지 않는다. 최소한의 예로 아이가 일어나려는 움직임이라도 보이면 좋겠다. 그것이 아니라면 미안하다는 표정이라도 지으면 좋겠다. 어떤 형태로든 최소한의 예를 갖추면 좋을 것이다. 그런데 그것조차 하지 않고 엎드려 있으면서 매우 못마땅하다는 태도로 퉁명스럽게 반항하듯이 "안 자는데요" 한다.

이런 반응을 만나면 교사는 '이 녀석이 선생님 말을 어떻게 알고', '선생님 말을 무시하는 것을 넘어 아주 반항하네'라는 생각을 하게 된다. 앞에서 말했던 것처럼 수용의 폭을 대폭 늘려놓았다 하더라도 학생의 이런 태도를 만나면 그 수용의 폭이 쫙 줄어들면서 기분마저 나빠지게 된다.

또 이런 경우도 있다. 수업 시간이 시작되었는데도 수업에 참여하지 않고, 귀에 이어폰을 꽂고 있는 아이가 있다. 교사는 수업하자는 의미에서 "음악 그만 듣자"라고 한다. 이때 교사의 바람은 "네~" 하면서 듣고 있던 이어폰을 빼고, 수업 태도를 갖추는 일이다. 아니면 얼른 수업에 임하려는 태도를 보이는 정도다. 그런데 아이는 그렇게 하지 않고 "음악 안 듣는데요" 퉁명스럽게 말한다. 마치 교사의 지도가 부당한 것처럼 교사를 노려보기도 한다. 그러면 교사는 참 한심하다는 느낌이 들어 자존심에 상처를 입게 된다. 이런 경우 '어떻게 지도해야 하지?' 다른 말이 얼른 떠오르지 않는다. '이제 이 학생에게 무슨 말을 해야 하지' 아니면 '이 녀석이 선생님 말을 뭘로 알고?'라는 불편한 감정이 불쑥 올라온다.

또 아이들 중에는 습관적으로 욕을 잘하는 아이들이 있다. 친구들과 대화를 나누면서 "0새끼", "~할 놈"이라는 말을 사용한다. 그러면 교사는 당장 지도를 해야 할 상황이라고 생각하게 된다.

"대화할 때 욕을 사용하지 말자, 그런 말은 좋지 않은 말이구나."라고 한다. 그러면 학생이 "네 알겠습니다." 하거나 "앞으로 사용하지 않겠습니다" 하거나 아니면 조금 미안한 표정만 지어도 좋을 것이다.

선생님 말이 끝나자마자 선생님 지도를 거부하듯이 강한 말투로 "욕이 아닌데요" 한다. 어떤 아이는 선생님 지도에 동의조차 하지 않으면서 욕이 아니라고 항변하기까지 한다. 교사를 매우 당황하게 만들기도 한다. 그러면 '이런 아이들에게 무슨 말을 어떻게 해 주어야 할까?'라는 고민을 하게 된다.

교사가 학생을 향해 "뭐 이런 말이 욕이 아니라고?" 하면서 큰 소리로 야단을 쳐야 할까?, 아니면 별도 시간을 마련해 특별지도를 해야 하는 걸까? 아니면 욕의 정의부터 사용해서는 안 될 이유까지 길게 설명해 주어야 할까? 라는 고민을 하게 된다.

김 교사는 아이들이 모두 하교를 하고 난 다음 제법 시간이 지나서 학부모로부터 전화를 받았다. 다른 집 아이들은 모두 집에 왔는데, 우리 해식이가 집에 아직 오지 않았다며 선생님께 확인차 전화를 드렸다는 것이다.

다음 날 김 교사는 해식이를 불렀다. "너, 어제 집에 늦게 들어갔다며? 또 PC방에 갔니?"라고 했다. 그러자 해식은 감정을 실어 "아니요, 선생님은 저를 맨날 게임만 하는 아이로 아세요"라고 강하게 부정했다. 해식의 태도와 말에 김 교사는 '내가 괜한 말을 했나'하는 생각을 하게 되었다.

　위에 몇몇의 사례에서 봤던 것처럼 교사들은 정당한 지도를 한 것 같은데 학생들의 어색한 반응을 만나게 된다. 이런 반응을 만나면 어른으로서 교사로서 기분이 말이 아니다. 교사들은 학생들의 생활을 지도할 때 학생들의 활발한 반응을 기대하지 않는다. 최소한으로 관계 유지에 필요한 작은 반응만이라도 보여주기를 바란다. 그런데 아이들은 교사의 그 최소한의 기대조차 저버린 경우가 많다. 마치 교사를 억압하고 감독하는 사람으로 여긴다. 어떤 때는 편안한 일상이 아주 망가지기도 한다. 어떤 경우는 교사를 그만두고 싶을 정도로 깊은 상처를 주기도 한다. 아마 도인이 아니라면 상당한 불편을 느낄 수밖에 없다. 상황이야 어떻든 이런 일은 모두 교사들이 만나고 싶지 않은 모습들이다.

　그렇다면 교사들의 정당한 지도에 아이들은 왜 이렇게 반응한 걸까? 그리고 교사들은 또 왜 이런 불편한 상황을 만나야 할까?

　교사들에게 그 원인을 찾아보라고 하면 대부분 교사들은 그 원인을 발견해 내지 못한다. 어렵게 해서 찾아낸 원인이라고 하면 요즘 아이들이 버릇없고, 못돼서 그런다고 한다. 아니면 요즘과 같은 이런 세상 풍조가 문제라며 세태를 탓하기도 한다.

　이런 요인들이 교사와 학생 사이를 불편하게 만드는 요인이 되기도 한다. 하지만 교육 전문가들은 꼭 학생의 잘못으로만 여겨서는 안 된다고 조언한다. 따지고 보면 이런 경우, 오히려 교사의 잘못이 크다는 것이다. 심지어 어떤 전문가들은 교사들이 이런 불편의 원인을 내가 아닌 밖에서 찾다 보니, 불편이 줄어들지 않고 자주 경험하게 된다고 말하기도 한다. 아이들의 무례한 반응에 학생들이 문제라고 하니까 도저히 어떻게 해결할 수 없는 일처럼 느껴지고 해결이 더욱 어렵게 느껴진다고 말하기도 한다.

그러니까 많은 전문가들은 이런 불편한 상황은 학생의 문제가 아니라 교사들이 스스로 만들어낸 상황이라는 것이다. 교사들 스스로 이런 상황을 만들어놓고 학생에게 탓을 돌리고 있다는 것이다. 독자 중에는 도무지 알 수 없는 이상한 소리만 늘어놓는다고 야단할는지 모르겠다. '교사의 정당한 지도에 반항 섞인 아이들의 반응이 어찌 교사들의 잘못이라 한다는 말인가?'라며 불편한 감정을 드러내는 분들이 있을지도 모르겠다. 그렇다면 여기에서 교사들이 무엇을 잘못했다는 말인가? 이제 그 내막을 들여다보기로 한다. 교사들이 무엇을 잘못한 걸까? 교사의 어떤 태도가 이런 상황을 만들어낸 걸까?

결정적인 잘못은 교사들이 사용하는 말에 있다. 교사들이 학생의 행동을 있는 그대로 말하지 않고 자기가 생각한 것을 말했다는 것이다. 교사가 짐작한 학생의 행동을, 혹은 평가한 것을, 아니면 자기가 추측한 말을 사용했기 때문이라는 것이다. 그래서 학생이 반항하는 태도를 보였다는 것이다.

그러면 다시 앞의 사례로 돌아가서 교사들이 구체적으로 무엇을, 어떻게 잘못했는지 그 상황들을 들여다보자. 맨 먼저 사례에 등장한 책상에 엎드려 있는 학생의 모습이다. 선생님은 이 학생에게 "그만 자고 일어나 수업하자"라고 했다. 그러자 학생이 불편하다는 표정으로 "안 자는데요"라는 반응을 보였다. 반응의 결과로 선생님은 '이 녀석이 건방지게 선생님 말에 반항하네'라는 불편한 마음을 가지게 되었다.

이 상황에서 교사는 무엇을 잘못한 것일까? 교사가 '그만 자고'라는 말을 한 것을 보면 교사는 이런 학생을 보면 '잠을 자고 있는 학생이구나'라고 인식했던 모양이다. 그래서 엎드려 있는 학생을 보자마자 "잠 그만 자고 일어나 수업하자"라고 했던 것이다. 사실 이런 상황을 보면 다른 사람들은 아이가 잠을 자고 있는지, 아니면 잠시 쉬고 있는지, 아니면 몸이 아파서 엎드려 있는지 알 수 없다.

그런데 교사는 이런 모습을 보자마자 마치 자신이 아이의 내면을 온전히 알고 있는 것처럼 '잠을 그만 자'라고 한 것이다. 이 상황을 아이 입장에서 생각해 보면 지금 아이는 자기 의도나 태도가 선생님 말과 달랐다. 때문에 선생님의 말이 틀렸음을 강조하고 싶어서 선생님에게 불손한 태도로 "안 자는데요"라고 말했던 것이다. 그렇다 하라도 선생님의 지도에 아이가 이렇게 반응한 것은 잘못된 일이다. 아이에게도 분명 문제가 있는 것은 사실이다. 하지만 아이의 문제는 우선 내려놓고, 교사의 관점에서 생각해 보자. 그러면 교사는 이런 상황이 만들어지도록 우선적으로 원인을 제공한 사람이라고 하겠다. 이런 점에서 분명 교사가 잘못한 것이라 할 수 있다.

이어서 두 번째 사례도 살펴보자. 수업이 시작되었는데도 아이가 이어폰을 귀에 꽂고 있다. 이런 경우, 교사는 당연히 음악을 듣고 있는 것으로 짐작하게 된다. 그래서 "음악 그만 듣고~"라는 말을 하게 되었다. 그랬더니 아이가 선생님의 말이 자기 태도와 달랐다는 것을 지적이라도 하고 싶어서 "음악 안 듣는데요"라고 퉁명스럽게 반응했던 것이다.

다시 한번 생각해 보자. 사실 아이의 이런 모습을 보면 다른 사람은 아이가 귀에 이어폰을 꽂고 있는 이유를 알 수가 없다. 얼른 짐작해 보면 음악을 듣고 있는 것이라고 생각해 볼 수 있다. 또는 아이가 아무

것도 듣지 않고, 그냥 꽂고 있을 수도 있다. 아니면 영어 공부를 하고 있는지, 아니면 다른 방송을 청취하고 있는지도 모를 일이다. 그런데 이것을 마치 교사가 모두 다 알고 있는 것처럼 자기 생각대로 음악을 듣고 있다고 말했다. 그러다 보니 학생이 교사의 말이 틀렸다는 것을 어필하고 싶어서 자기주장을 강하게 말했던 것이다. 학생의 이런 태도에 교사만 불편하게 되고 말았다.

세 번째 욕을 잘 사용하는 아이의 경우도 살펴보자. 아이들은 종종 욕을 사용하면서도 욕이 아니라고 한다. 친근함을 표현하는 장난말이라며 둘러댄다. 아이들이 이렇게 반응하는 것, 역시 교사가 욕이라고 단정지어 말하면서 만들어진 상황이다. 교사는 욕이라 하는데, 학생은 아니라고 한다. 그러면 자칫 언쟁이나 곤란한 상황으로 이어질 수도 있다. 아니면 선생님이 욕의 정의부터 욕이 되는 상황까지 길게 설명해야 하게 생겼다.

그러면 이제 이런 상황에 이르지 않으려면 말을 어떻게 해야 할까? 그것은 학생의 행동을 있는 그대로 말하는 것이다. 책상에 엎드려 있는 학생에게는 "엎드려 있지 말고"처럼 말해야 한다. 그러면 선생님의 말이 자기 행동과 일치하기 때문에 학생은 다른 반발을 할 수 없게 된다. 이런 말을 사용한 것은 작은 차이처럼 보이지만 결과에서는 상당한 차이를 가져온다. 불손한 태도를 보이게 만들었던 말과는 전혀 다른 결과를 만들어내기 때문이다.

또 음악을 듣고 있는 학생의 경우, 앞에서 말했던 것처럼 학생의 행동이나 태도를 있는 그대로 말하는 것이다. "이어폰을 꽂고 있구나."라고 하면 된다. 또 욕을 사용한 아이에게는 그냥 아이가 말했던 그대로 "개새끼", 혹은 "~할 놈"처럼 학생이 했던 말을 그대로 따라하면 된다.

그러면 어떤 언쟁이나 불편한 상황을 만들어내지 않게 된다.

또 학부모로부터 전화를 받았던 김 교사의 경우도 살펴보자. 해식이가 집에 늦게 들어간 일을 두고, 김 교사는 "너 또 PC방에 갔지?"라는 자기의 짐작을 말하고 말았다. 그러다 보니 해식의 반발을 사게 되었다. 이 경우에도 "어제 네가 집에 아직 오지 않았다며 엄마로부터 전화를 받았구나"라고 했더라면 해식의 불평을 만나지 않았을 것이다.

이렇게 교사가 학생의 행동을 선명하게 있는 그대로 말하는 것은 좋은 대화 기술이라 하겠다. 학생이 다른 어떤 핑계나 상황 전환을 위한 다른 말을 할 수 없도록 환경을 조성해 주기 때문이다.

지금까지 예들을 통해 살펴본 것처럼 교사들은 생각보다 자주 이런 짐작이나 예상하는 말을 잘 사용한다. 그래서 상대가 그 말이 잘못되었다고 불평이나 어려움을 호소하는 일을 만나게 된다. 그러면 교사는 또 학생의 그런 태도가 잘못되었다며 감정을 끌어올려 스스로 자기를 불편의 자리로 내몰곤 한다.

우리가 지금까지 살펴본 것처럼 학생들과 관계에서 만나게 되는 불편은 교사가 언어 구사를 서툴게 해서 벌어진 경우가 많다. 그뿐만 아니라 가정이나 사회에서도, 혹은 친구들 사이에서도 언어를 서툴게 구사하여 어려움을 겪는 경우가 많다.

연인들 사이에서 교제하고 있는 상대가 내 전화를 받지 않는 것을 두고 '나를 무시한다느니', '나를 싫어한다느니', '다른 사람이 생겨서 그런다느니'처럼 자기주관적인 생각이나 판단을 해 놓고 괴로워하는 것을 볼 수 있다.

생각해 보면 본인이 아니라면 전화를 받지 않은 상황을 알 수 없다. 무슨 일로 전화를 받지 않거나, 보지 않았는지 정확한 이유를 모른다는 말이다. 그런데 이것을 가지고 자기가 생각한 대로 '나를 생각하지 않아서', 혹은 '다른 좋아하는 사람이 생겨서', 혹은 '나를 시험하기 위해서', '사랑이 식어서' 등과 같이 자기 마음대로 짐작한다. 그래 놓고 스스로 혼자 가슴앓이를 하기도 한다. 그러다가 상대가 자기 짐작과 다른 말을 하면 이번에는 그 말이 잘못되고, 자기 짐작이 맞다며 싸우기도 하고, 토라지기도 한다. 모두 사실이 아닌 자기 짐작이 만들어낸 불편한 상황이라 하겠다.

결과적으로 교사들이 만나는 불편한 상황, 아이의 반격(?), 혹은 불손(?) 등은 교사의 지도언어 사용의 미숙에서 오는 경우가 많다. 교사의 지도에 학생이 보인 불편한 반응은 학생의 잘못일 수도 있지만 원천적으로 교사가 만들어낸 상황이라는 말이다. 그러니 교사들이 이런 원리를 알고 학생을 지도하게 되면 우선 불편한 상황을 만나지 않을 뿐만 아니라 수준 높은 학생 지도를 할 수 있게 될 것이다. 더욱이 중요한 것은 교사 스스로 감정을 낭비하지 않고 건강한 학교생활을 하게 될 것이다.

교사들이 학생들을 지도할 때 불편을 만들어내는 말 가운데 또 다른 말이라고 하면 '빈도부사'를 들 수 있다. '늘', '언제나', '항상', '맨날' 등과 같은 말들이다. 이런 말들이 부정적인 말들과 함께 사용되면 더욱 많은 불편을 만들어낸다. 그럼 이 말들이 만들어낸 불편한 상황을 살펴보자. 어느 선생님의 이야기이다.

최근 담임이 청소 시간 임장 지도를 하지 않으면 청소가 제대로 되지 않는다는 느낌이 들었다. 하지만 오늘도 사무로 바빠 아이들에게 선생님이 없어도 청소를 잘해 달라고 부탁하고, 교무실에서 업무를 처리하고 있었다. 청소 시간이 끝날 무렵 교실에 들어가 보니, 역시나 청소가 제대로 되어 있지 않았다. 상황을 물어보니, 선생님이 안 오신다고 4명이 일찍 도망갔다고 한다. 그래서 다음날 점심시간에 도망간 아이들을 교무실로 오라고 부탁했다. 아이들이 교무실로 왔다. 마음에 안정을 유지하고서 부드러운 말투로 아이들에게 도망간 이유를 물어보았다. 그런 다음, 앞으로는 그러지 말고 다 함께 청소에 참여하자고 당부했다. 그런데 마지막에 서 있는 현식이에게 교사는 "현식이 너, 너는 정말 맨날 도망이구나."라고 말했다. 그러자 현식이는 "어제는 도망가지 않았거든요." 너무나 태연하게, 다소 억울하다는 듯이 말했다.

교사의 기대는 "선생님, 죄송합니다."라는 반응이었는데 학생은 전혀 다르게 '억울하다'는 표정을 지었다. 현식의 이런 반응에 교사는 기분이 나빠지고 말았다.

이렇게 된 원인은 어디에 있을까? 학생의 잘못도 있지만 우선적으로 교사에게 그 원인이 있다. 사실 선생님은 현식이가 오늘이 아니더라도 종종 청소 시간에 도망갔다는 사실을 알고 있었다. 그런 일을 기억하고 있던 교사는 '맨날'이라는 빈도부사를 사용하고 말았다. 그러니 현식이 "어제는 도망가지 않았거든요."라는 반응을 보였던 것이다. 그러다 보니 교사는 기대와 전혀 다른 반응을 만나고 말았다. 이렇게 되면 학생을 지도하기 위해서는 한 걸음 더 나가는 불편을 감내해야 한다. "그 말이 그 말이잖아"라고 하든지, 아니면 "너는 네 잘못도 모르니, 어찌 사람이 그래?"하면서 야단으로 이어져야 한다.

이런 모습은 결코 교사들이 원하지 않은 상황이다. 자칫 학생의 원망을 사기 십상이다. 이런 상황이 만들어지는 이유가 있다면 그것은 교사가 '늘, 맨날'이라는 빈도부사를 사용했기 때문이다. 다시 말하면 행동을 있는 그대로 말하지 않고 '맨날'이라는 말을 사용했기 때문이다. 결론적으로 말하면 이런 상황 역시 학생이 아니라 교사가 스스로 만들어낸 불편이라 하겠다.

학생을 잘 지도하기 위해서는, 달리 말하면 학생과 좋은 지도 상황을 만들기 위해서는 교사가 말을 잘해야 한다. 이 경우에도 교사가 도망간 사실을 지적하려면 '맨날, 늘'이라는 말 대신에 "현식이 너는 지난 주 화요일에 도망가고, 오늘 또 도망갔구나."처럼 있는 그대로 정확하게 말했어야 한다. 그랬더라면 불편한 상황은 만들어지지 않았을 것이다.

교사들은 학생을 대하는 태도나 언어에서 전문가다운 언어를 구사할 수 있어야 한다. 학생들을 지도하면서 보통 가정이나 친구들과 만나 나눌 때 사용하는 대화 방식들과 같은 류의 언어를 구사해서는 곤란하다. 아니 가정이나 사회에서도 이렇게 짐작하고, 예측하고 평가하는 말을 사용하는 것은 좋은 언어습관이라 할 수 없다.

수시로 아이들과 만남 속에서, 예측할 수 없는 상황을 만나게 될 때, 어쩌면 숨돌린 틈도 없이 계속되는 업무 속에서, 혹은 만나고 싶지 않은 갈등 상황들 속에서 불편한 상황을 만들어내지 않기 위해서는 전문가다운 언어 기술을 구사할 수 있어야 한다. 이런 다짐과 마음이 바로 좋은 대화를 위한 기초를 다지는 일이 될 것이다. 나의 만족과 행복은 밖으로부터 주어지는 것이 아니라 바로 내 안에, 나에게 있기 때문이다.

3. 좋은 대화의 조건

손자의 병서(兵書)에는 지피지기(知彼知己)면 백전불태(百戰不殆)라는 말이 있다. 나를 알고 상대를 알면 백번 싸워도 위태롭지 않다는 말이다. 사람들이 살아가는 세상은 꼭 전쟁터가 아닐지라도 이 말이 주는 교훈은 적지 않다고 생각한다. 좋은 관계를 위해서 나를 알고 상대의 정보를 아는 것은 위태롭지 않은 것 이상으로 좋은 일이기 때문이다. 교사가 학생들을 지도하는 학교 현장에서도 마찬가지라는 생각이다.

교사가 먼저 자기 마음을 열고 자기를 표현하거나 학생에 대한 정보를 많이 알면 알수록 교육 현장의 분위기는 좋아지고 교육의 질이 높아지고 효과도 좋기 때문이다. 상대에 대한 정보라고 하니까 신상정보처럼 뭐 거창한 것으로 생각하기 쉽다. 하지만 여기에서는 꼭 그런 것을 말하지 않는다. 사람과 사람의 관계를 도와주는 사소한 정보를 의미한다. 단순하고 가벼운 것처럼 보이는 정보들이 삶을 행복하고 재미있게 만들어 주기 때문이다. 그러니 여기에서는 이 정보들에 대한 이야기를 해 보려고 한다. 상대에 대한 정보를 중요하게 여기겠다는 마음가짐만으로도 매우 의미가 있다.

사람에 대한 정보를 나눌 때는 서로 관계가 좋을 때 해야 한다. 관계가 서먹서먹하거나 미움이나 시기, 질투 같은 불편이 있을 때는 정보를 나눠도 별 의미가 없다. 도리어 부정적인 결과만 낳을 뿐이다. 예를 들어 '나는 회를 좋아한다'라는 말을 했다고 생각해 보자. 이 말을 들은 사람이 나와 불편한 관계에 있다면, 혹은 나로 인해 마음이 상해 있는 상황이라면 아마 '가족끼리나 먹지, 내 앞에서 무슨 회타령이야'같은 불평을 늘어놓을 것이다. 따라서 불편한 사이가 아니라 보통의 사이로 지낼 때 나의 정보를 상대에게 알리고 나 또한 상대의 정보를 주고받아야 한다.

1) 서로를 알기 위한 정보교환

그러면 어떤 정보를, 어떻게 알리는 것이 좋을까? 여기에는 특별한 방법이나 규칙이 따로 없다. 다만 앞에서 설명했던 것처럼 서로 관계가 좋을 때, 나누어야 한다는 의식만 있으면 된다. 교사의 동료로서 혹은 학생들에게는 인생 선배로서, 아니 한 인간으로서 자신을 솔직하게 표현하는 것이다. 나의 소소한 정보를 전달하면 된다.

"나는 반려견을 좋아한다."
"언제부턴가 게임이 싫어졌어."
"수학은 반복 학습이 중요하다고 생각해."
"나는 정의가 행복의 필수 조건이라고 믿어."

서로 관계에 문제가 없고 편안한 상황일 때, 교사가 무엇을 좋아하고, 싫어하는지, 어떤 것을 생각하는지 등을 편안한 마음으로, 있는 그대로 말하는 것이다. 그러면 학생들은 교사가 어떤 사람인지를 알게 되고, 동시에 교사의 삶까지 이해할 수 있게 된다.

어느 교사의 경험담이다. 교사라면 누구나 그냥 겪을 수 있는 일상의 교실 이야기이다. 아이들이 체육 수업을 마치고 교실에 들어오면 그것이 5교시라면 교실은 땀 냄새로 가득해진다. 6교시 수업을 시작하려고 하면 다소 시간을 버려야 한다. 시작종이 이미 울렸음에도 이제 교실에 들어오는 아이, 들어와서도 마음을 진정하지 못하고 떠들어 대는 아이들이 있어 교실 안은 어수선하기 때문이다.

"아, 샘, 우리 오래달리기 연습했어요."
"저런, 다리가 무겁겠네."
"무거운 정도가 아니라 죽을 거 같아요!"
"아이고야, 죽을 것처럼 힘들었겠구나!"

아이들과 대화를 주거니 받거니 하다 보면 주제는 벌써 달리기로부터 멀어져간다. 교실 안이 정리되기를 기다리고 있는데, 먼저 차분해진 아이가

"선생님은 요즘 무슨 웹툰 보세요?"
"나? 너희들 조알람이라고 들어봤어?"
"네~?"

순간, 맨 뒤에서 심드렁한 표정으로 앉아 있던 지현이가 눈빛을 반짝이며 외쳤다.

"쌔애앰! 저 그거 봐요!! 그거!!! 완전 꿀잼이잖아요!"
"그치! 정말 재밌지! 이야, 지현이가 알고 있다니, 반갑네!"

"샘, 무슨 내용이에요?"

"지현아, 그거 재미있어?"

이야기가 길어질 것 같아 대화를 정리하고 수업을 진행한다. 수업을 시작한 지 얼마 되지 않았는데도 체육 시간 후유증이 밀려오는지 졸지 않으려고 안간힘을 쓰는 녀석들! 그 와중에 지현이는 볼이 발그레한 채 깨어 있다. 게다가, 나와 눈이 자주 마주친다. 어라? 수업을 방해하지는 않지만 수업을 듣는 둥 마는 둥 하던 지현이가? 교실을 돌며 조는 학생들을 깨우다가 슬쩍, 지현이의 책을 보니 필기도 하고 있다. 나는 놀랍고 반갑고 기쁘다. 조금 일찍 수업을 끝내며 나는 "여러분, 정말 고생했어요. 오늘은 조금 일찍 쉽시다. 마칠 때 웹툰 이야기를 하자고 약속했는데, 생각해 보니 볼 사람들에게 스포일러가 될 것 같아요. 지금 연재되고 있으니까 다음에 기회 되면 보세요."라고 마무리했다.

풀썩, 풀썩 엎어지는 학생들 틈을 헤치고 지현이에게 다가간 선생님은 학생 눈높이에 맞추고 속삭였다.

"지현아, 넌 선오가 좋아, 혜영이가 좋아?"

"당근 선오죠!"

"난 혜영인데! 아무튼 반갑구나! 아까는 시간도 그랬고, 보지 않은 친구들이 소외감을 느낄 것 같아서 이야기를 잇지 못했어, 그런데 사실 너무너무 말하고 싶었단다."

"저도요! 근데 왜 샘은 혜영이에요?"

지현이의 얼굴이 꽃처럼 활짝 피어난다. 맨 뒷자리에서 무표정한 얼굴로 무엇이든 건성이던 지현이가 이렇게 웃는 모습은 처음 본다. 피곤할 텐데 수업을 끝까지 들어줘서 고맙다는 말까지 하고 나니 종이친다.

우연하게 만들어진 정보소통공간, 수업을 사이에 두고 짧게 나눈 대화지만 웹툰이라는 짧은 대화로 벌써 마음이 가까워지고 있었다. 지현이의 수업 태도가 변화될 것에 대한 기대가 없어서 그랬는지 더욱 기뻤다. 지현이는 그날 이후로 나와 눈을 자주 마주치고, 수업 활동을 제대로 하려고 애쓰며, 질문을 하기도 했다. 학생이 교사에게 친밀감과 인간미를 느끼는 것이 학습에 영향을 준다는 걸 새삼 깨닫게 되었다고 한다.

학생들과 서로 정보를 나누면서 삶을 공유하며 인간적인 유대감을 쌓아가다 보면 수업 시간 역시 더 즐거워지기 마련이다. 자연스럽게 내 진심을 이야기하고, 서로를 알아가는 선순환 속에서 교과 수업이 더욱 수월하게 이루어진다. 그러면 아이들은

"왜 하필 샘 시간에 강당에 가야 할까요?"
"이번 시험에서 샘 강의 부분은 진짜 열심히 했어요."
"맨날 샘 시간이었으면 좋겠어요!"

라는 말들을 한다. 교사가 행복을 느끼는 순간이다. 정보교환의 가치를 체험하는 순간이다.

필자의 경험담이다. 아이들과 '무엇을 좋아하는가'에 대해 말하다가 별다른 생각 없이 "나는 김치찌개를 좋아한다"라고 말한 적이 있었다.

그런 일이 있고 나서 한 참 후에 아이들과 함께 식사할 일이 생겼다. 아이들이 먼저 식당에 들어가 음식을 주문하고 필자는 다른 일을 보고 조금 늦게 식당에 들어갔다. 내가 도착해 보니 아이들이 내 식사로 김치찌개를 주문해 두고 있었다. 아이들에게 "내 식사를 어떻게 알고 주문해 뒀네, 고맙구나" 했더니, 아이들이 "선생님은 김치찌개를 좋아한다"고 하셨잖아요" 했다. 그래서 내가 늦게 도착했지만 아이들과 함께 유쾌한 식사를 할 수 있었다. 사전에 정보를 나누었던 것의 효과였다.

우리는 '아마 저 사람은 ~ 했을 거야', '그 아이가 한 짓이 분명해', '그 사람의 성향으로 봐서 그런 말을 했을 거야', '아마 그런 의도가 확실해' 등과 같이 무슨 일이나 상대의 생각을 짐작하고 유추해 내는 것을 좋아한다. 마치 자기의 짐작이나 추측이 바르고 확실한 것처럼 단정 짓기도 한다. 하지만 이런 대화 방식은 잘못되어도 한참 잘못된 대화 방법이다. 우리가 직접 보거나, 혹은 듣지 않은 일이라면 상대의 의도나 행동, 태도, 말 등을 알아낼 수 없기 때문이다. 이는 서로 관계를 해치는 아주 못된 일이 된다.

따라서 이런 실수를 범하지 않기 위해서라도 우리는 서로 정보 나누는 일을 가볍게 여겨서는 안 된다. 정보교환은 인간관계에서 매우중요한 요소가 된다. 더구나 학교 현장에서 교사와 학생 사이에서는 더욱 중요한 요소가 된다. 서로 마음을 공유해야 더 좋은 결과를 만들어낼 수 있기 때문이다. 생활하다 보면 섭섭한 마음이 들거나 상처를 입은 일들을 만나게 된다. 이 경우에도 알고 보면 대부분 일부러 상대를 힘들게 하거나 괴롭히려고 해서 일어나기보다는 상대의 입장이나 처지를 잘 몰라 불편을 주거나 어려움을 만드는 경우가 많다. 따라서 기회가 주어지는 대로 서로 정보를 나누는 것은 중요한 일이라 하겠다.

한번 생각해 볼 일이다. 교사가 학생 개개인의 사정과 좋아하는 것과 싫어하는 것, 그리고 관심이 있는 것과, 꺼리는 일, 하고 싶은 일과 원치 않은 일 등을 잘 알고 있다면 학생에게 효과적인 지도를 할 수 있게 될 것이다. 반대로 교사에 대한 정보를 학생들이 많이 알고 있다면 학생들 역시 교사에게 상당한 도움을 줄 수 있을 것이다. 그 내용들은 아주 사소한 것일 수 있다.

"선생님의 관심은 스포츠야."

"너희가 그렇게 강하게 말하면 선생님은 상처를 입어."

"선생님은 너희가 지각을 하면 기분이 좋지 않아, 더구나 무슨 연락도 없이 늦으면 더욱 화가 나."

"선생님은 너희가 무슨 일이든 상의해 주면 기분이 좋더라."

"여러 번 말을 해도 너희가 듣지 않으면 선생님은 화가 나."

"선생님은 반려동물로 고양이와 강아지를 기르고 있어."

학생들과 대화 중에 이런 사소한 정보들을 나누다 보면 학생과 대화 양이나 내용 면에서 더 풍성해진다. 또한 관계도 점점 좋아진다. 교사가 보람을 느끼게 되는 계기가 된다.

학교에서 생활하다 보면 학생들과 갈등을 빚는 경우도 허다하다. 아이들은 놀려고 하고, 교사는 수업을 진행하려고 한다. 아이들은 체육대회 연습을 더 하려고 하고, 교사는 수업을 시작해야 한다. 서로 욕구가 맞서서 불편을 만들어내는 경우가 많다. 필자가 연수를 진행하면서 만났던 선생님의 경험을 공유하려고 한다.

방학은 며칠 앞둔 어느 날 기분 좋게 교실 문을 여는데, 학생들은 내

손에 들린 학습지를 보고 웅성거렸다. 아이들은 영화를 보거나 놀고 싶은데 공부를 해야 한다며 심기가 불편했던 모양이다. 울퉁불퉁이다.

"어, 선생님? 손에 뭐예요? 오늘도 수업해요?"
"오늘 문제를 풀어야 한다고요?"
"교과서 진도도 다 나갔잖아요!"
"곧 방학이잖아요! 우리 놀아요!"

"아이고, 애들아, 오늘 정말 놀고 싶은가 보구나. 그런데 나는 수업을 해야 하는데, 교과서 내용은 끝났지만, 너희가 제대로 이해하지 못한 것 같아서 문제를 갖고 왔단다. 그래야 더 이해가 잘 될 거라고 생각해서. 방학이 지나면 다 잊어버리니까 지금 하자. 게다가 나는 오늘 놀 거라고 이야기한 적이 없는데 이러니까 당황스럽구나."

"오늘 딱 한 번만 놀아요? 네? 선생님."
"다른 시간에도 놀았단 말이에요!"
"선생님, 우리 제대로 이해했어요. 진짜예요."
"맞아요, 선생님이 너무 잘 가르쳐주셨어요."
"오늘 문제 안 풀어도 우린 좋아요."
"방학 지나고 나서 해도 다 기억할 거예요."
"샘 수업하시면 저희 잘 거예요."

맙소사. 여기저기에서 아이들의 요구가 장난이 아니다. 도저히 설득되질 않는다. 이 녀석들이 뭘 잘못 먹었나? 앞 시간에 스트레스를 많이 받았나? 계속 조르면 내가 놀아줄 것처럼 보이나? 어찌 되었건, 학생들의 쉬려는 욕구가 너무나 강하다. 시간은 없고 나의 인내심이 한계에 다다랐다. '교사가 수업하는 게 당연하지 놀긴 뭘 놀아? 문제풀이로 교과서 내용을 보완할 거라고 분명히 이야기했잖아! 못 들었다고 오리발을 내밀다니 우기면 다야? 그리고 곧 방학식이 시작되니 마음껏 놀게 생겼으니, 오늘 더더욱 공부해야지! 방학 때 실컷 놀 건데 조금만 참으면 되잖아! 너희 말대로 다른 시간에는 놀았다면 내 시간엔 공부해도 되겠네! 너희를 위해 밤늦게까지 학습지를 만들었던 내가 불쌍하다. 그리고 뭐? 수업하면 잘 거라고? 지금 협박하는 거야?'라고 다다다다 쏘아붙이고 싶은 마음을 꾹 누르고 나는 단호하게 말한다.

"이제 그만. 나는 수업을 하고 싶다. 그런데 너희들이 놀자고 하면 가르칠 수가 없어서 힘들다."

문제지를 받아 든 학생들의 표정이 울상이다. 억지로 수업하자고 끌고 가는 내 모습에 뒷맛이 씁쓸하다. 학생들이 이럴 수 있다는 것을 이제까지 경험으로 충분히 알고 있었건만……. 사소한 일이지만 피곤하다. 다른 학급에서는 이런 일을 겪고 싶지 않다.

지금 교사는 학생들의 수업 거부로 인해 어려움을 겪고 있다. 교사가 힘겨움을 느끼고 있지만 실은 이런 현상 역시 아이들의 잘못이라기보다는 교사의 잘못이 크다고 하겠다. 교사라면 누구든지 경험해서 잘 알고 있는 것처럼 방학이 다가오면 아이들의 이런 성화는 점점 더 드세진다. 이런 불편한 상황을 예방하기 위해서는 교사가 이 시간이 오기 전에 미리 자기 의도를 정확하게 전달해 두어야 한다. 그리고 확답을 받아 뒀어야 한다. 그러지 않았으니, 아이들의 저항은 불 보듯 뻔한 일이다. 이런 경우에도 정보전달은 큰 힘을 발휘한다. 사전에 이런 일을 전달하고 학생들의 동의를 받으면 된다. 교사가 미리 분명하게 자기 정보를 전달하면 예견된 갈등을 상당히 줄일 수 있다.

자기정보 노출은 이런 일 외에도 아이들을 데리고, 박물관이나 관청, 혹은 도서관 같은 곳을 방문할 때에도 효과적이다. 방문할 장소에서 아이들이 소란을 피우면 곤란하게 생겼다. 그러면 교사는 아이들에게 정확한 내용으로 관련 정보를 전달하는 것이 좋다.

그 전달 형식은 먼저 내가 바라는 정확한 정보를 말하고, 그다음은 이것으로 인해 겪게 될 예상된 불편이나 어려움을 담아내면 된다. 예를 들면,

"여러분 우리는 도서관을 이용하려고 합니다. 말을 삼가고 조용한 가운데 이용하면 좋겠습니다." → 정확한 정보
"만일 그렇지 않으면 선생님이 지도를 하지 않았다고 비난 들을까 염려됩니다." → 예상되는 불편이나 어려움

현장학습을 가려고 하는데 아이들이 약속 시간을 지키지 않을 것이 염려될 때, "나는 내일 너희가 8시까지 운동장에 도착하길 바란다. 왜냐하면 늦는 사람이 한 사람이라도 있으면 버스가 출발하지 못하기 때문이야. 혹시라도 늦는 사람이 있으면 현장 학습 전체 일정이 어긋날까봐 걱정이 된다." 이런 형식으로 사용하면 된다.

교사는 학생들 앞에서 교사의 권위나 체면이 손상될까 싶어 자기를

드러내지 않으려고 한다. 아니면 나 자신을 솔직하게 드러내는 일이 상처로 돌아오는 경우도 있다는 것을 잘 알고 있기 때문이다. 하지만 교사가 자기에 관한 정보를 모두 드러낼 필요는 없지만 가급적 내 마음 상태나 어려움이 있을 때에 학생들에게 자신을 드러내놓을 필요가 있다. 서로 이해의 통로가 되기도 하거니와 이를 계기로 학생들로부터 도움도 받을 수 있기 때문이다.

그래서 교사라고 해서 언제든지 자기감정을 숨길 필요가 없다고 생각한다. 학생에게 화가 나 마음이 불편한 상태에 있거나 어떤 어려운 일이 있을 때, 내 마음을 가감 없이 드러내는 것도 괜찮다고 생각한다. 꼭 이런 경우가 아니더라도 아무런 문제가 없는 날에도 일상의 평범한 날들 속에서 내가 어떤 사람인지, 어떤 생각을 하고 있는지, 어떤 느낌을 받고 있는지, 학생들 앞에서 표현하는 것이 좋다. 나에 대한 충분한 정보를 줄 때, 예상할 수 없는 가운데 만날 수 있는 갈등을 예방할 수 있다. 따라서 불편이 다가오기 전에 미리 정보를 나누고, 학생에 대한 감사와 기쁨을 전하는 등 자기를 노출해야 한다. 이것도 상당히 유용한 교육 도구가 된다.

나의 생각, 경험, 감정, 신념을 정해진 수업 시간 안에 어떻게 풀어낼 것인가? 혹은 나의 모습을 어떻게 알릴 것인지에 대한 특별한 정답은 없다. 그것은 내가 감당할 수 있을 만큼만 하면 된다. 나의 정서와 생각, 가치관 등을 표현하는 것이 수업과 학급 운영에 도움이 되는 경우가 많다. 따라서 크게 망설일 필요는 없다고 생각한다.

어떤 선생님의 고백이다. 학교에서 아이들이 게임으로 인해 여러 어려움이 일어났을 때, "선생님도 대학에 다닐 때까지만 해도 게임을 아주 열심히 했었어. 그런데 어느 순간 이런 생각이 들더라. 내가 왜 서로 죽이는 것을 놀이로 즐겨야 할까? 회의가 생기면서부터 게임을 서서히 끊게 되었지. 가상현실이라도 뭔가를 죽이는 건 싫더라."라는 말을 했다고 한다. 그랬더니 아이들이

"샘, 그럼 안 죽이는 게임을 하세요!"
"맞아요, 동물의 숲 아세요? 거기 너구리가…"
"아, 골 땡겨."
"샘한테는 심시티나 심즈가 맞을 거 같아요!"
"아, 샘, 진짜 진지충."
"오늘 집 가기 전 레온 고고"
"샘! 그럼 대학 때 만렙도 찍어 봤어요?"
"샘이 했던 게임 이름 뭐라고요?"
"우리 게임방 가서 야외 수업 해요!"

"그래, 좋은 생각이구나. 하지만 지금은 곤란하겠어. 일단 수업을 진행하고 따로 시간을 마련해 더 이야기를 해 보자."하고 수업을 진행했다고 한다. 그런 다음 별도 학급회의 시간을 마련해서 게임에 관한 이야기를 하고, 아이들이 게임을 절제하는 방향으로 마무리하게 되었다고 한다. 이렇게 적절한 시기와 환경에서 자기 경험에 대한 정보를 제공하는 것은 아이들을 잘 지도할 수 있는 좋은 도구가 된다.

이런 경우가 아니더라도 단순하게 교사가 지닌 생각, 가치관 등을 학생들에게 알리는 것도 교육효과를 더 좋게 한다.

"나는 너희와 눈을 마주치며 수업하는 것이 좋아."
"이 방법으로 더 잘 이해할 수 있으리라 확신해."
"사소한 일도 선생님과 상의해 주니 좋구나. 고마워."
"나는 자료 정리가 공부의 기본이라고 생각해."
"내가 제일 좋아하는 사람은 정직한 사람이다."
"오늘처럼 비오는 날에 수업하는 게 나는 좋더라."
"말할 수 없다면 제대로 아는 게 아니라고 생각해."
"유인물이 한 그루 나무였다는 생각을 하면 슬프다."
"행복한 사람은 소통을 잘하는 사람이라고 믿어."

"인사를 잘하는 사람이 좋더라구."
"아플 때는 미리 양해를 구해주면 좋겠다."
"자기 할 일을 미루는 것이 세상에서 제일 싫다."
"나는 눈이 나빠서 가끔 사람을 알아보지 못해."
"모둠활동 중에 서로 욕을 하는 것을 나는 싫어해."
"실험 도구를 마지막까지 소중히 다루면 좋겠다."
"도서실에 갔을 때 발소리를 내지 않길 바란다."
"만약 종이 치더라도 기다려 주었으면 좋겠다."

"청소를 빨리 마쳐 주니 정말 좋구나."
"우리 반은 무단 외출한 사람이 없어서 뿌듯하다."
"문단속을 잘해 주어서 고맙다."
"교복을 잘 갖춰 입으니까 정말 단정해 보인다."
"주번이 칠판을 깨끗이 닦아주니 수업할 맛이 나네."

"너희가 큰소리로 대답하니 내가 힘이 난다."

"오늘 배울 부분이 펼쳐져 있으니 기분이 좋다."

"미용실에 가겠다는 약속을 지켜줘서 고맙다."

교사들은 학생들과 어울려 지내면서 보람을 느끼는 경우가 많다. 이런 행운은 그냥 어느 순간 갑작스럽게 주어지는 것이 아니다. 평상시에 생활하면서 나눈 작은 언어들 속에서 상대에 대한 정보가 늘어나고, 짧은 시간 속에서 쌓아가는 작은 믿음 가운데서 주어진다. 아무런 문제가 없는 평범한 날에 쌓아둔 자기 정보 노출 행위가 학생과 갈등을 줄이고, 관계를 좋게 만드는 과정 속에서 만들어진다. 따라서 정보교환은 교육 현장에서 매우 중요한 교육 도구라 하겠다.

필자가 담임을 맡을 때에는 아이들이 좋아할 만한, 추억이 있는, 어떤 특징이 있는 학급으로 운영하려고 했다. 그래서 다른 반 아이들이 우리 반 아이들을 부러워하도록 만들려고 했다. 그래서 학기가 시작되면 일반 교육프로그램과 다른 여러 행사와 이벤트를 기획하곤 했다. 학부모에게 학급 운영계획을 알리고, 맞춤 놀이를 하고, 특별한 체험학습 만들기, 스피드 퀴즈, 선물교환, 친구 장점 써주기, 친구 꿈 이해하고 격려하기 등등. 그래서 3월 2~3주가 되면 내가 좋아하는 것, 혹은 욕구, 희망 사항과 내가 싫어하는 것들을 쓰게 한 다음 발표하고, 사물함에 3월 말까지 붙여두기도 했다. 서로 친구들을 이해하고 친구의 장점을 격려하고, 친구들이 싫어하는 일들에 대해서는 알고 배려하고 도와주기 위해서 놀이 형태로 진행한다. 친구들 간에 서로 소통의 창구로 정보교환을 했던 것이다. 그러면 서로 격려할 것은 격려하고 도움을 줘야 할 일에 대해 서로 생각하는 계기가 되어 학급 운영이 상당히 수월했던 기억이 있다. 정보교환이 주는 이로움이라고 생각한다.

2) 욕구(꿈) 카드 만들기

일상에서 제자들과 정보교환을 잘 실천하고 계신 어느 선생님의 이야기이다. 아이들과 학급회의 시간에 서로의 욕구에 대한 이야기를 나누고, 그것들을 적어 오픈하는 욕구 카드 프로그램을 진행했다고 한다.

"그럼, 우리의 욕구를 이 카드에 적어볼까?"

"선생님, 전 욕구가 정말 많아요. 좋은 대학 가고 싶고 그래서 일단 국어 100점을 맞고 싶은 욕구가 크네요.

"그렇구나, 그래서 샘이 여러분과 함께 욕구 카드를 만들어보고 싶다고 말한 겁니다. 국어 100점 맞고 싶지 않은 사람 손들어. 역시 아무도 없지. 그런데 100점을 맞고 싶다는 생각 속에 있는 더 큰 것은 무엇일까? 바로 공부를 잘하고 싶은 욕구지. 그 공부를 잘하고 싶은 욕구는 좋은 대학을 가고 싶은 것이고 말이야. 그 방법 중의 하나가 100점 맞는 거지. 좋은 대학을 가는 또 다른 방법은 없을까?"

"봉사활동을 정말 꾸준히 한다거나. 외국어를 잘하거나, 대회에 나가서 입상하거나 등등의 다양한 방법들이 있다는 것은 여러분들이 더 잘 알지? 수시로 대학에 가고 싶은 친구들 말이다. 100점은 그 중의 하나인 거지. 그럼 표현을 달리해 보자. 나의 꿈은 무엇일까? 꿈이 연예인이란 친구 역시 연예인이 되고 싶은 욕구보다 연예인이 되어서 돈을 잘 벌고 싶다든지, 텔레비전에 나와서 다른 사람들이 자신을 지켜보는 것이 좋다든지 하는 더 큰 꿈이 있을 거야. 연예인은 그 꿈을 이루기 위해서 선택하는 방법인 것이지.”

"아, 그러네요. 돈 잘 벌려면 연예인 말고 식당을 차려야겠다.”

일순간 교실이 웃음바다가 된다. 아이들과 욕구(꿈) 카드를 적어 보았더니,

부모님과 사이좋게 지내고 싶어요.
공부를 잘하고 싶어요.
친구들과 사이좋게 지내고 싶어요.
노래를 잘 부르고 싶어요.
이성 친구를 사귀고 싶어요.
게임을 잘하고 싶어요.

"그럼, 자신의 욕구 카드를 모둠의 친구들에게 돌려주면서 그 욕구를 해결할 수 있는 여러 가지 대안이나 방법을 친구들에게 적어주자. 물론 여기에는 농담으로 적지 않았으면 좋겠어. 해결책이 떠오르지 않으면 적지 않아도 된다.”

욕구 카드엔 그 해결책을 공유하고 나누는 시간을 갖기 위함이고, 나아가서는 학급의 구성원 또는 모둠의 구성원들이 상대방에 대해 조금 더 이해하고 다가갈 수 있는 기회를 제공해 주는 효과를 기대할 수

교사들의 교육 비법 | 3부

있다.

웃으면서 즐겁게 서로 떠들고 때론 진지하게 해결책을 적어주는 학급 친구들을 보면서 해결책을 가지고 고민하기보다 그 해결책을 함께 공유하는 방법을 택한 오늘에 감사한다. 가끔은 여유로운 수업 시간을 함께하는 시간을 만들면서 나와, 학생들 모두가 즐거운 교실 속 모습을 상상해 본다.

교사와 학생들의 욕구는 매우 다양하고 그 다양함에서 여러 가지 방법들과 해결책들이 나오게 된다. '지금 나의 욕구는 무엇일까?' 모두가 함께하는 교실 속 풍경의 모습을 오늘은 욕구를 찾아보고 서슴없이 이야기해 보는 시간을 마련해 보는 일은 교직에서 보람을 얻는 일이기도 하다. 그리고 공부를 잘하고 싶다면 어떻게 하는 것이 좋은지에 대해 함께 해결책을 이야기해 보는 것도 좋을 것이다. 그러면 선생님 혼자 해결책과 씨름하는 그런 어려움은 덜어낼 수 있겠다는 생각이다.

4. 대화의 장애물

교사들은 연령 면에서 거의 한 세대 정도 차이 나는 학생들을 지도하고 있다. 대학을 마치자마자 학교에 온 선생님들을 제외한다면 아주 어린 자녀 같은 아이들을 지도하고 있는 셈이다. 그리고 지식적인 면에서 보더라도 피교육자인 아이들에 비해 교사들은 많은 지식을 지녔다. 또한 뇌 발달 정도나 육체적인 성숙도 면에서 보더라도 교사들은 아이들에 비해 훨씬 더 완성된 존재라 하겠다.

그러다 보니, 교사들은 은연중에 아이들을 나보다 모자라거나 미성숙하고, 나약한 존재로 여기기도 한다. 의도적으로 그런 것은 아니지만 교사들은 학생들을 조금 가볍게, 아니 함부로 대해도 되는 존재로 생각하기도 한다.

이런 의식은 교사들이 학생들을 지도할 때 사용하는 언어 유형을 보면 알 수 있다. 학생들에게 쉽게 '하대'하거나 '반말'을 사용한다. 보통 일반 사람들은 대화할 때에 함부로 하대하거나 반말을 사용하지 않는다. 그런데 교사들이 아이들과 대화하는 모습을 보면 반말이나 하대를 일상의 언어처럼 사용하는 경우가 많다. 어떤 분들은 이런 언어 사용을 친밀도를 나타내는 어떤 척도처럼 여기고 사용하기도 한다.

그러다 보니, 교사들은 학생들을 지도하거나 교육할 때, 명령하거나 지시하는 말들을 너무 쉽게 사용하는 경향이 있다. 반말, 평어 등이 친밀감을 나타내는 경우도 있지만 반대로 상대를 무시하거나 업신여기는 마음을 바탕에 깔고 있다는 점도 간과해서는 안 될 일이다. 따라서 이런 말은 이중성을 지닌 언어라 하겠다. 그래서 이런 말들은 학생을 지도할 때 관계의 훼손을 가져오는 부정적인 기능을 한다는 사실도 기억하면 좋을 것이다.

어떤 연구에 따르면 학교 학생들 사이에서 서로 존댓말을 사용하게 했더니, 관계를 훼손하는 일이나 불편을 주는 일이 확연히 줄어들었다는 결과도 있다. 따라서 반말이나 하대가 학생들에게 거리감을 줄여주는 언어로만 알고 사용하다가는 생각과 다른 결과에 이를 수도 있다는 점을 기억해 둘 필요가 있다.

또 이런 생각들 외에도 교사들은 효과적이고 빠른 교육을 위해 흔히

'지시'하고 '명령'하는 말을 사용하기도 한다. 그러다 보니 이런 말들은 교육할 때 꼭 필요한 언어로, 마치 없어서는 안 될 말처럼 알고 사용하기도 한다.

교사들은 학생들에게 편안함을 주고 싶은 의도에서, 아니면 우월적 지위를 누리고 싶어서 그런지, 아니면 상대보다 내가 더 힘이 있다는 것을 보여주고 싶어서 그런지, 그 정확한 동기는 알 수 없지만 아무튼 학교 현장에서 이런 말들은 잘 사용되고 있는 실정이다. 그런 것을 보면 교사들은 대부분 이런 말들이 대화의 진행을 막는, 대화를 불편하게 만드는 말이라는 사실을 잘 모르고 있는 것 같다. 이런 말들이 아무런 제약 없이 당연하게 사용되고 있으니 말이다.

1) 첫 번째 대화의 장애물 — '지시', '명령'

'지시'하고 '명령'하는 말들은 우리들이 생각하고 있는 것보다 훨씬 더 많은 부작용을 만들어낸다. 당장 청자에게 부정적인 감정을 유발해내고, 대화를 불편하게 만들기 때문이다. 이런 말을 사용했을 때, 학생들이 보이는 반응을 보면 이런 말들의 부작용이 얼마나 심각한지 대략 알 수 있다.

영석이는 담임 선생님이 교실에 놓인 쓰레기를 주우라고 했다고 입을 삐쭉거리며 불편한 심경을 드러낸다. "우리 담임 선생님은 좀 그래, 내가 버리지도 않은 쓰레기를 나에게 주우라고 한다니까. 버린 아이들은 따로 있는데, 내가 왜 주워, 버린 아이들에게는 말씀 안 하고~, 버리지도 않은 내게만 ~, 아이 참. 이런 게 불만이야"라고 담임 선생님에 대한 불만을 말한다.

또 민영이는 "우리 아버지는 저녁 귀가 시간을 정해 주세요. 야간자율학습을 마치는 시간 10시부터 10시 30분까지 집에 들어오라고 해요. 그래서 저는 이 시간까지 집에 꼭 들어가야 해요. 어떻게 사람이 늘 그 시간에 맞출 수 있겠어요? 언젠가 토요일에 친구들과 놀다가 11시 넘어 집에 들어갔어요. 그날 엄청나게 혼났어요. 우리 부모님과는 정말 말이 안 통해요."라고 투덜댄다. 민영은 아버지의 일방적인 명령에 불만을 가지고 있다. 아버지에게 당장 저항은 하지 못했지만 내면으로 몹시 불편한 감정을 느끼고 있다. 그래서 저녁 시간이 되면 늘 신경이 쓰인다고 한다.

이렇게 '지시'나 '명령'은 듣는 사람에게 불편과 부담을 준다. 그래서 당장 불만이나 반항으로 이어지게 만든다. 지시하고 명령하는 사람은 잘 모를지 모르지만 듣는 사람 입장에서는 상당한 상당한 불편이 된다. '제가 뭐라고 내게 이래라, 저래라 하는 거야? 어디 가만히 두고 보자.' 처럼 저항하고 싶은 마음을 유발한다. 이런 마음이 더 굳어지면 선생님이나 부모님에게 한 번쯤 대들고 싶은 마음을 갖게 된다. 이렇게 내게 불편을 준 사람이 대화를 나누자고 하면 대화에 응하고 싶은 사람은 별로 없을 것이다.

지민이는 수학 선생님에 대한 불평을 늘어놓았다. "수학 선생님이 숙제를 내주셨어요. 양이 너무 많은 것 같았어요. 그래서 제가 '너무 많아요. 언제 다 해요?' 했더니 수학 선생님은 '너는 무슨 말이 그렇게 많니? 잔소리하지 말고, 하라면 하지'하셨어요. 저는 더 이상 수학 선생님과 말하고 싶지 않았어요. 전 그 숙제 안 했어요."라고 했다.

아이들은 교사들이 일상적으로 하는 말 "~을 가져와라", "~ 하지 말아라.”, “~까지 해라.”와 같은 ‘지시’나 ‘명령’을 불편하게 여긴다. 더욱이 감정이 다운된 상태에서는 그런 감정을 더 많이 느끼게 된다. 따라서 이런 말들은 관계에 도움이 되지 않을 뿐만 아니라 대화를 가로막는 ‘장애물’이라 하겠다.

사실 누구나 이런 명령이나 지시를 받으면 그 일의 쉽고 어려움을 떠나 당장 불편을 느낀다. 일상적으로 행해지는 말이라 얼른 느낌이 다가오지 않는다면 선생님들도 경험해 보면 쉽게 느낄 수 있다. 선배 선생님이 내게

“선생님 반 아이들은 왜 그래요? 도대체 말을 안 들어요. 선생님 애들 교육 좀 단단히 시키세요.”라고 한다. 그러면 나는 어떤 느낌이 들까?

‘자기가 뭐라고, 내게 이런 소리를 하지?’, ‘내가 지금 이런 소리를 들어야 하나?’ 하는 부정적인 생각이 들기 마련이다. 만일 그렇게 말하는 교사가 나이 많은 선배거나 교감, 교장 선생님이 하신 말씀일지라도, 혹은 이 명령에 당장 반응하지 못할 경우라면 ‘이를 어쩌지?’ 하면서 불평하게 될 것이다.

사실 이런 말들의 문제점은 화자의 일방적인 명령이라, 청자의 마음이나 입장, 생각이 끼어들 틈이 없다는 것이다. 오직 듣는 사람에게 의무만 남겨주게 되어 늘 불만을 갖게 된다. 더구나 이것이 강하게 전달되면 청자는 ‘이 명령을 수행하지 못하면 나는 어떻게 되지?’하는 두려움을 느끼기도 한다. 따라서 이런 말은 대화의 단절은 물론 그런 말을 하는 사람까지 피하고 싶도록 만든다. 결과적으로 “~ 해라.”, “~ 해야 한다.”, “~ 하지 않으면 안 된다.”처럼 ‘지시’나 ‘명령’하는 말들은 좋은 의사소통을 방해할 뿐만 아니라 관계를 훼손하게 만든다는 사실을 기

억할 필요가 있다.

그러면 이런 불평을 늘어놓을 수 있다. "교사는 학생들에게 전달하고, 지시하고, 공부하도록 도와야 하는데, 이런 말을 사용하지 말라고 하면 어떤 말을 사용하라는 말인가요?" 충분히 제기할 만한 물음이다. 선생님의 불평처럼 학교 현장은 어쩌면 이런 말을 사용하지 않고서는 도저히 지도할 수 없을 만큼 척박한 환경일는지 모르겠다.

하지만 교사들이 꼭 알아야 할 사항은 지시와 명령에는 분명히 이런 폐단이 있다는 사실이다. 그리고 할 수 있다면 이런 말 사용을 자제하려고 노력해야 한다. 혹 백번 양보해서 사용할 수 있도록 허락된다면 학생과 사이에서 아무런 문제가 없는 편한 상태에서는 가능한 일이다. 하지만 우리가 바라고 원하는 교육을 위해서라면 가급적 사용하지 않거나 줄이는 것이 좋다.

필자가 이렇게 강조하더라도 교사들은 늘 사용하고 있는 언어 습관을 당장 바꾸는 일이 쉽지 않을 것이다. 선생님들 역시, 이런 말들이 사용되고 있는 환경 속에서 쭉 자라왔고, 그동안 습관처럼 이런 말들을 늘 사용해 왔기 때문이다. 그래도 우리는 바꾸려는 노력을 기울여야 한다. 왜냐하면 우리는 교육을 하는 전문가들이기 때문이다. 이런 말들을 사용하지 말라고 하면 불편할 것이다.

골프를 처음 배우는 사람은 골프채를 잡는 방법이 불편하다며 야구 방망이를 잡는 것처럼 잡고 하지 않는다. 마찬가지로 불편하다고 언어를 마음대로 사용하게 되면 교육이 어렵게 된다. 불편하다면 개선될 수 있도록 연습과 훈련을 해야 한다. 그것이 전문가들이 해야할 일이기 때문이다.

이런 노력이 어렵게 느껴진다면 출발점을 우리의 생각 전환에 두면 조금 쉽게 다가갈 수 있다. 학생을 보는 관점을 조금 바꾸는 것이다. 앞에서 언급했던 것처럼 교사들은 자기도 모르는 사이에 학생들은 나보다 못한 존재, 혹은 능력면에서 열등한 사람, 이끌고 지도해 주어야 할 대상으로 생각하기 쉽다. 원초적으로 이런 생각들이 학생에게 함부로 명령하고, 지시하도록 만든다.

그래서 학생을 보는 관점을 돌리면 상당한 도움이 된다. 내가 지도하고 있는 학생은 세상에 없어서는 안 될 매우 귀한 존재, 사랑을 받아야 할 존재로 인식하는 것이다. 그러면 이런 불편한 말들을 상당히 줄일 수 있다. 어떤 상황에서도 학생을 나와 동등한 인격을 가진 존귀한 존재로 생각하고 존중해야 한다는 것이다. 그러면 근본적으로 이런 말들을 줄일 수 있을 것이다.

2) 두 번째 대화의 장애물 — '위협', '경고', '비난'

이 외에도 교사들이 학생과 관계를 훼손하는 불편한 말들이 있다. '위협'하거나 '경고'하는 말들이다.

민석은 담임 선생님이 별일도 아닌데 호들갑이라고 불평한다. "제가 야간 자율학습에 이틀 빠졌거든요. 그런데 선생님은 '너, 한 번만 더 빠지면 부모님을 학교에 나오시게 한다.'라고 하셨어요. 그러든가 말든가 선생님 알아서 하라고 내버려뒀어요." 한다.

민석은 선생님이 부모님을 부르겠다고 위협하니까 선생님과 더 이상 대화하고 싶지 않다고 했다. 자기 일인데 부모님까지 학교에 나오시게 한다는 선생님 말씀이 마음을 불편하게 만들었기 때문이라고 한다.

"너 한번만 더 빠지면 부모님 학교에 나오시게~"처럼 위협하는 말, 역시 대화를 진행할 수 없게 만드는 장애물이 된다.

분명한 사실은 선생님이 민석과 관계를 훼손하고 지도를 포기하려는 의도에서 이런 말을 사용하지는 않았을 것이다. 선생님은 민석이 야간자율학습에 빠지지 않고 잘 참여하기를 바라는 마음에서 이런 위협적인 말을 사용했을 것이다. 하지만 선생님의 위협은 이런 긍정적인 바람과 달리 민석이 담임에게 불만을 잔뜩 품고 오히려 반항하고 저항하고 싶은 마음을 먹게 만들고 말았다. 이렇게 '위협'하는 말은 대화를 불편하게 만들 뿐만 아니라 의도와 다른 결과를 만들어내기도 한다.

지영이는 영어시간에 숙제가 많다고 불평했다가 친구들로부터 미움을 받았던 이야기를 털어놨다. "지난 영어시간이었어요. 선생님은 연휴가 다가온다고 숙제를 많이 내주시는 거예요. 그래서 제가 '선생님, 숙제가 너무 많아요.'했어요. 그랬더니 선생님이 '그러면 그 다음 페이지까지 더 많이 내 준다.'라고 하셨어요. 그러자 친구들이 너 때문에 숙제가 늘어날 뻔했다고 불평했어요. 어떤 친구는 제게 '허튼 소리를 했다'고 난리였어요. 저는 고양이에게 쫓긴 쥐처럼 맥을 쓸 수가 없었어요. 선생님 너무 해요." 지영이는 영어 선생님에게 무슨 말을 할 수가 없다고 투덜댔다.

선생님이 지영에게 사용했던 말 "만일 그렇게 하지 않으면 ~ 한다.", 혹은 "그렇게 하는 게 좋아, 만일 그렇지 않으면 ~ ."와 같은 말은 모두 '경고'하는 말이다. 이런 말들은 다른 변명이나 어떤 다른 생각을 말할 수 없게 만든다. 그래서 듣는 사람의 마음을 불편하게 만든다.

이처럼 경고나 위협은 상대방에게 불만을 야기해 대화를 할 수 없게 만든다. 이런 말을 들으면 누구나 마음에서 '그러면 복종해야 하는가?'

하는 불편한 감정이 일어나게 된다. 심한 경우 듣는 사람은 분노를 일으키기도 한다. 어떤 아이들은 이를 마음에 가득 담아 두었다 언젠가는 앙갚음해야 하겠다는 생각을 갖기도 한다.

꼭 학생이 아니더라도 '경고'나 '위협' 하는 말을 들으면 누구나 당장 거부감을 갖게 된다. 어떤 이유를 들어서라도 반항하고 저항하고 싶은 마음이 생기기 때문이다. 그렇지 않으면 이런 말을 사용하는 사람과는 대화를 얼른 끝내려고 한다. 따라서 학생과 좋은 관계 속에서 보람된 교육활동을 원하는 교사라면 경고나 위협하는 류의 말들을 걸러내야 한다.

경고나 위협하는 말에 이어 비난하는 말 역시, 청자의 마음을 몹시 불편하게 만든다. 만일 선생님이 주변 선생님으로부터 이런 말을 들었다고 가정해 보자.

"선생님은 교육경력이 몇 년인데 아직도 공문 하나 제대로 처리하지 못하고 이렇게 해요?"
"선생님은 학급관리를 전임지에서도 이렇게 하셨어요?"

이런 이야기들을 들으면 누구나 매우 불쾌한 감정을 느끼게 된다. '내가 지금 이런 소리를 들어야 하나?', '내가 혹시 아이들을 잘못 지도하고 있나?' 등의 의구심을 갖게 되고 더욱 의기소침해지는 학교생활을 하게 될 것이다. 이런 일들이 반복된다면 그런 말을 하는 교사와 관계가 불편하게 되고 소원하게 될 것이다.

3) 세 번째 대화의 장애물 — '교화', '설교', '해결책 제시'

　재한이는 학교에서 흡연 문제로 올해만 벌써 세 번째 교사의 지도를 받았다. 학기가 시작되고 한 달 남짓 4월 초, 재한은 주민의 신고로 경찰에게 붙잡혀 학교로 인계되었다. 재한이는 점심시간이면 식사를 마치고 학교 근처 주택가 골목으로 가서 친구들과 함께 담배를 피워 왔다. 주민들이 이를 보고 집 앞 골목에서 피우지 말라고 당부했는데도 재한은 거기서 계속 담배를 피웠다. 급기야 '안 되겠다' 싶은 주민들이 파출소에 신고하면서 붙들려가고 학생부 선생님들의 지도를 받게 되었다.

　재한을 지도하면서 흡연을 시작하게 된 계기와 심정을 들을 수 있었다. 재한은 흡연을 초등학교 6학년 2학기부터 시작했다고 한다. 지금 고등학생이니 흡연을 시작한 지 벌써 4년이 넘었다. 재한은 이제 담배를 스스로 어떻게 제어하지 못하겠다고 한다. 학교에서 재한에게 도움을 주지 못하거나, 어떤 특별한 계기가 없다면 재한은 앞으로 평생 담배를 끊을 수 없을는지도 모른다.

　재한은 어려서부터 종종 아버지의 짜증 섞인 말씀을 들어야 했다고 한다. 특별히 아빠가 술을 드시고 집에 들어오시는 날이면 재한을 불러 무릎을 꿇게 한 다음, 훈계를 하셨다고 한다. 아빠의 말씀을 들을 때면 재한은 '나도 얼른 어른이 되면 내 마음대로, 내가 하고 싶은 대로 하며 살 수 있겠구나'라는 생각을 하게 되었다고 한다. 그래서 얼른 어른이 되고 싶은 마음에서 어른 흉내를 내고 싶은 마음에 담배를 피우기 시작했다고 한다. 결국 아버지의 훈계는 재한을 위하는 일이 되지 못하고 도리어 담배를 피우게 되는 명분을 제공하고 말았다.

선생님들이나 어른들은 부지불식간에 제자들이나 자녀들에게 훈계하거나 훈화하는 것을 좋아한다. 제자나 자녀의 바른 성장과 성공적인 삶을 위해서 그런다. 그런데 그 결과는 의도와 달리 다른 곳을 가는 경우가 많다.

이런 마음은 교육에 대한 열정을 많이 갖고 있는 교사일수록 더 잘하는 경향을 보인다. 그래서 시간이 주어질 때마다 제자들에게 이런 유형의 훈계나 훈화를 늘어놓는다. 선생님들이 이렇게 훈화에 열정을 들이는 이유는 모두 제자들의 삶을 생각해서 그런다. 하지만 화자의 의도와 다르게 듣는 사람에게 불편을 주고 그 자리를 얼른 벗어나고 싶도록 만든다.

"네가 꼭 해야 할 것은~ ", "너는 자식으로서 ~ 해야 한다.", "너의 책임이 중요하단다." 등과 같이 '충고'나 '설교', '훈화' 등은 대화의 좋은 도구처럼 보이지만 사람을 불편하게 만들어 주는 말들이다. 이런 말을 들으면 '내가 무엇을 못하니까 ~을 제시하는가?'라는 느낌을 준다. 그래서 청자에게 어떤 구속감이나 죄책감을 가져다준다. 또한 '~와 같은 책임'을 느끼게 되어 상당한 부담을 갖게 된다. 그래서 이런 말들은 결국 자기 비하로 이어져 자존감마저 떨어뜨리게 한다.

교사들은 가르침을 전문으로 하는 교육 전문가들이다. 그래서 그런지 일상적으로 혹은 습관적으로 가르치고, 충고하고, 설교하고, 훈화하는 것을 좋아한다. 하지만 이것은 그렇게 생각한 것만큼 효과적이지 못한다. 선생님들이 성장할 때 경험을 떠올려보면 쉽게 짐작할 수 있다. 어른들은 학교 다닐 때, 학교에서 경력과 인품이 훌륭하신 담임 선생님과 교장 선생님의 말씀을 얼마나 많이 듣고 자랐는지 모른다. 하지만 이러한 말들을 기억하고 활용하는 사람들은 드물다.

필자의 경험으로 봐서라도 학교에 다니는 20여 년 동안 교장 선생님이나 선생님들의 수많은 훈화를 들었다. 하지만 어른이 된 지금 그런 말들은 전혀 기억나지 않는다. 나만 그런 것이 아니다. 다른 친구들 역시 어떤 선생님의 훈화가 내 삶에 큰 도움이 되었다고 말하는 사람을 아직까지 보지 못했다. 이유가 있다면 훈화나 훈계, 설교 등은 청자인 학생들이 지루함을 느끼고 그 자리를 벗어나고 싶은 마음을 일으켜 마음을 닫게 하는 역기능이 있다. 그래서 학생들은 이런 말을 원하지 않는다.

훈화와 훈계가 이런 기능을 하고 있는데도 오늘날 교사들은 지난날과 다름없이, 수없는 훈화나 훈계들을 계속하고 있다. 그것들의 주제는 생각보다 넓고 다양하다. 책을 많이 읽어야 성공하고, 공부나 숙제를 더 열심히 해야 좋은 대학에 가고, 남을 도와야 하고, 성공하는 사람들의 태도를 본받아야 한다고 말한다. 그것만이 아니다. 수많은 목적이나 목표를 제시하곤 한다. 그런 다음, 학생이 어떤 문제를 해결하지 못하고, 목표에 이르지 못하면 그 문제 역시, 모두 학생의 문제임을 일러준다. 순종을 안 해서 그렇고, 선생님 말씀을 따르지 않아서 그렇고, 노력하지 않아서 그렇고, 생각을 잘못해서 그렇다고 한다. 모두 교사들은 학생의 잘못이라고 이야기하면서 스스로 해결해야 할 과제들임을 일러주고 있다.

그러니 학생들은 선생님 앞에서 죄인인 것처럼 마음이 불편한 상태로 학교생활을 하게 된다. 선생님의 말을 듣고 있다 보면 학생들은 대단한 능력을 지닌 존재처럼 보인다. 제시된 내용들이 얼마나 많고 다양한지, 초능력을 지닌 학생이 아니라면 도저히 따라가기 힘들고 소화하기 어려운 내용들이다. 그런데 학생들의 능력은 대부분 선생님 기대나 말씀에 미치지 못한다. 혹 뛰어난 능력을 지니고 있더라도 그런 일을 수행할만한 아이들은 한 학년에 한둘에 불과하다.

따라서 이런 말들은 학생에게 불편만 더해 줄 뿐 생명력이 없는 말이라 하겠다. 이런 말로는 결코 학생들을 변화시킬 수 없다. 학생들은 학생으로 거기에 있어야 하니까, 혹은 들어야 하니까 마지못해 조용히 듣고만 있을 뿐, 자양분으로 삼지 않는다. 결론적으로 교사는 필요 없는 말로 시간과 에너지를 낭비하고 있다고 하겠다.

4) 네 번째 대화의 장애물 — '충고', '설득'

또 선생님들이 제자들에게 자주 하는 말 가운데는 "이렇게 하는 게 어때?", "내가 너라면 ~하겠어.", "내가 네게 해 주고 싶은 말은~" 같은 충고성 말이 있다. 얼른 보면 모두 매우 좋은 말처럼 보인다. 하지만 이런 말 역시 좋은 말이라 할 수 없다. 이런 말은 청자에게 '너는 스스로 그 문제를 해결할 수 있는 능력이 없는 사람이야, 그러니 이렇게 해'라는 암시를 해 주는 말이다. 더욱이 화자가 어떤 해결책을 제시해 줌으로써 청자가 창의적으로 해결할 수 있는 능력마저 빼앗는 일이 된다. 화자가 아무리 좋은 의도를 갖고 청자를 위해서 하는 말일지라도 이런 말은 도움이 되지 않는다.

또 교사들은 학생에게 "네가 무엇을 잘못했느냐 하면~", "그런데 그것은 말이야 ~" 이런 말들도 잘 사용한다. 학생에게 논리적으로 설득하려고 한다. 이런 말 역시 대화를 불편하게 만드는 말이다. 이는 듣는 사람의 마음에 저항감을 불어오고 그 말에 반박하고 싶은 마음을 일으키기 때문이다. 이런 형태의 말을 하면 학생은 더 이상 교사의 말을 듣고 싶은 마음이 생기지 않는다. 한편으로는 무시당한 느낌이 들어서 자존심에 상처를 입기도 한다. 따라서 이런 말로 상대를 타이르는 것은 결코 좋은 대화라 할 수 없다.

또한 여기에 못지않게 '거봐 ~하면 되잖아' 하는 해결책을 제시해 주는 말도 자주 사용하는 것을 볼 수 있다. 교사로서 아이들에게 무엇인가 확신을 주고 싶어서, 아니면 교사의 말에 신뢰를 주고 싶어서 그런지 모르겠다. 아니면 어떤 교육 목표치에 얼른 이르고 싶은 조바심, 압박감에서 그런지도 모르겠다. 아니면 아이들을 내가 바라는 어떤 이상적인 상태로 서둘러 끌고 가고 싶은 욕망 때문에 그런지 모르겠다. 그렇다고 하더라도 이러한 말로는 교사의 바람대로 학생에게 선한 영향력을 끼칠 수 없다. 따라서 학생과 좋은 관계를 형성하고 가슴을 열어놓고 마음을 주고받는 편안한 대화를 하기 원하는 교사라면 이런 말들을 사용하지 않는 것이 바람직하다.

데일 카네기 연구소에서는 성공하는 사람들의 성공 요인을 비교 분석한 적이 있다. 여기에 따르면 사람이 성공하는 데 영향을 끼친 기술적 지식은 15% 정도 반면, 인간관계와 관련된 요소는 무려 85%나 미쳤다고 한다.

그러니까 성공에 이르는 방법에는 지식이나 기술보다는 좋은 인간관계가 더 많은 영향을 미친다는 말이다. 그간 지식 중심의 세계관을 갖고 있던 우리 상식으로 봤을 때 얼른 이해가 되지 않은 내용처럼 보이기도 한다.

그런데 곰곰이 생각해 보면 우리의 삶에서 인간관계만큼 중요한 요소는 없는 것 같다. 그렇다면 우리는 어떤 말을 사용해야 좋은 인간관계를 맺고 유지할 수 있을까? 여기에는 뭐니 뭐니 해도 바로 '바른말 [言] 사용에' 있다. 사람들은 이 '말'을 통해 서로의 생각과 마음을 나누고 말을 하면서 관계를 형성해 나간다. 때문에 인간관계에서 기본과 핵심이라고 하면 말[言]이라고 하겠다.

이를 일찍이 알아차린 사람들은 독서량을 늘리고, 웅변을 배우고, 스피치 학원에 다니기도 한다. 하지만 대부분 많은 사람들은 '말에도 기술이 필요한가?'라는 의구심을 갖고 대수롭지 않게 여긴다. 그래서 이런 기술에 관심을 기울이거나 배우려고 노력하지 않는다.

하지만 교사들이라면 이 말 기술에 관심을 갖고 천착할 필요가 있다고 생각한다. 말하는 기술은 사람의 관계를 잘 유지해 줄 뿐만 아니라 학생과 관계를 좋게 만들어 주는 도구이기 때문이다. 더 나아가 카네기 연구소의 제언처럼 사람을 성공으로 이끌어주는 강력한 도구이기 때문이다.

그래서 필자는 특별히 교단에서 이루어지고 있는 말의 기술을 중심으로 살펴보려고 한다. 말이나 대화를 잘하기 위해서는 말이 잘 행해지도록, 혹은 말이 잘 흘러갈 수 있도록 돕는 기술이 있어야 한다. 대화를 돕는 기본적인 기술들이 앞에서 제시한 말들이었다. 이것을 모르면 마음으로는 좋은 대화를 원할지라도 실제 대화할 때에는 대화를 불편하게 만드는, 대화를 가로막는 말들을 많이 사용하게 된다. 그러니 대화가 잘 될 리가 없다. 대화가 터덕거리게 되고 울퉁불퉁하다가 곧 중단되고 만다.

지금까지 우리는 앞에서 대화를 불편하게 만드는 말들의 종류와 사례들을 알아봤다. 그러면 궁금증이 일 것이다. 대부분 사람들이 이런 말들의 홍수 속에서 배우고 자랐으며, 이런 말이 널린 가정에서 생활해 왔기 때문에 이런 말들 외에 다른 말을 사용하라고 하면 무슨 말을 어떻게 해야 할지 몰라 당황하기 쉽다. "아니, 그러면 무슨 말을 하라고?" 하며 매우 궁금하게 여길 것이다. 여기에 대한 이야기는 다음 장에서 계속 다루도록 하겠다.

5. 대화를 불편하게 만드는 말

사람이라면 누구든지 행복한 삶을 소망한다. 하지만 삶을 살아가다 보면 이러한 삶은 나 혼자만 꿈을 꾼다고 해서, 혹은 내가 열심히 어떤 노력을 기울인다고 해서 이루어지는 것이 아니라는 사실을 알게 된다. 그것은 사람과 사람, 사람과 관계 속에서 서로 부대끼고 소통하는 가운데서 싹이 트고, 자라서 열매를 맺기 때문이다. 그래서 아무리 뛰어나고 좋은 능력을 지닌 사람이라 하더라도 사람과 사람의 관계가 불편해지면 행복과는 멀어지는 삶을 살게 된다.

교사들도 학교에서 학생들과 지내면서 행복한 생활을 꿈꾼다. 하지만 교사 혼자 노력만으로 행복한 삶을 꿈꾸는 일은 허상에 가깝다. 교사들 역시 학생과 관계 속에서 마음과 마음이 교환되고 소통되면서 행복한 삶이 만들어지기 때문이다.

교육단체들에서는 매년 스승의 날 즈음이면 교원들의 인식 조사를 실시하곤 한다. 이 조사에 따르면 교사로서 보람을 느끼는 경우는 "학생과 마음이 서로 통할 때"라고 73%의 교사들이 답을 했다.

반대로 교사를 그만두고 싶을 때는 학생이 대든 때1 즉 학생과 관계가 틀어졌을 때라고 44%의 교사들이 답했다. 교사들은 학생과 관계가 훼손되었을 때 그만두고 싶다는 생각을 하게 된다는 말이다. 그러니까 결론적으로 교사들의 행복 역시 학생들과 좋은 관계를 유지하고, 서로 도움을 주고받는 과정에서 얻어진다는 사실이다.

그런데 교사들 가운데는 희망과 다르게 어려움을 겪는 분들이 많다. 다수의 학생과 불편하게 지내는 것은 아니지만 학생들과 관계가 좋지 못해 어려움을 겪는 경우가 점점 늘어나고 있다. 그래서 요즘 교사들의 교직에 대한 만족도가 점점 떨어지고 있는 실정이다.

교사들은 처음 교직에 나설 때 많은 기대를 갖고 시작한다. 그런데 대부분 그런 기대는 오래가지 못하고 도리어 괴로움이 되는 경우가 많다. 그래서 이직을 생각하는 분들이 늘어나고 있다. 학교에는 생각보다 많은 수업과 책임져야 할 학생들이 많다. 또 서둘러 처리해야 할 다양한 일들, 여기에 교사의 지도나 의도에서 벗어난 몇몇 아이들과 관계가 틀어지는 일들도 많다. 그래서 불편을 더 크게 느끼게 된다.

더구나 교사들은 바쁜 업무로 인해 하루 종일 내 코가 석 자라 학생들의 마음이나 형편을 헤아리는 일들이 쉽지 않다. 때문에 교사들은 학생들을 지도할 때에 비교적 쉽고 간단한 방법을 사용하려고 한다. 그것은 앞에서 언급했던 것처럼 지시하고, 명령하고, 안내하고, 간섭하는 말들이다. 그래서 그런지, 근자에 학생들은 교사를 마치 자신들을 관리 감독을 하는 어떤 용역인쯤으로 여기기도 한다. 그러면서 학생과 관계가 불편해지기도 하고, 소원해지기도 한다.

---

1   아시아경제신문 보도자료

그러다 보니 요즘 학생들은 고민거리가 생기면 선생님보다는 먼저 친구에게 찾아가 상담을 한다. 2016년 1월 여성가족부에서 발표한 학생 실태 조사에 따르면 학교를 그만두고 싶어서 찾아가 상담한 사람은 부모가 67%로 가장 많았고, 그다음은 친구가 44.7%였다.

교사들은 학생들이 찾아오면 언제든지 상담에 응하려고 한다. 하지만 학생들은 선생님과 상담하는 것을 그렇게 선호하지 않는다. 학생들은 선생님과 함께 지내는 시간이 많고, 선생님은 제자들을 돕고 싶어 기다리는데 아이들이 외면하고 있다.

가장 큰 이유라고 하면 학생들은 선생님에게 다가가는 것을 부담으로 여기기 때문이다. 교사와 거리감을 느낀다는 말이다. 어쩌면 당연한 현상일는지 모르겠다. 그것도 그럴 것이 우선 교사와 학생 사이에서 느끼는 신분적인 위치가 상당하기 때문이다. 그리고 연령 면에서도 차이가 많이 나서 이를 극복하는 것 또한 쉽지 않은 일이기 때문이다.

또 다른 하나는 교사들이 부지불식간에 갖고 있는 학생에 대한 의식도 작용하기 때문일 것이다. 교사들은 알게 모르게 학생을 통제하거나 관리, 혹은 교육을 해야 한다는 대상으로 알고 있다. 교사들의 이런 모습은 아이들이 봤을 때, 배타적이고 거리를 만드는 요소로 작용한다. 교사들은 스스로 이런 생각을 오래전에 버렸다고 하나 피교육자 입장에서 봤을 때는 이런 경향은 아직도 다분하다고 하겠다.

또 다른 원인이라고 하면 교사들의 권위적인 태도나 언어들이라 하겠다. 앞에서 언급했던 것처럼 학생들에게 지시하고, 명령하고, 훈화를 늘어놓는 일 등과 같은 지도 언어들이다. 이러한 지도 방법들은 학생들이 교사에게 다가가기 어려운, 거리를 만들어 놓는다.

모두 모두 어쩌면 그럴 수밖에 없는 당연한 요소들이라 하겠다. 그래서 교사들이 어떻게 극복해 볼 수 없는 일처럼 보인다. 그렇다고 해서 교사들이 이러한 원인을 극복할 수 없는 불가피한 요인으로 알고 방치해서는 안 될 일이다. 먼저 언급한 신분과 연령, 권위적인 면은 어쩌면 불가항력적인 일이 되는지 모르겠다. 그렇다고 해서 교사들이 노력하면 충분히 개선 가능한 일까지 방기해서는 안 된다고 생각한다. 만일 교사로서 노력을 기울이지 않는다면 교사의 역할을 스스로 내려놓는 일이 되기 때문이다. 그래서 여기에서는 교사들이 적용하고 개선할 수 있는 교사들의 언어에 대해 다루려고 한다. 여기에서 제시하고 있는 화법을 살펴보고 공감이 되는 제안이라면 과감히 익히고 적용해 볼 것을 권해 본다.

1) 판단하거나 비난하는 말

오늘날 우리의 교실은 교사가 들어가서 수업을 재촉해야 겨우 수업 준비에 나서는 아이들이 많다. 이것도 긍정으로 알아야 할지도 모르겠다. 선생님이 교실에 들어가서 수업을 시작하려 해도 상관없이 그냥 교실을 돌아다니는 아이들도 많다. 그러면 교사는 수업 준비를 기다려줘야 하고, 돌아다니는 아이에게는 앉으라고 지도해야 한다. 그래도 교사의 말과는 상관없이 자기 일만 하고 있는 아이들도 있다. 그러면 한마디를 더 하게 된다. "야, 수업이 시작되었는데도 넌 뭐하니? 뭘 하느라 그렇게 돌아다녀?"라는 말을 해야 한다. 그러면 아이는 자기 행동에 대한 생각은 하지 않고, 입을 삐쭉거리며 못마땅하다는 듯이 의자에 털썩 주저 앉는다. 앉은 태도를 보면 불쾌한 감정을 노골적으로 담아 드러내기도 한다. 그것도 모자라는지, 수업 시간 내내 수업 방해 거리를 찾아 나서느라 두리번거리기도 한다.

그럼에도 교사는 불손한 아이의 태도를 적당히 수습하고 수업을 진행해야 한다. 그래도 어떤 아이는 수업 준비를 하지 않고 마치 선생님의 인내를 시험이라도 하려는 듯한 태도를 보이기도 한다. 그뿐만 아니라 옆에 앉은 친구에게 장난을 걸어 수업을 방해하기도 한다. 그러면 교사는 또 개입을 해야 한다. "넌 왜 그리 못된 짓만 하냐?", "너는 학교에 와서 수업을 방해하는 일만 하니?"와 같은 말들이 나오기 마련이다. 좋은 말을 하고 싶어도 불편한 상황이 얼른 정리되지 않을 뿐만 아니라 수업을 서둘러야 하기 때문이다. 어떤 경우는 이런 상황에서 고운 말이 얼른 떠오르지 않기도 한다. 그러면 아이는 더 못마땅하다는 투로 입을 삐죽거리거나 적극적으로 대들기도 한다. 이때 교사가 말을 조금이라도 잘못하면 아이는 선생님과 싸우려는 태도를 취하기도 한다. 아이들은 자기 잘못을 전혀 생각지도 않고 교사가 조금이라도 잘못하면 아주 난리를 피운다. 심지어 부모를 대동해 와서 소란을 피우기도 한다. 교사들이 이런 불편한 상황을 만나면 마음이 조급해지고 못된 학생들 때문이라는 생각이 급습해 와 마음이 불편해지기 십상이다.

그래서 교사들이 "수업을 방해만 한다.", "너는 왜 이렇게 못 됐니?" 같은 말을 하면 아이는 가만히 있지 않는다. "제가 언제 수업을 방해했다고 그래요? 친구에게 물어봐요? '야, 내가 네 수업을 방해했니?'"라는 반응을 보이는 아이들도 있다. 또 어떤 아이는 "제가 그렇게 못 되었다니요? 선생님이 그렇게 말해도 되는 거예요?" 하면서 반항하기도 한다.

학교에서 아이들의 이런 무례하고 어처구니없는 행동들을 볼 때면 감정을 제어하기가 상당히 어려워진다. 학생의 이런 태도는 분명히 무례한 문제 행동임에는 틀림없다. 하지만 이런 불손한 태도를 보인 아이의 행동을 전적으로 학생의 탓으로 돌려야 하는지에 대해서는 의문이 된다.

왜냐하면 여기에는 교사가 사용하는 말에 문제가 있기 때문이다. 더구나 교사는 교육적인 말을 사용해야 하는 전문가들이다. 이런 말들은 불편한 상황을 유도해 주는 말이다. 앞에서 우리들이 살펴봤던 것처럼 학생의 행동을 그대로 말하지 않고 "넌 왜 그리 못된 짓만 하니?"와 같은 말은 청자의 반항을 불러오는 말이기 때문이다. 교사가 사용해서는 안 될 말이라 하겠다. 그러니 교사의 실수라고 하겠다. 이런 말들은 학생의 행동을 말한 것이 아니라 교사의 판단을 말한 것이다. 그러니 교사가 스스로 이런 불편한 상황을 초래했다고 하겠다. 그래서 교육 현장에서 교사들이 학생을 상대로 사용하는 말은 교육적이어야 한다. 그래야 학생을 제대로 지도할 수 있고, 나의 불편 또한 사전에 예방할 수 있기 때문이다.

근본적으로 상대를 판단하거나 비난하는 말들은 학생과 거리를 만들 뿐 아니라 학생의 마음에 불편을 이끌어내는 말이다. 그래서 저항이나 대립을 만들어낸다. 때문에 이런 말로는 학생을 지도할 수가 없게 된다.

교육이라고 하면 교사의 지도에 따라 학생의 행동이나 태도에서 변화가 일어나야 한다. 그런데 이런 말을 사용하게 되면 부정적인 감정만 양산할 뿐, 학생의 생각이나 태도에서 변화를 일으키게 할 수 없다. 따라서 교육을 전문으로 하는 교사라고 하면 이보다 더 교육적인 말을 구사할 수 있어야 한다.

2) 비웃거나 욕하는 말

건영이는 화학 시간에 있었던 일로 하루 종일 기분이 나빴다. 2교시 화학 시간에 이론 수업 대신 실험·실습을 하게 되었다. 수업을 시작하면서 선생님은 화학 약품 취급에 대한 주의사항을 충분히 잘 설명해 주셨다. 그럼에도 불구하고, 건영은 실험을 하면서 실수로 화학 약품을 쏟고 말았다. 이를 보신 선생님이 "이런 00녀석, 잘한다. 잘~해. 내가 알아봤다. 선생님 말씀도 잘 안 듣더니~" 하셨다. 선생님은 건영이 옆으로 오시더니 "김건영, 온갖 잘난 체하더니, 이런 헛똑똑이, 네가 했으니 알아서 해!" 하셨다.

건영은 자기 잘못으로 벌어진 일이라 어떻게 다른 변명을 할 수 없었다. 그렇다고 해서 선생님이 그렇게 말씀하시는 바람에 기분이 몹시 상했다. 건영은 자기 자신의 실수로 인한 일이라 미안한 마음이 있었지만 선생님의 말씀을 듣고 보니 죄송하기는커녕 선생님이 미워지고 실험이 싫어졌다. 그래서 더 이상 실험에 참여하고 싶지 않다는 생각이 들었다. 이후 건영은 화학 실험은 대충 하고 수업에는 무관심으로 참여했다고 한다.

무엇이 이렇게 건영의 기분을 불편하게 만들었을까? 그것의 원인은 교사의 말에 있었다. 교사의 말에는 건영의 행동을 비웃는 내용이 담겨 있었기 때문이다. 상대의 행동을 욕하거나 비웃는 말은 판단이나 비난하는 말과 더불어 대화를 가로막는 매우 불편한 말이 된다.

건영의 경우뿐만이 아니다. 사람이라면 누구나 비웃는 말을 들으면 몹시 기분이 나빠진다. 심하면 대들어 싸우고 싶어지기도 한다. 비웃는 말은 학생이 자신이 무가치하며 사랑받지 못하고 있다는 느낌을 준다.

따라서 이런 말로는 학생을 지도할 수 없을 뿐만 아니라 좋은 관계를 만들 수도 없다.

3) 분석, 진단하는 말

새 학기를 처음 시작하는 날, 민희는 기분이 몹시 나빠 입술만 쭉 내밀고 굳은 표정으로 앉아있다. 친구들이 말을 걸어도 반가워하기는커녕 시큰둥하다. 교무실에 다녀온 뒤로 민희의 기분은 더 나빠졌다. 더 이상 선생님을 만나거나 교무실에 가고 싶지 않았다고 했다. 민희의 사연은 이랬다.

1교시가 끝나자 담임 선생님이 민희를 교무실로 불렀다. 예전과 다른 표정의 민희를 본 선생님이 "아침에 무슨 일이 있었니?"라고 물으셨다. 민희는 학생부장 선생님 때문이라 했다. 선생님이 "왜 학생부장 선생님 때문에?" 물었다. 민희는 염색한 머리를 가리키며 이것 때문이라고 말씀드렸다. 그 소리를 옆에서 듣고 있던 5반 담임 선생님이 대뜸 "네가 잘못 했구먼, 학생부장에게 소리 들을 만한 일을 했네."라고 하면서 학생부장 선생님 편을 들었다. 그 말에 반박을 못 한 담임 선생님도 5반 선생님 말씀을 거들며 "방학 때 염색을 했더라도 개학할 때가 되면 원래대로 하고 와야지"라고 하시면서 민희의 잘못이라고 지적해 주셨다. 이 일로 민희는 하루 종일 기분이 다운된 상태에서 지내야 했다.

민희는 개학 날이 다가오자 학교 가는 일이 부담스럽게 느껴졌다. 학교에서는 학생이 머리에 물들이는 것을 금지하고 있었는데 민희는 규정을 어기고 방학 중에 머리에 물을 들여 멋을 내고 있었기 때문이다.

개학날이 다가오자 '원래대로 되돌려?' 생각하다가 학교 친구들에게도 자기 머리를 자랑하고 싶었다. 염색한 머리는 학교에서 지도 대상이 되는 줄 알고 있었지만 꾸중을 듣더라도 친구들에게 예쁘다는 말을 듣고 싶었다. 또한 담임 선생님에게도 자랑하고 싶었다. 그런데 친구들에게서 듣고 싶은 칭찬이 있기 전에 기분이 상하고 말았다. 처음에는 자기를 지적한 학생부장이 미웠다. 그런데 이제는 민희 잘못이라고 지적해 준 선생님 때문에 기분이 더 나빠지고 말았다. 제자의 잘못을 감싸주지는 못할망정 도리어 담임 선생님이 "네가 잘못했구나."하고 원인을 알려주고 진단해 주었기 때문이다.

자기 잘못을 떠나 이런 말을 들으면 누구나 기분이 나빠지기 마련이다. "네가 잘못한 것은 ~ ", "네가 본래는 그러고 싶지는 않았지?", "네가 지금 지쳐서 그래~ "와 같이 진단하고 분석하는 말들은 정당하고 바른말처럼 들리지만 듣고 나면 불편을 만들어내는 말들이다. 설령 자기 잘못을 모르고 있다 하더라도, 이런 분석하는 형태의 말을 들으면 누구나 기분이 나빠지기 마련이다. 더구나 민희처럼 자기 잘못을 인지하고 있는 상황에서 이런 말을 들으면 기분이 더 나빠지게 된다. 그래서 속으로 '그래 내가 다 안다고, 알아'라는 반항심이 발동하게 된다. 그러니 민희의 기분이 나빠졌던 것은 당연한 일이라 하겠다.

이런 말을 들으면 누구나 이 상황에서 얼른 벗어나고 싶어진다. 자기 의도가 드러난 것에 대한 변명을 늘어놓거나 아니면 거짓말로 둘러대거나 왜곡하려고 한다. 사람은 자신의 거짓이 탄로 난 것에 대한 두려움이 있기 때문이다. 그러면 대개 이런 말을 하는 사람과는 더 이상 대화를 하고 싶지 않게 된다.

4) 달래거나 위로하는 말

만일 민희에게 교사가 분석하고 진단하는 말 대신에 "학교에서는 다 그러는 거야, 염색하고 온 학생을 지도 안 하면 어떻게 되겠니? 학교는 그런 것을 가르치고 지도하는 곳이야, 그러니 너무 걱정하지 마"처럼 달래려고 곱게 타이르면 어떨까?

교사가 이렇게 다정하게 타이르더라도 앞에서 다룬 분석과 진단보다는 조금 나을 수 있지만 그래도 불편을 느끼기는 마찬가지다. 이런 말을 들으면 '내가 뭐, 어린애 남? 그런 것도 모르게'하는 생각을 하게 된다. 선생님이 "걱정하지 말라"와 같은 말을 해도 민희는 오히려 예쁘다는 소리를 듣고 싶은 마음을, 그리고 이런 자신이 이해받지 못하고 있다는 느낌이 들어 불편을 느끼기는 마찬가지다. 그래서 이런 말 역시 바람직한 말이라고 할 수 없다.

그러면 선생님이 이렇게 말하면 어떻게 될까? "학생 때는 소리 들으면서 성장하는 거야, 괜찮아 뭐 그런 걸 가지고 그래, 힘내!"라고 격려해 주는 말이다. 이것 역시 얼른 보기에는 좋은 말처럼 보인다. 하지만 이런 말을 들으면 학생은 "그렇게 말하기는 쉽지요. 학생은 지도받으며 성장한다는 것을 누가 모르나요?"처럼 반항하고 싶은 감정이 일어난다.

그러면 또 이런 말은 어떨까? "시간이 좀 지나면 괜찮아질 거야, 고등학생이 뭐 그런 걸 가지고 그래?" 이런 말을 들더라도 학생은 '기분이 나쁜 건 당연한 거라고, 시간이 지나면 괜찮다고?' 하는 시간에 전 가하는 기분이 들어 역시 불편을 느끼는 것은 마찬가지다.

사람은 일반적으로 상대가 내 마음을 알아주고, 이해해 준다는 느낌이 들어야 마음이 편안해진다. 그래야 비로소 마음을 여는 대화가 가능해진다. 그렇지 않으면 교감을 나누거나 대화 나누기가 어렵게 된다. 교사와 학생 사이는 더욱 그런 경향이 있다. 교사가 학생과 대화할 때에 달래거나 위로하는 말, 역시 방해가 된다는 사실이다. 이런 말로는 아이의 마음을 이해하고, 헤아려주는 일이 되지 못한다. 아무리 학교 현장이 바쁘고 힘들더라도 좋은 관계를 형성하고 유지하기 위해서는 이런 유형의 말 사용은 자제 되어야 한다.

지금까지 우리는 교사로서 학생과 좋은 관계를 갖기 위해 사용해서는 안 될 말들에 대해 알아봤다. 앞에서 언급했던 것처럼 명령하고, 지시하고, 비난, 판단, 분석 등의 말들은 관계를 해치는 말들이라고 했다.

이런 말들을 듣다 보면 학교에서 교사들이 사용할 수 있는 말이 거의 없는 것처럼 느껴질 수 있다. 신실한 교사라면 이제 우리는 무슨 말을 사용해야 할까? 고민하게 될 것이다. 사실 우리는 학교 현장에서 이런 말들을 너무 자주, 흔하게 사용해 왔기 때문에 이런 말들 외에는 할 말이 없는 것처럼 느낄 수 있다.

그래서 우리들이 그동안 아무런 생각 없이 사용해 오던 언어를 그대로 사용해 온 경우라면 더욱더 관심을 갖고 고민을 해야 할 것이다. 그래서 할 수만 있다면 우리들은 대화를 불편하게 만드는 말들을 사용하지 않고 학생의 행동에 바람직한 변화를 유도할 수 있는 말을 사용할 수 있어야 한다.

이러한 학생 지도법은 이 책 내용의 근간을 이루고 있다. 이 책에서 다루고 있는 말들을 접하다 보면 어떤 말들이 관계를 좋게 만드는지 저절로 체득하게 될 것이라고 확신하는 바이다.

2장

학생과 좋은 대화를
위한 기술

1. 대화를 시작하는 기술

우리는 앞에서 대화를 불편하게 만드는 말들에
대해 알아봤다. 그동안 우리들이 일상에서 쉽게 사
용하고 있는 말들이 의외로 대화를 가로막는 말들
이라는 사실을 알 수 있었다. 우리들이 습관적으로
사용하고 있는 '명령', '지시', 그리고 '경고'나 '위협',
'교화'나 '설교', '충고'나 '해결책', '논리적인 설득',
'논쟁', '비판', '비난', '칭찬', '비웃음', '달래고 위로
하는 말' 등이 그것들이라는 사실이다.

우리는 어려서부터 이런 말들 속에서 살아왔다.
때문에 이런 말들이 이런 부작용을 안고 있다는 사
실조차 느끼지 못하고, 익숙하게 사용하고 있다. 그

러다 보니, 이제 와서 이런 언어습관을 바꿔보려 해도 당장 달라지는 것이 쉽지 않다. 어쩌면 불가능에 가까운 일일는지도 모르겠다. 고치려고 여러 번 다짐하고, 또한 많은 훈련을 거치더라도 조금만 방심하면 습관에 따라 이런 말들이 금방 쉽게 튀어나오기 때문이다. 그래서 학생을 지도하는 일이 어려운 것인지도 모른다.

그럼에도 불구하고 교사들은 나라에서 인정하고 사회가 인정하는 교육의 전문가들이다. 교육 전문가로서 역량을 잘 발휘하기 위해서라면 어떤 노력을 기울여서라도 언어 사용 면에서 전문가다운 기술을 발휘할 수 있어야 한다. 무엇보다 우리의 사명이 중요하고, 우리에게 맡겨진 아이들이 귀하고, 교사라는 자리가 가볍지 않기 때문이다. 지금까지 본서를 읽어온 독자라면 그동안, 이 좋은 대화법을 기다리느라 상당히 애가 탔을는지 모르겠다. 이제부터 그 이야기들을 시작해 보려고 한다.

좋은 대화를 말하기에 앞서 먼저 언급해 둬야 할 내용이 있다. 그것은 교사가 갖고 있는 기본적인 의식에 관한 이야기이다. 사람의 의식은 그 사람의 행동이나 태도를 만들어내고 결정짓는 핵심이 된다. 결국 이것이 교사의 능력이 되고, 자질이 된다. 또한 학생을 지도할 때 적용되는 가장 기본이 되는 요인이라 하겠다.

처음 발령받은 교사는 대학에서 배운 대로 교육에 임하려고 한다. 그런데 경력이 쌓여가면 갈수록 자기도 모르는 사이에 익숙하게 된 일상과 타협하면서 교사로서 바람직하지 않은 일을 의식하지 못한 가운데, 교육에 적용하는 경우가 많다. 또한 이런 요소들이 교육에서 어떤 폐단으로 나타나는지조차 의식하지 못한 채로 교사 생활을 하는 경우도 많다.

여기에서 필자가 다루고 있는 이야기는 교사가 지녀야 할 의식 구조를 갖추고 있는 교사라면 더 이상 필요 없는 이야기가 될 수 있다. 하지만 필자의 경험을 볼 때, 이러한 이야기는 교사로서 기본 의식이 잘 정립된 교사, 여부를 떠나 교육에 임하는 교사들이라면 한 번쯤 생각해 보고 점검해 볼 필요가 있다고 생각한다.

그것의 첫 번째는 교사가 학생을 대하는 의식이다. 교육 경력이 쌓여 가면서 많은 교사들이 타성에 젖어 부지불식간에 아이들을 나보다 못한 존재, 나약하고, 무지한 존재라는 의식을 가질 수 있다. 그래서 학생을 계몽이나 교화의 대상, 혹은 이끌어줘야 할 대상쯤으로 인식하는 경우가 많다. 그러다 보니, 학생의 행동이나 습관을 교정해 주어야 하고, 정리해 줘야 하고, 바르게 바로잡아 줘야 하고, 지식을 많이 가르쳐 줘야 한다고 생각하게 된다. 이런 의식은 어떤 면에서 보면 좋은 생각일 수 있다. 하지만 좋은 교사가 되는 데는 방해되는 요소라 하겠다.

아이들은 육체적으로 어리고, 지적(知的)으로 부족하며, 기능 면에서 미숙한 존재임에는 틀림없다. 그렇다고 해서 교사가 학생들을 계몽이나 교화, 교정의 대상으로 여겨서는 안 된다. 분수 셈을 하지 못한다고 해서, 미분이나 적분을 풀지 못한다 해도, 혹은 영어문장을 잘 번역하지 못한다고 해서 그들의 인생이 나락으로 떨어지거나 실패하지 않는다. 여러 분야에서 미숙한 점을 드러내더라도 대부분 세상을 살아가는 데는 별 어려움 없다. 따라서 이것들을 잘하지 못한다고 해서 학생의 능력을 탓하고, 습관을 탓하고, 뭔가 모자란 사람으로 취급해서는 안 된다.

왜냐하면 교사가 학생을 대하는 관점이 잘못되면 앞에서 다뤘던 불편한 언어들을 사용하기가 쉬워지기 때문이다. 함부로 학생에게 명령

교사들의 교육 비법 | 3부

하고, 평가하고, 교사가 갖고 있는 기준에 미달한 학생을 보면 지적하고 비난하는 말을 쉽게 할 수 있기 때문이다. 그러면 학생과 좋은 대화를 할 수 없게 될 뿐만 아니라 학생에게 상처나 아픔을 줄 확률이 높아진다. 따라서 교육의 가치를 실현할 수 없게 될 확률도 높아지게 된다.

교사는 어떤 일이 있어도 학생에게 상처를 주어서는 안 된다고 생각한다. 혹 부득이하게 상처를 주는 일이 있더라도 잘 아물도록 도와서 덧나지 않도록 도와줘야 한다. 이것이 교사로서 학생에게 지식을 습득하도록 돕는 일보다 더 중요한 일이라고 생각한다. 우리가 만난 아이들은 누구나 예외 없이 인생을 행복하고 즐겁고 주체적으로 살아가야 하는 존엄한 존재이기 때문이다.

그래서 이 시대에 교사의 역할이라고 하면 아이들에게 무엇을 지적하고 교화하고 계몽시켜 주는 것보다는 장점을 발견하고 격려하고, 응원하고 잘 자랄 수 있도록 돕는 자의 역할을 해야 한다고 생각한다. 우리 속담에 "굼벵이는 구르는 재주가 있다"는 말이 있다. 아무리 무능력하고 모자라고 어설픈 아이들이라 할지라도 그들만이 가지고 있는 독특한 장점이 있다. 이 장점으로 사람들은 인생을 살아가게 된다. 때문에 다소 느리거나 부족하더라도 비난하거나 빈정거리거나 무안을 줘서는 안 된다.

학교에서 학생들을 지도하다 보면 성장이 느리거나 발달이 더뎌 교사의 애를 태우고, 속을 상하게 한 경우가 많다. 하지만 아무리 그렇다 하더라도 교사는 교육을 전문으로 하는 전문가이다. 교육부가 인정하고, 세상 사람들이 인정하는 공부 잘한 사람들이다. 무엇인가 모자라거나 부족하더라도 그것을 만회할 수 있도록 도와주고 비전문가가 하지 못한 방법으로 교육할 수 있어야 한다. 설령 친구들이나 이웃 사람들이 못된 아이라고 낙인찍어 비난할지라도 교사는 그렇게 해서는 안 된다. 공부를 못한다고, 이해력이 부족하다고 낙인찍고, 야단하고, 꾸중하고, 자존심이 무너지는 말을 해서는 안 될 일이다.

필자가 이렇게 말하면 혹자는 교사가 무슨 성자(聖者)여야 하느냐고 반문할는지 모르겠다. 꼭 성자가 아니더라도 이 일은 우리들이 조금만 노력을 기울이면, 아니, 우리가 갖고 있는 생각만 조금 바꾸기만 하더라도 가능한 일이다. 교사로서 학생을 어떻게 바라보고, 어떤 생각으로 지도해야 한다는 그 관점만 수정해도 우리는 성공적인 교사가 될 수 있다. 그래도 이렇게 하는 것이 어렵게 느껴진다면 다음 이야기를 들어볼 필요가 있다. 세상에서 성공하는 사람들의 이야기이다.

세상에서 부자로 살아가는 사람들은 다음과 같은 말들을 늘 가슴에 새기고 살아간다고 한다. 대표적으로 일본에서 가장 행복한 부자라고 알려진 사이토 히토리의 이야기이다. 그는 중학교 졸업 학력으로 2005년까지 일본 국세청이 발표한 고액 세금 납부자로 10년 동안 이름을 올렸다. 그의 저서 『1% 부자의 법칙』이라는 책에서 그는 이렇게 말하고 있다.

"세상을 살다 보면 내가 좋아하는 사람을 만나기도 하고, 내가 만나고 싶지 않은 불편한 사람을 만나기도 합니다. 장사를 하는 경우, 나를 불편하게 하는 사람이라면 당장 '죄송합니다. 손님에게는 제 물건을 팔고 싶지 않습니다.'라는 말을 하고 싶습니다. 하지만 이런 말을 하는 사람은 장사하는 사람으로서 자격 미달입니다. 매우 불편한 진상 고객을 상대해야만 하는 상황이라면 도리어 '미소'를 발휘해야 할 시점입니다. 장사의 기본은 상대의 호감을 얻는 데 있습니다. 호감을 얻기 위한 가장 좋은 도구는 바로 '미소'입니다."

이것이 장사의 프로들이 가지고 있는 의식이다. 고객이 말도 안 되는 억지를 부리고, 난동을 피우고, 온갖 인격을 모독하는 말을 할 때에도 '미소'를 간직해야 한다는 말이다. 진정한 프로들만이 할 수 있는 의식이자 태도라 할 수 있다.

장사나 사업하는 사람들만이 프로가 아니다. 누가 뭐라 해도 교사는 자타가 공인하는 교육 프로들이다. 따라서 교사도 프로다워야 한다고 생각한다. 교사로 나선 사람들은 모두 좋은 교사, 멋진 교사, 존경받는 교사가 되기를 희망한다. 그러면서도 학생의 호감을 얻으려는 노력, 즉 '미소'를 짓지 않는다면 그런 교사는 문제가 있다고 생각한다. 교사로서 자기 존재감을 느끼고 교사로서 보람을 얻으려면 사이토 히토리의 조언을 참고할 필요가 있다.

그래서 우리 교사들이 가져야 할 기본적인 의식은 학생을 피교육자, 미숙하고 나약한 사람이라고 보지 않고, 귀한 손님으로 보고 대하는 것이다. 이런 의식이 내게 들어오면 아이들에게 감히 함부로 비교육적인 언어를 구사할 수 없게 될 것이다. 우리는 장사하는 사람이 아니기 때문에 장사를 위해서가 아니라 교육의 완성을 위해서 프로정신을 발휘할 수 있어야 한다. 그래야 우리의 희망이 실현되고, 우리의 삶의 가치가 실현될 수 있을 것이다.

그렇다 교사로서 프로가 되기 위해서는 우리의 의식이, 곧 학생을 대하는 관점을 바르게 가지는 것이다. 학생들이 내 뜻대로 되지 않는다고 해서, 원하는 목표에 도달하지 못한다고 해서 우리가 실현해야 할 교육의 목표는 달라지지 않는다. 만일 그런다고 하면 오히려 우리가 미소를 잃지 않아야 할 지점이라 하겠다.

만일 이런 생각과 실천이 어렵다면 최소한 이렇게 생각하면 좋을 것이다. 내가 만나는 학생을 최소한 이웃에 살고 있는 아이라는 의식, 이정도 의식만 가져도 좋을 것이다. 보통 사람이라면 엘리베이터에서 만난 이웃집 아이에게 인사를 하지 않는다고, 무슨 말을 잘 알아듣지 못한다고 해서 야단하지 않을 것이다. 공부를 못한다고 비난하거나 무엇인가 모자라다고 해서 꾸중하지 않을 것이다. 마찬가지로 교사라면 최소한 이런 마음이라도 있어야 한다. 그래야 내가 맡은 학생을 인격을 지닌 고귀한 존재로 알고 지도할 수 있다.

우리의 생각을 이쯤으로 다듬었으면 이제 학생을 대하는 전문가로서 교사가 구사할 수 있어야 하는 대화법을 배우려고 한다. 그동안 우리가 뼛속 깊이 간직하고 있던 우리의 습관과 관습, 관행을 내려놓고 교사가 사용해야 할 언어를 말해 보려고 한다.

1) 대화의 시작 '관심갖기'

좋은 대화를 위해서는 몇 가지 알아야 할 기술들이 있다. 대화에서 가장 기초적이고 기본적인 기술이라고 하면 '관심갖기'를 들 수 있다. 본질적으로 대화는 듣는 사람이 있어야 가능하다. 더욱이 학생과 교사가 대화를 잘하기 위해서는 관심을 갖고 들어주는 사람이 있어야 한다. 그런 사람이 교사라고 한다면 그런 사람이 가져야 할 첫 번째 대화 조건은 '관심갖기'이다.

'관심갖기'는 말하는 사람에게 말을 해도 좋다는 일종의 신호등과 같은 역할을 해 준다. 도로에 다니는 차들은 신호등에 따라 멈추거나 출발한다. 마찬가지로 '관심갖기'는 대화에서 듣겠다는 신호등과 같은 역할을 해 준다. 이 태도에 따라 대화가 진행되기도 하고 멈추게 되기도 한다. 그 방법은 매우 간단하고 단순하다. 상대가 말을 하려고 하면 화자에게로 몸을 향하고, 시선을 마주하고, 귀를 기울이는 등 화자의 말을 듣겠다는 태도를 취하는 것이다.

이런 태도는 비교적 단순하고 간단하지만 그렇다고 해서 가볍게 여겨서는 안 될 기술이다. 신호등의 신호가 분명해야 차들이 움직이고 멈춰서기를 잘할 수 있는 것처럼 이 대화의 신호가 정확해야 대화를 하려는 사람이 머뭇거리지 않고 대화를 잘할 수 있기 때문이다.

아이들이 용무를 가지고 교사에게 찾아와서 "선생님 저~ 드릴 말씀이 있습니다." 한다. 그러면 교사는 학생에게로 몸과 시선을 향하면서 '관심갖기'를 해야 한다. '그래 나는 대화할 준비가 되어 있거든' 하는 신호를 보내주어야 한다. 그래야 학생과 대화가 원만하게 진행될 수 있다.

학교에서 보면 간혹 이 기초가 잘 안된 경우를 쉽게 발견할 수 있다. 교사가 바쁜 일을 핑계로 학생에게로 향하지 않고, 컴퓨터 모니터와 자판을 오가면서 학생에게 "응, 말해 봐 다 듣고 있으니까" 하는 모습이다. 교사의 이런 태도는 대화를 하지 말자고 보내는 신호와 같다. 그러면 아이는 교사의 주의를 끌기 위해 "저~ 선생님" 머뭇거리면서 다시한번 더 말하는 경우가 있다. 대화를 불편하게 만드는 잘못된 대화 태도라 하겠다. 그래도 대화의 기초를 모르거나 훈련을 거치지 않은 교사는 "응. 그래, 다 듣고 있다니까? 어서 말해 봐"와 같은 실수를 반복해서 저지르게 된다.

이런 경험을 한 아이들은 필자에게 와서 선생님과 대화를 나누는 것이 아니라 벽에게 말했다는 느낌이 들었다고 했다. 어떤 아이들은 배신감이나 좌절, 무시 받고 있다는 느낌이 들었다고 말하기도 했다.

교사들 대부분은 수업할 때, 한 학생이라도 시선이 자기에게로 향하지 않으면 불편을 느낀다. 학생이 공부에 참여하지 않고, 내 말에 바른 반응을 보이지 않는다고 생각하기 때문이다. 반대로 아이들이 초롱초롱한 눈으로 수업에 집중해 주면 힘이 나고 재미를 느낀다. 이런 점만 보더라도 '관심갖기'는 대화에서 매우 중요한 기술이라 할 수 있다. 무엇보다 대화의 시작을 편하게 만들어 주기 때문이다. 단순하고 가볍게 보이는 대화 기술처럼 보이지만 대화에서 매우 좋은 도구임을 알 수 있다.

그래서 우리는 일단 대화가 시작되면 할 수만 있다면 화자를 향해 내 오감을 동원하여 '관심갖기'를 실천할 수 있어야 한다. 그러면 말하는 사람은 상대로부터 존중받고 있다는 느낌을 받아 대화를 편안하게 잘할 수 있게 된다. 또한 듣고 있는 나는 상대가 한 말의 내용을 제대로 잘 알아들을 수 있어서 좋다. 그러면 좋은 대화를 잘 나눌 수 있을 뿐만 아니라 관계도 좋아질 수 있다.

2) 말 없는 친근한 말 '기다려 주기'

우리는 대화를 시작하는 기본이 '관심갖기'라는 말을 했다. 상대가 내게 말을 하기 시작하면 즉시 '관심갖기'를 실행하는 것이다. 그러면 일단 우리는 대화의 기본을 갖췄다고 할 수 있다. 이렇게 해서 대화의 장이 마련되면 대화를 위한 두 번째 방법은 '기다려 주기'이다. '기다려 주기'는 말 그대로 상대가 말을 충분히 할 수 있도록 말을 하지 않고 침묵으로 기다려 주는 것이다.

학생이 조심스럽게 "선생님, 저 드릴 말씀이 있습니다."라고 하면 교사는 하던 일을 멈추고 "그래~ 00이 왔구나." 하며 '관심갖기'를 해야 한다. 그런 다음, 학생이 자기의 말을 시작하면 그 말을 충분히 다 할 수 있도록 교사는 침묵으로 기다려 주는 것이다.

민영은 담임 선생님과 불편한 사이가 되었다고 한다. 어느 날 민영이 담임 선생님에게 찾아가 "선생님 저, 오후에 조퇴하려고요" 했다. 그러자 선생님이 "너, 또 조퇴야? 너, 지난번에도 했잖아?"라고 추궁하셨다고 한다. 선생님의 이런 반응에 민영은 너무 당황스러워 무슨 말을 해야 할지 몰라 머뭇거렸다고 한다. 선생님은 조퇴 사유를 물어보지도 않고, "너는 내 말은 안 듣고 네 부탁만 들어 달라고?"라고 하셨다고 한다. 이후로 민영은 담임 선생님에게 부탁하는 일과 대화하는 일을 끊게 되었다고 한다.

민영이 선생님에게 불만을 가지게 되었던 이유는 선생님이 민영의 사정을 충분히 들어주지 않았기 때문이다. 그러니까 '기다려 주기'를 충분히 실천하지 않았기 때문이다. 내가 말을 하려고 할 때, 상대가 기다려 주지 않고 먼저 자기 말을 하거나 다른 방향의 말을 하면 대화는 당장 불편해지고 만다. 그러면 누구나 말하는 것을 머뭇거리게 되고, 자기가 하고 싶은 말을 다 하지 못하고 경직되고 만다. 더구나 학생과 교사 사이는 더욱 그렇게 되기 쉽다. 결국 민영처럼 선생님과 대화하는 것을 부담스럽게 여기고, 선생님과 더 이상 대화를 하지 않게 되고 만다.

필자도 학생과 상담할 때, 아이가 말을 하지 않거나 도중에 멈추게 될 경우, 어떻게 반응해야 할지 몰라 망설이게 된 경우가 있다. 학생이 말을 하지 않고 있으니 교사가 당장 무슨 방안을, 혹은 어떤 대안을, 아니면 정답을 얼른 일러주어야 할 것 같은 조급한 마음이 들기도 한다. 그래서 기다려 주는 것이 어렵게 느껴지기도 한다.

그래도 교사는 학생이 말을 충분히 할 수 있도록 기다려 주는 대화법을 구사할 수 있어야 한다. 그렇다고 해서 아이의 태도를 방관하거나 방치하라는 말은 아니다. 교사가 말을 하고 있지 않을 뿐 고개를 끄떡이든지, 아니면 눈을 마주치는 것과 같은 비언어적인 태도를 취하면서 학생이 충분히 말을 할 수 있도록 기다려 주어야 한다.

더욱이 '기다려 주기'는 학생의 감정이 상승되어 흥분된 상태라면 더 큰 위력을 발휘한다. 감정이 상승된 학생을 만나면 교사는 당장 "참아라, 뭘 그리 흥분하니?" 같은 말로 얼른 안심시켜주려고 한다. 그렇지 않으면 "조금 기다려라, 괜찮아질 거야"라는 말로 격려하기도 한다.

그러나 이런 경우라면 교사의 말이나 행동이 아이에게 위로나 격려, 어떤 도움이 되지 못한다. 이때에는 아이의 흥분이 다소 가라앉을 때까지 그냥 기다려 주는 것이 더 효과적이다. 아이의 심리적 상황이나 형편을 모르고 다른 말들을 건네면 오히려 아이의 기분을 더 상하게 만들 수도 있다. 따라서 아이의 감정이 안정을 되찾을 때까지 침묵하고 기다려 주는 것이 좋다.

좋은 대화를 위해서라면 '관심갖기'를 시도하고, 상대가 충분한 말을 할 수 있도록 '기다려 주기'를 실천하는 것이 좋다. 이것이 대화를 잘하는 방법의 출발이라 하겠다.

2. 대화를 진행하는 기술

우리는 앞에서 대화의 기본이 되는 방법에 대해 다루었다. 비교적 사소하고 간단한 방법이라 가볍게 여길는지 모르겠다. 하지만 이는 대화의 시작을 돕고 대화가 잘 이어지도록 도와주는 좋은 방법임이 틀림없다. 여기에서는 한 걸음 더 나아가 대화가 보다 더 효과적으로 진행될 수 있도록 돕는 방법에 대해 다루려고 한다. '도랑치기'와 '인정하기', '추임새' 등이다.

1) 대화의 장애물을 치워주는 '도랑치기'

먼저 '도랑치기'는 대화가 잘 흘러갈 수 있도록 도와주는 기술이다. 도랑은 매우 좁고 작은 개울을 말한다. 작은 개울이라 적은 양의 물이 흐르는데, 여기에 막대기나 돌과 같은 장애물이 있으면 물이 제대로 흐르지 못하고 막히면서 주변으로 넘치게 된다. 때문에 도랑에 장애물이 놓이면 물이 잘 흐를 수 있도록 장애물들을 치워줘야 한다. 이것을 도랑치기라고 한다.

이런 연유에서 나온 속담이 "도랑 치고 가재 잡는다"이다. 이는 일거양득(一擧兩得), 일석이조(一石二鳥)"라는 말과 같은 뜻으로 하나를 하면서 두 가지 이상의 이득을 얻는 것을 말한다. 대화에서도 장애물을 제거하고 대화의 흐름을 도와주는 기술이 필요한데 이것이 바로 '도랑치기'이다.

대화할 때 청자가 '도랑치기'를 하면 도랑에서 물이 막히지 않고 잘 흘러가는 것처럼 대화가 잘 진행되도록 도와준다. 예를 들어 학생이 말하고 있는 동안 더 필요한 내용이나 궁금한 부분이 나오면

"그것에 대해 더 자세히 말해 줄래?"
"그 부분을 더 듣고 싶구나."
"그 부분이 궁금해지는구나."
"그래서 어떻게 되었어?"
"그때 기분은 어땠어?"

등과 같은 말들을 사용하게 되는데 이런 말들이 바로 도랑치기에 해당된다. 청자가 이런 말을 사용하면 이야기가 더 활발하게 진행되게 된다. 그래서 대화가 자연스럽게 진행되면서 더 많은 정보를 이야기하게 된다. 이것을 잘 활용하면 교사가 다른 말을 하지 않더라도 학생이 그 일에 대한 혹은 화자의 마음에 대한 보다 더 많은 정보를 공개하게 된다.

예를 들어 한 여학생이 남학생과 밤늦도록 데이트를 한다고 말한다. 그러면 교사가 "그 남자 친구와 언제부터 교제하게 되었는지 듣고 싶구나.", 혹은 "언제 데이트하는지 궁금하구나" 등과 같이 '도랑치기'를 하면 된다. 그러면 학생은 더 깊은 내면의 이야기를 하게 된다.

주의할 점은 학생이 말하는 내용에 대해 어떤 평가나 판단이 담겨서는 안 된다. 만일 질문을 해야 하는 경우라면 가급적 개방 형태의 질문을 하는 것이 좋다. 그러면 학생은 자신이 정한 이야기의 영역 내에서 자기 생각을 자유롭게 말하게 된다.

필자가 만난 학생 가운데 세영이라는 아이가 있다. 이 아이는 학교에 가지 않겠다고 떼를 썼다. 세영은 자기 욕구가 실현되기 전에는 누구와도 대화를 하려고 하지 않았다. 세영에게 말을 건네면 말이 세영의 굳은 표정에 부딪혀 튕겨 나올 것 같은 느낌이 들었다. 하지만 필자가 상담하면서 조심스럽게 '도랑치기'를 시도했더니, 세영은 자기 사정을 조심스럽게 말하기 시작했다. 그 과정을 간략하게 들여다보자.

필자는 세영과 상담을 위해 방해받지 않을 만한 공간을 확보했다. 그리고 세영의 말을 잘 듣겠다는 태도를 취하고, '관심갖기'를 하고, '기다려 주기'를 하고, '도랑치기'를 시도했다.

세영에게 무슨 차[茶]를 좋아하느냐고 물었다. 커피믹스, 내린 커피, 일반 커피, 유자차, 녹차 차 종류를 말했더니 선택이 폭이 넓어서인지 망설였다. 좀 있다가 일반 커피를 마시고 싶다고 했다. 커피를 타면서 '도랑치기'를 했다. "일반 커피를 좋아하는구나. 이것을 좋아하게 된 계기가 있니?"라고 했더니, 세영은 "그냥요"한다. '아직은 말을 하고 싶지 않은가 보다' 생각했다. 그래서 내가 먼저 녹차를 들면서 이 차를 좋아하게 된 연유를 말했다. 그리고 상당한 시간 동안 침묵의 시간을 보냈다. 그러다가 다시 세영에게 '도랑치기'를 시도했다.

"세영아, 언제부터 학교가 싫어졌는지 듣고 싶구나." 했다. 세영은 "아마 고등학교에 오면서부터 싫어졌어요." 한다. 그러다가 세영은 한참 동안 말을 멈췄다. 나는 침묵으로 세영이 말할 때까지 기다려 주었다. '관심갖기'에 이어 '기다려 주기'를 시도하고, 대화 분위기를 만들어 주었더니 세영이 말을 하기 시작했다.

조금 있다가 세영은 "아니, 중간고사를 마치면서 싫어졌어요." 한다. 그리고 상당한 침묵의 시간이 있었다. 다시 '도랑치기'를 시도했다. "중간고사 이후에 학교가 특별히 싫어진 이유가 있었을 것 같은데, 그거 말해 줄 수 있겠니?" 했더니, 세영은 성적 때문이라고 말했다.

이렇게 필자가 세영과 상담을 위해 '기다려 주기'와 '도랑치기'를 번갈아 사용했더니, 세영이 말문을 열기 시작했다. 그러자 "그래 성적이 네게 많은 부담이 되었나 보구나? 구체적으로 성적이 어떻게 부담이 되었는지 듣고 싶어."라고 다시 '도랑치기'를 했다. 그랬더니, 세영은 성적에 부담을 느끼게 된 계기와 자기 사정을 천천히 세세하게 말하기 시작했다. 그러면서 세영에게 도움을 주는 상담을 할 수 있었다. 모두 '도랑치기'의 효과라 하겠다.

이러한 상담이 있은 다음, 몇 차례 더 상담 시간을 갖고 세영은 마음의 부담을 덜어내고 학교생활을 잘하는 것을 볼 수 있었다. 만일 필자가 이런 대화 도구들을 사용하지 않고 자퇴하려는 원인을 캐물었더라면 세영은 마음의 문을 닫고 말았을 것이다. 그러면 아마 경찰이 수사하듯이 추궁하는 말로 끝났을지 모를 일이다.

또 이런 경우도 살펴보자. 어떤 아이가 옆 반 친구와 싸웠다고 한다. 이런 말을 들으면 교사들은 불편을 느끼고 당장 깔끔하게 해결해 주고 싶은 마음이 든다. 그래서 "왜 싸웠어?", "무슨 일로 싸운 거야?" 등과 같이 추궁하는 말로 접근하기 쉽다. 그러면 일반적으로 사무적이고 딱딱한 대화가 돼 버리고 만다. 이런 경우에도 "무슨 일이 있었는지 듣고 싶구나.", "싸우게 된 계기를 듣고 싶어" 등과 같이 '도랑치기'를 하면 더 효과적이다.

'도랑치기'는 교사가 학생과 상담할 때에, 혹은 어떤 일의 내막을 파악하고 싶을 때 요긴하게 사용할 수 있는 대화 도구이다. 이것을 잘 활용하면 교사는 별다른 말을 하지 않아도 학생과 많은 대화를 나눌 수 있다.

부끄러운 이야기이지만 필자가 처음 교직 생활을 시작할 때 이런 상담 방법을 사용하지 못했다. 학생에게 물어보아야 할 내용을 메모지에 정리한 다음 그 순서에 따라 상담을 하곤 했다. 그러면 학생은 기계적으로 대답을 하곤 했다. 그러다 보니 매우 피상적이고 형식적인 물음과 답변만 주고받았던 기억이 있다. 그때는 '도랑치기'라는 기술을 몰라서 그랬다.

이제 필자는 학생과 상담할 때에 물어야 할 내용을 일일이 메모하지 않아도 된다. 중요한 상담일 경우 학생이 말한 것 중 필요한 부분을 메모하기도 하지만 초보 시절처럼 내가 무엇을 얻고자 하여 사전에 물을 내용을 적지 않는다는 말이다. 앞에서 언급한 기술들을 사용하면 내가 별 다른 하지 않아도 학생이 여러 유형의 말들을 스스로 해 주기 때문이다.

예를 들어 "집에서 학교까지 올 때 어떻게 오는지 설명해 줄 수 있니?"하면 학생은 주저리주저리 이야기한다. 만일 중간에 더 듣고 싶은 내용이 있으면 "그 부분을 더 듣고 싶구나."라고 물으면 학생이 또 설명해 준다.

이처럼 '도랑치기'는 마음을 열어놓고 이야기의 방향을 잡아 주기도 하고, 다른 정보도 꺼낼 수 있도록 도와준다. 그래서 오랫동안 자연스럽게 대화할 수 있도록 도와준다. 뿐만 아니다. 학생과 나눈 대화의 폭을 깊고 넓게 만들어 준다. 그리고 학생 마음속에 담겨 있는 숨겨진 이야기까지 꺼낼 수 있도록 도와준다. 그래서 '도랑치기'는 대화를 효과적으로 이끌어가는 데 매우 유용한 기술이라 하겠다.

2) 편안한 대화로 이끄는 '인정하기'

대화를 잘하기 위해서는 '관심갖기'와 '기다려 주기', '도랑치기'를 잘 활용하면 대화를 잘 해나갈 수 있다. 여기에 이어서 대화 중에 '인정하기'를 시도하면 대화는 더 진지하게 할 수 있다.

'인정하기'란 학생이 말하고 있을 때, 듣고 있다가 "그랬겠구나.", "그럴 수 있겠구나.", "그렇구나."와 같이 화자의 말을 인정하고 동의해 주는 언어적 반응을 말한다. 교사가 이런 반응을 보여 주면 학생은 교사에게 인정받았다는 느낌이 가져 편안한 가운데 말을 잘하게 된다. 학생이 '곁에 내 말을 인정해 주는 사람이 있구나'라는 생각을 하게 되니까 신뢰감이 생겨서 실감 나게, 사실적으로 말하게 된다.

필자가 만났던 민영의 사례를 통해 인정하기 적용과 효과를 알아보자. 하루는 민영이 분이 가득한 얼굴로 필자에게 찾아와 이런저런 사정을 말하다가 "선생님, 저는 그때 그 친구를 죽이고 싶었어요."라고 했다. 심상치 않은 말을 듣다 보니, 순간 마음에서 '순수한 아이들이 친구를 죽이고 싶다는 마음을 갖다니 이를 어떻게 도와주어야 하지?'라는 생각이 들었다. 대개 이런 경우, 얼른 반응할 수 있는 말로는 "어린 아이의 입에서 친구를 죽인다니? 그게 말이 되는 소리냐?" 같은 말을 들 수 있다.

그러면 자칫 훈계로 이어져 당장 대화가 끊어질 수도 있다. 이런 말보다는 여기서 다루고 있는 '인정하기' 기술을 사용하면 좋다. 먼저 '관심갖기'와 '기다려 주기'를 하고 '도랑치기'를 적용한다. 그런 다음 '인정하기'를 하는 것이 좋다. "그랬겠구나.", "그럴 수 있겠구나.", "정말 화가 나겠구나"처럼 반응해 주는 것이다. "네 말을 듣고보니 죽이고 싶은 마음도 들 수 있겠구나. 선생님도 그런 말을 들었다면 화가 났겠다.", "그런 말을 듣다니, 엄청 화가 났겠구나."처럼 반응해 주는 것이다.

필자가 민영에게 이런 형태의 말을 해 주었더니, 민영은 자신의 말이 인정받았다는 느낌을 들었는지 혜영이와 있었던 불편한 일들을 차근차근 말해 주었다. 이후 민영은 친구와 화해하고 학교생활을 즐겁게 잘하는 것을 볼 수 있었다.

교사가 이렇게 대응하지 않고, 방어적인 태도로 "친구를 죽이다니? 그게 말이 된 소리냐?"라고 반응했다면 민영은 머뭇거리다가 대화를 멈추고 말았을 것이다. 그렇지 않고 사정을 말하더라도 "그 아이가 내 흉을 보고, 저희 부모님까지 욕했어요"라는 말을 하면 교사는 "그렇다고 어떻게 친구를 죽일 생각을 할 수 있어?", "그게 될 소리냐? 사람을 죽이다니", "그렇다고 죽일 맘이 들었다는 거야? 그러면 안 되지."라는 대화로 이어지기 쉽다. 그러면 마음을 열어놓은 대화가 아니라 결국 일방적인 교육이나 훈계가 되고 말았을 것이다.

사실 민영이 선생님에게 이렇게 설명하게 된 이유는 자기 마음에 쌓인 불편을 덜어내고 위로받고 싶은 데 있다. 그런데 도리어 선생님에게 훈계를 듣게 되면 위로보다는 예상 밖의 윤리나 도리를 지도받게 되어 부담만 안게 된다. 결국 민영의 의도와 다른 방향으로 대화가 진행되고 만다. 그러면 민영의 달아오른 분은 삭여지지 않고 도리어 화가 더 치밀어오르도록 기름을 붓는 꼴이 되고 만다. 선생님에게 도움을 청하러 왔다가 '선생님마저 내 마음을 몰라주는구나' 하면서 당장 좌절감을 느끼고 교사로부터 멀어지는 계기가 되고 만다.

교사들이 대화하는 모습을 보면 이런 형태의 대화 기술을 사용하지 않고 타이르고 명령하고 지시하는 경우가 상당히 많다. 사람은 불편한 일을 마음에 쌓아두고 있다가 위로받지 못하면 사고를 치든지 상처를 입게 된다. 따라서 이런 패턴의 대화는 지도하는 교사나 민영에게 모두 도움이 되지 않는다.

학교에서 학생들과 상담하다 보면 학생이 학생으로서 할 수 없는 이상야릇한 이야기나, 교사가 수용하기 어려운 일들을 가져오는 경우가 많다. 그렇다고 하더라도 교사의 올바른 대화법은 '관심갖기', '기다려주기', '도랑치기', 학생의 마음이나 태도를 인정해 주어야 한다. 만일 학생의 못된 생각이나 태도를 언급하고 싶다면 아이의 흥분이 가라앉고, 대화가 마무리된 다음, 차분한 상태에서 말해도 된다. 학생과 깊은 대화를 위해서라면 대화가 계속 진행될 수 있도록 "그럴 수 있겠구나." 하는 '인정반응'이 필요하다는 말이다.

사람은 누구든지 자기 말이 인정되고 수용된다는 느낌을 받으면 말을 계속하고 싶어진다. 그러다 보면 의도하지 않은, 자기가 지니고 있는 다소 비밀스러운 내면의 이야기까지 말하게 된다. 민영도 필자와 대화를 나누는 가운데, 그런 느낌을 받았는지, 가슴에 깊이 감추어두었던 말까지 다 하게 되었다. 민영의 말을 다 듣고서야 필자는 안정된 분위기 속에서 바른 지도를 할 수 있었다.

이번에는 고등학교 3학년인 지선에 관한 이야기를 보자. 지선은 필자에게 야간자습이 끝나면 이성 친구와 밤늦게까지 데이트한다고 자랑했다. 이런 이야기를 들으면 교사는 당장 '인문계 고3이 공부는 하지 않고 남학생과 데이트를 하다니'라는 생각이 들 수 있다. 그래서 "학생이 그래도 되느냐?"고 묻고 싶어진다. 아니면 "그런 사실을 부모님이 아시니?" 같은 말을 하기 쉽다.

이럴 때에 지선의 말에 교사가 인정하기를 하지 않으면 이야기는 끝나거나 다른 곳으로 흐르기 쉽다. 만일 "그렇게 늦게 다니면 부모님이 아무 말씀 안 하시냐?"라고 묻는다면 지선은 고3이라 시간에 대해 관대한 부모님의 가치관에 대해 말을 하게 될 것이다. 아니면 선생님이 데이트에 부정적인 인식을 갖고 있다는 사실을 알게 되면, "학생도 데이트 할 수 있지요 뭐."라는 반항 섞인 말을 하고, 대화를 그만둘 가능성이 높다.

그래서 필자는 고3도 남자 친구를 사귈 수 있겠다고 인정해 주었다. 그랬더니, 지선은 자기가 데이트하는 것을 자랑하다가 교제하면서 일어나는 이야기까지 실감 나게 설명해 주었다. 이후 지선은 어른들이 걱정하는 몰래 데이트가 아니라 떳떳하게 자랑하면서 성적향상에 도움이 되는 사귐을 가졌다. 그리고 졸업 후에는 지선이 원하는 대학에 당당하게 진학하는 것을 봤다.

만일 이런 상황에서 필자가 지선에게 인정하는 반응을 보이지 않고 오래된 가치관에 따라 윤리나 도덕적인 기준을 들이댔더라면 지선의 심리상태를 들을 수도 없었을 뿐만 아니라 지선의 생활에 좋은 영향을 주지도 못했을 것이다. 지선의 데이트 상황과 사귐의 깊숙한 이야기를 들을 수 있었던 것은 바로 '인정하기' 덕분이었다.

이야기를 다시 되돌려 만일 교사가 지선에게 전통적인 가치 기준을 들어 훈계했더라면 어떤 일이 벌어졌을까? 그러면 지선은 '우리 선생님도 고등학생 데이트를 부정적으로 보는구나.' 하며 데이트를 숨기려고 했을 것이다. 아니면 선생님의 부정적인 시각을 바꿔 놓고 싶은 생각에 고3도 밤늦은 시간에 데이트를 해도 괜찮다는 타당성에 대해 말했을 것이다. 아니면 부모님의 관점이나 가치관에 대해 언급하면서 '관대하다' 혹은 '아니다'를 말하는 것으로 끝났을 것이다. 그런데 지선은 필자의 '인정하기'를 듣고는 자기 생활 이야기며 내면의 이야기까지 말하게 되었던 것이다. 이후에 조심스럽게 말하는 교사의 충고도 잘 수용할 수 있었다.

교사들은 일반적으로 윤리적이고, 도덕적인 편이다. 그래서 자기 가치 기준과 다른 학생의 행동을 만나면 인정하는 것을 불편하게 여기고, 당장 자기 기준에 따라 수정해 주려 하고 옳고 그름을 판단하려고 한다. 아니면 학생의 말에 얼른 결론을 내 지도하거나 대화를 마무리 지으려고 한다. 그러면 진지하고 마음 편한 대화를 할 수 없다. 교사로서 학생에게 진정 어린 도움을 주고 충고하고 싶다면 학생이 무슨 말을 하더라도 그 내용에 상관없이 일단 수용적인 태도를 취하는 것이 좋다.

3) 대화를 매끄럽게 이어주는 '추임새'

다음 대화 기술은 '추임새'이다. '추임새'는 판소리에서 창자가 노래를 할 때에 곁에서 노래가 더 흥미롭게 잘 진행될 수 있도록 흥을 돋궈주는 고수의 동작이나 말을 뜻한다. 판소리 마당에서 창자가 창을 하면 옆에 있는 고수(鼓手)는 창에 맞춰 북을 치면서 "얼쑤", "허허", "좋다" 등과 같은 말로 창자를 돕는다. 이를 추임새라고 한다.

그러니까 대화에서도 판소리의 추임새와 같은 기능을 하는 말들을 사용하는 것이다. 화자의 말에 맞장구를 쳐서 말이나 행동에 대하여 그것들이 향하고 있는 쪽으로 계속 잘 진행될 수 있도록 돕는 긍정적인 대구(對句)가 있어야 한다는 말이다. 예를 들어 "흠~", "아~, 저런",

"맞아, 그렇구나.", "저런, 그랬구나."와 같은 말들이다.

예를 들어 학생이 "국어 선생님이 칭찬해 주셨어요"라고 하면 "그래? 그런 좋은 일이 있었구나.", "오~, 기분이 좋았겠다" 등과 같이 반응해 주는 말이다. 이런 '추임새'는 말하는 사람에게 흥을 더해 준다. 뿐만 아니라 대화의 길이나 질을 높여주는 역할을 한다. 그래서 대화에서 추임새는 매우 좋은 기술이라 하겠다.

지금까지 우리는 대화가 잘 진행되도록 돕는 대화기술 '도랑치기', '인정하기', '추임새'에 대해 알아봤다. 학교 현장에서 학생들을 지도하거나 대화를 나눌 때, 혹은 상담을 할 때 이런 대화 도구들은 매우 큰 위력을 발휘한다. 부디 잘 익혀서 학생들을 지도하는 데 적극 잘 활용할 수 있기를 바란다.

3. 대화를 편안하게 하는 기술

중국의 유명한 역사서 『사기(史記)』에는 "선비는 자기를 알아주는 사람을 위하여 온갖 충성을 다하고, 정숙한 여인은 자기를 사랑해 주는 사람을 위하여 몸을 바친다."라는 말이 있다. 그러니까 사람은 자기를 알아주는 사람을 위해 기꺼이 목숨까지 바칠 수 있다는 말이다. 생각해 보면 세상에 나를 알아주는 사람처럼 좋은 사람이 또 있을까?. 내게 좋은 친구가 있다면 혹은 내게 좋은 사람이 있다면 그것은 모두 나를 알아주고 이해해 주는 사람일 것이다.

필자가 교사 연수를 진행할 때면 교사들에게 학창시절 가장 기억에 남아 있는, 혹은 인상 깊었던 선생님을 떠올려보라고 부탁하곤 한다. 그리고 그분이 그렇게 인상 깊은 선생님으로 남아 있는 이유를 물어본다. 그러면 대부분 나를 알아주고, 이해해 주었던 선생님이라고 말한다. 꼭 교사가 아니더라도 사람들은 대부분 내 처지를 알아주고 이해해 주는 사람을 좋아한다. 그런 사람은 누구나 쉽게 잊을 수 없기 때문이다.

교사들이라면 누구나 학생들에게 잊을 수 없는 교사가 되기를 희망한다. 교사로서 열정을 쏟고 몸을 바쳐서 열심히 교육하는 이유도 제자들의 기억 속에 오래 남아 있고 싶은 교사가 되기를 바라기 때문일 것이다. 그것이 교사로서 기쁨이자 행복이기 때문이다.

하지만 오늘날은 예전처럼 그렇게 학생들로부터 존경받지 못하는 것이 학교 현장의 불편한 진실이다. 세상이 달라지고 교육환경이 달라지고, 학생들이 달라졌다고 하지만 교사들의 바람과 열정은 예전에 비해 그렇게 크게 달라지지 않았는데도 말이다.

이렇게 달라지고 어려운 교육환경 속에서 교사들이 지닌 소박한 바람들은 이루어질 수 있을까? 많은 사람들은 회의적이라고 말하기도 한다. 그래도 소박한 소원이 이뤄지려면 교사는 나름대로 많은 능력을 지녀야 할 것이고, 실력 있는 교사가 되어야 할 것이다. 그리고 부지런하고, 아는 것과 삶이 일치된 교사, 말과 행동이 일치된 교사, 지혜가 많은 교사가 되면 이뤄질 수도 있을는지 모르겠다. 그런데 사람이라면 이런 능력을 모두 갖출 수 없는 노릇이다. 그러니 교사들의 바람은 불가능한 일에 가까울는지 모르겠다.

하지만 필자는 이런 능력을 두루 갖추고 있지 않아도 충분히 가능한 일이라고 생각한다. 그 방법에서만큼은 예나 지금이나 달라지지 않았기 때문이다. 우리들이 존경하고 기억하는 교사들이 그랬던 것처럼 학생을 알아주고 이해해 주는 교사가 되면 된다. 교사인 내가 학생들을 알아주고, 이해하고 거기에 맞는 지도를 하면 오늘날도 그런 소망은 충분히 이루어질 수 있다고 생각한다.

교사들이 학생들을 이해하고 알아준다면 학생들은 언제든지, 무슨 일이든 자기 마음을 열어놓고 선생님과 의논하고, 상담하게 될 것이다. 그런 선생님이라면 학생들은 평생 잊지 못하고 기억하게 될 것이다.

교사로서 다소 부족한 면이 있더라도 우리에게 주어진 능력에 따라 할 수 있는 부분까지 접근해 보는 일이다. 그 기본적인 일로는 본서와 같은 책을 읽고 부지런히 공부하는 것으로부터 출발하면 될 일이다. 그리고 여기에서 제안하고 있는 기술들을 적절하게 배워 사용하면 그 가능성은 충분히 열려있다고 하겠다.

그것은 앞에서 언급했던 '관심갖기', '기다려 주기', '도랑치기', '인정하기'를 실천하고 여기에서 설명하고 있는 '공감하기', 혹은 '적극적 경청' 기술을 익혀서 사용하는 것이다. 그러면 누구나 기억에 남는 교사가 될 수 있다고 생각한다. 이런 대화 기술들을 잘 활용하는 교사들은 학생들이 만나고 싶어 하고, 상담하고 싶고, 가까이하고 싶은 교사가 될 것이다.

1) 상대에게 '공감'하기 위한 '적극적 경청'

'적극적 경청'은 화자의 내면의 감정을 이해하고 이를 공감해 주는 대화 기술을 말한다. 이 기술은 이미 교사들이 연수를 통해 만나 보았던 일명 '감정코칭', '비폭력 대화'와 같은 유의 기술들과 비슷하다고 보면 되겠다. 그러니 쉽게 접근하고 그 사용을 예리하게 할 수 있을 것이다. 많은 교사들이 이런 기술들을 배우고 사용해 왔지만 몸에 배지 않아 실천하지 못하고 있거나 바쁘게 돌아가는 교육 현장의 일들로 인해 잊고 실천하지 못한 경우가 많다. 그래서 필자는 이 기술을 쉽게 이해하고 적용할 수 있도록 안내하려고 한다.

'공감하기', '적극적 경청'은 듣는 사람이 말하는 사람의 감정을 알아낸 다음, 그 감정에 공감하는 반응을 해 주는 대화법을 말한다. 누구나 조금만 노력하면 실천할 수 있는 간단하면서도 쉬운 대화기술이다.

그런데 이 방법을 실천하려고 하면 먼저 화자의 감정을 알아내야 하는데, 이것이 쉽지 않아 어려움을 겪게 된다. 사람들이 말을 할 때에 자기 내면의 감정이나 생각을 그대로 말하지 않는다. 그래서 내면에서 일어나고 있는 감정 상태나 생각을 파악하는 것이 어렵다. 그래서 처음 시작부터 어려움을 느낀다.

예를 들어 동료 선생님이 일을 하다가 "지금 몇 시지?"라고 한다. 이 말만으로는 '지금 업무가 지루하다'는 말인지, 아니면 '배가 고파서 식사 시간을 기다린다'는 말인지, 아니면 '다른 일을 해야 할 시간'이라는 말인지, 그 의도나 감정을 알아내는 것이 쉽지 않다는 말이다.

이유가 있다면 사람들은 자기 말에 자기 의도를 정확하게 다 실어 전해주지 않기 때문이다. 더욱이 자기의 부족한 부분이나 부끄러운 부분을 말할 때에는 더욱더 그러는 경향이 있다. 사람들은 이렇게 알 수 없는 말을 해 놓고 듣는 사람이 자기 감정을 몰라주면 몰라준다며 불평을 토로하기도 한다. 그러니 적극적 경청을 잘하려면 우선 말을 하는 상대의 감정을 알아내는 것이 중요하다. 그러고 나면 적극적 경청은 비교적 쉽게 사용할 수 있다.

학교에서 흔히 만날 수 있는 일을 통해 적용 방법을 알아보자. 친구의 괴롭힘으로 힘들어하는 학생이 선생님에게 찾아왔다. "선생님 저 학교생활이 너무 힘들어요"라고 말했다. 그랬더니 선생님이 "원래 클 때는 다 그렇게 힘들고, 어려운 거야, 더구나 성장기에는 싸우면서 크는 거야, 뭐 그런 걸 가지고, 그런 생각하지 말고 열심히 공부나 해 보자"라는 반응을 한다면 아이는 어떤 감정을 느끼게 될까? 전혀 위로를 받지 못해 상당히 실망하게 될 것이다.

반대로 선생님이 학생의 힘들어하는 감정을 알아차리고 "많이 힘들겠구나. 선생님과 함께 잘 해결할 수 있는 방법을 간구해 보자"라는 말로 학생의 불편한 마음을 헤아려 위로해 준다면 그 학생은 자기 욕구가 충족되어 매우 만족할 것이다. 그러면 이 학생은 아마 우리 선생님이 최고라는 감정을 갖게 될 것이다.

이렇게 적극적 경청을 하려면 먼저 말속에 암호처럼 감춰져 있는 학생의 감정을 읽어내는 것이 필요하다.

이런 경우를 생각해 보자. 수업을 시작하려고 하는데, 한 학생이 "선생님 시험 범위를 일러주세요."라고 한다. 아직 시험 기간이 많이 남아 있는데 학생이 묻는 것을 보고 교사가 "아직 시험 기간이 멀었는데, 벌써 무슨 시험 범위야?" 한다면 학생은 무안해하고 속으로 불편을 느낄 것이다. 이런 상황을 만들지 않으려면 학생의 감정을 알아내는 것이 필요하다. 지금 학생의 감정을 추측해 보면 '시험 준비를 생각하고 있구나', '시험을 염려하고 있다.' 아니면 '시험 성적을 잘 받고 싶구나.' 정도일 것이다.

만일 교사가 아이의 감정이 '시험 준비를 생각하고 있구나'라고 읽어 냈다면 교사가 "시험 준비를 미리 하고 싶구나"라고 반응해 주면 좋을 것이다. 또 만일 시험이 염려되어서 한 말이라고 읽어냈다면 "시험이 걱정돼서 미리 준비하려고 하는구나."로 답해 주면 좋을 것이다. 그러면 학생은 자기감정이 선생님에게 수용되었다고 느껴 편안한 감정을 가지게 될 것이다.

그런데 교사가 이렇게 반응하지 않고, 학생의 감정과 상관없이, 아니 적극적 경청을 모른 교사라면 "시험 기간이 아직도 멀었는데, 너는 벌써부터 무슨 시험 이야기냐?"라고 하거나, "선생님은 아직 시험 범위도 생각해 보지 않았는데, 벌써 무슨 소리냐?", "그건 너무 빠른 이야기 같은데"처럼 반응한다면 학생은 자기 생각이 이해받지 못했다는 느낌이 들어 상당히 불편한 감정을 갖게 될 것이다.

이렇게 적극적 경청을 해 주느냐, 그렇지 않느냐에 따라 듣는 학생의 감정은 전혀 달라진다. 그래서 대화할 때에 상대의 마음이나 감정 상태를 아는 것은 상대의 감정을 편하게 만들어 주는 아주 중요한 대화기술이라 하겠다.

그러면 이제 상대의 감정을 읽어내는 연습부터 해 보면 좋을 것이다. 다음 제시된 상황을 보고, 화자의 감정을 (   )에 적어보자.

사례 1. 준호라는 학생이 어느 날 내게 와서 "선생님 민수랑 같이 못 놀겠어요" 한다.

현재 준호의 감정은 (   )

사례 2. 어느 날 빛나라는 학생이 내게 와서 "선생님 우리 아빠는 너무 나빠요"
한다.

현재 빛나의 감정은 (   )

사례 3. 성적표를 받아 든 영석이 "성적표가 집에 가면 안 되는데" 한다.

현재 영석의 감정은 (   )

사례 4. 동료 선생님이 교실에 다녀와서 "아이참, 우리 반 민호 녀석 때문에 담
임 못 하겠어"한다.

지금 동료 선생님의 감정은 (   )

이제 위 각 사례에 등장한 화자의 감정들을 정리해 보자. 화자들은
지금 어떤 감정을 가지고 있는 걸까?

먼저 첫 번째 사례에서 진수 감정은 민수의 능력이나 재능, 태도 면
에서 만족하지 못하고 있다고 하겠다. 두 번째 사례에서 감정은 아빠
에 대한 원망이나 불편함이다. 세 번째 사례에서 감정은 두려움이다.
그리고 네 번째 사례에서 감정은 불편함이다.

네 잘하셨습니다. 이렇게 화자의 감정을 읽어냈으면 그다음은 읽어
낸 감정을 가지고 상대가 만족할 만한, 그러니까 감정적으로 나를 알
아줬다는 느낌을 가질 수 있는 말을 해 주면 된다. 그 방법은 지금 일
어나고 있는 감정의 '원인'을 먼저 말하고, 거기에 따른 상대의 '감정'
을 표현해 주면 된다. 이렇게 하면 좋은 공감하기, 좋은 적극적 경청이
된다.

이제 위 사례를 가지고 공감하기, 적극적 경청을 완성해 보자. 사례 1에서는 지금 준호는 민수의 행동에 대해 못마땅하게 느끼고 있다. 그러니 "민수에게 무슨 못마땅한 면이 있나 보구나" 하거나 "민수와 불편한 일이 있었나 보구나?"라고 반응해 주면 된다. 그러면 준호는 자기 감정이 전달된 것으로 알고 그렇게 된 사연을 설명하게 될 것이다.

그런데 선생님이 이렇게 반응하지 않고 "그래도 네가 친구인데, 함께 놀지 못하겠다고 하면 어떻게 하니, 네가 이해하고 같이 놀아 줘라" 하거나 "친구와 불편한 일이 있더라도 네가 이해해야지 그게 뭐야? 친구랑 잘 지내야지, 그렇게 불만을 그대로 드러내면 어떻게 하니?"라는 형태의 반응을 보인다면 준호 감정은 어떻게 될까? 선생님으로부터 위로나 지지를 받고 싶었는데, 도리어 더 화가 나든지, 아니면 선생님 말씀에 동의할 수 없어 불편을 느끼게 될 것이다.

만일 내가 이런 대화 방법에 공감되지 않는다면 실제로 내가 그런 말을 직접 들었다고 생각하고 그 감정을 느껴 보면 된다. 내가 이런 말을 들었다고 생각해 보자. "그래도 네가 친구인데, 못 놀겠다고 하면 어떻게 하니, 네가 이해하고 같이 놀아 줘라" 어떤가? 감정이 편안해지거나 유쾌해지지는 않을 것이다.

또 두 번째 사례도 적용해 보자. 지금 빛나의 감정을 정확히 알 수 없지만 아빠와 어떤 일로 불편을 느끼고 있다. 그러니 "아빠와 무슨 불편한 일이 있었나 보구나?"라고 반응해 주면 된다. 그러면 빛나는 "네" 하든지, 아니면 아빠와 사이에 있었던 불편한 일을 말하게 될 것이다.

그런데 이렇게 하지 않고, "딸이 아빠를 나쁘게 말하면 어떻게 되니? 그래도 아빠는 네 아빠인데"라는 말을 해 준다면 빛나의 감정은 어떻게 될까? 선생님에게 지지나 위로를 받고 싶어서 말했다가 도리어 훈계를 듣게 되어 불편한 감정이 될 것이다.

다음 세 번째 사례도 적용해 보자. 영석이 성적 문제로 걱정하고 있다. 그러니 "성적이 걱정되는구나", 아니면 "부모님이 네 성적을 알까 봐 걱정하고 있구나" 하면 될 것이다. 그러면 영석이 "네"라는 반응을 보이든지, 아니면 부모가 바라는 성적을 말하게 될 것이다.

그런데 만일 이렇게 반응하지 않고, 선생님이 "야, 그래도 부모님이 네 성적을 아셔야지 무슨 소리야", "걱정되면 미리 열심히 하지 그 랬어?"라는 반응을 보인다면 아이는 성적이 걱정되는 데다가 선생님의 훈계에 몹시 불편한 감정을 갖게 될 것이다.

다음 네 번째 사례도 적용해 보자. 이런 말을 듣고 "선생님은 민호 때문에 고생이 많네요"라고 하거나 "민호 같은 아이가 우리 반에 있다 면 저도 지도하기 힘들겠어요. 선생님 참 고생하시네요"라고 선생님의 불편한 감정을 읽어주면 된다. 그러면 선생님은 받은 스트레스를 다소 누그러뜨릴 수 있을 것이다.

그런데 이렇게 말하지 않고, "선생님 그런 아이는 그냥 무시하세요" 라고 하거나 "선생님, 우리 반에는 민호보다 더한 녀석이 있어요. 그냥 감사하게 생각하셔요"라는 말로 답하게 된다면 선생님은 동료로부터 어려움을 동조해 주거나 위로받고 싶어서 툭 내뱉은 말인데, 공감받지 못하고 오히려 무능을 지적받은 느낌이 들어 스트레스가 해소되지 않 고 더 쌓이게 될 것이다.

그런데 학교 현장에서 선생님들이 말하는 모습들을 보면 적극적 경 청을 잘 모르거나, 알고 있더라도 실천하지 않은 분들이 너무 많은 것 같다. 네 번째 사례에서 다뤘던 것처럼 선생님이 자기 불편을 이야기하 면 그 불편에 공감해 주는 말을 하지 않고 "그 아이는 그러니까 선생님이 이해하세요"라고 하든지 "요즘 애들이 선생님 말을 들어야 해 보지"라는 말로 반응하는 선생님들이 태반이다. 또 어떤 선생님은 지금 선생님이 자기감정을 이해해 달라고 말하고 있는데, 그 사이를 가로채서 자기가 겪었던 불편한 사례를 길게 말하기도 한다. 이런 대화나 반응은 스트레스를 풀려는 선생님의 의도와 달리 오히려 더 스트레스를 더 가중시켜 주는 꼴이 되고 만다.

따라서 좋은 대화를 위해서는 상대의 감정을 읽고 그 감정의 결과를 말로 표현해 주어야 한다. 필자가 만난 고3 세영의 이야기를 통해 적극적 경청의 효과를 들여다보자.

세영은 어려서부터 공부를 잘해서, 주변 사람들로부터 주목을 받고 있다. 그래서 학교에서 선생님들조차 세영이 학교 이름을 빛내 줄 대학에 진학할 것으로 기대하고 있다. 그런데 세영은 그 기대에 부응하지 못할까 봐 늘 마음에 부담을 안고 있다. 그래서 성적이 나올 때마다 가슴을 조이고 있다. 학교 성적은 남에게 기댈 수도 없는 일이다. 그러니 이런 불편함이나 아픔을 어느 누구에게도 말할 수 없는 처지다. 그런 세영이 어느 날 상담실에 와서는 "고3이 얼른 끝났으면 좋겠다"고 했다. 그래서 필자는 세영의 불편한 감정을 알아차리고는

"공부하는 것이 쉽지 않지, 많이 힘들겠구나.", "공부를 잘한다는 것은 좋은 일 같기도 하지만 힘들기도 하지"라는 말을 해 주었다. 그랬더니 세영은 "공부는 쉽지 않은 것 같아요. 계속 잘해야 하니" 하면서 조금 말을 이어가더니 눈물을 글썽거렸다. 누구에게도 말할 수 없었던 자기 내면에 쌓인 불편을 선생님 알아주니까 반가웠던지, 눈물을 만들고 있었다. 사람은 누구나 자기의 마음을 알아주는 사람에게 마음을 열어 보이고 의지하고 싶어진다. 『사기(史記)』의 저자 사마천의 고백처럼

사람은 자기를 알아주는 사람을 위해 충성을 다하고 싶어진다.

　사람이라면 누구나 상황에 따라 아픔이나 불편한 감정을 가지고 있기 마련이다. 이러한 일들을 알아주고 이해해 주는 사람이 있다면 우리는 그에게서 당장 편안함을 느끼게 될 것이다. 학생들도 마찬가지다. 선생님이 내 마음을 알아준다면 그 선생님을 존경하고 잊을 수 없게 될 것이다.

　'공감하기', '적극적 경청'은 불편을 겪고 있는 학생에게 매우 큰 위력을 발휘한다. 교사가 학생에게 '적극적 경청'을 사용하면 학생은 그 선생님을 잊을 수 없는 교사로 인식하게 된다. 그리고 교사가 특별히 다른 어떤 해결책을 제시해 주지 않아도 학생은 스스로 위로를 얻고, 스스로 문제를 풀어낼 수 있게 된다. 나의 입장을 알아주고, 동정해주고, 이해해주는 선생님은 가깝게 지내고 싶고 존경하게 된다. 그래서 '적극적 경청'은 교사들이 꼭 배워서 사용해야 할 좋은 대화 기술이라 하겠다.

2) 적극적 경청의 위력

　연수에 참가한 어느 선생님의 이야기이다. 어느 해 봄, 5월 햇살이 교실 전체에 가득 채워지는 따뜻한 날이었다고 한다. 교무실에서 업무를 보고 있는데, 반장이 평소와는 다른 화가 난 모습으로 내게 찾아왔다. 반장은 공부도 잘하고 명석한 데다가 예쁘기까지 한 아이인데, 무슨 일일까? 내게 다가온 반장이 대뜸

"선생님, 저 반장 그만둘래요."

순간 교무실이 문제를 안고 있는 아이와 이야기하기에 좋은 장소는 아니라고 생각했다. 주변에 여러 선생님이 지켜보고 있는 데다가 또한 선생님들 사무에 방해를 줄 수 있기 때문이다. 바로 반장을 데리고 교정 벤치로 나갔다.

"반장을 그만둔다는 것을 보니 무슨 힘든 일이라도 있었나 보구나."

순간 아이는 눈물을 펑펑 흘리면서 운다. 이렇게 울고 있는 아이의 감정은 상당히 올라가 있는 상태다. 이런 때는 아무런 말 없이 조용히 기다려 주는 것이 좋다. 그래서 아이의 눈물이 멈출 때까지 기다려 주었다.

"반장을 하느라고 정말 많이 힘들었나 보구나."

아이는 아무런 말 없이 감정을 정리하고 있었다. 10분쯤 지났을까?

"샘, 저 그냥 교실로 들어갈래요."
"네 감정이 아직 정리되지 않은 상태로 교실로 들어간다고 하니 내 맘이 불편하구나."
"그래도 괜찮아요. 이제 많이 좋아졌어요. 교실로 들어갈래요."
"그래 불편을 잘 소화할 수 있겠어?"
"네. 감사합니다."

반장은 그렇게 감사 인사를 하고 교실로 돌아갔다. 수업이 모두 끝나고 반장이 다시 내게 찾아왔다.

"선생님 감사합니다. 제 감정이 격해져 그렇게 말씀드렸어요."
"괜찮아 그런 말이라면 선생님에게 말해야지 누구에게 말하겠니? 잘했어."
"아까 선생님이 '많이 힘들었나 보구나' 하시면서 저를 알아주셔서 마음이 편안해졌어요."
"그랬구나. 다행이다. 게다가 네가 감사하다고 말해주니까 선생님 마음이 편해지는구나. 고맙네."

그 이후, 반장은 그만둔다는 말을 다시 하지 않고 반장 수행을 잘했다고 한다.

선생님은 대화 진행 과정에서 적극적 경청을 잘 사용해주었다. 반장의 감정을 읽고 그 감정을 그대로 공감하면서 표현해 주었더니, 반장은 자기 문제를 스스로 풀어내고 일상으로 돌아갈 수 있었다.

선생님은 반장과 대화하면서 특별히 큰 소리로 반장의 도리를 일러주거나 훈화나 훈계를 늘어놓지 않았다. 그러면서도 조용한 가운데 적극적 경청을 사용해 어려움을 안고 온 학생의 문제를 잘 해결해 줄 수 있었다.

교사라면 여기에서 쭉 설명하고 있는 모든 대화 기술을 잘 익혀서 학생 지도에 적극 사용할 필요가 있다. 그러면 학생이나 교사 모두 서로가 만족할 만한, 서로에게 귀한 존재가 될 수 있도록 도울 것이다.

처음은 어색하고 낯설더라도 잘 배워서 활용하면 매우 좋은 경험을 할 수 있을 것이다.

4. 좋은 의사 전달법

요즘 우리 교육 현장은 보통 사람들이 생각하고 있는 것만큼 그렇게 일반적인 공간이 아니다. 보통 교실 하면 시작종이 울리면 아이들이 가지런히 앉아 수업을 준비하고 있는 곳으로 생각하게 된다. 그런데 요즘 교실은 공부하는 공간이라기보다는 놀이터 같다는 생각이 들기도 한다. 그러니 교사들은 수업 시작부터 에너지를 소모하게 된다. 그리고 교사들에게는 가르치는 것 외에도 업무적으로 감당해야 할 일들이 너무 많다. 그리고 참여해야 할 회의나 연수 등도 너무 많다. 더구나 아침 시작부터 퇴근할 때까지 아이들이 만들어내는 예측할 수 없는 다양한 일들을 처리하다 보면 에너지가 다 소진되기 일쑤다.

"선생님, 물건을 잃어버렸어요."

"선생님 저는 훔치지도 않았는데 친구들이 나를 도둑으로 몰아가요. 그래서 학교에 다닐 수 없어요."

"친구들이 제 흉을 보고 다녀 창피해 죽겠어요. 저는 그런 적이 없거든요. 결백을 증명하기 위해 제가 학교를 그만두든지 아니면 죽어버릴

까요? 넘 힘들어요."

"아이들이 카톡에서 저를 왕따시켜요."

"하기 싫은 공부를 왜 매일 7~8교시까지 해야 해요. 전 이해할 수 없어요."

교사들이 해결해 줘야 할 일들과 불평·불만을 토로하는 일들이 줄을 서고 있다.

"선생님 인규가 도망갔어요."

"아이들을 하루 종일 학교에 붙잡아 놓는 것은 개인의 인권을 제약하는 일이에요."

6교시를 마치고 몰래 하교하다 붙들려 온 세라의 투정이다. 아이들 중에는 학교 다니기가 싫다며 떼를 쓰는 아이들이 많다. 그 이유를 들어보면 선생님이나 어른들이 봤을 때 도저히 이유 같지도 않은 이유들이 태반이다. 어떤 아이는 학교에 오자마자 조퇴를 하겠다며 찾아온다. 특별한 사유도 없다. 그냥 조퇴하겠다고 떼를 쓴다. 또 어떤 아이는 수업을 시작하자마자 책상에 엎드려 자기 시작한다. 또 어떤 아이는 할아버지 환갑모임에 가겠다고 조퇴해 놓고, PC방에서 놀다가 집에 늦게 들어간다.

아이들은 순간순간 교사로서 생각하기 어려운 욕구들을 가지고 나타나 교사를 당황하게 만든다. 때로는 모른 척해 주기도 하고, 몰라서 속기도 하고, 고민하면서 허용해 주기도 한다. 그러다 보니 교사들은 순간순간 어떻게 지도해야 할지 몰라 염려하느라 하루가 부족할 정도다.

그래도 교사는 학생들을 보살피고, 지도해야 한다. 힘들고 짜증이 나더라도 아이들에게 함부로 화를 낼 수도 없는 일이다. 무슨 일이 있어도 교사는 아이들의 인격을 존중해야 한다. 내가 화난다고 해서 아이들에게 화를 내면 학생과 관계가 훼손돼 지도가 더 어려워지게 된다. 이래저래 교사들의 고민은 깊어지고, 버거운 일들로 피곤만 쌓여간다. 이런 상황을 만나면 교사는 아이들에게 당장 이렇게 말하고 싶어진다.

"너는 학교에 잠자러 오니?"
"너는 학교에 조퇴하러 오니?"
"너는 공부 말고 무엇 하려고 그래? 학생이 공부 말고 할 게 또 뭐가 있다고?"
"너는 학교에서 하는 행동이라고 어찌 그렇게 맨날 말썽만 피우니?"
"선생님이 자기 물건은 자기가 잘 보관해야 한다고 누누이 말했잖아, 그런데 너는 어째서 자기 물건 하나 관리 못 하니?"

교사들은 주어진 업무가 많고 바쁘기 때문에 대개 이렇게 직선적이고 간단하고 짧은 말로 명확하게 전달하려고 한다. 그래서 얼른 학생의 바람직한 태도나 행동의 변화를 이끌어내려고 한다. 때로는 이런 말들이 효과적일 때도 있다. 그러다 보니 교사들은 이 '너'라는 말로 시작되는 말들을 너무 쉽게, 자주 사용하는 경향이 있다.

일반적으로 '너'를 기준으로 하는 말은 상대의 잘못을 규정하거나 책임 소재를 확증하려고 할 때 사용된다. 따라서 이런 말은 잘못이나 책임을 듣고 있는 사람에게 온전히 전가하는 말이다. 그래서 틀리지 않은 말이지만 이런 말을 들으면 학생이든, 어른이든 할 것 없이 모두 누구나 불편을 느끼게 된다.

교사들도 마찬가지다. 이런 말을 들으면 당장 불편함을 느낀다. 어느 날 교감 선생님이 "선생님 반은 왜 그래요?", "선생님은 학급 관리를 왜 그렇게 해요?", "선생님은 늘 그렇게 지도하시네요?"라는 말씀을 하셨다. 그러면 그날은 기분이 엉망 되고 만다. 이런 형태의 말, 즉 '너'를 기준으로 하는 말을 들으면 곧 책임을 느끼게 되고, 불안을 느끼게 된다. 이런 말을 '너-메시지'라고 한다.

교사는 학생의 행동이 긍정적으로 발전하고, 변화하도록 지도하고 안내한다. 따라서 교육은 교사의 말에 학생이 공감하고, 그 결과, 마음에서 변화가 일어나 행동으로 옮겨져야 궁극적으로 원하는 결과를 얻을 수 있다. 결국 학생이 변화되면서 교사의 지도가 완성된다는 말이다.

그런데 '너-메시지'는 '너'가 중심이 되는 말로 학생의 행동을 지적하는 말이다. 따라서 불평을 유발할 뿐 자발적인 변화를 가져오기 어렵게 만드는 말이다. 이런 말은 교사들이 지금 내가 원하는 목적을 당장 이루고, 또한 나의 불편을 빨리 해소하고 싶은 마음에서 사용하게 된다. 하지만 이런 말은 학생의 기분을 상하게 만들어 학생 스스로 변화되는 것을 어렵게 만든다. 또한 상대의 동의를 얻어 자발적인 변화를 유도할 수 없다. 그래서 전달하려는 순간에는 당장 명징한 말이 될 수 있는지는 몰라도 학생을 지도하기 위한, 학생의 바람직한 행동 변화를 위한 말이라고는 할 수 없다. 도리어 학생의 마음을 불편하게 만들어 반항하고, 거부하도록 유도한다. 그래서 이런 말은 대개 순응이 아니라 반항이나 거부, 그리고 반대 행동을 유발하게 만든다. 그러면 교사의 기대와 바람과는 전혀 다른 결과를 만들어낸다고 하겠다.

한번 생각해 보자. 사실 내 불편이 해소되려면 내가 느낀 학생의 불편한 행동이 학생에 의해 나의 바람대로 멈추거나 수정되어야 한다. 그러니까 학생이 내 지도에 동의하고 따라 주어야 한다는 말이다. 그러기 위해서는 교사가 학생이 그런 마음을 갖도록 도와주어야 한다. 그런데 이런 말은 학생이 내 생각대로 변화되도록 도와주기보다는 학생의 잘못을 드러내고 지적하여 불편한 마음을 일으키게 만든다. 그러면 결국 학생은 행동을 변화시키려고 노력하지 않을 뿐만 아니라 그 말이 도리어 반항이나 저항의 빌미를 제공하게 된다. 우리는 이런 일을 학교 현장에서 수시로 경험하고 있다. 하지만 이런 말들이 너무 편하고 익숙하기 때문에 꾸준하게 사용되고 있다.

'너-메시지'로 지적받은 학생은 자신의 잘못을 알면서도 지적받은 상황에 대해 기분 나쁘다는 태도를 보이는 경우가 많다. 어떤 학생들은 오히려 선생님의 말과 반대로 거꾸로 하면서 억지로 오기를 부리기도 한다. 이렇게 되면 결국 학생의 행동은 달라지지 않고 교사의 기분만 나빠지게 되고 만다. 학생 역시 교사에게 미운 감정을 갖게 되어 대화를 멈추게 하거나 현장에서 벗어나고 싶도록 만든다. 결국 서로 관계만 나빠지게 되고 만다. 따라서 이러한 상황을 만들어낸 말의 사용을 줄여야 한다.

'너-메시지'는 '너는 ~ 하다'와 같은 형태로 사용된다. 여기에는 상대를 지적하고 판단하고 평가하는 의미가 담겨 있다. 사용하는 사람이 의도하든 의도하지 않든, 상대에 대한 부정적인 평가(비난)가 담겨 있다. 그래서 어른이나 아이 할 것 없이 이런 말을 들으면 당장 기분이 나빠지게 된다. 설령 내 행동이 잘못되었지라도, 옳고 그름을 떠나 남에

의해 내 행동이 규정되고 평가받았다는 것 자체로 인해 기분이 나빠지게 된다. '너–메시지'가 가져다주는 폐단이라 하겠다.

선생님 중에는 이러한 말이 상대의 기분을 나쁘게 만든다는 사실조차 모르는 분들이 많다. 그래서 이런 말을 아무 거리낌 없이, 별생각 없이 너무 흔하게 사용한다.

토마스 고든 박사는 '나–메시지'와 '너–메시지'에 대한 정의와 그 의미를 설명하면서 '너–메시지'보다는 '나–메시지'를 사용할 것을 권하고 있다. 그의 제언을 따라가 보자.

'나–메시지'는 "나는 ~하는구나", "현재 내 기분은 ~하구나"처럼 현재 나의 기분이나 상태를 일러주는 말이다. 반면에 '너–메시지'는 '너'를 기준으로 하는 말로 상대를 규정짓고, 평가하고, 판단하는 말이 된다.

그러면 조금 더 쉽게 사례를 들어 그 차이를 알아보도록 한다. 한 학생이 교사를 속인 일로 선생님이 몹시 화가 났다. 이런 상황이 벌어지면 선생님은 당장 "너는 선생님을 그렇게 속여도 되는 거야? 그러면 못써, 사람이 어쩌면 그럴 수 있어?"라는 말을 하기 쉽다.

선생님은 학생의 잘못을 이렇게 꼭 집어서 말했으니, 이제 학생이 '아이쿠, 큰일 났네. 내가 잘못했네, 그만. 어쩌지?'라는 반성으로 이어질 것이라고 생각한다. 그런데 현실에서는 이렇게 전개되지 않는다. 생각과 달리 학생은 당장 기분이 나쁘다는 표정을 짓는다. 그러면서 속으로 반항하고 싶은 생각을 마련한다. 왜냐하면 여기에는 '너는 나를 속여 기분 나쁘게 만든 못된 사람이야'라는 의미가 담겨 있기 때문이다.

선생님이 "너는 선생님을 그렇게 속이는 것이 아니야. 그러면 못써"라고 말한 것은 불편한 내 마음을 알아주고 학생이 자기 잘못을 뉘우치거나 행동을 수정해 주기를 바라는 마음에서 하는 말이다. 하지만 이런 말로는 학생이 선생님의 마음을 알아내고, 선생님이 바라는 형태의 행동으로 수정할 수 없다. 왜냐하면 여기에는 선생님의 상한 마음이나 혹은 선생님이 바라는 사항을 알아낼 만한 어떤 단서나 정보가 담겨 있지 않기 때문이다. 그래서 이런 말로는 선생님의 바람대로 학생을 움직이게 할 수 없다. 여기에서 학생이 교사의 기분을 알아내려면 교사의 표정이나 말의 강약에서 오는 느낌만으로 알아차려야 한다.

따라서 이러한 짐작은 지금 마음이 불편해져 있는 학생에게 매우 어려운 일이라 하겠다. 이렇게 '너-메시지'는 남의 잘못을 판단하고 결론 내리기에 바쁘기 때문에 자기 심정에 대한 정보를 전달할 만한 겨를이 없다.

여기에 비해 '나-메시지'는 나의 마음 상태, 상황을 나타내는 말이다. 나를 기준으로 여기의 나의 기분 상태나 상황을 선명하게 보여주는 말이다. 그래서 '나-메시지'는 나를 주어로 하는 '내 기분은~', '내 마음 같아서는~', '내 상황으로는~'와 같은 형태의 말이 된다.

이런 말은 상대에게 나의 마음이나 감정에 대한 정보를 정확하게 전달해 준다. 뿐만 아니라 상대에게 내가 바라는 요청사항을 분명하게 보여준다. 게다가 여기에는 상대의 행동에 대한 지적이나 판단을 담고 있지 않다. 그래서 듣는 사람에게 불편을 야기하지 않는다. 앞의 일을 '나-메시지'로 표현해 보면 "~일로 선생님을 속여 기분이 몹시 나쁘구나."이다. 이런·말은 지금 나의 기분상태가 어떠 함을 그대로 펴현하고 있다. 나의 감정 상태를 표현해 주고 있을 뿐, 학생의 감정을 건드리지 않게 된다.

교사들은 대개 학생들 앞에서 자기감정을 잘 드러내지 않으려고 한다. 감정을 드러내면 교사로서 이미지가 손상되거나 권위에 흠이 된다고 생각하기 때문이다. 아니면 아이들에게 여타의 다른 예상하기 힘든 또 다른 감정을 만들어 낼 수 있기 때문이다. 하지만 교사도 감정을 지닌 한 인간이다. 이러한 사실을 학생에게 전달하여 서로의 감정을 이해하고 교류하는 것이 바람직하다.

그러기 위해서는 어떻게 해야 할까? '너-메시지'가 아닌 '나-메시지'로 내 감정을 전달하는 것이 좋다. 이러한 표현은 서로 감정을 이해하는 좋은 단초가 된다. 그러면 학생은 교사의 감정이나 기대가 무엇인지 분명하게 파악할 수 있어 교사가 기대하는 행동할 수 있게 된다. 학생이 일부러 교사의 존재나 인격을 뭉개 들려고 하지 않은 이상 선생님의 감정을 짓밟으려고 하지 않기 때문이다.

'나-메시지'는 3요소로 구성되어 있다. 이는 보통 우리 언어 습관과 달라 어색하게 느껴질 수 있다. 하지만 여기에서 설명한 내용을 참조하여 그 형식을 익히고 반복적으로 사용하면 누구나 익숙하게 사용할 수 있다.

그 첫 번째 요소는 먼저 아래 굵게 밑줄 친 말처럼 나의 감정을 불편하게 만드는, 혹은 원인이 되는 학생의 구체적인 행동을 언급하는 것이다. 그러면 학생은 자신의 잘못된 행동에 대해 구체적이고 선명하게 인식하게 된다.

"네가 거짓말 한 것을 보면~"
"네가 수업 시간에 엎드려 있는 모습을 보면~"
"네가 옆 반 친구와 싸움을 하고 오면~"
처럼 말이다.
이렇게 선생님이 느끼는 학생의 불편한 행동을 구체적으로 언급하면 학생은 무엇이 선생님의 기분을 상하게 했는지 그 요인을 쉽게 알아차릴 수 있게 된다. 그러면 학생은 행동 변화의 방향과 정도, 목적 등을 보다 더 선명하게 인지하게 된다.

그다음 두 번째 요소는 아래 밑줄 친 말처럼 학생의 행동으로 인해 내가 받은 영향을 언급한다.

"네가 거짓말 한 것을 보면 다시 **지도를 해야 해서**~"
"네가 수업 시간에 엎드려 있는 모습을 보면 수업 하는 데 **신경이 쓰여**~"
"네가 옆 반 친구와 싸우고 오면 네 **불편한 일이 걱정되어**~"

이와 같이 학생의 행동이 내게 미친 영향이 무엇인지 분명하게 말하는 것이다. 그러면 학생도 자신의 행동이 선생님에게 어떤 영향이나 부담을 주었는지 선명하게 알게 된다.

세 번째 '나-메시지' 구성 요소는 학생의 행동으로 인해 유발된 내 감정 상태를 언급하는 것이다. 현재 나의 감정을 있는 그대로 말하는 것이다.

"네가 거짓말 한 것을 보면 선생님이 다시 지도를 해야 해서 기분이 **너무 나쁘구나**"
"네가 수업 시간에 엎드려 있는 모습을 보면 수업 진행에 신경이 쓰여 너무 **불편하구나**"
"네가 옆 반 친구와 싸우고 오면 네가 겪을 불편한 일이 걱정되어 속상하구나"

　이런 '나-메시지'의 장점은 나의 감정 상태를 말하기 때문에 상대의 감정을 건드리지 않게 된다. 그리고 그 말에 대한 결과는 그가 어떤 반응을 보이든지, 전적으로 상대에게 맡겨두게 된다. 이렇게 완성된 '나-메시지'를 구어체로 직접 말해 보고 내가 이런 말을 들었을 때, '너-메시지'와 어떤 차이를 보이는지 느껴 보면 좋겠다.

　만일 교사가 자고 있는 학생에게 이런 '나-메시지'를 사용하지 않고 '너-메시지'로 "네가 수업 중에 잠을 자 수업 내용을 듣지 못하면 너만 손해야"처럼 말했다고 생각해 보자. 그러면 학생이 당장 자기 잘못을 뉘우치고 수업에 잘 참여할 것 같지만 실제로는 이런 긍정 효과보다는 엉뚱한 결과에 이르는 경우가 더 많다. 선생님 말씀과 상관없이 계속 엎드려 자든지, 그러지 않고 일어나더라도 몹시 짜증 난 얼굴로 불편하다는 표정이나 말을 하면서 일어날 것이다. 그렇지 않으면 "괜찮아요, 제 일은 제가 알아서 할 테니까, 선생님은 신경 쓰지 않아도 돼요"라는 반응도 만날 수 있다. 오히려 학생이 교사에게 염려 말라고 위로하는 지경에 이를 수도 있다. 그러면 교사는 자기 말이 무시 당했다는 생각이 들어 더 기분이 나쁘게 되고 자존심의 상처를 입게 된다. 결국 '너-메시지'는 대화가 내가 의도한 바와 전혀 다른 방향으로 흐르도록 만들기도 한다. 따라서 교사들은 학생을 지도할 때에 학생의 행동으로 인해 일어난 현재 내 감정을 말해 주는 '나-메시지'에 기반한 말을 사용하도록 노력해야 한다.

　'나-메시지'는 교사의 감정 상태와 문제가 된 학생의 행동을 분명하게 말해 주는 대화법이다. 게다가 학생이 어떻게 변화해야 할 것인가에 대한 기준과 목표까지 정해 주는 말이다. 또한 내 감정을 표현함으로써 학생이 내 감정을 이해할 수 있도록 도와준다. 그래서 내가 의도한 대로 학생이 변화될 가능성을 열어주는 말이 된다. 유능한 교사라면 내 마음이 불편해지거든 '나—메시지'를 구사하고, 그 결과에 대해서는 전적으로 듣는 학생의 몫으로 남겨두는 아량을 가져야 한다.

그러면 내가 불편을 느꼈던 감정도 어느 정도 해소될 수 있다. 이러한 화법은 교사의 교육활동을 효과적으로 수행할 수 있도록 도와 줄 뿐만 아니라 교사의 마음도 한결 편하게 만들어 준다. 또한 '나—메시지'는 학생에 대한 부정적인 판단이나 평가를 줄여주기 때문에 듣는 사람의 마음에서 불편을 양산하지 않는다. 따라서 편안하고 효과적인 대화를 할 수 있도록 도와주는 좋은 대화법이라 하겠다.

5. 교사의 감정 표현 기술

여기에서는 앞에서 다루었던 '나—메시지'의 위력과 교사의 감정표현에 대한 요령을 살펴보려고 한다. 교사 연수에 참여했던 어느 선생님의 이야기이다.

선생님은 여느 선생님과 마찬가지로 처음 교사가 되었을 때, 아이들에게 '무엇인가를 가르칠 수 있다'는 생각에 온갖 열정으로 넘쳤다고 한다. 그래서 학생들에게 해 줄 수 있는 일이라면 설사 그것이 선생님 전공영역 밖의 일일지라도 무엇이든 얻어다가 다 퍼줄 기세로 임했다고 한다. 그러다 보니, 어느덧 선생님은 아이들의 사소한 일들까지 상담할 수 있게 되었다고 한다. 그 가운데 지수라는 학생과 이성 문제로 상담하게 된 이야기이다.

지수는 같은 학급 남학생과 사귀다, 헤어지기를 반복하면서 마음을 잡지 못하고 있었다. 그러다 보니, 학급의 다른 친구들과도 잘 어울리지 못하고 학교생활에서 어려움을 겪고 있었다. 이런 일로 지수와 대화를 나누다가 불현듯 제안했다고 한다.

"지수야, 선생님이 표현하는 말 중에 어떤 것이 네가 듣기에 더 좋은지 이야기해 줄 수 있어?"

"네, 말씀하세요.

"선생님이 내 감정을 전달하려고 하는데 어떤 것이 지수의 마음을 더 편하게 만들어 주는지 말해 주면 좋겠구나."

웃으면서 지수는 말해 보라고 했다. 그래서 "첫 번째야, 지수야, 너 도대체 지금이 몇 번째냐? 호균이랑 사귀지 말라고 했잖아? 왜 샘이 네 부모님께 그런 전화를 받아야 하는데? 학교에 연예하러 왔어, 공부하러 왔어?" 지수의 얼굴이 순간 울그락불그락 한다. "그럼 이번에는 두 번째다. 지수야, 샘이 어제 네 엄마로부터 전화를 받았어. 지수가 호균이랑 더 이상 사귀지 않도록 선생님이 도와 달래. 선생님이 그 전화를 받고 어떻게 도와줘야 할지 고민하게 되었어. 두 표현 중에 어떤 것이 듣기에 더 편해?"

"당연히 두 번째 것이 훨씬 편하지요."

"이 두 말에는 어떤 차이가 있어 이렇게 서로 다른 느낌이 든다고 생각해?"

"첫 번째 것은 저한테 항의하고 따지고, 명령하고 지시하는 느낌이 들어 기분이 나빠지고, 왠지 반발심이 생겨요. 그런데 두 번째 말씀은 선생님이 '고민하게 되었다'고 하시니까 제가 왠지 미안하다는 감정이 들어요."

선생님이 들려준 사례를 듣다 보면 언어에는 이렇게 작으면서도 큰 차이가 있다는 것을 알 수 있다. 그래서 '아' 다르고, '어' 다르다는 말이 생겨났는지 모르겠다. 똑같은 일을 놓고 교사가 어떻게 말하느냐에 따라 받아들이는 학생의 마음이 전혀 달라지고 있으니 말이다.

그런데 학교에서 학생들을 지도하는 선생님들을 보면 자기감정을 드러내는 효과적인 방법을 사용하지 않는 분들이 많다. 그냥 지금 만난 일을 보다 빨리, 얼른 처리해야 하겠다는 생각 때문인지, 아니면 자기가 받아온 교육과 환경의 영향 때문인지 아니면 교육적인 언어를 몰라서 그러는지, 원인은 명확하지 않지만 아무튼 교육 현장에서는 교육적인 언어가 빈곤한 것은 맞는 것 같다. 선생님을 무시한 듯한 학생의 행동을 보면

"한 번만 또 그러면 어떻게 되는지 알지?"

라는 말을 그대로 사용하는 선생님들이 많다. 하지만 훈련받은 교사라면 "네 그런 행동을 보니, 선생님이 무시당한 느낌이 들어 속상하구나"라는 형태의 '나-메시지'를 사용할 수 있어야 한다. 이것이 바로 솔직한 교사의 감정을 표현하는 방법이자 교육적인 언어이기 때문이다.

1) 폭포수 같은 감정을 정리할 때

연수에 참가했던 어느 선생님이 '나-메시지'를 실천해 본 다음, 있었던 일을 들려주었다. 어느 날 학생지도부 선생님이 의기양양한 모습으로 우리 반 아이 둘을 데리고 오셨다.

"선생님, 선생님 반 태성이랑 성지 이놈이 화장실에서 담배를 피다 걸렸습니다. 이 학생들을 지도해 주세요."

두 학생은 뒤에서 꿀 먹은 벙어리 마냥 고개를 푹 숙이고 뒤에서 따라 들어온다. 두 친구는 학교에서 담배를 피운 문제로 벌써 몇 번이나 봉사활동을 했던 아이들이다.

"무릎 꿇고 손들어 이놈들아, 뭘 잘했다고?"

내가 원하지도 않았는데도 학생부장 선생님은 아이들에게 벌칙까지 부여한 다음, 선생님 자리로 돌아갔다.

난, 잠시 두 아이의 모습을 보면서 내가 느끼고 있는 불편한 감정을 아이들에게 어떻게 표현할까를 생각했다. 폭풍 같은 잔소리와 함께 당장 봉사활동하는 벌을 줄 것인지, 아니면 내가 불편하니 불편한 내 감정을 '나-메시지'로 표현해야 할지⋯⋯. 그러다가 연수 때 다룬 '나-메시지'를 생각하면서

"해성이랑, 병연이가 이렇게 앉아 있는 모습을 보니, 담임교사로 그간 금연에 대해 이야기했던 일들이 무의미해진 것 같아 속상하구나."라고 했다.

두 아이들은 아무런 말이 없었다. 그래서 한 걸음 더 나갔다.

"선생님은 교칙보다 지난번에 선생님과 약속했던 '학교에서 담배를 피우지 않겠다'는 말이 지켜지지 않아서 너무 서운해."

폭포수 같은 나의 감정을 '속상하다'와 '서운하다'로 정리하고 나니, 나의 마음이 조금은 편안해지는 것을 느꼈다. 그리고 학생들이 대답하기를 기다릴 수 있는 여유가 생겼다. 잠시 후에 해성이가 "죄송합니다." 라고 말한다.

"그럼 이 일을 어떻게 하면 좋겠니?"

아이들의 태도와 생각을 최대한 존중해 가며 두 학생의 의견을 물어 보았다.

"지난번처럼 봉사활동 시켜주세요."

"그것 말고 지난번에 선생님과 한 약속을 지킬 생각은 없는지 듣고 싶구나?"

"아직 담배를 끊겠다고 장담은 못하겠습니다. 하지만 이렇게 다시 선생님께 부담을 드리지 않겠습니다."

이후 아이들은 교칙에 따라 교내 봉사활동을 했다. 난 두 학생에게 열심히 해 줘서 고맙다는 말을 했다. 물론 두 학생은 졸업 때까지 담배를 끊지 않은 대범함을 보였지만, 항상 그 문제에서만큼은 나에게 늘 죄송스러운 태도를 가졌고 고마워했다. 만약 내가 처음에 가졌던 생각처럼 불편한 감정을 그대로 드러내며

"담배를 피우다 걸렸으니 교칙에 의거하여 반성문 쓰고, 봉사활동 3일 해."

"너희들은 또 끌려왔냐. 담배 피우다 학교에서 걸리면 어떻게 되는지 알고 있으면서 이게 뭐 하는 짓이야?"

이런 말들을 했더라면 아이들의 감정은 어땠을까? 두 친구는 교칙에 따라 벌을 받기는 했지만 마음에서는 그리고, 담임인 나를 대하는 태도에서는 분명히 지금과 달랐을 것이다. 교사가 자기감정을 표현하는 방법에 따라 아이들의 행동이 전혀 달라진다는 것을 경험할 수 있었다고 한다.

교사 연수에 참여했던 또 다른 선생님의 감정표현과 '나-메시지'를

사용했던 경험담을 들어보자.

오늘은 왠지 하는 일마다 자꾸 꼬인다. 가뜩이나 수업도 많은 날인데 갑자기 밀려드는 업무를 처리해야 하느라 청소 시간에 교실 청소 임장 지도를 할 수 없었다. 반장에게 청소가 모두 끝나면 내게 말해 달라고 부탁했다. 종례 시간이 조금 지나서야 교실 문을 열고 들어갔다. 시끌벅적한 교실 모습이야 일상이라고 치부할 수 있지만, 오늘의 일들은 왠지 짜증과 함께 화를 더 치밀어 오르게 한다. 평상시에는 잘하던 청소를 종례 시간이 지나도록 쓰레기통조차 비우지 않았다. 청소가 마무리되지 않았는데도 아이들이 떠들고 있다. 신경이 곤두서고 불편해진다. '어쩌지? 잔소리 타임인가?, 아니야 그것보다는 내 감정을 나-메시지로 표현해 보자' 마음먹었다.

"모두 조용! 샘이 오늘 갑자기 업무를 처리해야 해서 평소와 달리 여러분 스스로 청소하기를 기대했어요. 그런데 청소가 제대로 되지 않았어요. 선생님은 정말 속상하구나."

일순간 시끄러웠던 교실이 조용해졌다.

"오늘 청소는 너무 안 되었으니, 청소를 다시 하고 끝나면 반장이 교무실에 와서 선생님한테 이야기해 주면 좋겠구나."

얼마의 시간이 지났을까 반장이 교무실로 와서 "선생님 우리 청소 다 했어요" 한다. 교실에 들어서자 한 친구가 "선생님, 청소가 제일 쉬웠어요."라고 말한다. 순간 하루의 피곤함이 싹 가시고 있음을 느꼈다.

"그치, 나도 청소가 제일 쉽다고 말해 주는 너희가 있어 너무 고맙구나."

감정을 정리하고 '나-메시지'로 내 감정을 표현했더니, 아이들도 자기감정을 밝게 표현해 주었다고 한다. 그러면서 '나-메시지'를 사용한 것의 위력을 경험했다고 한다.

2) 한 번에 해결되는 것은 없다

학교에서 하루는 늘 시간이 부족하다. 수업과 학생 지도를 해야 하는데 때로는 학부모와도 만나야 한다. 그러다 보니, 대부분 교사들은 자기감정을 드러내는 일보다는 상대방의 감정을 듣고 서둘러 해결책을 제시해 주려고 한다. 그것도 제시한 해결책이 한 번에 끝나기를 간절히 바라면서 또 다른 해결책을 제시해야 하는 상황을 만나기도 한다. 그러니 몸과 마음이 지칠 수밖에 없다.

한 번 제시한 해결책으로 마무리되지 않을 때는 시간이 없다는 이유를 들어 논리적으로 상황을 간단하게 설명한다. 그런 다음, 이러한 해결책이 있으니 학생에게 그 해결책을 따르도록 강요하는 것으로 마무리하기도 한다.

"난 이 학생과는 도저히 대화가 안 통해. 더 이상 이야기 해 봤자 나만 짜증 나!"
"이 녀석만 우리 반에 없으면 정말 좋을 텐데."

학급을 운영하면서 아이들과 대화를 나누다 보면 대화가 즐거운 아이들이 있지만 반대로 대화가 불편한 아이들도 있다. 후자의 경우, 정말 많은 에너지를 소모하게 된다. 그 아이들과 상대하다 보면 내 상담 방법이 잘못되었는지, 아니면 내가 무엇을 잘못하고 있지, 혹은 교사로서 무엇인가 당당하지 못한 것이 있는지 알 수 없는 자괴감이 들기도 한다. 그러면 교사가 이렇게 해서는 안 된다는 걱정과 불안이 들기도 한다. 그러면 이제 강력한 말들이 뇌리에 가득하게 된다.

"아무개, 너 한 번만 더 그렇게 말하면 가만히 안 둔다."
"너랑은 말이 안 통하는구나. 다른 이야기나 하자."
"넌 도대체 뭐 하는 놈이냐? 부모님은 너한테 아무런 말씀도 안 하시니?"

순간 방심하면 이런 말들이 당장 튀어나오려고 한다. 일이 바빠지거나 마음이 산만해지면 이런 습관들은 더 위세를 떨치게 된다. 이러한 말들이 대화를 가로막고, 학생과 관계가 소원하게 된다는 사실을 잘 알고 있지만 그렇다고 배운 대로 여러 대화 기술을 적용하더라도 효과가 잘 나타나지 않을 것 같으니 마음이 조급해지기 때문이다.

그러다 보니 "대화기술은 연수를 받을 때만 가능한가? 왜 이렇게 학교 현실과는 동떨어진 거야?"라는 푸념을 늘어놓을 수도 있다. 상황이 내 생각대로 잘 풀리지 않으면 그동안 배웠던 교육 기술들에 대한 신뢰가 한 순간 무너져 내리는 경험을 하게 되기도 한다.

하지만 우리가 기억해야 할 것은 의사소통의 기술은 하나의 상황에 하나의 기술만 적용해서는 실패하기 십상이다. 하나의 상황에 다양한 기술을 동원해야 한다. 앞에서 다루었던 '관심갖기', '기다려 주기', '도랑치기', '나–메시지' 등 여러 가지 대화 기술들을 혼용해서 사용해야 효과를 발휘할 수 있다. 따라서 한 가지 방법만을 사용해서 효과가 없다고 해서 실망해서는 안 된다.

3) 옷을 빌려 가서 안 줘요

점심시간에 우리 반 영준이가 교무실 밖에서 나를 향해 주뼛주뼛하고 있다. 영준은 평소에 내성적이라 수업 시간에 자기 의사 표현을 잘 하지 않는 학생이다. 그런 영준이가 교무실까지 와서 서성대고 있는 것을 보니, 영준에게 무슨 일이 있는 성싶다. 평상시와 다르게 '선생님, 저 할 말이 있어요. 저 좀 봐주세요.'라는 간절한 메시지를 보내고 있는 것 같았다. 그래서 내가

"영준아, 영준이가 교무실까지 찾아온 것을 보니 샘한테 할 말이 있는 것 같은데."

그러자 기다렸다는 듯이 영준이는 내 옆으로 와서는 주변을 둘러보며 눈치를 살폈다.

"아, 교무실에서 이야기하는 것이 불편해?"

영준이는 아무 말도 하지 않았다. 난 긍정 표현이라 생각하고 교무

실을 나와서 둘만의 공간을 찾았다. 점심시간이라 학생들이 많아 적절한 장소가 보이지 않았다. 그래서 학교에서 비교적 조용한 공간인 정보실로 함께 갔다.

"영준아, 여기는 어때? 여기에서 이야기해도 되겠니?"

영준이의 의견을 묻는 것으로부터 대화를 시작했다.

"네, 선생님, 그런데 여기는 다른 학생들이 안 와요?"
"다른 친구들이 찾아오면 불편할 것 같니?"
"아, 아니에요"
"그래, 그러면 됐구나. 영준이가 선생님을 찾아온 이유가 궁금한데?"

잠시 머뭇거리더니, 영준이는 우리 반 호태가 자기 옷을 빌려 가서 안 준다고 했다. 집에서 엄마는 옷을 안 입고 다닌다고 계속 말하는데 이 핑계 저 핑계를 대서 모면해 왔다고 한다. 그런데 이제는 더 이상 변명할 말도 없고, 비싸게 산 옷이라 옷을 찾고 싶다고 했다.
갑자기 그 이야기를 듣자 호태에 대한 불쾌한 감정이 훅 올라왔다. 하지만, 일단 참고 영준에게 그 이야기를 해 주어서 고맙다고 말하고 나서 선생님이 호태를 만나서 이야기해 보겠다고 했다.

나는 상황 파악을 위해 빈 시간에 호태를 도서관으로 불렀다.

"요즘 샘이 학급을 운영하면서 호태의 도움이 필요해서 만나자고 했어."

호태는 자신의 도움이 필요하다는 말에 경계의 눈초리를 조금 내려놓았다. 일상적인 이야기로부터 나누다가 본론으로 들어갔다.

"실은 호태가 영준이 옷을 가져가서 옷을 입지 못한다는 말을 들었구나. 어떻게 된 사정인지 알고 싶구나."

그러자 대뜸 하는 말이 "샘, 전 그런 적 없어요." 호태는 조금 전까지 편안했던 모습에서 방어적인 태도를 취했다.

"선생님이 들었던 말이 잘못되었을까?"
"그럼요. 누구인지 모르겠지만 가만히 안 둔다. 도대체 그런 말을 누가 했어요?"

씩씩거리며 얼굴이 빨갛게 점점 달아오른다. 그런 모습을 보면서 나역시 불편해졌다.

"선생님 앞에서 '누가 말했는지 가만히 안 둔다'라고 말하니까 샘 기분이 나빠지는구나."
"샘한테 한 말 아니에요. 전 그런 적이 없다니까요."

말은 조금 누그러졌지만 자신은 그런 적이 없다고 반항하는 모습에 대화는 더 이상 의미가 없어 보였다. 시간이 필요한 대화에서 조급한 마음은 도움이 되지 않는다. 학생을 다그치는 것은 더 큰 반항을 불러일으킬 뿐이다. 그래서 조금 기다릴 필요가 있다고 생각했다. 시간이 지나고 나서 호태의 눈빛이 조금씩 흔들리고 있었지만 여전히 아무런 말이 없다.

"그럼 지금 그 옷이 어떻게 됐는지 샘한테 이야기해 줄 수 있니?"

아무런 말이 없던 호태가 대답을 한다.

"전 빌린 것이지 빼앗은 것은 아니에요."
"아, 빼앗은 것이 아니라 빌려 간 것이란 말이구나."
"네, 전 분명하게 빌렸어요."
"그럼, 아직까지 돌려주지 않은 것이네."
"네."

라는 목소리엔 분명하게 떨리는 감정이 보였다.

"그렇구나, 영준이 입장에서는 아직까지 돌려주지 않은 것이라 빼앗겼다는 기분이고, 호태는 잠시 빌린 것인데 돌려주지 않은 상황이구나. 그럼 어떻게 하면 좋겠니?"

아무 말 없이 시선을 회피하고 있는 학생을 기다려 주다가 내가 말했다.

"이런 상황 때문에 많이 부담스럽고 불편할 것이라고 생각해. 그래도 샘은 다른 누구 생각보다 네 의견이 중요하다고 생각해."

계속 말이 없지만, 왠지 모르는 미안함이 묻어 있다.

"영준이한테 다시 주면 되잖아요."
"영준이한테 주면 된다고 생각하는구나. 그렇게 말해 주니 고맙구나."
"……."
"그럼 어떻게 돌려주는 것이 좋은 방법일까?"

대화는 점점 편안해지고 긍정적인 방향으로 흘러간다는 예감이 들었다.

"그래, 돌려주는 방법을 선생님이 제안하고 싶은데, 그래도 되겠니?"
"네."
"영준이 옷을 내게로 가져와라. 그러면 선생님이 전해줄게."
"네 알겠습니다."
"이렇게 대화를 나눌 수 있어 선생님 마음이 편안해지는구나. 고맙구나."
"……."
"선생님으로서 부탁이 있구나. 그것은 어떤 조건이나 다른 단서를 달지 말고 영준에게 옷을 다시 돌려주는 거야. 그리고 친구들에게나 영준이에게 다른 말을 하지 않으면 좋겠어. 그럴 수 있겠니?"

"네."

이렇게 본론의 이야기를 마치고 이어서 더 많은 대화를 나눌 수 있었다. 호태네 가정 이야기와 아버지의 음주와 폭력 등 평상시 나누지 못했던 이야기를 나눌 수 있었다. 알지 못했던 호태의 일들을 나누고 나니, 더욱 친해졌다는 느낌이 들었다.

불편할 수 있는 일을 선생님은 지혜롭게 적절한 대화법을 구사해서 해결하셨다. 참 좋은 사례라고 생각한다.

학교에서 아이들과 만나다 보면 매번 이렇게 좋은 결과가 있는 것은 아니다. 하지만 '너-메시지'로 지적하고, 탓하고, 잘못을 인정하라고 다그치는 대화 방법으로는 학생의 태도를 변화시키는 것은 거의 불가능한 일이다. 하지만 나의 감정을 기준으로 나의 이야기를 하다 보면 상당한 효과를 얻을 수 있다. 또한 교사로서 아이들에게 미치는 영향도 긍정적이다. 아이의 변화를 위해 교사가 먼저 수준 있는 대화 기법을 사용하고 이를 통해 교육하는 것은 매우 바람직한 모습이라 하겠다.

교사와 학생 사이의 대화가 단번에 원하는 목적을 이룰 수 있다면 더할 나위 없이 좋을 것이다. 그러나 학교 현장에서 학생들과 마주하다 보면 그 기대치는 여실히 무너지고 교사가 의도하지 않은 방향으로 흐르는 경우가 태반이다.

수업 시간에 화장을 하고 있는 수진에게 눈길을 줬더니,
"예쁘게 보이겠다는데 왜 그러죠."

교복을 늘 지저분하게 입고 다닌 민석이에게 시간이 되면 교복을 세탁해 입으라고 부탁했더니,
"선생님이 무슨 상관이에요."

친구들을 괴롭히는 것을 취미처럼 알고 있는 재교에게 그러지 말라고 했더니,
"그럼 교칙대로 하세요."

욕을 일상의 말처럼 사용하는 진석이에게 욕을 사용하지 말고 언어를 순화하자고 했더니
"전 욕하지 않아요. 장난이에요." 한다.

이런 상황을 만나면 교사는 당장 없던 화가 끓어오르기 쉽다. 그렇다고 감정을 조절해 '나-메시지'로 "네가 그렇게 말하니 샘이 참 서운하구나."라는 말로 다듬어서 말하더라도 아이들은 이 말을 듣고 "선생님이 그렇게 생각하실 줄은 몰랐어요. 죄송해요. 다시는 그렇게 하지 않을게요."라고 반응하지 않는다. 대부분은 무응답이거나, "그래서요."라고 반항적인 태도를 보인다. 혹 어떤 아이들은 "뭐요.", "그게 왜 저 때문인데요." 등의 전혀 예상 밖의 또 다른 반응을 보이기도 한다.
이럴 때 교사는 어떻게 이해하고 수용하고, 지도해야 할까? 고민하고 또 고민을 해 봐도 적절한 방법이 없는 것처럼 느껴진다. 그래서 '그

래 그럼 네 알아서 네 마음대로 하고 살아라'라고 하고 싶어진다. 아니면 "이런 못된 녀석, 네가 친구를 괴롭힌 것이 아니라면 내가 너를 괴롭혀 볼까?" 강력한 쐐기를 박아주고 싶은 마음이 들기도 한다.

그렇더라도 교사는 누가 뭐라 해도 교사라는 고귀한 직책을 수행하는 교육의 전문가들이다. 때문에 부작용이 심한 '너-메시지'로 지적하고 야단해서는 안 된다. 그러면 우리들이 그렇게 열망을 갖고 실현하려고 노력했던 교육이 파탄, 나고 만다.

그러면 우리는 어떤 태도로 어떻게 지도하면 좋을까? 우선 마음의 폭을 넓히는 것이 좋다. 투정을 부리거나, 전혀 예상 밖의 태도를 보인 아이에게 '아이들에게도 불편한 감정이 있구나.', '그래 너만이 갖고 있는 독특한 생각이 있구나.', '그것이 너의 장점 가운데 하나겠구나'라는 생각을 갖는 것이다. 그런 다음 아이의 말을 반박하지 않고 인정하고 수용하면서

"친구에게 비난하는 말이 너와 상관없다고 생각하는구나."
"아, 샘이 그렇게 말하니까 많이 당황스럽구나."
"그런 표현이 부담스러웠구나."

라고 아이의 마음을 수용하고 인정할 필요가 있다. 그러면 아이는 "네"라는 반응을 보일 것이다. 그러면 그다음에 이어서 관련된 대화를 진행하면 좋을 것이다. 우리가 앞에서 배웠던 도랑치기에서 다뤘던 말처럼 "네가 그렇게 생각하는 부분을 좀 더 듣고 싶구나", 혹은 "너는 그런 생각을 한다는 말이구나." "그래 네 생각을 더 듣고 싶구나"처럼 말할 수 있어야 한다. 그래야 교육을 할 수 있다. 그래야 교육의 전문

가라고 할 수 있다. 명령하고, 지시하고, 야단하고, 비난하거나 비꼬는 말로 지도한다면 이것은 교육자가 아니더라도 누구나 다 할 수 있는 일이다. 교육의 전문가인 우리만이 구사할 수 있는 전문적인 언어가 필요하다고 하겠다. 그 언어를 이 책에서 다루고 있다.

이러한 관점을 갖고, 대화기술을 구사하는 것이 바로 나와 학생의 기분을 이해하는 첫 출발점이자, 학생의 변화의 출발점이라고 할 수 있다. 이런 교사의 언어 사용 기술이 학생을 압도하는 수준 높은 대화를 구현하는 일이 된다.

3장

소통을 위한
효과적인 대화 방법

1. 학교에서 만나는 갈등 양상

    학교에서 아이들을 지도하다 보면 학생과 관계가 가깝게 되거나 멀어지는 경우가 있다. 그 갈림길은 학생과 지내면서 만나게 되는 작은 일들을 어떻게 대하고 처리하느냐 따라 달라지는 것 같다. 그리고 그것의 대부분은 교사가 대화 할 때, 어떤 과정을 거쳐, 어떻게 처리하느냐에 따라 그 향방이 갈리게 된다. 더욱이 학생과 교사가 갈등을 만났을 때, 이를 어떻게 해결하느냐에 따라 아이들이 교사를 대하는 태도가 전혀 달라지기도 한다.

    교사들은 학생들과 갈등을 빚으면 대개 두 가지 방법 가운데 하나로 해결하는 경우가 많다. 그중 하나는 교사가 학생의 의견이나 행동을 무시하거나 무너뜨리고, 이기는 것이고, 다른 하나는 교사가 학생의 주장이나 의견에 끌려가는 곧 교사가 지는 경우이다. 교사가 이기거나 아니면 교사가 지는 경우이다.

그러면 이 둘이 어떻게 나타나는지 학교 현장 속으로 들어가 살펴보자. 먼저 교사가 학생을 이기는 경우이다. 연수에 참가했던 어느 선생님의 경험 이야기다.

선생님이 근무하는 학교에서는 학생들의 핸드폰을 아침에 등교하면서 걷어 보관함에 넣어두었다가 종례 시간이 되면 다시 나눠주는 방법으로 관리하고 있었다. 그러던 어느 날 학교에서 호랑이 선생님으로 소문난 선생님이 수업을 하고 있었는데, 학생이 책상 밑에서 핸드폰을 만지작거리고 있었다. 그러자 선생님은

"어이, 너 수업 시간에 뭐 하는 거야?"

놀란 학생이 부랴부랴 핸드폰을 책상 속에 넣었다. 그러자 선생님이 "이미 늦었어, 가지고 나와. 어떻게 수업 시간에 핸드폰을 갖고 있지. 넌 학교에 와서 핸드폰 제출 안 했어? 실장, 너희 반은 항상 이 모양이야?" 선생님의 위엄에다 명령조의 강한 목소리에 눌린 학생이 조심스럽게 핸드폰을 가지고 나왔다.

"핸드폰 압수다. 약속한 대로 한 달 후에 찾으러 와."
"그건 너무 심하지 않나요. 한 달 동안이라니요?"
"그러니까 누가 교칙을 어기래? 학교에 공부하러 왔어, 핸드폰 하러

왔어?

평상시에 조용하던 학생이 대뜸 "엄마가 아파서 문자 했어요. 왜요? 핸드폰 하는 게 그렇게도 죄인가요?"

"어디서 말대꾸야. 넌 그렇게밖에 못 배웠어? 당장 자리로 돌아가!"

그렇게 해서 핸드폰은 한 달 동안 교무실 서랍에 있게 되었고, 한 달이 지나고 나서야 다시 학생의 품으로 돌아갈 수 있었다. 이 상황에서 욕구를 생각해 보면 선생님은 수업에 방해받지 않고 아이들이 집중하는 가운데 수업을 진행하고 싶은 욕구가 있고, 또 반대로 학생은 급하게 문자를 보내고 싶은 욕구가 있었다. 서로 둘의 욕구가 충돌하면서 벌어진 일이다. 그런데 여기에서는 교사가 핸드폰을 압수하는 것으로, 교사가 크게 이긴 경우라 하겠다.

교사들은 학생들과 욕구갈등을 만나면 가끔, 아니 자주(?) 이렇게 해결하려고 한다. 자기 의견을 관철하기 위해 아니면 시간이 없다는 핑계(?)로, 혹은 전달의 효율성 등의 이유를 들어 교사의 욕구를 채우려고 한다.

"오케이, 거기까지 그만!"

"지금부터 말하는 학생은 수행평가 태도점수 없다"

"한 번만 더 선생님 말에 토 달면 어떻게 되는 거 알지?"

4교시가 끝나 갈 때쯤이면 교사들은 흔히 이런 일을 만나게 된다. 아직 끝 종이 울리려면 멀었는데 아이들은 수업하고 있는 교사들에게 칭얼댄다.

"선생님 조금 일찍 수업을 끝내 주세요"
"선생님 종 치면 바로 끝내 주세요."
"밥을 빨리 먹어야 운동장에서 축구를 할 수 있어요."

'아하. 그렇구나. 축구와 밥은 선택의 문제가 아니라 좋아하는 것 모두를 다 하고 싶은 마음에서 이런 부탁을 하고 있구나.'

아이들은 점심시간이면 놀고 싶은 욕구가 강해 점심마저 먹지 않으려고 한다. 또 운동장에 빨리 나가지 않으면 다른 반 아이들에게 장소를 뺏기게 된다며 선생님에게 미리 이야기해서 바로 급식소로 가서 줄을 서서 빨리 먹고 축구를 하려고 한다. 하지만 담임 선생님이나 교과 선생님은 허락하지 않으려고 한다.

그러니 교사들은 4교시 끝부터 수업을 무너뜨리려는 아이들의 성화에 시달리게 된다. 그것만이 아니다. 또 5교시가 시작되면 운동장에서 신나게 놀고 와서 교복 상의를 풀어 헤쳐있는 놈, 땀을 연신 닦고 후~ 후거리는 놈. 그래서 교복이 흙투성이, 물이며 땀들이 묻어 체육복처럼 되어 있다. 게다가 수업을 시작하려고 하는데, 화장실에 가겠다는 녀석, 목이 마르다며 물 좀 먹고 오겠다는 놈. 놈, 놈, 놈이다.

이럴 때면 당장 "다음 시간부터 점심시간에 축구하면 가만히 안 둔다."라는 말로 다그치고 싶어진다. 교사가 힘으로 학생들을 위협하거나 협박, 경고하는 일은 상당한 부작용을 만들어낸다는 사실을 뻔히 알고 있으면서도 습관적으로 이런 말을 사용하기도 한다. 그러면 아이들은 또 이런 말이 안고 있는 부작용을 그대로 드러낸다. 어떤 아이들은 투덜대기도 하고, 또 어떤 아이들은 구체적으로 항의하듯이 "그러면 점심시간에 뭐 하라고요?", 또 어떤 아이들은 적극적인 대처 방안으로 "우리들이 교실에 더 늦게 들어오자"하는 아이들도 있다.

그래도 대부분 교사들은 축구를 즐겁게 하고 싶어 하는 아이들의 욕구를 보기 좋게 위협하는 말로 단번에 정리하려고 한다. 책으로 연신 부채질을 하고 있는 아이에게 "자, 교과서 펴라, 수업 시작하자, 야! 너는 뭐야? 수업 준비도 안 하고." 하며 교사가 원하는 대로 교실 상황을 끌고 나가려고 한다. 꼭 이런 경우가 아니더라도 교사들은 학생들이 교사의 명령에 따르도록 유도하기도 한다.

"청소 시간에 딴짓 말고 청소하고 자리에 10분까지 똑바로 앉아 있어."

"우리 반은 아침 8시까지 교실에 들어와야 한다."

"오늘 우리 학교에 학부모님들이 오신다. 괜히 돌아다니지 마라."

"반장, 인사, 책 펴."

"오늘 점심시간에 10분 일찍 교실에 들어와서 앉아 있어라. 수행평가 본다."

"교실에서 공 차는 놈은 정신머리가 있는 거야? 없는 거야."

"공부도 다 때가 있다. 좋은 대학 가려면 어떻게 해야 하는지 너희도 알지?

"다 너희를 위해서 하는 거지, 나 좋으라고 하는 거냐?"

학생들은 하루 종일 교과서를 펴고, 교과서를 바꾸고, 이를 반복하면서 교사의 명령을 들어야 한다. 많아지면 많아질수록 교사의 말은 아이들에게 잔소리가 된다. 교사들의 목소리도 점차 쳇바퀴 돌 듯 같은 말들의 연속이다. 모두 교사가 이기고 학생이 진 경우들이라 하겠다.

그러면 이제, 이와는 반대로 교사가 지고 학생들이 이기는 경우를 살펴보자. 학교 기말시험이 끝나고 나면 교실에는 흔히 이런 광경들이 펼쳐진다.

"선생님, 영화 보여주세요!"

교실에 들어갔더니, 아이들이 이구동성으로 "영화!", "영화!", "영화!"를 외쳐대고 있다. 참 난감한 일이다. 기말고사가 끝나서, 이제 편안하게 아이들의 학습 태도며, 학생기록부에 들어갈 내용들을 파악하고, 그동안 하지 못했던 수행평가를 하려고 한다. 그런데 아이들이 영화를 보고 싶다며 난리를 피운다.

"안 돼, 오늘은 꼭 수행평가를 해야 한다고, 그래야 선생님이 성적을 입력하지."
"에이, 샘 다음 시간에 하면 되잖아요. 앞 시간에 봤던 영화 이번에 이어서 보게 해 주세요."
"그럼 이번만이다. 다음 시간에는 꼭 수행평가를 해야 한다."

수업 중에 참고자료로 보여주는 영상은 그렇게 졸린 눈으로 보던 아이들이 자기들이 보고 싶은 영화를 본다니 모두 한껏 들떠 있는 표정이다. 괜히 앞 시간에 영화를 보여 준 선생님이 원망스럽게 느껴진다. 나는 해야 할 일이 있는데, 아이들이 영화를 보겠다고 성화대니, 이를 이겨내지 못하고 아이들의 욕구를 들어주고 만다.

또 이런 경우도 보자. 하루 첫 1교시 수업 시간인데, 일찍부터 잠을 자는 학생이 있다. 이런 학생을 그냥 두고 수업을 시작하자니 당장 마음이 불편해진다.

"수영아, 일어나라. 수업 시작하자."
"야, 오수영 내 말 안 들려?"

교사도 존중받고 싶은 욕구가 있다. 수업을 위해 교실에 들어가는 교사는 학생들이 수업을 잘 듣는 가운데, 즐거운 마음으로 수업하고 싶은 욕구가 있다. 그런데 아이가 잠을 자고 있다. 그 순간 교사의 욕구는 쉽게 좌절되고 만다. 그러면 다시 마음을 가다듬고, 생각을 바꿔 먹는다.

'저, 아이는 원래 저랬지. 작년 담임도 저 학생 때문에 고생했다더니 나도 올 한해 저놈 때문에 죽을 맛이겠구나.'
'괜히 깨워봤자 수업만 더 안 되고, 애들만 피해를 볼 것 같으니까, 그냥 놔두자.'
'어젯밤에 뭘 했기에, 저렇게 학교만 오면 자지. 도대체 부모님은 아이를 어떻게 관리하는 거야?'

이런 생각들은 나의 욕구를 하나, 둘 좌절시켜 놓는다. 그러면서 '학생이 공부를 하지 않는 것이지, 내가 못 가르쳐서가 아니야.'라는 생각으로 그 상황으로부터 벗어나려고 한다.

이런 경우는 교사의 욕구가 학생에 의해서 좌절된 경우라 하겠다. 그러면 부작용이 이만저만이 아니다. 교사는 의욕을 잃게 되고 교사로서 자존감에 상처를 입게 된다. 교직이 점점 힘들어지는 요인이 된다.

이상에서 살펴본 것처럼 학교에서 만나는 갈등 상황은 대개 이렇게 교사가 학생을 눌러 이기는 경우와 교사가 지고 학생이 교사를 이기는 경우로 나눠볼 수 있다. 상대가 누구이든지 간에 패한 사람은 불편한 감정을 갖게 된다. 그래서 관계를 소원하게 만들어 놓는다. 교사와 학생 사이에서 결코 좋은 모습이라고 할 수 없다.

또 이런 경우도 있다. 연수에 참가했던 어느 선생님의 고백이다. 선생님이 교직에 들어선 지 얼마 되지 않아 열정과 사명감이 넘치던 때였다고 한다. 학급에서 별다른 문제행동 없이 잘 지내고 있던 어느 날 호영이 선생님을 찾아왔다. 호영이는 반장이면서도 참 착하고 성실한 아이다. 게다가 다른 친구들과 달리 선한 눈을 가진 아이다.

"선생님 학교 그만두면 안 되죠?"
"왜?"

호영이 아무 말이 없자, 선생님은 마음이 조급해지기 시작했다. 이 순간을 기다리기가 멋쩍고, 좀이 쑤셔, 꼭 무슨 말이라도 해 주어야 할 것 같은 기분이 들었다.

"왜 그래? 말을 해봐, 학교생활에 무슨 문제라도 있어?"

아무 대답이 없는 호영이를 보면서 괜히 불안해진다. 무슨 일일까?

"뭔데, 샘이 알아야 도움을 주지"
"선생님, 선생님만 알아야 해요. 실은 우리 반 홍구 형 있잖아요. 그 형이 애들 물건을 뺏고 돈을 빌려가서 안 줘요"
"아니, 왜? 홍구가 정말! 사실이야? 얼마나? 언제부터?"

홍구 이야기를 듣다 보니, 선생님은 화가 치밀어 올랐다. 홍구는 1년 휴학했다가 올해 복학해서 다른 친구들보다 나이가 한 살 많다. 나이를 이용해 자기보다 약한 아이의 물건을 빼앗고 돈을 빌려 가서 안 준다는 것이다. 이 말을 들으니 기분이 몹시 상했다. 더구나 그런 사실을 담임인 내가 아이들이 폭발할 때까지 모르고 있었다니, 학급관리에 구멍이 난 것 같은 기분이 들어 몹시 속이 상했다고 한다.

"넌 왜 달라고 말하지 않았어."
"달라고 말했는데요. 별 반응이 없어요. 시계는 지난번에 빌려 가서 지금은 안 차고 있고요. 돈도 천원 이천 원 하던 것이 삼만 원이나 돼요."
"그럼 넌 가만히 있어라. 선생님이 다 해결해 줄 테니까"
"선생님이 어떻게요? 선생님께 말했다는 사실을 홍구 형이 알면 가만히 안 있을 거예요."
"걱정하지 마, 선생님이 다 알아서 할 테니까 넌 가만히 있어."

일의 자초지종을 파악하고 싶어서 홍구를 불렀다. 그런 사실을 물었더니 홍구는 도리어 나를 보고 화를 내며 자기는 그런 사실이 없었다고 한다. 시계는 호영이가 사용하라고 빌려준 것이었고, 돈을 쓴 것도 호영이랑 같이 간식을 먹을 때, 호영이가 돈을 냈다는 것이다. 정작 빌린 돈은 만 원뿐이라고 한다. 이번 주에 갚으면 될 일을 자꾸 나를 죄인 취급한다고 화를 내고 있었다.

이런 일이 있은 다음, 결국 시계는 원주인에게 돌려주었고, 호영이는 만원을 돌려받은 것으로 마무리하게 되었다. 선생님은 어찌 되었든 간에 불편한 일이 마무리되었고, 이를 위해 노력했다는 사실에 뿌듯함을 느꼈다고 한다. 하지만 이 일이 있고 난 뒤로 호영이는 선생님에게 말을 하지 않고, 선생님과 상의하는 일을 하지 않았다고 한다.

결과적으로 호영의 태도로 보아하니, 일은 어느 정도 마무리 되었으나 호영에게 만족을 주지 못했던 모양이다. 교사로서 없는 시간을 내고, 화를 내면서까지 해결책을 찾아 나서고, 거기에 상당한 고민을 했지만 결국 아이의 불편한 마음을 해소해 주지 못했던 것이다. 그러면서 생각해 보니, 선생님은 해결된 것이 하나도 없는 것 같다는 결론을 얻었다고 했다. 그러면서 선생님은 스스로 '실패한 교육자가 아닌가'라는 생각을 하게 되었다고 말해 주었다.

선생님의 사연을 바탕으로 한번 생각해 보자. 호영이가 자신의 고민이나 학급에서 일어나는 일들을 선생님에게 더 이상 이야기하지 않은 이유는 무엇 때문이었을까? 그것은 호영의 욕구가 충분히 실현되지 못했기 때문일 것이다. 선생님이 호영의 문제를 해결해 주어야 한다는 생각만 앞섰지, 아이의 욕구를 파악하려고 하지 않았기 때문이다. 그래서 아이의 욕구를 채워주지 못하고, 불편을 해소해 주지 못했던 것이다.

이런 경우를 보면 결과적으로 교사가 이긴 것도 아니고, 그렇다고 학생이 이긴 것도 아닌 어정쩡한 일이 되고 말았다. 이유가 있다면 교사가 전문적인 욕구해결 방법을 사용하지 않았기 때문이다. 이 방법 역시 교사가 의욕만 앞섰지, 서로에게 유익이 되지 못한 결과를 내고 말았다. 학생의 문제는 교사의 의욕만으로 해결되기가 어렵다. 교사가 여기에 필요한 전문적인 대화 기술을 가지고 적용할 수 있어야 한다.

이런 반응과 대처라면 교사가 아니더라도 비전문가들도 충분히 잘 해낼 수 있는 방식이다. 누구나 할 수 있는 대처 방법이라면 교사라는 전문 자격이 없어도 할 수 있는 일이다. 보다더 전문가다운 교사라면 이렇게 해결해서는 안 될 일이다. 교사는 대화 면에서도 문제해결능력 면에서도 보다 전문가다운 방법을 사용할 수 있어야 한다. 그래야 학생들이 선생님을 존경하고, 사랑할 수 있게 된다.

결국 이렇게 해서 교사와 학생 사이가 좋아지면 교육은 저절로 잘될 수밖에 없을 것이다. 그렇지 않으면 지도하고 있는 교사 자신도 힘들어지고, 아이는 아이대로 불편한 마음을 갖게 되어 결국 실패한 교육이 되고 말 것이다.

그러면 우리는 갈등 상황을 만났을 때, 어떻게 하면 보다 더 전문가답게 해결할 수 있을까? 연수에 참가했던 선생님의 사례를 통해 그 실마리를 찾아가 보자.

선생님이 고교 2학년 담임을 맡고 있을 때 일이라고 한다. 아이들은 2학년을 마치고 3학년으로 올라가는 겨울방학을 맞게 되었다. 방학이라고 하지만 입시 준비를 해야 할 시기라, 학교에서는 보충수업을 개설하고 입시 체제에 돌입했다. 그래서 학교에서는 보충수업이 시작되고 있는데, 선생님은 방학 중 연수가 서울에서 있어 서울에 머물고 있었다고 한다. 한참 연수를 받고 있는데, 선생님 반 아이, 혜민으로부터 문자가 왔다.

> "샘, 저 한국지리 보충수업 빠지면 안 돼요?"
> "샘이 지금 연수 중이라, 이유가 궁금하구나."
> "아니요. 문제집을 잃어버려서요."
> "문제집은 빌려서라도 수업에 참여할 수 있잖아."
> "아니, 샘이 자꾸 짜증 나게 해서요."

혜민은 선생님의 도움을 받고 싶었다. 보충수업에 참여하기로 약속했는데, 수업을 빠지고 싶었기 때문이다. 이번 보충수업은 학교가 연구시범학교로 지정되면서 무료로 진행하고 있다. 그런데 혜민은 이 보충수업에 불참하려고 한 것이다.

이런 일이 있으면 교사는 학교를 멀리 떠나와 있는 데다가 연수에 방해를 받고 싶지 않은 생각이 들어 얼른 처리하고 싶어진다. 그런 마음이 강하면 강할수록, 급해지면 급해질수록 말의 톤이나 강도가 세고, 이런 말이 나오기 쉽다.

"괜히 공부하기 싫으니까 너, 핑계 대는 것 아니야?"
"이제 고3인데, 수업에 잘 참여해야지, 보충수업에 빠지면 어떻게 되는지 몰라?"
"네가 신청한 것이니까 네 맘대로 알아서 해."
"조금만 참아, 한국지리 샘 성깔 장난 아니잖아. 네가 알아서 잘해 봐."
"한지 시간에 몰래 다른 교과를 공부하면 되잖아."

얼른 마무리를 짓고 싶은 마음에서 지시하고, 명령하고, 위협하고 경고하거나 회피, 또는 칭찬 등의 말로 정리하려고 한다. 아니면 학생이 스스로 결정한 일이기 때문에 알아서 처리하라는 방식으로 마무리하고 싶어진다. 그렇지 않으면 아이에게 얼른 어떤 해결책을 제시해 주어 여기에 아이가 따르도록 끝맺고 싶은 마음이 든다.

이런 해결 방법을 사용할 수 있지만 이렇게 해결하다 보면 겉으로는 문제가 해결된 것처럼 보이지만 실제로는 아이가 선생님을 신뢰하지 않게 되거나, 만족하지 못해 선생님과 거리를 만들게 된다. 이런 일을 만났을 때, 교사가 어떻게 매듭짓느냐에 따라 학생과 관계가 결정된다. 여기에 선생님은 이런 일을 어떻게 해결해 나가는지 살펴보자.

선생님은 혜민과 문자로는 '안 되겠구나.' 싶은 생각이 들어 연수 중에 잠깐 틈을 내서 혜민에게 전화했다. 전화하면서도 '혜민이 왜 보충수업에 참여하지 않으려고 하는 걸까?', '보충수업을 받기가 싫어서 그런 걸까?', '아니면 한국지리 수업을 빠지고 싶어서 그런 걸까?', '아니면 또 다른 어떤 이유가 있어서 그런 걸까?' 여러 생각들을 떠올렸다.

평소에 혜민이와 만나서 자주 이야기를 나누었던 터라 쉽게 이야기를 할 수 있겠다고 생각했다. 아무튼 선생님은 담임으로서 혜민의 사정을 들어보고 서로에게 도움이 되는 방향으로 해결하기 위해 전화했다. 혜민은 학교에 가지 않고 집에 있었다. 인사를 나눈 다음,

"혜민아, 한국지리 샘이 너에게 자꾸 짜증나게 만든다는 말이 무슨 의미인지 듣고 싶구나."

그랬더니, "실은 선생님, 제가 수능에서 한국지리 과목을 선택하지

않고, 3학년 때 배우는 경제를 선택하려고 해요. 그런데 선생님은 네가 지리 수업을 신청했으니까 자꾸 들으라고 하시는 거예요. 전 차라리 자습하고 싶은데. 샘, 어디예요? 빨리 학교로 와 주면 안 돼요?" 한다.

아차 싶었다. 무료로 보충수업을 진행하다 보니 학생 수와 교사 수급 상황에 맞춰 보충수업 계획을 세웠다. 그러면서 학생들에게 무조건 사회탐구 2과목씩 선택하라고 전달했던 기억이 난다. 그래서 학생들이 원하는 교과를 중심으로 선택하기보다는 그냥 의무적으로 두 교과에 선택하라고 했던 것이다. 그런 것이 아이의 형편을 헤아리지 못한 일이 되고 말았다.

"이거 어떡하지 샘이 지금 서울에서 연수 중이라 내려가기가 어려운데, 그럼 너는 어떻게 하는 것이 좋겠어?"

"에이……, 꼭 이럴 때만 선생님이 없어요. 알았어요. 뭐"

"무엇을 알았다고 하는지 더 구체적으로 설명해 줘봐."

"내일 한국지리 샘 찾아가서 말씀드릴게요. 한국지리 시간에 다른 과목 공부하겠다고요."

"그렇게 하면 되겠어?

"뭐, 안되면 어쩔 수 없구요. 뭐, 그건 그렇고, 샘 연수 재미있어요?"

"음, 무엇을 배운다는 것, 그게 연수라 재미있구나. 그래도 샘은 걱정이네. 혜민이가 원하는 대로 되지 않으면 어떻게 될까 염려돼서 하는 말이야"

"뭐 그렇다고 혼나기밖에 더 하겠어요. 걱정하지 마세요. 내일 제가 학교에 가서 지리 선생님께 말씀드리고 문자 할게요."

"그렇게 말해 주니 고맙구나. 내가 내려가기 곤란한데 그렇게 말해 주니 샘이 안심이 되는구나."

　선생님은 이렇게 혜민과 대화를 나누긴 했지만 이것만으로 마음을 놓을 수 없었다. 쉬는 시간에 학교로 전화해서 상황을 파악했다. 그런 다음, 한국지리 선생님께 혜민의 사정을 말씀드렸다. 그랬더니, 지리 선생님께서도 혜민의 사정을 이해하시고, 흔쾌히 허락해 주셨다.
　다음날 혜민의 사정을 미리 인지한 지리 선생님은 혜민이 찾아와 정중히 말씀드리자 혜민의 요구대로 공부를 할 수 있도록 허락해 주셨다. 그래서 혜민은 그해 겨울방학 보충수업에 나가 지리 시간에만 빈 교실에서 다른 공부를 할 수 있었다.

　선생님은 아이의 욕구를 지혜롭게 해결해 주셨다. 아이들을 지도하다 보면 학생의 욕구와 교사의 욕구가 서로 달라 부딪히는 경우가 종종 있다. 그럴 때마다 교사는 지혜롭고 교육 전문가답게 일을 처리할 수 있어야 한다. 여기 선생님은 상황을 파악한 다음, 좋은 대화법을 구사해서, 혜민이 보충수업에 참여하는 일과 빠지고 싶어 하는 욕구를 잘 충족시켜 줄 수 있게 되었다.
　선생님이 혜민의 욕구를 잘 해결할 수 있었던 것은 욕구와 해결책을 잘 구분해서 욕구를 중심으로 해결해 주었기 때문이다. 혜민이 선생님에게 제시한 욕구 해결책으로는 보충수업에 빠지는 것이었다. 그런데 혜민의 근본 욕구는 '선택하지 않은 교과 보충수업에 참여하고 싶지 않은 것'이었다. 단지 공부를 효율적으로 하고 싶은 욕구가 있었을 뿐이다. 이렇게 해서 근본 욕구가 보충수업에 빠지는 것, 문제집을 잃어버려 참여할 수 없는 것이 아니라는 사실을 확인할 수 있었다. 그러고 나니 지리 시간에는 다른 공부를 하는 것, 그러니까 보충수업에 빠진 것이 아니라 다른 해결책으로 욕구를 해결할 수 있었다.

사람들은 일반적으로 어떤 문제를 만나거나 특별히 갈등 상황을 만나면 부담스럽고 불편하게 느낀다. 이유가 있다면 태반이 욕구와 해결책을 구분하지 않고 해결책만으로 문제를 해결하려고 하기 때문이다. 따라서 어떤 문제나 갈등을 만나면 먼저 욕구를 파악하는 것이 중요하다. 그러니까 근본적인 욕구(미선택 교과로 시간을 낭비하지 않는 것)를 알게 되면 하나의 해결책(보충수업에 빠지는 것, 문제집을 잃어버려 수업 참여가 곤란하게 생긴 것)만 있는 것이 아니라 다양한 해결책이(지리 시간에 빈 교실에서 다른 교과를 공부하는 것) 있다는 것을 알 수 있다.

그러면 이때 알게 된 여러 해결책 가운데 가장 필요하고, 요긴한 것을 골라 선택하면 만족할만한 결과를 얻을 수 있다. 그래서 혜민은 한국지리 보충수업 시간에 빈 교실에서 다른 교과목 공부를 하는 해결책을 선택할 수 있었다. 그리고 그것은 본인이 선택한 해결책이기 때문에 더욱 열심히 공부할 수 있는 계기가 된다.

교사들 중에는 갈등 상황을 만나면 이런 해결 도구가 있는지조차 모르는 교사들이 많다. 뿐만 아니라 이를 알고 있더라도 번거롭다며 사용하지 않고 있는 경우도 많다. 하지만 교사가 전문가로서 역량을 발휘하기 위해서라면 이런 효과적인 방법이 있다는 사실과 아울러 욕구와 해결책을 구분할 수 있는 전문가다운 기술이 있어야 한다. 그리고 이런 방법을 교육 현장에 적용할 수 있어야 한다. 그래야 교사나 학생이 서로 만족할만한 해결책을 얻어낼 수 있다. 교사의 이런 능력은 학생과 좋은 관계를 유지할 수 있는 촉매제가 된다. 그렇지 않으면 학생들은 교사에게 온통 불만을 가지게 된다.

다음과 같은 경우를 보자. 학생이 담임인 내게 찾아와서 이런 말들을 한다.

"야간자율학습 빼주세요."
"자리 바꿔주세요."
"점심 안 먹으면 안 돼요?"

그러면 대부분 교사들은 "왜?", "왜 그러는데", "안 돼.", "학교 규칙도 모르니?", "학생이 공부 안 하면 뭐 하려고?" 등과 같이 매우 사무적이고, 형식적인 말로 대응하기 쉽다. 선생님들이 이런 반응을 하게된 이유는 우선 교사가 이런 화법밖에 구사할 줄 몰라서 한 응대일 수있겠고, 아니면 이런 방법이 현재 상황을 가장 빠르게 정리하고, 얼른마무리 지을 수 있겠다는 생각이 지배하고 있어서 보인 반응일 수도 있다.

아이들이 이런 말을 해 올 때, 우리는 욕구인지, 해결책인지, 구분할수 있어야 한다. 지금 여기에서 학생이 교사에게 부탁하고 있는 말들은 모두 자기 욕구를 실현하기 위한 해결책을 제시하고 있다. 따라서아이들이 제시하는 말만 듣고 있다 보면 지금 제시하고 있는 이 해결책만이 꼭 유일한 답처럼 보이게 된다. 그래서 이 해결책만으로 욕구를충족하려고 하면 문제해결이 상당히 어렵게 된다.

만일 이런 상황에서 아이의 근본 욕구를 알게 되면 해결책은 이것만이 아니라 매우 다양하게 있다는 것을 알 수 있다. 또한 학생 역시, 지금 자신이 제시하고 있는 방법이 자기 욕구를 채워주는 유일한 방법이아니라는 사실도 알게 된다. 따라서 지금 아이가 제시하고 있는 해결책은 여러 해결책 가운데 하나라고 보면 된다. 그러니, 교사나 학생이 모두 서로 만족할 만한 결과에 이르기 위해서는 제시하고 있는 해결책 속에 담겨 있는 학생의 욕구를 알아내는 일이 욕구 해결의 핵심이라 하겠다.

교사들은 아이들이 해결책을 들고 오면 대부분 "왜?", "왜 그러는데" 같은 캐묻는 말로 대화를 전개해 나간다. 이와 관련된 대화법 훈련을 거치지 않은 교사들이라면 아이의 근본 욕구를 아는 것을 어렵게 여기고 시도조차 하지 않으려고 한다. 더구나 학생과 좋은 대화법을 사용해 보지 않은 교사들이라면 더욱 어려움을 느낄 것이다. 아이가 욕구를 드러내지 않고 감춰두고, 해결책만을 말하고 고집하기 때문이다.

감춰진 아이의 욕구를 알아내기 위해서는 본서에서 꾸준히 다루고 있는 것처럼 학생의 성격을 이해하고, 대화에서 부정적인 말을 사용하지 않고, 주의 기울이기, 기다려 주기, 도랑치기 등과 같은 대화법을 사용할 수 있어야 한다. 그러면 학생의 감추어진 욕구가 무엇인지 충분히 알아낼 수 있다. 그리고 나면 해결책은 하나가 아니라 여러 개가 있다는 사실도 알게 된다.

예를 들어 학생이 "야간자율학습 빼주세요"라는 말을 한다. 그러면 여기에는 '놀고 싶다', '몸이 불편하다', '친구와 약속을 지키고 싶다'. '가족 모임과 같은 모임에 참여해야 한다'. 등과 같은 여러 욕구 가운데 하나가 자리하고 있을 것이다. 그래서 지금 이런 부탁을 하고 있는 것이다. 학생은 이런 자기 욕구를 충족하고 싶어서 해결책으로서 '야간자율학습에 빠짐'을 말하고 있다. 만일 놀고 싶다면 꼭 자습에 빠지지 않더라도, 혹은 1교시 마치고 놀 수도 있을 것이다. 친구와 놀기 위해서 그런다면 약속 시간을 조절할 수도 있을 것이다. 아니면 다른 만족할 만한 다른 해결책을 찾아낼 수도 있을 것이다.

또 "자리 바꿔주세요"라는 말도 학생이 지금 자기가 생각하고 있는 해결책을 제시하고 있는 것이다. 이 말의 기저에는 '칠판이 잘 보이지 않아서', 혹은 '수업하시는 선생님과 거리를 두고 싶어서', 혹은 '자기를 괴롭히는 친구와 멀어지고 싶어서', 혹은 '현재 짝꿍과 맞지 않아서' 등과 같이 여러 욕구가 존재할 수 있다. 학생의 욕구를 잘 살펴서 그 욕구에 따른 해결책을 적용하면 자리를 바꾸는 해결책보다 더 좋은 해결 방법을 얻을 수 있게 될 것이다. 따라서 학생이 제시한 해결책에 감춰진 욕구를 아는 것은 학생 지도에서 매우 중요한 사안이라 하겠다.

학생의 욕구 해결 방법에 대한 구체적인 방법은 다음에서 사례와 함께 알아보도록 하자.

2. 갈등 해결의 실제

학교는 사회의 축소판이라 하겠다. 사회에서 벌어지고 있는 여러 일들이 학교에서도 꾸준히 일어나고 있기 때문이다. 그래서 요즘에는 사회인들이 참여하는 각종 위원회나 사고처리 매뉴얼 등과 같은 사회 시스템들이 학교로 점점 들어오고 있는 실정이다.

아이들의 욕구는 점점 늘어나고, 선생님이나 교육 당국에서 제시하는 요구사항도 점점 많아지고 있다. 그러다 보니 학생 개인들 간의 욕구가 충돌한 경우도 많고, 교사와 학생, 그리고 교육 당국과 학생 간의 욕구도 빈번하게 부딪히곤 한다. 교육 주체들이 서로 욕구를 충족하려다 보니 결핍을 느낀 사람들은 감정을 이기지 못하고 자기감정을 대구나 반항, 그리고 저항으로 표현하기도 한다.

사람은 누구나 무엇인가 하고 싶은 욕구가 있다. 자신이 처한 형편이나 시간에 상관없이 사람이라면 누구든지 그 상황에 따른 욕구가 있기 마련이다. 아침이면 늦게 일어나고 싶은 욕구가 있고, 학교로 향하면 얼른 도착하고 싶은 욕구가 있고, 수업을 받으면 얼른 끝내고 싶은 욕구를 갖고 있다. 또 학교에 있으면 얼른 집에 가고 싶은 욕구가 있고, 집에 있으면 놀고 싶은 욕구가 있다. 마찬가지로 교사도 학생들을 지도하고 있는 동안 교사로서 자존심을 세우고 싶고, 교사로서 어떤 역할을 하고 싶은 욕구가 있다. 그런데 이런 욕구가 좌절되면 크게 낙담하게 된다.

그래서 할 수만 있다면 사람들의 욕구라고 하면 가급적 실현되는 것이 좋다고 생각한다. 그런데 서로의 욕구가 맞서게 되면 자기 것 실현을 위해 열을 올리다 보면 감정을 상하게 될 수도 있다. 그래서 욕구갈등 해결이 쉽지 않다. 이유가 있다면 사람들이 욕구라고 들고 나선 방법이 욕구가 아니라 해결책을 들고나오기 때문이다.

사실 알고 보면 욕구갈등에서 해결책은 여러 방법이 있다. 그런데 해결책을 들고나온 사람들은 이런 생각을 하지 않으려고 한다. 그러면서 자기가 들고나온 해결책이 오직 유일한 해결 방법이라며 그것만을 고집하다 보니 욕구갈등 해결이 어렵게 되고 만다.

따라서 욕구갈등을 합리적으로 해소하기 위해서는 해결책을 제시하는 사람의 기본 욕구가 무엇인지를 아는 것이 중요하다. 왜냐하면 우리들이 앞에서 다뤘던 것처럼 사람들은 어떤 욕구가 있으면 그 욕구를 그대로 말하지 않고 해결책을 들고 나서기 때문이다. 어떤 사람들은 그 해결책을 마치 자기 욕구인 것처럼 말하기도 한다. 그러면서 자신이 정한 해결책이 마치 유일한 정답이라며 우겨댄다. 그러면서 갈등 해결이 어렵게 되고 만다.

따라서 욕구갈등이 일어나면 해결책을 제시한 사람의 근본 욕구가 무엇인지 파악하는 것이 무엇보다 중요하다. 그러기 위해서는 스스로 '이 욕구가 내게 어떤, 혹은 무슨 만족을 주는가?'라는 물음에 답을 해보는 것이 좋다. 어느 선생님이 들려준 사례를 보면서 욕구를 파악하는 과정을 들여다보자.

어느 날 공부를 제법 잘하는 민희가 불만이 가득한 표정으로 내게 와서 "선생님, 우리 반 영숙이 때문에 미치겠어요. 영숙이를 다른 반으로 옮겨주세요." 한다.

"영숙이 때문에 많이 불편한가 보구나."
"네, 차라리 그냥 계속해서 특수학급에서 지내게 해 주세요."

영숙이는 장애를 가진 아이로 상황에 따라 가끔 소리를 지르고 소란을 피우면서 학급 분위기를 엉망으로 만들어놓기도 한다. 그래서 주로 특수학급에서 생활하는데 장애아이들도 정상인들과 함께 생활하는 것을 통해 장애를 이겨내고 극복할 수 있는 계기를 마련해 주기 위해 일정 부분 일반 학급에서 생활하도록 지도하고 있다.

그런데 영숙이가 학급에 오는 날이면 아이들의 불평이 많아진다. 민희뿐만이 아니라 다른 몇몇 아이들도 말은 하지 않지만 불만을 가지고 있다. 학급에는 민희와 초등학교, 중학교를 함께 보낸 친구들도 있는데, 이들은 영숙이를 잘 이해하고 불편한 일이 있으면 도와주기도 한다.

영숙이 부모님은 딸의 사정을 알고, 학급 아이들에게 미안한 감정을 가지고 있다. 부모님은 담임인 내게 "환경이 허락한다면 딸이 특수학교나 특수학급에서 지내는 것도 좋지만, 고등학교까지는 일반 아이들과 함께 어울려 지낼 수 있도록 환경을 만들어 주는 것이 좋은 일"이라고 한다. 하지만 상황이 녹록지 않은 터라 아버지는 학교의 결정에 따라 영숙이 생활하도록 하겠다고 하셨다.

이런 상황이다 보니 교사의 적절한 지도가 필요했다. 그래서 생각해 보니, 여기에는 아이들의 욕구가 있고, 나름대로 잘 지도해 봐야 하겠다는 담임의 욕구도 있고, 또 영숙을 지도하고 있는 특수반 선생님과 영숙의 부모의 욕구가 있겠다고 생각했다. 그래서 각 주체들의 근본 욕구가 무엇인지 파악해 보는 것이 좋겠다고 생각했다.

그래서 선생님은 먼저 문제를 제기한 민희와 만나서 대화를 해 봐야겠다고 생각했다. 민희와 약속 시간을 정하고 대화 주제를 알려줬다. 선생님이 만족하고 민희가 만족할 만한 결과를 위해 이야기를 나누자고 했다. 그 방법으로는 교육학자 존 듀이가 제시한 6단계 과정(욕구파악, 해결책 제시, 해결 방법 평가하기, 해결책 선택하기, 해결책 실천하기, 실천한 해결책 평가하기)을 적용하자며 그 내용을 간단하게 설명했다. 그러면서 민희에게 선생님은 민희 의견과 욕구를 존중하고, 민희 또한 선생님의 욕구와 생각을 존중해 달라고 부탁했다.

갈등을 만났을 때, 가장 먼저 해야 할 일은 앞에서도 말했던 것처럼 기본 욕구를 확인하는 일이다. 교사와 학생 사이의 대화에서 무엇에 대해 이야기하는지 그리고 그 과정에서 서로 간의 욕구를 확인하는 대화가 필요하다.

선생님은 먼저 민희의 욕구를 물었다. 민희는 영숙이가 우리 반에 오지 않으면 좋겠다고 했다. 이것은 얼른 보면 민희의 욕구처럼 보이지만 사실 욕구가 아니라 해결책이다. 이 해결책으로 욕구를 채우려고 한 것이다. 그래서 민희와 나의 욕구를 선명하게 하기 위해 각자의 욕구를 설명하자고 제안했다. 민희는

"저도 영숙이가 다른 반으로 가는 것을 원하는 것은 아닙니다. 영숙의 행동을 보고, 그냥 화가 나서 저도 막 이야기했어요. 죄송해요. 그런데 영숙이가 화장실 다녀온다고 손을 들면 선생님들이 수업 시간에 맥이 끊어져서 다시 연결하는 일을 어색하게 여겨요."

"그렇구나. 영숙이의 갑작스러운 행동으로 수업에 방해를 받는다는 말이니?"

"네."

"그래. 그것 말고 또 다른 욕구가 있는지 생각해 보자."

민희는 다른 바람이나 욕구는 없다고 했다. 그래서 "그럼 선생님의 욕구와 민희의 욕구가 무엇인지 한 번 적어보자." 그랬더니, 민희는 공부에 방해를 받고 싶지 않다고 했다. 그렇다. 이것이 민희의 근본 욕구이다.

교사의 욕구	민희의 욕구
반 학생 모두가 서로 배려하면서 함께 사이좋게 지내면 좋겠다.	영숙이로 인해 공부하는 데 방해를 받고 싶지 않아요.

이렇게 해서 우리는 서로의 욕구가 무엇인지 파악할 수 있게 되었다. 욕구파악이 끝났으니 이제 서로의 욕구 해결을 위한 해결책을 찾아 보자고 했다.

"민희야, 이제 욕구를 알게 되었으니, 좋은 해결책이 무엇인지 서로 이야기를 나누면 좋겠구나. 샘의 생각과 너의 생각을 서로 아무 편견 없이 그냥 편하게 적어 보면 좋겠구나."

"일단 저도 한 번 더 참아볼게요."

"그래, 그것도 하나의 방법이 될 수 있겠구나. 그럼 샘은 영숙이랑 중학교 때부터 친했던 친구들에게 영숙이가 쉬는 시간에 미리 화장실에 다녀오도록 부탁해 볼게."

"영숙이가 특수반에서 좀 오래 있었으면 좋겠어요."

"그래. 그것도 하나의 방법일 수 있겠구나. 특수반 선생님에게 영숙이가 흥분하거나 소리 지를 때 행동을 수정하는 방법을 알려달라고 부탁드려 볼게."

이런 대화를 통해 여러 해결책을 적을 수 있었다.

교사의 해결책	민희의 해결책
· 영숙이가 미리 화장실에 다녀오도록 안내한다.	· 일단 일주일 동안 더 참아본다.
· 민희가 집중해야 하는 시간에는 영숙이가 특수학급에서 수업을 받는다.	· 영숙이가 특수학급에서 지금보다 더 오래 수업을 받는다.
· 특수학생이 느끼는 불편이나 어려운 점, 또 특수학생에게 도움을 줄 수 있는 방법이 무엇인지 민희가 공부해 본다.	· 쉬는 시간이나 점심시간에는 이어폰을 끼고 공부한다.

이제 서로 해결책을 적어보았으니, 선생님과 민희가 제시한 해결책 가운데 서로가 만족할 만한 내용에 O표하고, 불편하게 느끼는 해결책에 X로 평가해 보자. 그런 다음 어떤 것들이 비교적 실천할 수 있는 일인지 따져보고, 또 쌍방이 공감하고 동의할 만한 해결책 가운데, 하나를 골라서 실천해 보도록 하자고 제안했다. 그러자 민희도 동의했다.

해결책	교사	민희
영숙이가 미리 화장실에 다녀오도록 안내한다.	O	O
민희를 비롯한 친구들이 집중을 요하는 과목 시간에는 영숙이 특수학급에서 수업을 받게 한다.	O	O
특수학생들의 어려움이 무엇인지 민희가 공부해 본다.	O	X
일단 일주일 동안 더 참아본다.	O	O
특수학급에서 영숙이가 오래 수업을 받는다.	X	O
쉬는 시간이나 점심시간에는 이어폰을 끼고 공부한다.	O	O

서로 ○표를 한 해결책에서 한두 개를 선택하자고 했더니, 민희는 ○표한 모든 내용이 실천할 수 있는 일이라며 모두를 실천해 보기로 했다.

이렇게 해서 민희는 나와 약속한 대로 1주일 동안 생활했다. 이후에 다시 민희와 만나 대화를 나눴다. 민희는 이전보다 훨씬 더 밝아진 모습으로 "샘, 아직도 영숙이는 시끄럽지만 그래도 지난번만큼은 아니에요. 견딜 만해요. 그리고 애들이랑도 조금 더 영숙이를 이해하려고 노력하고 있어요. 가끔 참기 힘들면 샘한테 다시 와서 이야기해도 되죠?"

"네가 그렇게 말해 주니 고맙구나. 고마워. 불편을 얘기해 주는 것은 언제든지 대환영이야. 샘도 업무 때문에 바쁘면 그때 이야기하지 못한다. 그렇다고 서운해서는 안 되는 것 알지?"

"당근이죠."

서로가 선택한 해결책을 두고 생각을 공유하고 평가하는 시간을 통해 서로 이해와 관심의 폭을 넓힐 수 있었다. 이러한 과정을 진행하면서 무엇보다 의미 있는 것은 민희나 담임인 나도 서로 불편을 느끼지 않고 대화를 나눌 수 있었다는 점이다. 그리고 서로 신뢰가 두텁게 되었다는 점이다.

만일 선생님이 이런 해결 방법을 사용하지 않고, "순수해야 할 학생이 무슨 그런 생각을 해, 불편한 친구 하나 이해하지 못하고 무슨 그런 불평을 하니? 그냥 잘 생활해 봐, 뭐 그런 걸 가지고." 하거나, "너만 사람이니? 세상은 모두 함께 살아가야 한다고, 그런 걸 배우기 위해 학교에 오는 거야."라는 지도를 했더라면 교사와 학생의 관계가 어떻게 되었을까?

교사가 이런 해결 과정을 적용하다 보면 경험이 늘어나면 날수록 그 진행 방법을 쉽고 편하게 다룰 수 있게 된다. 뿐만 아니라 강요나 명령, 협박을 통해 제시한 해결책보다 말로 표현할 수 없는 교육적 효과를 얻을 수 있다.

또 다른 선생님의 갈등 해결 이야기이다. 고등학교 2학년 학생들의 야간자율학습 시간에 있었던 일이다. 교무실에서 업무를 처리하고 있는데, 교실에 있던 아이들로부터 문자가 왔다.

샘, 교실로 와 주실 수 없어요. 상훈이가 너무 떠들어요.
샘, 자습을 할 수가 없어요. 빨리 와서 뭐라고 좀 해 주세요.

하던 일을 멈추고, 상황 파악을 위해 3층에 있는 교실로 올라갔다. 아이들에게 당부를 하고, 분위기를 진정시킨 다음, 다시 업무처리를 위해 교무실로 돌아왔다. 십여 분 남짓 업무에 속도가 붙을 즈음, 아이들로부터 또다시 문자가 왔다. 다시 교실로 올라가는데, 이미 마음에 화가 솟아나고 있었다. 처리해야 할 업무도 많은데, 아이들이 알아서 조용히 자습을 하지 않는다는 생각이 들어 불편한 감정이 늘어나고 있었다. 교실에 도착하자마자

"상훈이, 너 복도로 나와!"

복도로 나온 상훈에게 감정을 조절해 가며 타이르고 타일러 교실로

들여보내고 다시 나는 교무실로 내려왔다. 그러면 아이들이 자습을 잘할 줄로 알았다. 그런데 그 후에도 그치지도 않고 1004 메시지가 계속 손전화를 바쁘게 만들었다. 안 되겠다 싶어서 상훈에게 정보실 한켠으로 오라고 했다. 자습 시간에 친구들로부터 온 문자 문제로 단단히 이야기하려고 했다. 먼저 나의 욕구를 말했다.

"선생님은 자습 시간에 소란스러워진 일로 교실에 올라가지 않았으면 좋겠다.

"네, 샘 죄송해요. 저 때문에……."

"그렇게 말해줘서 고맙구나. 그래도 선생님은 상훈이가 자습 시간에 어떻게 보냈으면 좋겠는지 알고 싶어."

아무 말도 하지 않는 상훈에게 어떠한 책망을 하려고 하는 것이 아니라는 것과 단지 상훈의 욕구를 알고 싶다는 말을 했다.

"저도 자습 시간이면 조용하게 자습하면서 아이들한테 방해하고 싶지 않아요. 그런데 집중이 안 되고 공부도 안 되면 심심해요. 그래서 자꾸 옆에 친구에게 장난하게 되고 떠들게 되고 애들이 뭐라고 하면 저는 또 그게 재미가 있고."

"그렇구나. 자습 시간에 조용히 하고 싶은데 장난치고 싶은 마음이 생긴단 말이지?"

"네."

"그래, 네 그런 마음도 선생님은 이해가 되는구나. 하지만 아이들에게 불편을 끼치고, 소란을 피우는 것은 좋은 일이 아니라고 생각해. 그러니까 우리 이대로 둘 수 없으니까 서로 도움이 될 만한 해결책을 모색해 보자. 어때?"

"자습을 빠지는 것 외에는 별다른 방법이 없을 것 같아요."

"넌 그렇게 생각하는구나. 그러니까 선생님이 제시한 방법대로 한번 실행해 보자. 조건은 네 욕구와 선생님의 욕구가 서로 훼손되지 않으면 좋겠어. 선생님도 네 욕구를 다 존중해 줄게. 그럼, 먼저 서로 욕구를 적어보도록 하자.

선생님 욕구: 친구들 공부를 방해하지 않기
상훈의 욕구: 자습시간에 장난하지 않고 잘 하고 싶어요

우리 서로의 욕구를 알아봤으니, 이제 네가 자습 시간을 잘 활용할 수 있는 방법, 그러니까 네가 말한 대로 자습 시간을 심심찮게 보낼 수 있는 방법들에 대해 서로 이야기해 보고 메모지에 적어보자. 그리고 해결책을 찾아 보자."

선생님 해결책	상훈이 해결책
· 조용하게 다른 책을 읽을 수 있도록 도서 목록을 적고 그 책을 순서대로 읽는다.	· 책상을 복도로 빼서 혼자 공부한다.
· 자리를 친구들과 떨어져 앉는다.	· 선생님이 교실에서 계속 감독한다.
· 성품 조절을 위해 2일간 침묵 수행을 한다.	· 다음에 또 떠들면 선생님한테 매 맞기.
· 짝꿍을 바꿔서 앉는다.	· 자습에서 빠진다.

해결책	교사	상훈
조용하게 다른 책을 읽을 수 있도록 도서 목록을 적고 그 책을 순서에 따라 읽는다.	○	X
자리를 친구들과 떨어져 앉는다.	○	○
마음 조절을 위해 2일간 침묵 수행을 한다.	○	○
짝꿍을 바꿔서 앉는다.	○	X
책상을 복도로 빼서 혼자 공부한다.	○	○
선생님이 교실에서 계속 감독한다.	X	○
다음에 또 떠들면 선생님한테 매 맞기.	X	○
자습에서 빠진다.	X	○

이 해결책 중에서 선생님이 아까 말한 대로 우리 모두가 만족할 만한 해결책을 골라보자. 그러면 우리 모두가 ○한 내용 중에서 실천 가능한 일을 골라 실행하면 좋겠구나. 그랬더니, 내 생각과 달리 상훈은 말을 하지 않은 침묵 수행을 우선 해결책으로 선정했다. 그런 다음 안 되면 두 번째 해결책을 실천하기로 했다.

상훈이가 침묵 수행을 하겠다고 하니, 친구들이 반신반의하고, 나도 실천이 어렵겠다고 생각했다. 그래서 아이들에게 상훈의 다짐에 방해가 되지 않도록 장난을 걸지 말아 달라고 당부도 했다. 상훈이도 무엇인가 내가 할 수 있다는 것에 대한 자신감에 눈빛이 달랐다. 하루가 지나고 나서 상훈이와 마주쳤을 때,

"어때? 할만해?"

"네."

나는 엄지를 척 들어 보이며 짧은 대화로 응원해 주었다. 이틀이 지나고 상훈이가 교무실로 찾아왔다.

"이틀 동안 보냈는데, 어떠니?"

"이렇게 조용하게 보내는 것이 정말 힘든지 몰랐어요. 친구들이 참 대단한 것 같아요."

"그렇구나. 아이들이 대단하다고 느꼈구나."

"네, 조용하니까 저도 기분이 좋더라고요. 가끔 잠을 자기는 했지만 다른 애들한테 피해를 주지 않는다고 생각하니 뿌듯했어요."

"난 네가 그렇게 선택하고, 실천하겠다고 했을 때, 불가능하다고 생각했는데, 그렇게 실천하다니, 정말 대단한 학생이구나. 앞으로 침묵은 계속할 수 없을지라도 친구들한테 방해가 안 되게 참여하면 좋겠구나."

"네, 노력해 보겠습니다."

이렇게 일주일을 보내고 나서 상훈이 다시 내게 왔다.

"선생님, 죄송합니다. 말을 하지 않고 참는다는 것은 너무 힘든 일이에요. 그래서 두 번째 방법을 실천해 보려고 해요. 선생님 허락해 주세요."

"그래 그것도 좋은 생각이구나. 네가 이렇게 미리 내게 말해 주니 너무 고맙고, 고맙구나. 다른 감독 선생님께도 네 사정을 말씀드려 놓을게."

"감사합니다."

이런 일련의 과정을 통해 교사의 욕구는 분명하게 충족되었으며, 상훈도 비교적 만족하면서 자기 생활을 규모 있게 실천할 수 있었다. 또한 이 일로 선생님과 상훈의 관계는 더욱 신뢰하는 사이가 되었다고 한다.

교사와 학생이 함께 결정한 것을 불평 없이 서로 존중하는 가운데 실행하는 일은 교사와 제자의 사이를 좋게 만들고 교육의 효과를 높이는 일이 된다. 서로가 만족할 만한 방법으로 욕구를 해결하고 나니, 선생님은 자기가 교사로서 어떤 역할을, 좋은 교육을 하고 있다는 생각이 들어 자존감이 생겼다고 한다.

학교의 구성원들인 교사와 학생, 모두는 행복한 학교생활을 꿈꾸고 있다. 교사는 학생을 존중하고 학생은 교사를 스승으로 모시고 가르침을 받는 이상적인 학교 말이다. 그런 소망과 꿈이 우리로부터 멀리 있는 것은 아니라고 생각한다. 그것은 존중받고 싶은 교사의 욕구와 성장하고 배우고 싶은 학생의 욕구가 서로 배려하고 이해하는 것으로부터 출발하면 될 것이다. 그러기 위한 하나의 방법으로써 교사의 이런 대화 기술은 우리를 행복한 학교생활로 인도해 줄 것이라고 확신한다.

3. 칭찬의 폐단

필자가 교사 연수 워크숍을 진행하거나 학부모 교육을 할 때면 자녀들이나 학생들에게 최근에 했던 칭찬의 말들을 떠올려보라고 부탁하

곤 한다. 그러면 대부분 "언제 했는지 기억이 잘 나지 않아요." 한다. 가
그래도 생각해 보라고 하면 "잘한 것 같아요.", "그 아이는 공부를 잘
해요, 그리고 인성이 좋아요.", "그 녀석이 최고예요."라는 말을 한다.
그래서 이번에는 이런 말들 외에 또 다른 칭찬의 말들이 있는지 생각해
보고 말해 달라고 부탁해 본다. 그러면 대부분 무슨 말을 해야 할지
몰라 망설이거나 어떤 분들은 당황하는 모습까지 보이기도 한다. 사람
들은 아마 이런 말들 외에는 다른 칭찬의 말들이 있는지 모르고 있는
것 같다. 우리가 칭찬에 인색하거나 아니면 칭찬에 익숙하지 않아서 그
럴 수도 있을 것 같다. 아무튼 우리는 살면서 칭찬을 잘하지 않고 이를
잘 활용하지도 못하고 있는 것 같다.

사람들은 대개 칭찬은 잘 하지 않아도 칭찬의 가치는 어느 정도 알
고 있는 것 같다. 칭찬을 하면 듣는 사람들이 좋아하고, 긍정의 에너지
를 얻을 줄로 안다. 칭찬의 말처럼 내가 무엇인가를 잘하고 있는 것 같
고, 또한 타인으로부터 어느 정도 인정을 받는 것 같아 긍정적으로 작
용할 것으로 안다.

하지만 이런 유형의 칭찬은 우리가 생각하고 있는 것만큼 그렇게 좋
은 결과를 가져다주지 못한다. 필자는 도리어 칭찬은 독(毒)이 되고, 해
(害)가 된다고 생각한다. 필자가 경험했던 사례를 통해 그 폐단의 심각
성을 들여다보자.

희선의 부모님은 딸의 등교 거부 문제로 학교에 나오셨다. 희선이 고
교 2학년이 되면서 아예 등교를 거부하고 있기 때문이다. 지난 1학년 2
학기가 시작 무렵부터 희선은 기회가 될 때마다 학교를 그만두겠다고
입버릇처럼 말해왔다. 그러다가 2학년 1학기 새 학기가 시작되니 아주

등교를 거부하고 있다. "부모님이 학교에 가라고 하면 아예 죽어버리겠다"고 으름장을 놓고 있다. 이런 희선을 두고 부모님은 어찌할 바를 몰라 애를 태우고 있다.

희선은 중학교 때부터 공부를 잘하는 우등생이었다. 고등학교에 진학해서도 성적이 우수해 학교를 그만두어야 할 특별한 이유가 없는 것 같다. 그런데 희선은 학교에 가지 않겠다고 난리를 피우고 있다.

담임 선생님과 상담할 때는 "우리 학교에는 우수한 학생들이 너무 많아서 내신성적을 잘 받을 수 없어요. 그래서 자퇴하고 검정고시를 보려고요. 그리고 학교에 적응하기가 너무 힘들어요. 친구들이 저를 외면하고 어울려 주지 않은 것 같아요. 그래서 학교 다니기가 힘들어요." 라고 했다고 한다.

희선은 지금 무슨 수를 써서라도 학교를 그만두겠다고 떼를 쓰고 있다. 안 되면 다른 학교로 전학이라도 가겠다며 소란을 피우고 있다. 학기가 시작되고 1주일이 지나고 있지만 희선은 학교에 나오지 않고 있다. 집에 있으면서 엄마, 아빠를 들볶기만 한다고 한다. 그러니 부모 속이 이만저만이 아니다. 그래서 어머니는 어떤 도움이라도 얻고 싶어 학교에 나오셨다.

학교에서 상담을 마치고 집으로 돌아간 어머니는 필자에게 전화를 했다.

"선생님 우리 아이, 이러다가 큰일 나겠어요. 선생님이 우리 희선을 만나 상담 좀 해 주세요. 글쎄 학교를 괜히 그만두겠다고 난리를 피웁니다."

"그래요? 희선이 무슨 일로 학교를 그만두겠다고 합니까?"

"글쎄요, 그냥 내신성적을 잘 받을 수 없으니까, 검정고시를 치른다고 합니다."

"그래요? 그러면 저라고 해서 무슨 도움을 줄 수 없을 것 같은데, 참 난감한 일입니다."

"그냥 선생님이 우리 희선을 만나서 이야기만이라도 들어주시면 안 될까요?"

어머니의 부탁이 하도 간절하고 긴박해서 어떻게 거절할 수 없었다.

"지금 희선이 학교에 나오지 않고 있는데 어떻게 하죠?"
"그것은 제가 어떻게 해 보겠습니다."

전화를 끊고 나니, 걱정이 되었다. 아무리 상담 교사라고 하지만 부모의 기대가 있고, 희선이 마음을 닫고 있는 상태에서 어떻게 해 볼 도리가 없겠다는 생각이 들었기 때문이다.

다음 날 상담실에서 희선을 만날 수 있었다. 희선은 부모님이 상담 선생님만 만나고 오면 네가 원하는 것 다 해 준다는 조건으로 학교에 왔다고 했다. 희선은 선생님과 만남을 자퇴를 위한 마지막 관문이라고 생각하고 억지로 만나고 있었다. 그러니 마음을 열거나 대화를 하려는 의지가 없었다. 희선의 모습을 보아하니, '그저, 그냥, 선생님, 네가 나를 어떻게 하거나 말거나, 나는 선생님 얼굴만 보고 가면 이제 끝이다.'라는 표정으로 앉아 있었다.

하지만 학생의 일을 교사가 먼발치에서 보고 수수방관할 수 없는 노릇이다. 마시고 싶은 차(茶)를 물어 선택하게 하고, 정성껏 타 주었다. 그리고 앞에서 설명했던 대화법 관심갖기, 기다려 주기, 도랑치기 등 필요한 화법을 동원했다.

우리가 앞에서 다뤄서 알고 있는 것처럼 희선이 들고나온 '자퇴'라는 말은 욕구가 아닌 해결책이다. 그러면 희선에게는 자퇴라는 해결책을 제시하게 된 근본 욕구가 있을 것이다. 이미 다뤘던 것처럼 욕구를 알게 되면 해결책이 다양하다는 사실을 우리는 알고 있다. 즉 '이것으로 인해 내가 얻을 수 있는 유익'이 무엇인지 말하게 하고 그것을 알게 된다면 비교적 쉽게 다른 해결책을 찾을 수 있기 때문이다. 그래서 필자는 희선의 근본 욕구가 무엇인지 알고 싶었다. 희선을 만난 지 어느 정도 시간이 지났을 때, 필자는 "희선아, 네가 학교를 그만두고 싶다고 하는데, 그런 마음은 언제부터 들었는지 말해 줄 수 있어?" 처음에는 들은 척, 만 척하더니, "1학년 1학기 마치고요." 한다. 그동안 대화를 거부하며 말을 하지 않았던 희선이 말을 시작한 것이다.

"무슨 일로, 무엇이 계기가 되어 그런 마음이 들었는지 말해 줄 수 있어?"

"친구들이 너무 공부를 잘해요. 이런 성적으로는 제가 원하는 대학에 갈 수 없겠다고 생각했어요."

"그런 생각을 했구나. 많이 힘들었겠구나. 그런 점이라면 우리 학교에 우수한 학생들이 많아 입학 전부터 알고 예상했던 일일 것 같은데~"

"그것도 그것인데, 제가 기대를 충족시킬 수 없어요."

"그래 그런 것도 있었구나. 누구 기대를 충족시켜야 했는데? 부모님?"

"아뇨."

희선은 자세를 가다듬더니, 눈물을 글썽거렸다. 잠시 훌쩍이더니 감춰두었던 내면의 이야기를 꺼내기 시작했다.

희선은 고등학교에 입학할 때에 성적우수장학생 30명 안에 들어 장학생이 되었다. 그래서 그런지, 선생님들도 희선에게 관심을 갖고 격려를 해 주었다고 한다. 더욱이 우리 학교에는 낯익은 아빠의 친구 선생님도 계셔서 보이지 않는 힘이 되었다고 한다.

그 선생님은 친구 딸이 같은 학교에 다니게 되어 기분이 좋았는지, 희선에게 매우 친절하게 대해 줬다고 한다. 하루는 희선을 알아보고는 교무실로 부르더니, "선생님이 아빠처럼 잘 도와줄 테니, 열심히 공부해 보자. 앞으로 학교생활과 성적관리를 잘해라. 선생님도 잘 살펴볼 거야. 잘하기만 하면, 좋은 대학에 갈 수 있어. 그래야지? 어려움이나 도움이 필요하면 내게 와라 도와줄게." 하시면서 격려를 해 주셨다고 한다. 그래서 희선이도 우리 학교에 자기를 염려해 주고 잘 챙겨주신 선생님이 계셔 고맙게 생각되었다고 한다. 더욱이 그 선생님은 선배들로부터 실력 있고, 인기 있는 선생님이라고 인정받고 있었다. 그런 선생님이 희선을 직접 불러 칭찬해 주시고 학교생활을 도와주겠다고 하니 기분이 좋아지고, 어깨도 으쓱해졌다고 한다.

이렇게 기대와 희망 속에 시작된 고교생활이 중간고사를 치르고 나면서 불편해지기 시작했다고 한다. 시험 성적이 입학 성적보다 좋지 않게 나온 것이다. 부모님에게 미안한 마음이 들었다. 그래도 공부를 잘하는 아이들과 경쟁에서 나온 성적이라 어느 정도 인정을 할 수 있었다.

그러던 어느 날 아빠 친구 선생님이 희선을 부르시더니, 학교생활과 성적을 염려해 주시면서 세심한 조언을 해 주셨다. "선생님이 너 중간고사 성적을 봤는데, 입학 때보다 좀 떨어졌더라. 너무 긴장했나 봐. 처음 시작이니 그럴 수 있어, 너무 부담을 갖지 말고 최선을 다해라 응~. 아니면 우리 희선이 고등학교 생활을 너무 쉽게 생각했는지도 모르겠다. 고등학교 공부는 생각보다 만만치 않단다. 그러니 좀 더 세심한 관리가 필요하단다. 조금만 열심히 하면 좋은 성적을 낼 수 있을 거야. 네게는 그런 능력이 있잖아. 충분히 잘 해낼 수 있어. 알았지? 내가 격려하고 응원할 테니 용기를 내자. 우리 서로 용기를 내고 자신감을 갖기 위해 선생님과 재밌는 제안 하나 할게. 네가 입학 성적을 회복하면 선생님이 네가 맛있는 거라면 무엇이든 사 줄게, 만일 네 성적이 떨어지면 네가 선생님에게 자장면을 사 주라. 이 약속 어때?" 이렇게 해서 희선은 엉겁결에 선생님과 성적 약속을 하게 되었다고 한다.

이후로도 가끔 교내에서 선생님을 만날 때면 선생님은 "열심히 하고 있지? 너무 부담 갖지 말고 할 수 있는 만큼만 해, 그러면 네 능력이 나올 거야."라고 격려해 주셨다. 한번은 복도에서 선생님과 마주친 적이 있었는데, 선생님은 손을 들어 하이파이브를 하며 "화이팅!" 해 주셨다고 한다. 또 어떤 때는 "맛있는 것 사 줄게." 하시며 희선에게 기를 불어넣어 주기도 하셨다. 한번은 "희선아 너는 엄마, 아빠의 자랑도 되지만 선생님에게도 자랑이 돼, 네가 있어 선생님도 너무 좋아."라고 하시면서 칭찬을 해 주셨다고 한다.

선생님의 이런 관심이 때로는 어색하기도, 쑥스럽기도 했지만 마음으로는 든든하고 뿌듯했다고 한다. 선생님과 친하게 지내는 모습을 보고는 다른 아이들이 부러워하기도 했다고 한다. 그래서 희선은 열심히 노력하면 기말고사 때에는 좋은 성적이 나올 것으로 기대하고 있었다.

그런데 내적 만족과 즐거움은 1학기 기말고사를 마치면서 부끄러움과 괴로움으로 변했다고 한다. 그렇게 칭찬을 받고 격려를 받았으면 이제 거기에 맞는 좋은 성적 결과를 내야 했다. 그런데 희선의 기말고사 성적은 중간고사보다 더 떨어지고 말았다. 나름대로 계획을 세워 열심히 한다고 했는데 성적이 떨어졌으니, 희선은 감당하기가 어려웠다.

부모님에게도 미안했지만 내게 관심을 보여주시고 칭찬해 주신 그 선생님을 뵐 낯이 없었다. 기말고사를 보고 나서는 선생님에게 더 많은 칭찬을 듣고 싶었는데 성적이 이 모양이라니, 이제 선생님을 만날만한 자신감도 명분도 사라지고 말았다.

지난번 선생님과 약속한 대로 자장면을 사 드려야 하나 고민이 되었다. 아니 자장면이 아니라 그 선생님 앞에 나타날 자신이 없어지고 말았다. 선생님에게 그렇게 많은 칭찬을 들었는데, 그것과 너무 다른 성적을 얻었으니 선생님을 뵐 면목이 없어진 것이다. '이제 학교생활을 어떻게 해야 하나' 생각하니 희선은 앞이 캄캄해졌다고 한다. 희선은 당장 학교가 싫어졌다고 했다.

그러다가 희선은 선생님과 만나지 않을 핑곗거리를 찾아 나서게 되었다고 한다. 학교를 그만두면 해결될 것 같다는 생각이 들었다. 그래서 시간이 날 때마다 자퇴 명분을 찾았다고 한다. 성적이 떨어져 좋은 내신 성적을 받을 수 없으니 학교를 그만두겠다는 핑계를 마련한 것이다.

이런 사실을 먼저 엄마에게 말씀드리고, 그다음에 아빠에게 말씀드렸다. 무슨 일이 있어도 학교를 그만두겠다고 마음먹었다. 아니면 최소한 전학이라도 가야 하겠다고 마음먹게 되었다고 한다. 나름대로 확실한 자퇴 근거와 전학 논리를 만들기 시작했다. 1학년 2학기에는 자퇴하겠다는 말을 하다가 1학년을 마치면 아예 결판을 내겠다고 마음먹었다. 희선은 처음 계획한 대로 2학년이 시작되니 아예 발을 내 뻗고 있는 것이다.

희선은 누구에게도 말할 수 없는 성적에 대한 부담과 고통을 혼자 짊어지고 괴로워하고 있었다. 이 아픈 괴로움, 어떻게 보면 하찮은 일-선생님이나 부모님의 기대에 어긋나 면목이 없는, 남이 알면 창피할 일-을 혼자 짊어지고 괴로워하고 있었다. 이런 내면의 괴로움이라면 그 누구에게도 말할 수 없는 일이다. 창피하기도 하고 명분이 서지 않기 때문이다. 더욱이 자신이 공부를 못하는 무능력한 사람으로 낙인찍힐 것에 대한 두려움이 생겨 견딜 수 없게 된다. 결국 희선은 학교를 그만두겠다고 굳게 마음먹게 되었던 것이다.

학생들을 지도하다 보면 희선이와 같은 아이들을 수시로 만날 수 있다. 1등을 하는 아이가 공부가 힘들다고 울고 있다. "선생님 공부가 안 돼요, 다른 곳에서 하고 싶어요.", "선생님, 공부를 왜 해야 하지요?", "경쟁자들이 없는 세상에서 공부하고 싶어요."라는 말들을 하면서 성적으로 인한 스트레스를 호소하곤 한다.

종종 매스컴에서 공부를 잘한 아이들이 잘못된 선택을 하는 안타까운 소식을 보게 된다. 나는 이들의 아픔과 괴로움이 얼마나 큰지 짐작할 수 있다. 무엇이 이들을 이 큰 괴로움으로 몰고 가는지, 무엇이 이 엄청난 선택을 하게 만드는지.

아이들을 이렇게 힘들게 만든 것은 다름 아닌 '칭찬'이다. 칭찬은 고래도 춤추게 한다는데 무슨 소리냐고 반문할는지 모르겠다. 사람들은 칭찬을 하면 에너지를 얻고 용기를 얻을 줄로 안다. 그러나 우리가 일상적으로 알고 사용하는 칭찬이라고 하는 것은 사례에서 본 것처럼 사람을 힘들게 만든다. 나아가 괴롭게 만들고 고통에 휩싸이게 만든다.

희선의 사례에서 본 것처럼 "희선아 너는 엄마, 아빠의 자랑도 되지만 선생님의 자랑도 돼, 네가 있어 선생님도 자랑스러워" 이런 말은 칭찬이 아니라 괴로움을 주는 말이다. 겉으로 보기에는 '이렇게 좋은 말이, 이렇게 좋은 칭찬이 어디에 있을까?'라는 생각을 할 수도 있다. 그래서 어깨가 으쓱거려지고 흥이 절로 날 것 같기도 하다. 그런데 실제 이런 말을 들으면 부담스럽고 힘이 들어가게 된다. 마냥 춤을 출 수 없게 되고 만다. 이상한 일이다. 왜 그러는 걸까?

이런 칭찬에는 늘 일정한 조건이 따라다니기 때문이다. 그러니까 '성적이 우수해서'라는 조건이 들어 있다. 성적이 우수한 결과 '자랑이 된다.'는 말이다. 이를 반대로 생각해 보면 성적이 좋지 않으면 자랑이 될 수 없다는 말이 된다. 그러니 이는 칭찬이 아니라 성적의 결과에 따른 인정 여부라 하겠다. 때문에 성적이 떨어지면 희선처럼 큰 부담을 안게 된다.

희선이 이런 의미를 모를 리 없다. 지금 희선의 성적은 반대로 떨어지고 있으니 이제 더이상 자기는 선생님과 부모님에게 자랑이 될 수 없다는 것을 잘 알고 있다. 그러니 희선은 큰 짐을 안고 괴로워하고 있는 것이다.

선생님은 희선에게 괴로움을 주고 싶어서 이런 칭찬을 동원한 것은 아니었을 것이다. 분명 용기를 북돋아 주고 격려해 주고 싶어서 다른 아이들에게 하지 않았던 격려와 칭찬을 해 주었던 것이다. 그런데 "부담 갖지 말라"는 말에 희선은 오히려 더 큰 부담을 갖게 되고 말았다.

이런 칭찬으로는 용기를 북돋아 주고 힘을 불어넣어 줄 수 없다. 잘못된 칭찬은 에너지를 주는 것이 아니라 오히려 괴로움과 고통만 안겨 주게 된다. 칭찬의 원리나 요령을 모르고 하는 칭찬은 괴로움을 넘어 엄청난 상처만 남겨 줄 뿐이다. 희선 역시 그랬다. 그래서 희선은 학교에서 그 선생님과 마주칠까 봐 피해 다녔다고 한다. 우리들이 그렇게 좋다고 하는 칭찬이 만들어낸 불편한 진실이라 하겠다.

2003년 교육개발원 연구 보고서에는 영재들의 삶을 추적 관찰한 내용이 담겨있다. 교육개발원에서는 80년대에 태어나 세상을 떠들썩하게 만들었던 81명의 영재들을 선정하고, 이들의 성장 과정을 추적 조사했다. 영재라는 말만으로도 이들은 매우 뛰어난 삶을 살고, 멋지게 인생을 펼쳐나갈 것처럼 보인다. 그런데 예측과 달리 이들의 삶은 50% 이상이 평범하게 되었거나 상식적인, 그러니까 사람들이 기대하는 수준 이하의 삶을 살고 있다고 보고하고 있다. 다른 영재들 12.4%는 고교 졸업 후에 취업하거나 대학입시 재수를 하고 있는 것으로 보고하고 있다.

어렸을 때부터 그렇게 뛰어났던 영재들이 왜 이런 양상을 보이고 있는 걸까? 그 원인으로 학자들이나 주변 사람들은 칭찬을 들고 있다. 잘못된 칭찬이 뛰어난 아이들을 평범하게 만들었다는 이야기다. 최근 진행된 연구나 실험 결과들에서도 이런 사실을 잘 증명해 주고 있다. 칭찬이 주는 엄청난 폐단이라 하겠다.

그러면 칭찬을 해서는 안 된다는 말일까? 아니, 칭찬을 하지 말라는 말일까? 전혀 그렇지 않다. 칭찬은 누구에게나 필요하고 요긴한 말임에는 틀림이 없다. 다만 칭찬이 의도한 대로 사람에게 용기와 격려가 되게 하려면 그 나름대로 확실한 요령과 방법이 따로 있다는 것이다. 여기에서는 이런 유형의 칭찬이 걸림돌이 되어서 아픔이 된다는 폐단만을 언급하기로 한다. 그 구체적인 칭찬 방법은 다음에서 다루기로 한다.

4. 칭찬의 기술

우리는 앞에서 칭찬의 폐단에 대해 살펴봤다. 그동안 우리가 몰랐던 칭찬의 역기능이 생각보다 더 심각하다는 사실을 알 수 있었다. 잘못된 칭찬은 사람에게 고통이나 괴로움을 줄 뿐만 아니라 심지어 생을 등지는 일까지 만들어낸다. 그러니 우리는 이런 칭찬을 마냥 좋게 여기거나 가볍게 생각하고 사용해서는 안 될 일이다. 다음 실험을 보면서 우리들이 사용하고 있는 칭찬을 다시 한번 생각해 보고, 그 올바른 사용법을 알아보도록 하자.

교육 방송 EBS에서는 초등학교 2학년 아이들을 대상으로 칭찬에 대한 실험을 했다. 연구자들은 실험을 위해 분홍색 방과 파란색 방 2개를 마련하고, 실험에 초대된 아이들이 자기들이 원하는 방에 임의로 골라 들어가게 했다. 그리고 여기에서 아이들은 모두 두 번 문제를 푸는 미션을 수행해야 했다.

처음 문제를 풀 때는 모두 다 같은 난이도 문제를 풀고, 두 번째 문제를 풀 때에는 난이도가 다른 문제 중에서 참가자가 원하는 문제유형을 골라 풀어야 했다. 드디어 아이들이 문제를 풀기 시작했다.

첫 번째 문제를 모두 푼 아이들은 두 번째 문제를 풀기 위해 문제를 골라야 했다. 제시된 문제는 하나는 처음 풀었던 문제와 유사한 난이도 문제였고, 다른 하나는 처음 문제보다 더 어려운 문제였다. 문제를 고르는 아이들의 모습을 봤더니, 두 방의 아이들은 서로 다른 양상을 보였다.

분홍색 방에서 문제를 풀었던 아이들은 모두 처음 문제와 비슷한 난이도 문제를 선택하고, 파란색 방에서 문제를 풀었던 아이들은 모두 처음보다 더 어려운 문제를 골랐다. 그러니까 2차 문제를 선택할 때에 분홍색 방 아이들은 모두 쉬운 문제를 골랐고, 파란색 방 아이들은 모두 어려운 문제를 골랐던 것이다.

참 이상한 일이다. 서로 다른 방에서 문제를 풀었던 아이들이 문제를 선택할 때에는 전혀 다른 선택을 보여줬으니 말이다. 어떻게 해서 이렇게 전혀 다른 모습을 보이게 된 걸까? 아이들이 무슨 마법에라도 걸렸던 것일까? 아이들이 문제를 선택한 흐름도를 보면 다음과 같다.

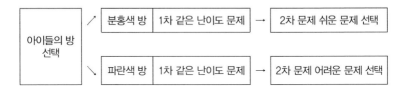

아이들에게 주어진 조건은 모두 똑같았다. 차이라고 한다면 두 방에서 아이들이 문제를 풀고 있는 동안 감독 선생님이 해 준 말이 조금 달랐을 뿐이다. 분홍 방에서 감독했던 선생님은 아이들에게 "잘한다.", "머리가 좋은데", "훌륭하다." 등과 같은 말을 해 주었고, 파란 방에서 감독했던 선생님은 "어려운 문제인데도 끝까지 잘 푸는구나.", "어려운 문제인데 최선을 다해 노력하는구나.", "애써 노력하는 모습이 대견스럽구나.", "중간에 어려운 문제도 있었는데 침착하게 잘하는구나." 등과 같은 말을 해 주었다.

그러니까 분홍 방의 선생님은 우리들이 일상적으로 칭찬이라고 알고 사용하고 있는 그런 말들을 해 주었고, 파란 방의 선생님은 아이들이 문제를 푸는 모습을 표현해 주는 말을 해 주었다. 그랬더니 분홍 방에서 문제를 풀었던 아이들은 2차 문제를 선택할 때에 모두 쉬운 문제를 골랐고, 파란색 방 아이들은 모두 어려운 문제를 택했던 것이다.

결국 아이들이 서로 다른 문제를 선택한 것은 감독자의 말에서 영향을 받은 것이라 하겠다. 분홍색 방에서 처음 문제를 풀었던 아이들은 '잘한다.', '머리 좋아.'와 같은 말을 들었다. 그러니 2차 문제를 풀고 나서도 이런 칭찬을 듣고 싶었다. 그러기 위해서는 쉬운 문제를 골라서 잘 풀어야 했다. 그래서 이들은 모두 쉬운 문제를 골랐던 것이다.

반대로 파란색 방에 들어갔던 아이들은 두 번째 문제를 모두 어려운 문제를 골랐다. 이 아이들은 1차 문제를 풀고 있을 때, 감독 교사로부터 "열심히 하는구나.", "최선을 다하고 있구나.", "어려운 데도 기꺼이 풀려고 노력하는구나."와 같은 말을 들었다. 그러니까 이 방 아이들은 두 번째 문제에서도 최선을 다하는, 열심히 하는 모습을 보여주고 싶었다. 그러기 위해서는 어려운 문제를 골라 열심히 풀어야 했다.

단순한 말의 차이 같지만 그 결과는 전혀 다른 양상을 보여주었다. 감독 교사의 말이 조금 달랐을 뿐인데, 이런 엄청난 차이를 보여주다니, 정말 보고도 믿기지 않았다. 이 실험은 칭찬의 언어가 사람에게 미치는 영향에 대해 매우 실제적으로 보여주고 있다.

조금 더 설명해 보자. 분홍 방에서 문제를 풀었던 아이들은 '잘한다'라는 말을 들었다. 이는 앞에서 했던 일보다 더 잘해야 들을 수 있는 말이다. 그리고 '머리가 좋다'는 말 역시 남들과 비교해서 머리가 더 좋아야 들을 수 있는 말이다. 또한 '남들과 비교해 봤을 때, 내 위치가 남들보다 앞서야 들을 수 있는 말이다. 결과적으로 이런 말은 어떤 일에 대한 결과에 따른 보상이라는 말이다. 그래서 이 방의 아이들은 모두 쉬운 문제를 골랐던 것이다.

반대로 파란색 방에서 감독했던 선생님은 결과에 대한 말이 아니라, 아이들이 문제를 푸는 과정에서 보여준 태도에 관한 말을 해 주었다. 그러니까 이 아이들은 자신의 노력 여부, 그리고 최선을 다하는 모습에 관한 말을 들었다. 이러한 말들은 아이들이 자기 노력의 정도나 혹은 지녀야 할 태도에 대한 고민을 하게 만들어 주었다. 그래서 파란 방에 있었던 아이들은 두 번째 시험에서도 모두 자기 노력을 보여줄 수 있는, 최선을 다하고 있는 모습을 보여주고 싶었다. 그래서 더 어려운 문제를 골랐던 것이다.

여기까지 내용을 정리해 보면 분홍 방 선생님은 '결과'를 가지고 칭찬했고, 파란 방 선생님은 '과정'에 중심을 둔 칭찬을 해 주었다. 따라서 분홍 방 아이들은 결과에 관심을 갖게 되었고, 파란 방 아이들은 과정에 관심을 가졌던 것이다. 이것이 결과적으로 서로 전혀 다른 결과를 가져오게 만드는 주요인이라 하겠다.

좀 더 설명해 보면 결과 중심의 언어는 '최고'라는 말에 귀결되고, 과정 중심의 언어는 '최선'이라는 말에 귀결된다. 따라서 분홍 방에 있었던 아이는 남들보다 잘한 '최고'에 관심을 두게 되었고, 파란 방의 아이들은 과정에 관심을 둔 '최선'을 택했던 것이다. 더 나아가 이런 언어의 의미를 따져보면 '최고'는 한 사람만 될 수 있지만 '최선'은 누구든지 할 수 있는 것이 된다.

이런 결과는 이후 계속된 실험에서도 그런 사실을 증명해 주고 있다. 실험은 계속된다. 두 번째 문제를 푼 다음, 아이들에게 또 하나의 미션이 주어졌다. 이번에는 상자를 고르는 일이었다. 한 상자에는 다른 친구들의 성적이 담겨 있고, 다른 하나에는 문제 풀이 방법이 담겨 있었다.

이 과정에서도 두 방에서 있던 아이들의 선택은 서로 다른 모습을 보여주었다. 쉬운 문제를 골라 풀었던 분홍색 방 아이들은 마지막 선택에서 '친구들의 성적이 담긴 상자'를 선택했고, 파란색 방에서 어려운 문제를 골랐던 아이들 대부분은 '문제 풀이 방법이 담긴 상자'를 선택한 것이다. 참 이상한 일이다. 이해를 돕기 위해 실험에 참여했던 아이들의 흐름을 정리해 보면 이렇게 된다.

어떻게 해서 이렇게 전혀 다른 결과를 보여주게 된 걸까? 그것은 아이들이 실험을 마치고 나서 한 말에서 단서를 찾을 수 있다. 쉬운 문제를 골랐던 분홍 방 아이들에게 "왜 친구들의 성적이 담긴 상자를 택했느냐?"고 물었다. 그랬더니 아이들은 "다른 친구들과 비교해서 내 성적이 어느 정도 되는지 알고 싶어서"라고 답했다. 그러니까 시험을 치르고 있는 동안 '잘한다'라는 칭찬을 들었던 아이들은 결과에서도 똑같이 다른 친구들의 성적과 비교해 봐서 '잘한다'라는 칭찬을 듣고 싶어서 '내 성적의 위치가 어디에 놓였느냐?'에 관심을 가졌던 것이다. 그 결과 이들은 모두 친구들의 성적이 담긴 상자를 골랐던 것이다. 결과적으로 이 아이들은 친구들과 비교해 봐서 자신이 얼마나 더 잘한 사람인지 파악하고 그것의 결과에 따라 잘한 사람으로 남고 싶어서 그랬다.

또 어려운 문제를 풀고, '문제 풀이 상자'를 고른 파란 방 아이들에게도 물었다. "너희는 왜 이 상자를 고르게 되었니?"라고 했더니 아이들은 한결같이 "새로운 문제에 도전하고 싶어서", "풀이를 알아야 다음에 틀리지 않을 수 있기 때문에"라는 말을 했다. 이 아이들은 친구들과 비교해서 내가 어느 정도 잘하는가에 관심이 있는 것이 아니라 자신이 기울인 노력의 양이나 문제해결 방법에 더 관심을 가졌던 것이다. 그러니 이 아이들은 시험을 치르고 나서도 처음 시험을 치르는 동안 들었던 '최선을 다하는 사람이구나.'와 같은 말을 듣고 싶었던 것이다. 그래서 결과가 아니라 자신의 능력을 향상하고 새로운 것에 도전하려는 마음을 가졌던 것이다.

이 실험 결과는 우리의 언어가 아이들에게 어떤 영향을 미치고 있는지, 우리의 칭찬이 어떠해야 하는지를 잘 보여주고 있다. 사소한 언어의 차이라 할 수 있지만 그 결과에서는 아주 엄청난 차이를 보여주고 있다.

결론적으로 정리하자면 교사들이 사용하는 말은 현실에서도, 학교에서도 매우 중요하다. 교사의 말에 따라 학생들이 진취적이고 발전적이고 도전적인 사람이 될 수 있고, 반대로 현재에 머무르면서 조마조마하며, 기가 꺾인 채로 위축되어 살아갈 수도 있기 때문이다. 선생님의 말이 학생들의 삶을 결정지을 수 있으니까 말이다. 그러면 우리는 칭찬을 어떻게 해야 할까?

1) 과정 중심의 칭찬

칭찬이 우리가 기대하고 바라는 칭찬으로서 기능을 발휘하기 위해서는 결과 중심이 아닌 '과정 중심의 칭찬'이어야 한다. 우리들이 보통 칭찬이라고 하는 말은 대부분 결과에 방점을 두고 하는 칭찬이다. 그러다 보니 과정은 무시하고 기다리고 있다가 결과가 나오면 그 결과에 따라 좋게 나오면 그것만 가지고 한마디로 "잘한다"라고 칭찬한다. 만일 결과가 좋지 않거나 없으면 아예 칭찬 자체를 하지 않게 된다. 그러니 칭찬이 칭찬으로서 기능을 잃고 맥을 추지 못하게 되고 만다. 때문에 우리는 '결과'가 아니라 '과정'을 들어 칭찬할 수 있어야 한다. 그러면 제자들을 춤추게 할 수 있다.

그렇게 하기 위해서는 학생이 하는 행동 과정을 조금 세심하게 살펴볼 필요가 있다. 학생의 행동을 관심 있게 보고 있다가 그 과정에서 보이는 작은 행동이나 특징, 태도 등을 가감 없이 단순하게 언급하면 좋은 칭찬이 된다.

우리는 앞에서 서로 다른 두 방에 들어가 문제를 풀었던 아이들의 태도를 본 적이 있다. 분홍 방에서 문제를 풀었던 아이들은 두 번째 문제를 고를 때, 쉬운 문제를 골라 푸는 소극적인 태도를 보였다. 이유가 있다면 이들이 문제를 풀고 있는 동안 들었던 칭찬. "잘하네.", "머리가 좋구나.", "점수를 잘 받겠구나."라는 말에 맞추려고 했기 때문이다.

반대로 파란 방에서 문제를 풀었던 아이들은 두 번째 문제를 선택할 때에 모두 어려운 문제를 골랐다. 그리고 이들은 새로운 문제에 도전하는 적극적인 태도를 보였다. 그랬던 이유는 감독 교사에게 들었던 말, "최선을 다하는구나.", "포기하지 않고 열심히 하는구나."와 같이 시험 과정에서 일어난 행동, 태도에 관한 말에 따르고 싶었기 때문이다.

교사들이 학생들에게 칭찬하는 모습을 보면 "성적이 많이 올랐구나.", "95점을 맞았구나.", "등급이 많이 올랐더구나." 이런 말들을 쉽게 사용하는 것을 볼 수 있다. 이런 말들은 모두 결과를 가지고 하는 칭찬들이다.

이런 말을 들으면 아이들은 '앞으로도 이렇게 95점 이상 맞아야 칭찬을 들을 수 있겠구나.', 혹은 '앞으로 꼭 100점을 맞아야 하겠구나.'라는 생각을 하게 된다. 그래서 학생이 95점 이상을 받으면 자랑삼아 말하거나 점수를 보여주지만 그렇지 않으면 성적을 감추거나, 만나는 것을 회피하게 된다. 더 심한 경우 그렇게 하지 못한 자기 자신을 꾸중하거나 자기에게 불만을 가지게 된다. 그러면 곧 열등의식으로 이어지게 된다. 결국 도움을 주려고 한 칭찬이 오히려 부담을 주거나 부정적인 결과를 가져오게 되고 만다.

"넌 참 훌륭해."
"아유, 대단하다."
"정말로 성실한 학생이구나."
"똑똑한 녀석."
"정확한 답을 해 주었구나."

모두 교사들이 학생들을 칭찬하려고 할 때, 흔히 사용하는 말들이다. 이런 말로는 제자들을 춤 게 할 수 없다. 도리어 기를 죽이는 부작용만 낳게 만든다는 사실을 꼭 기억해야 한다.

필자가 강의할 때면 연수에 참여하는 교사들에게 가급적 학생들에게 많은 칭찬을 해 달라고 부탁하곤 한다. 그러면 대개 선생님들은 "아이들에게 칭찬거리가 있어야 하지요?"라고 답한다. 이는 모두 교사들이 과정을 생각하지 않고 어떤 결과에 관점을 두고 칭찬하려고 하기 때문이다. 누누이 말하지만 칭찬은 결과가 아니라 과정을 말해야 한다.

우리의 관점을 과정에 방점을 두면 제자들에게 칭찬거리가 얼마나 많은지 모른다. 조금 과장하면 학생이 하는 행동마다, 아니 하는 일마다 모두 칭찬거리가 된다.

"수업에 끝까지 집중해 주니까 정말 기쁘다."
"창틀이 반짝반짝하니까 내 마음이 다 개운하네."
"비가 오는 날인데도 지각을 하지 않아서 참 고맙구나."
"풀이 과정을 잘 알고 있구나."
"수업 시간에 고개를 끄떡거리면서 반응을 보여주니, 정말 고맙구나.

어느 선생님의 경험담이다. 수업 중에 한창 설명하고 있는데 인수의 표정이 오늘따라 보통 때와 다르게 느껴졌다. 수업을 듣는 표정을 보니, 생각이 뭔가 다른 곳에 가 있는 것 같았다. '무슨 급한 볼일이 있을까?' 생각했다.

"자, 그럼 지금부터는 짝끼리 의논해서 학습 활동을 풀어봅시다."
"선생님?"

아니나 다를까, 인수가 손을 든다.

"저 화장실 좀……."
"얼른 다녀와!"

인수는 정말로 급했는지 부리나케 밖으로 사라졌다. 짝
학습이 끝날 무렵, 인수가 안색이 훨씬 편안해진 모습으로 다시 교실로 돌아왔다.

"인수야, 한참 전부터 참았던 것 같은데, 내 설명이 끝날 때까지 기다린 거 맞지."
"네."
"정말 고맙구나. 덕분에 설명이 끊기지 않았어."
"오~~ 인수!!!"

친구들의 함성에 인수는 쑥스러운 듯 머리를 긁적인다.

"쌤, 당연한 거 아닙니까."
"그래 맞아, 당연해, 하지만 세상에는 당연한 일들이 챙겨지지 않아서 안타까움이나 슬픔이 만들어지기도 한단다. 그래서 나는 당연한 것을 지켜주는 사람들이 참 좋게 느껴지더라."

학생들도 나름 교사의 말에 수긍하고 있다.

"내 말을 듣고 진지하게 생각하는 것 같아 참 좋구나."

선생님은 칭찬의 방법과 그 요령을 알고 나서는 "누군가 우리의 작은 것들을 발견하고 긍정적인 칭찬으로 돌려줄 때, 우리의 마음에서는 꽃이 피어나는 것 같다."라고 말씀하셨다.

야간자율학습 지도를 위해 교실에 들어갔더니, 칠판닦기가 바닥에 내팽개쳐 있고, 칠판과 보면대 주변에 작은 분필 조각들이 여기저기 굴러다니고, 지저분해져 있었다. 누군가 분필로 장난을 했다는 증거가 역력했다.

"이거 누가 했어?"라고 묻자마자, 한결이, 석준이, 영준이가 민망해하는 표정으로 손을 슬그머니 들었다. 그 순간 불편한 마음이 싹 가시며 개운한 기분이 몰려들었다. 그래서 "얘들아, 분필 가지고 논 사람들이 손을 번쩍 들어줘서 선생님 기분이 너무 좋았어. 내 마음이 참 편안해지는구나. 서로 눈치만 보고 있을 수도 있는데, 정직하게 말해줘서 너무 고맙구나."했다. 기꺼운 마음에 내가 "얼른 치우자." 했더니, 아이들이 나와 거들었다. 덕분에 편하고, 평화로운 자습을 할 수 있었다.

만일 "'누가 했어?'라는 선생님 물음에 아무도 나서지 않았더라면 어떤 일이 벌어졌을까?' 얼마나 황당하고 무안했을까? 누가 했느냐며 서로 실랑이를 벌이다가 교사만 불쾌한 감정이 치솟아 온통 기분 나쁜 하루가 되고 말았을 것이다. 아, 이 평화는 당연히 주어지는 것이 아니구나. 자습을 마치기 전에, 선생님은 학생들에게 "참 좋은 너희들과 함께 생활할 수 있어 행복하구나."라는 기쁜 마음을 전했다고 한다.

칭찬이라고 하면 대개 거대하고 대단한 일들을 떠올리기 쉽다. 하지만 사소한 일들을 값지게 생각하고, 표현하는 일은 참 좋은 칭찬이 된다. 이것들이 우리 모두를 행복하게 만들어 준다.

"이발을 하고 오니까 시원해 보이는구나."
"재킷, 넥타이, 명찰이 잘 갖춰져 있으니 매우 단정해 보이는구나."
"이렇게 비가 많이 오는데도 제시간에 등교하다니, 고맙구나."
"네 말을 들으니 갑갑했던 속이 뚫리는 것 같다."
"학급 문고가 가지런히 꽂혀 있네. 고맙다."
"다 같이 큰소리로 대답하니까 나도 힘이 난다."
"칠판이 정말 깨끗하구나. 수업할 맛이 나는데."
"두 손으로 건네니까 참 기분 좋다."
"네가 고맙다고 말하니까 나도 뿌듯하다."
"문단속이 잘 되는 걸 보니 안심이 된다."
"창틀이 반짝반짝하는 걸 보니까 상쾌하다."
"그런 말을 들으니까 마음이 든든한걸."

칭찬의 기술을 알고 나면 아이의 행동이나 말 등, 모든 것들이 칭찬이 된다는 사실을 알 수 있다. 우리들이 그동안 칭찬에 인색했던 것은 아이들에게 칭찬거리가 없는 것이 아니라 칭찬의 기술이 없었기 때문이다. 평소에 당연하게 여겼던 일들조차도 칭찬의 눈으로 보고 말로 표현하기만 하면, 칭찬이 되고 서로에게 좋은 기분을 선사해 줄 수 있다.

2) 과장 없는 칭찬

두 번째 칭찬 방법은 '과장 없이 있는 그대로' 하는 것이다. 학생이 90점을 받았다. 그러면 보통은 "네가 최고구나", "앞으로 훌륭한 사람이 되겠구나.", "(열심히 공부하지 않는데) 매일 네가 열심히 공부하더니"처럼 확대하거나 과장해서 말하기 쉽다. 칭찬을 들은 아이의 입장은 생각하지도 않고 그냥 내 생각에 맞춰 아이가 좋아할 줄로 알고 이런 칭찬을 늘어놓게 된다.

하지만 이런 말들은 보통보다 과장되거나 뻥튀겨지는 말이다. 아이들에게 에너지가 될 것 같지만 실은 그렇게 도움이 되지 않는다. 더구나 시험 결과, 다른 아이들도 대부분 90점을 맞았다면 더욱 그렇다. 그러면 아이는 속으로 '다른 친구들도 모두 100점 맞았는데, 뭐 그걸 가지고'하며 시큰둥하게 된다. 혹은 '공부를 열심히 하지 않았는데, 열심히 했다고 하네. 열심히 하라는 말인가?'처럼 생각하게 된다.

따라서 과장된 말은 칭찬이라고 할 수 없다. 따라서 듣는 학생에게 좋은 영향도 주지 못한다. 칭찬이 칭찬으로서 기능을 제대로 발휘하려면 과장 없이 있는 그대로 표현해 주어야 한다. 이것이 칭찬이 칭찬으로 작용하게 하는 두 번째 비법이다.

3) 발견, 즉시 하는 칭찬

마지막으로 칭찬은 발견 '즉시' 해야 한다. 학생의 행동이나 말을 보고, 발견된 행동에 바로 표현해 주는 것이다. 어느 날 내가 출장으로 학교를 비운 적이 있었다. 돌아와 교실에 들어가 보니, 아무 일이 없었던 것처럼 무사하게 아이들이 청소까지 깔끔하게 정리해 두고 하교했었다. 이 광경을 보고 아이들의 행동이 대견하게 느껴져 기분이 너무 좋았다. 꼭 칭찬을 해 주고 싶다는 마음이 들었다.

그런데 다음 날 아침 다른 일에 신경 쓰느라 깜빡 잊고 말았다. 1주일이 지난 다음 어느 날 지난 일이 생각났다. "지난주 선생님 출장 때, 청소를 잘했더구나. 참 잘했어, 고맙구나."라고 칭찬해 줄 수 있다.

이런 경우, 칭찬을 하지 않은 것보다는 낫겠지만, 이것 역시 맥이 빠진 칭찬이 되고 만다. 칭찬이 칭찬으로서 기능을 발휘하지 못하고 보통의 말이 되고 만다. 때문에 칭찬을 할 때에는 반드시 칭찬거리를 발견한 즉시 하는 것이 좋다.

칭찬은 분명 고래도 춤을 추게 만든다. 공연장에서 공연하는 고래들을 보면, '말을 알아듣지 못한 저들이 어쩌면 저렇게 잘할 수 있을까'라는 생각을 하게 된다. 정말 대단한 결과를 만들어냈다. 이런 일은 고래에게만 일어나는 것이 아니다. 개나 고양이, 돼지 같은 동물들도 칭찬을 통해 훈련을 완수해낸다. 모두 칭찬의 힘이라 할 수 있다.

이제 우리는 학생들이 스스로 춤추게 할 수 있는 방법을 알게 되었다. 이는 어떤 지식이나 가르침, 좋은 성적보다 더 유익한 교육이 될 것이다. 학생들이 힘을 얻어 발전적이고 도전적인 삶을 살도록 도울 수 있으니 말이다. 우리가 이를 실천하기만 하면 우리 학생들은 생활 속에서 힘을 얻고, 용기를 얻어, 무엇에든지 도전하고 싶은 마음을 갖게 될 것이다.

이제 우리는 학생들의 삶을 칭찬으로 도배하자. 세상에 칭찬을 받고 싶지 않은 학생은 하나도 없다. 교사도 그렇다. 칭찬은 해도 해도 부족한 것이다. 올바른 칭찬은 받아도 받아도 더 받고 싶은 말이다. 칭찬이 생활화되면 언제나 에너지가 넘치고, 즐겁고 행복한 학교생활이 될 것이라고 확신한다.

5. 무엇을 가르쳐야 할까?

교사라면 누구나 아이들로부터 사랑과 존경을 받고 싶은 마음이 있다. 그리고 제자들이 사회에 나가 성공적인 삶을 살기를 간절히 바라는 마음이 있다. 이런 일들을 위해 교사들은 부단히 애를 쓰고 노력하고 있다. 밤낮으로 교과 공부를 하고, 어떻게 하면 수업을 잘할 수 있을까를 고민한다. 그리고 삶으로는 아이들에게 무엇을 보여주고, 무엇을 가르쳐줄까 생각하기도 한다.

그러다가도 어느 순간에는 큰소리를 내기도 하고, 윽박지르고, 혼내기도 하고, 어르기도 한다. 모두 제자들이 변화되고 바르게 성장하기를 바라는 마음에서 그런다. 지식을 전하고, 훈계나 훈화를 늘어놓고, 야단을 하는 것도 모두 그런 성장과 변화를 기대하기 때문이다.

하지만 아이들은 교사들이 바라는 만큼 그대로 그렇게 쉽게 변화되거나 움직여주지 않는다. 그래서 교사는 교직 경력이 늘어가면 갈수록 어려운 교육의 과제들을 끌어안고 끝없는 고민을 하게 된다.

"선생님! 우리는 왜 교복을 입어야 해요?"

"선생님! 치마를 길게 입은 친구들은 바보 같아 보여요."

"선생님! 우리는 무엇 때문에 공부를 해야 해요? 공부를 열심히 하지 않아도 잘 사는 사람들이 많은데."

"선생님! 우리가 뭐 동물들이에요? 왜 하루 종일 울타리에 갇혀서 밤 늦게까지 공부를 해야 해요?"

이런 말들을 들으면 교사들은 당장 난처하게 된다. 합리적인 논리를 들어 설명할 수 없는 것은 아니지만 아이들이 의도적으로 도무지 수용하려 들지 않기 때문이다. 그럴 때면 당장, "너희는 그런 거 알 필요 없어 아직 어려 몰라서 그러는 거야. 조금만 더 크면 다 알 수 있어."라고 일언지하에 정리하고 싶어진다.

하지만 우리가 알고 있는 것처럼 이렇게 마구잡이식 억압으로는 아이들을 움직이게 할 수 없다. 당장 지금 상황은 정리될지 모르지만 아이들이 인정하지 않을 뿐만 아니라 반항심만 더 증폭시켜 교육을 할 수 없게 만들어버리기 때문이다. 그러면 우리들이 그렇게 바라고 원하는 교육의 목적을 이룰 수 없게 된다.

이 시대에 교사들의 역할이라고 하면 물을 주고, 돌보고, 해충으로부터 지켜주어야 한다. 그리고, 성장은 아이들에게 맡겨둬야 한다. 아이들이 성장할 때까지, 그리고 아이들이 스스로 이런 말의 의미를 알고 깨달을 때까지 참고 기다릴 수 있어야 한다. 이런 사실을 알고 있으면서도 아이들을 지도하다 보면 조급한 마음이 수시로 일어난다. 변화를 기다리기에는 너무 시간이 오래 걸릴 뿐만 아니라 내가 지도하고 있는 동안 아이들의 변화된 모습을 보고 싶기 때문이다.

하지만 교사라면 이런 조바심으로부터 자유로워져야 한다. 내가 아이들의 투정과 의견을 수용하기 위해서는 우선 아이들의 생각이 나와 '틀린 것'이 아니라 '다르다'라는 인식을 가지는 것이 좋다. 그리고 어른이나 선생으로, 선배로서 할 수 있는 대로 학생들의 생각을 수용할 수 있어야 한다. 할 수만 있다면 교사들이 서로 다른 가치관을 가진 사람들과 의식의 차이를 좁히려는 노력을 기울이면 좋겠다고 생각한다.

그러한 노력 가운데 하나로 우리는 교사의 모델링을 생각할 수 있다. 이것은 어쩌면 교사들이 학생들에게 할 수 있는 가장 안전하고 확실한 교육이 될 것이다. 다시 말하면 교사의 삶을 학생들이 보고 느끼고 알아서 배우도록 하는 것이다. 학생들이 교사의 삶과 태도를 보고 알아서 느끼고 성장할 수 있도록 모델을 제공하는 것 말이다.

사도 바울은 기독교의 신학적 뼈대를 세운 사람이다. 그는 바울서신 고린도전서 11장 1절에서 고린도 교회 교인들에게 보낸 편지에서 "내가 그리스도를 본받는 자 된 것같이 너희는 나를 본받는 자가 돼라"라고 부탁한다. 얼마나 멋지고 자신 있는 제안인지 모르겠다. 크게 외쳐대는 웅변이 아닐지라도 정말로 큰 울림을 주는 말이다. 그래서 많은 기독교인들은 사도바울의 삶을 본받으려고 부단히 노력한다. 누가 억지로 강요하지 않아도 바울의 삶을 따라가다 보면 감동되어 본받지 않을 수 없게 된다. 마찬가지로 교사도 사도 바울처럼 학생들의 모델이 될 수 있어야 한다. 교사의 모델은 학생들에게 그 어떤 가르침보다 더 훌륭하고, 멋진 교육이기 때문이다.

서산대사의 선시(禪詩)라고 알려진 〈눈길을 갈 때〉라는 시가 있다.

踏雪野中去
눈 덮인 들길을 갈 때에는

不須胡亂行
모름지기 함부로 걸어서는 안 되느니라

今日我行跡
오늘 걸어가는 내 발자취가

遂作後人程
뒤에 따라오는 사람의 길이 되나니

　눈길을 걸으면서 느껴지는 교훈과 가치를 참 잘 표현했다. 잔잔한 감흥을 가져다주어 삶에 많은 가르침을 주고 있다. 모름지기 교사라면 이 시와 같거나 비슷한 생각을 품고 있어야 할 것이다. 서산대사는 눈길을 이야기하고 싶어서 이 시를 썼겠는가? 바로 인생을 말하고 싶어서 눈길을 빌려왔을 것이다.

　교사들은 모든 면에서 학생들보다 먼저 앞서 가면서 궤적을 남기는 사람들이다. 앞서가는 사람들의 삶의 궤적은 뒤에 따라오는 사람들의 기준이 되기 마련이다. 학문의 업적이 그렇고, 기술의 진보가 이를 증명해 주고 있다. 그래서 먼저 생을 살아가는 사람들의 삶은 함부로 살아서는 안 될 일이다. 우리 속담에 "윗물이 맑아야 아랫물도 맑다"라는 말이 있다. 먼저 살아가는 사람들의 삶이 맑아야 한다. 그래야 학생들의 삶도 맑아질 수 있다. 이런 점에서 봤을 때, 우리 교사들의 삶은 결코 가볍다고 할 수 없다. 제자들이 선생님을 보고 삶의 기준으로 삼는 경우가 많기 때문이다.

    필자가 학창 시절을 보냈던 1970년대 일이다. 그 당시 우리나라 전체가 그러다시피 했지만 읍내로부터 벗어난 지역은 아주 시골이었다. 각 면에는 학년별 2~3학급 정도 되는 작은 중학교들이 면(面)마다 하나씩 있었다. 당시 우리네 생활은 대부분 가난해서, 어린 동생들을 위해서, 혹은 부모님께 효도해야 한다는 명분으로 중학교를 졸업하면 인문계 고등학교 진학을 포기하고 대도시에 있는 실업계 고등학교에 진학하는 학생들이 많았다. 학년에서 10등 안에 드는 제법 공부를 잘하는 학생들도 자기가 가고 싶은 학교를 놔두고, 취업을 위해 근처의 상업고등학교나 공업고등학교에 진학했다. 그것도 아니면 낮에 일하고, 저녁에 공부하는 야간고등학교를 찾아 나서기도 했다.

    시골에서 어린 학생들이 하는 일이라고는 대부분 동생들을 돌보거나 농사일이나 소소한 집안일을 거드는 일이었다. 남학생들은 학교가 파하면 소먹이를 위해 꼴을 베러 들로 산으로 돌아다니는 일이 대부분이었다. 더구나 필자는 공부가 무엇인지, 어떻게 해야 하는지 구분조차 못 하고, 그냥 공부를 해야 한다고 하니까 영어단어를 외우고, 수학 문제를 풀어야 하니까 풀곤 했다. 그러다가 1학년 2학기가 되면서 공부를 하기 시작했다. 이유가 있다면 그냥 마음에 드는 선생님을 만나게 되면서였다.

    생활에 생각을 불어넣어 주신 분으로는 윤경자 선생님, 정영기 선생님이 있다. 다른 선생님들도 기억에 남은 분들이 있지만 나의 생활에 직접적으로 영향을 끼쳐 주신 분은 두 분의 선생님이 아니었는가 생각한다. 선생님들께서는 온 열정을 다해 가르쳐 주시고 우리에게 친근하게 다가와 주셨다. 그 바람에 선생님과 친해지게 되었다. 선생님의 지도에 감동받은 나머지 점수가 낮으면 자청해 가서 매를 들어달라고 요청하기도 했다. 정영기 선생님은 매를 들면서

"시골에서 가난하게 산다고 꿈마저 가난해서는 안 된다. 선생님도 시골에서 나고 자랐지만 교사의 꿈을 꾸었고 노력해서 이렇게 너희들과 만날 수 있게 되었구나. 너희들도 정말 하고 싶은 것, 잘할 자신이 있는 것이 있나 찾아보렴. 그리고 노력해 보렴. 시골에 산다고 해서 자신을 현실에 가둬두어서는 안 된단다."

국어 선생님이셨던 윤경자 선생님은 국어 공부는 물론 수학 문제도 가르쳐주면서 공부법을 일러주시기도 하셨다. "모르는 문제가 있으면 언제든지 가져와서 물어봐"라고 하셨다. 내게는 얼마나 인상적이었고, 고마운 선물이었는지 모른다.

선생님은 미혼이라, 학교 근처에서 자취를 하고 계셨는데, 철이 없던 우리는 시간만 나면 선생님을 찾아가 놀기도 하고, 공부를 하기도 했다. 그러다 보니, 자연스럽게 선생님과 함께 보내는 시간이 많아졌다.

그때 당시에는 학생 웅변대회라는 것이 많이 있었다. 나는 종종 웅변대회에 나가곤 했는데, 웅변대회 연습을 하려면 내 웅변 실력을 점검해야 했다. 하지만 점검할만한 특별한 방법이 마땅치 않았다. 그러다 보니 내가 웅변을 하면 지도하시는 선생님이 듣고 수정해 주시면 그것을 따르곤 했다. 내 웅변을 점검해 보고 싶었지만 당시에는 녹음기라는 것이 매우 귀했다. 그래서 아쉬워하고 있던 차에 선생님께서는 자신이

쓰시던 녹음기를 주시면서 녹음하고 점검하라고 선뜻 내주셨다. 그래서 나는 신기한 녹음기를 처음 만져보고 가지고 웅변 연습을 할 수 있었다.

선생님들이 일직을 서는 일요일이 되면(예전에는 휴일이면 선생님들이 돌아가면서 당직을 섰다)이면 학교에 가서 이야기도 나누고 공부도 했다. 그때 당시 나는 탁구라는 것이 무엇인지도 몰랐다. 그런데 학교에는 학생들의 특별활동을 위해 탁구대가 있었다. 선생님이 당직하시는 날이면 우리는 학교에 가서 놀았는데, 그때 선생님이 탁구도 가르쳐주시기도 했다.

훌륭한 선생님들을 만난 계기로 우리 생활은 자연스럽게 적극적인 모습으로 바뀌게 되었다. 탁구도 배우고, 공부도 하고, 놀기도 하고, 특별히 윤경자 선생님은 고등학교 때부터 시를 쓰셨는데, 시에 대한 이야기도 많이 해 주셨다. 선생님은 대학 때에 신문에 실린 선생님의 시를 스크랩해서 보관해 두고 보여주기도 했다.

당시 우리는 시 낭송이 무엇인지도 모르고 있었다. 그런데 선생님은 광주에 있는 CBS 방송국에서 시를 녹음해 오셔서 수업 시간에 들려주시면서 시 낭송에 대한 이야기도 해주셨다. 그래서 나도 시를 쓰고 싶다는 생각을 하게 되었고 선생님의 영향으로 나는 지금도 시를 쓰고 있다. 선생님은 내 시집 출판기념회 때에 친히 오셔서 축사를 해 주시면서 격려해 주셨다.

그런 선생님의 영향 덕분인지 나도 교사가 되었다. 필자 역시 아이들에게 꿈을 심어주고 친근하고 좋은 선생님 되려고 노력했다. 그러다 보니, '나도 할 수 있다'는 꿈을 꾸기 시작한 아이들을 만나기도 했고, 그 아이들이 꿈을 이루는 모습도 지켜볼 수 있었다. 해마다 스승의 날이면 내게 안부를 묻는 제자들이 있고, 덕분에 나도 나의 선생님께 안부를 여쭈게 되었다.

누군가의 길이 되어 주는 것, 아이들에게 보다 나은 꿈을 꿀 수 있도록 모델이 되어 주는 것, 소박하고 진솔한 삶을 고스란히 보여주면서 부드럽고 따뜻하게 격려하는 것은 분명 아름다운 삶의 발자국이라고 생각한다. 앞서가는 사람의 삶의 모습은 뒤따라가는 사람에게 길과 에너지가 되는 것은 맞는 것 같다. 교사로서 제자들에게 모델링이 되는 것은 소리는 적으나 학생들의 가치관 변화에 가장 큰 영향을 미치는 강력한 수단이 된다고 생각한다.

어느 해 가을이었다. 얼마 전까지만 해도 우리 교육 현장에는 아침 등교지도라는 일이 있었다. 이때 학교에서는 학생들의 복장이나 두발, 등교 시간 등을 지도했다. 당시 우리 학교 머리 지도는 단발머리였다. 그리고 머리에는 다른 장식을 해서는 안 된다는 교칙을 갖고 있었다. 하루는 교문을 들어서는데 한켠에서 학생들을 지도하는 선생님과 민혜가 몹시 화난 목소리로 서로 소리를 높이고 있었다.

"너는 학생 머리가 이게 뭐니?"
"선생님도 저랑 똑같잖아요. 선생님 머리도 길잖아요."
선생님은 어이가 없다는 표정을 지으면서,
"아주 학교 규칙을 우습게 아네. 머리에 염색까지 했네?"
"선생님은 화장까지 하셨네요. 뭐~"
미안한 기색도 없이 말대꾸하는 학생에게 선생님은
"내가 너랑 똑같아? 너는 학생이고 나는 어른이잖아. 학생이 학생다

워야지."

맹랑한 학생은 선생님에게 결코 지지 않겠다는 의지로 "선생님도 선생님답지 않다고요. 선생님 화장도 야하다고요."라고 말하더니 쌩하니 가버렸다. 기가 막혀서 어쩔 줄 몰라 하는 선생님을 위로하고 교무실로 돌아왔다.

이런 상황에서 같은 동료 교사로, 또 같이 학생을 지도하고 있는 교사로서 어떤 도움을 주지 못한 것에 대한 아쉬움과 회의를 갖게 되었다.

예전에 알게 된 학생부장 선생님이 있다. 그분은 참 성실하고 책임감이 강한 분이셨다. 그런데 선생님이 어느 날 시내에서 흡연을 하고 있다가 학생과 마주친 적이 있었다고 한다. 그 이후로 양심상 더 이상 학생 금연 지도를 담당할 수 없겠다고 판단하고는 당장 담배를 끊었다고 말하는 것을 들은 적이 있다.

학생들 앞에서 좋은 모델의 교사가 되는 것, 얼마나 어려운 일인지 모른다. 바라는 것과 거기에 따르지 못한 행동, 혹은 모두 바라는 것들과 일치하지 못한 행동을 하는 것, 이것들이 많아질수록 고민은 쌓여가게 된다. 그래서 교사라는 직업은 아무나 할 수 없는 어려운 일인지도 모르겠다. 삶과 가르침이 달라도 가능한 일이라면 교사를 못 할 사람이 어디 있으랴. 교사가 자신이 실천하지 못하는 부분이 있다면 아무리 좋은 가치관을 가졌다고 하더라도 학생의 행동이나 가치관 형성에 도움을 줄 수 없기 때문이다.

여자고등학교에서 근무하다 보면 몸 단장하는 일과 관련된 질문을 자주 받게 된다.

"선생님, 우리는 왜 이렇게 학교에서 정해 준 교복을 입어야 해요? 세상에 좋은 옷이 얼마나 많은데, 이렇게 딱딱하고 일률적인 교복을 입어야 하는 건가요?"

"선생님도 학생이 화장이나 염색을 하는 것이 나쁘다고 생각하세요?"

"그렇지는 않다고 생각해요. 다만 상황이나 장소에 따라 달라져야 한다고 생각해요. 한번 생각해 봐요. 수영장에서 교복을 입고 수영한다면 이상한 일이겠지요? 다들 이상하게 볼 것입니다. 또 학교에 오면서 잠옷을 입고 온다고 생각해 봐요. 이런 학생이라면 누구든지 정상이라고 생각하지 않을 겁니다. 마찬가지로 교복은 학생임을, 혹은 공부하는 사람임을 증명해 주는 일종의 표식이라고 생각해요. 비행기 승무원의 복장을 보세요. 그들은 자기 소속과 일에 자부심을 느끼면서 제복을 입습니다. 교복은 이런 의미가 있다고 생각합니다.

그리고 사람은 자연 상태로 놔두면 그냥 자율과 방종과 같은 단어들과 친해지기 쉽습니다. 그래서 학생들에게 정확하고 규격 있는 옷을 입게 함으로써 나름대로 규격과 질서를 배우도록 돕고 있다고 생각합니다. 또한 교복을 정해 주니까 여러분이 학교에 나올 때 비교적 불평 없이 당연히 교복을 입게 되지요? 만일 교복이 없다면 여러분은 무슨 옷을 입을까 늘 고민하게 될 거예요. 또한 부모님께 옷 타령을 하느라 불평이나 언쟁이 늘어날 거예요. 그래서 학생이 교복을 입는 것은 공공의 이익과 편리함이라는 측면에서 보면 좋은 점들이 많다고 생각한다. 그래서 선생님도 여러분을 만나러 학교에 올 때에는 거의 정장 스타일로 몸가짐을 조심히 하고 옵니다. 하지만 방학이나 쉬는 날이면 선생님도 추리닝을 입고 밖에 나오기도 합니다. 사실 지금도 선생님에게는 마음대로 하고 싶은 욕구가 있어요. 하지만 저를 바라보는 여러분을 위해 선생님은 기쁘게 절제합니다."

'여러분을 위해 기쁘게'라는 단어를 힘주어 말해서 그런지 질문한 학생은 수긍하는 표정으로 고개를 끄덕였다. 사람들은 누구나 가슴 속에 자신을 지지하고 격려해 주는 사람을 간직하고 산다. 삶이 힘들어지고 지칠 때에 난로처럼 따스하게 다가와 위로해 주는 사람, 어려운 일을 만날 때 함께 나누고 공감해 주고 문제를 해결할 수 있도록 도와주는 사람, 그런 사람이 곁에 있다면 참으로 행복한 사람일 것이다.

때로는 어른들의 세계와 가치관을 공감할 수 없어서 저항하고 거부하는 학생들이 있다. 또 어떤 가치관이 더 가치 있는지 몰라서 방황하는 청소년들을 만나게 된다. 그럴 때면 우리는 어떤 마음으로 만나고 다가가야 할까?

필자는 교사로 있으면서 학생들이 교사가 부르기 전에 학생 스스로 신뢰감을 가지고 내게 찾아오도록, 그래서 잔소리 대신 잘 준비된 자료와 정보로 깊이 있게 조언해 주는 선생님, 학생을 이해하고 격려하고 함께 문제를 탐색하면서 최종 선택은 학생에게 맡겨 두는 선생님이 되려고 노력했다.

필자가 학생부장을 하고 있을 때 일이다. 1학년 혜원이가 담배를 피우다가 걸려서 학생지도부에 왔다. 점심시간에 다른 학교 학생들과 어울려 지내면서 아이들이 학교 근처에 와서 불러내 어쩔 수 없어 피우게 되었다고 한다. 다른 학교 학생들은 그 학교에 지도를 의뢰하고 혜원은 우리 학교에서 지도하게 되었다.

담배를 피우게 된 사연을 물었더니, 혜원은 "저도 흡연이 건강에 나쁘다는 것은 알지만 친구들을 떠날 수가 없어요. 친구들이 모이면 늘 담배를 피워요. 솔직히 저는 담배가 맛있다는 생각을 해 본 적이 없어요. 하지만 친구들과 함께 있는 것이 좋아서 같이 행동하게 돼요." 혜원은 담배를 피우기는 했어도 다른 친구들과 어울리면서 자기만 피우지 않으면 또래 집단에서 왕따가 될 것 같아 참여했다고 한다. 청소년들 나이에는 친구 따라 강남 간다는 말이 있을 정도로 친구들을 좋아하는 시기이다. 친구들이 좋아 참여했다는 말에 심하다는 생각이 들지 않아 다행이라는 생각을 했다. 혜원을 이해하면서 다그치거나 꾸중하지 않았다.

하지만 담배를 피우다가 공개적으로 걸렸으니, 정상적인 절차에 따라 처벌을 해야 했다. 그러면서 혜원에게 이번 일은 학교 규칙에 따라 진행될 것이니, 너무 어렵게 생각하지 말고, 이번 일을 계기로 네 생활에서 정리해야 할 것은 정리하는 계기가 되면 좋겠다고 일러주었다. 그러면서 혜원을 탓하거나 꾸중하지 않았다. 선도위원회를 열어 5일간 학교 봉사를 하고, 5주간 보건소 금연 교육에 참여하기로 하고 혜원이 벌을 정리했다.

교사가 아이들에게 인격적으로 대우하고, 다그치지 않고 타일렀더니, 아이들이 달라지는 것을 볼 수 있었다. 아이들은 교사가 염려했던 것보다 더 바르게 잘 성장해 나갔다. 교사의 역할이자 보람이라 하겠다.

교사들이 교육에 관한 여러 기술들을 가지고 있다고 하더라도 학교 생활을 하다 보면 너무나 자유로운 영혼을 가진 학생들과 가치관의 차이로 인해 대립하는 경우가 많다. 심한 경우, 서로 외계인처럼 느껴질 때도 많다. 교사인 내가 하는 말이 틀림없고 현명한 말임도 불구하고 학생은 자꾸만 반항하고 답답하다고 짜증을 낸다. 그러면 교사 역시 마음에 상처를 입고 괴로워하기도 한다. 이럴 때면 이런 일들의 근본 원인들에 대해 생각해 보게 된다.

교사들의 말들이 대부분 틀림없는 말들이기는 하지만 시대가 변하고 문화가 변화되면서 달라지는 가치관들도 많다는 것을 느끼게 된다. 또 어떤 말들은 논리적이지도, 과학적이지도 않은 말들도 많다.

예를 들어보면 '외모에 관심을 갖고 화장을 하는 아이들은 공부를 못 한다.'라든가, '외모에 관심을 갖고 공부를 하지 않으면 성공하기 어렵다'라든가, '욕을 많이 하는 학생은 가정교육을 잘 받지 못한 학생들이다.'라든가 '담배를 피우는 학생들은 모두 문제가 있는 학생들이다.' 라든가 '대학을 잘 가려면 이성 교제를 해서는 안 된다.'라는 말은 어느 면에서는 수긍할 수 있지만 그렇지 않은 경우가 더 많다.

교사들은 알게 모르게 모범생에 대한 일정한 기준들을 갖고 있다. 적어도 인사를 잘하는 학생, 예절이 바른 학생, 공부를 열심히 하는 학생, 교복을 단정하게 입고 고운 말을 쓰는 학생, 배려하고 양보할 줄 아는 학생……등.

요즘 아이들은 공부를 잘하는 아이도 화장을 하고, 친한 친구 사이에서 친밀도를 나타내기 위해 욕을 사용하기도 한다. 또 학교생활의 고달픔을 해소하기 위해 담배를 피우고, 행복한 학교생활을 위해 이성 교제를 하는 학생들도 많다. 이런 가치관을 가진 학생들과 굳어진 가치관을 가진 교사가 좋은 관계를 유지하면서 서로 다른 가치관 차이를 좁혀 가는 일은 쉽지 않은 일이다. 그러면서도 교사는 '학생들에게 어떻게 다가가는 것이 지혜로운 일일까?'를 생각하게 된다.

일반적으로 교사들은 교실 청소의 경우, 학생들이 해야 하는 일 중에 하나라는 인식을 갖고 있다. 아울러 은연중에 교사는 교사이고 어른이니까 청소하지 않아도 된다는 생각을 가지고 있다.

학교에서 청소하는 모습을 보면 매월 1일이면 청소 당번을 바꾸는 형태로 진행한다. 처음에는 선생님이 나름대로 공정하게 '1인 1역'을 정해 준 다음, 새로운 달이 되면 학생들이 스스로 청소 당번을 바꿔서 청소를 한다. 새로운 달이 되어 청소 구역 배정이 끝나자 영선이 손을 번쩍 들었다.

"선생님, 교실은 함께 쓰는 공동 공간이니까 모두가 함께 청소를 해야 하지요?"

"그렇지."

"그런데 왜 선생님은 청소 당번이 없어요? 선생님도 우리 교실을 함께 쓰고 있는데요."

뜻밖의 질문으로 교실은 서로 다른 웅성거림으로 술렁이기 시작했다. "야, 선생님이 왜 청소를 하냐?"라고 핀잔하는 아이들도 있고 "맞아요, 맞아요."라고 맞장구를 치는 아이들도 있다. 처음에는 솔직히 당황스럽기도 하고 얄미운 생각도 들었다. 하지만 이는 '가치관의 차이가 아닐까?'라는 생각이 들어 다시 아이들 말에 반응을 했다.

"아~, 영선이는 선생님도 같은 반 구성원이니까 함께 청소하기를 바라는구나."

"예. 선생님도 똑같이 우리 교실을 쓰고 있잖아요?"

기묘하고 맹랑한 대답이다. 순간 정말 나는 청소를 안 해도 되는지, 함께 해야 하는지 진지하게 질문을 해 보았다. 생각해 보니 내가 꼭 청소를 해야 하는 이유도, 하지 않아야 하는 이유도 뚜렷이 찾을 수는 없었다. 다만 나의 선택을 아이들이 어떻게 느끼고 나에게 다가오느냐가 더 중요하다고 생각했다. 아이들과의 관계 유지에 집중했다. 고개를 끄덕이며 생각에 잠긴 내 모습에 아이들은 걱정스러우면서도 흥미로운 표정을 짓고 대답을 기다리고 있었다.

"그렇구나. 그런 의미의 제안이라면 함께 청소하지. 그럼 선생님은 배정이 없었던 커튼 관리를 할까?"

내 제안에 아이들이 수긍해 주었다. 그래서 그 주말에 나는 학급 커튼을 모두 걷어와 깨끗하게 세탁해서 월요일 아이들과 함께 걸이에 걸었다.

교무실에 돌아와서 '가치관 차이와 민주적인 학급 운영'이라는 기준에서 나의 태도를 점검해 보았다. 그리고 보니 며칠 전 민혜가 "선생님들은 왜 학생들에게 먼저 인사를 하라고 해요, 선생님들이 먼저 하면 안 돼요? 그러면서 선생님들은 학생들이 인사를 하면 건성으로 받아요."라고 투덜거렸던 일이 생각났다.

'그렇구나. 인사하는 것도 왜 꼭 학생이 먼저 해야만 할까? 학생이 안 하면 교사가 먼저 인사해 줄 수도 있는데……:'

'청소는 학생만 하는 것, 인사는 당연히 어린 학생이 먼저 해야 하는 것'이라는 생각이 꼭 틀린 것은 아니다. 교사가 함께 청소하고, 인사를 먼저 하는 것이 교사답지 못하다거나 어른스럽지 못하다? 이런 생각도 논리적이지 않은 것 같다. 내가 학생 입장이라면 때로는 함께 청소할 수도 있고 먼저 인사해 줄 수도 있는 선생님을 더욱 존경할 것 같다.

다음 날부터 나는 함께 청소하는 선생님, 먼저 인사하는 선생님이 되려고 노력했다. 학생들의 생각을 수용하고 동참하고 먼저 인사한다는 사실만으로도 시간이 흐르면서 학생들에게 나이는 많지만 생각은 젊은 선생님으로 인식되기 시작했고 좋은 관계를 유지할 수 있었다.

주변의 사람들이, 혹은 내가 옳다고 여기는 가치관은 각자가 만들어 낸 허상일 수 있다. 다양한 문화와 새로운 문화를 추구하고 만들어가는 아이들의 가치관과 내 가치관에는 분명한 차이가 있을 수 있다. 지금 내가 지도하고 있는 아이들은 나와 전혀 다른 새로운 세대의 아이들이다. 게다가 이들은 보다 더 나은 세상을 살아가게 될 아이들이다. 그런 아이들에게 내 가치관을 주입해서 내 시대가 이룩하고 있는 가치관에 고정시켜 놓으려고 한다면 아무리 생각해도 무리라는 생각이다. 그럼에도 내 생각은 늘 나를 고정된 가치관에 붙들어 매 놓으려고 한다.

교사는 아이들과 함께 동시대를 살아가기도 하지만 때로는 너무나 다른 가치관으로 인해 어려움을 겪기도 한다. 모범적인 교사에게 자유로운 영혼을 가진 학생들이 너무 멀게 느껴질 때도 있다. 사랑을 주고 배려해 주어도 늘 평행선을 가는 외로운 사랑을 하게 될 때도 있다.

오랜 세월 교직 생활을 하면서 얻은 지혜라고 한다면 그것은 가치관의 차이를 보일 때는 일단 마음을 비우고 기다려주는 것이 바람직하다는 것이다. 조급한 마음에서 내 가치관이 옳다고 일방적으로 강요하다 보면 그것이 학생의 마음에 전달되지도 않을 뿐 아니라 관계마저 훼손되고 만다. 때문에 먼저 학생의 가치관을 이해하고, 인정하고 어느 정도 좋은 관계가 되었을 때, 부드럽고 진실되게 교사의 생각을 이야기해 주는 것이 더 효과적이다. 더 나아가 아이의 의식이 성장해 스스로 알 수 있을 때까지 기다려주는 것이 더 좋은 결과를 낳기도 한다. 지금 당장 학생의 가치관을 수정해 주지 못한다고 해서 실망할 필요는 없다. 먼 훗날 학생이 졸업한 다음에 학생 스스로 변화될 수 있는 가능성을 기대하면서 기다려주는 것이 지혜로운 일이다.

필자의 어설프고 부끄러운 경험이다. 학교에서 수업 준비를 하고 있는데, 해원이한테서 전화가 왔다.

"선생님 저 해원인데요. 저 기억하세요?"
"너 디자인하겠다는 녀석 아니야?"
"네, 맞아요."
"선생님 저 인사 드리려고 전화했어요. 저 지금 공항에 가요."
"해외에 나가니?"
"네, 저 프랑스로 유학 가요. 멋진 디자이너가 되어 다시 인사드릴게요."
"그래, 기대되는구나 열심히 공부하고 와~"

해원이는 우리 학교를 졸업하지 못했다. 1학년 1학기를 마치기도 전에 인문계 고등학교가 체질에 맞지 않는다며 대안학교로 전학시켜 달라고 부모를 졸랐다. 학교도 오는 둥 마는 둥, 공부도 하는 둥 마는 둥이다. 가방에는 온통 화장도구가 가득하다. 수업과 상관없는 화장하는 일에 집중하고, 친구들에게까지 화장을 시켜준다. 선생님 말이나 부모 말도 잘 듣지 않는다. 상담을 두어 차례 했지만 상담에 응할 태도가 아니다. 그래서 필자는 그냥 해원이의 성격적 특성과 능력을 상기시켜 주기만 했었다.

"너는 참 예술성이 뛰어나구나. 너는 미를 만들어내는 재주가 좋고, 더구나 다른 친구들을 곱게 화장해 주는 솜씨가 보통이 아니구나." 했더니 해원은 그림 공부나 디자인 공부를 하고 싶다고 했다. 이런 가벼운 덕담을 나누고 상담을 마쳤다. 끝내 해원은 대안학교로 전학을 가야겠다면 소란을 피웠다. 그래서 부모는 혜원을 대안학교로 전학시켜 줬다. 거기에서 1학년을 마치더니, 대안학교에서도 적응하기가 어렵다며 다시 우리 학교로 돌아왔다.

2학년을 몇 달 다니더니, 학교는 도저히 체질에 맞지 않는다며 자퇴하겠다고 성화였다. 필자는 속으로 '저게 사람이 될까?'라는 교사로서 부끄러운 생각을 하기도 했다. 결국 해원은 졸업하지 못하고 학교를 떠나고 말았다.

학교에서 지도하기 어려운 아이들을 만날 때면 가끔 해원을 떠올리곤 했다. '해원은 어떤 삶을, 어떻게 살아가고 있을까?' 내가 생각했던 대로 해원은 '사람이 될까?', '어떤 모습을 하고 있을까?' 그러다가 한참 동안 해원을 잊고 있었다. 그런데 오늘 전화를 받은 것이다.

해원은 우리 학교를 그만두고 서울에 있는 학원과 같은 디자인 스쿨에 다녔다고 한다. 거기에서 디자인 실력을 인정받아 이제는 더 많은 공부를 위해 프랑스로 유학을 떠난다고 한다.

해원은 자기 실력을 주변으로부터 인정받고, 유학을 떠날 수 있어서 그런지 공항을 향하면서 들려주는 전화 속 목소리는 상기되어 있었다. '저게 사람이 될까?'라는 내 마음을 알고 '선생님 저 사람이 되었거든요, 되었어요'라고 부족한 나를 깨우쳐 주고 있는 사람처럼 '선생님, 저 사람이 되었거든요'라고 자랑하고 있는 것 같았다. 해원은 공항으로 가면서 나중에 이름 있는 디자이너가 되어 선생님께 다시 인사드리러 오겠다고 했다. 전화를 끊고 나니 마음이 상쾌해지고 기분이 좋아지는가 싶었다. 그런데, 이 사실을 해원이를 알 만한 선생님들과 이야기 나누다 보니, 기분이 이상해졌다.

자리에 돌아와 생각해 보니, 교사로서 부끄럽다는 생각이 들었다. 젊고 어린 학생들은 누구나 가슴에 보배를 안고 살아간다. 그 보배가 앞으로 얼마의 가치로 자라게 될지 아무도 모른다. 그런데 이런 사실을 알고 있으면서도 학교에 적응하지 못한다고 '저게 사람이 될까?'라는 생각을 가졌으니, 교사답지 않은 내 모습에 쑥스러움을 느꼈다.

나는 알게 모르게 나름대로 학생이라면 모름지기 공부 열심히 하고, 학교생활을 정상적으로 하는 학생이라야 성공하거나 바른 사람이 될 수 있다고 생각하고 있었던 것 같다. 아이들은 앞으로 어떤 사람이, 무슨 일을 하면서 성공적인 삶을 살지 아무도 모를 일이다. 내가 가진 작은 생각, 어설픈 가치관이 학생들을 규정하고 재단하고 있지 않은가 하는 생각을 했다.

교사들 대부분은 출근하면서부터 늘 학생들에게 힘을 사용하거나 억지가 아닌 선한 영향력으로 감동을 주고, 학생의 바른 성장과 성숙을 기대하는 교육을 다짐하곤 한다. 하지만 때로는 원치 않게 교사들의 눈물겨운 사랑과 헌신에도 불구하고 한순간에 교실을 아수라장으로 만들어버리는 학생들을 만나면 내 헌신과 사랑이 한없이 무기력해지고 슬퍼지기도 한다. 그러면 교사 자신의 무능력함 때문이라고 자책하는 교사들도 많다. 교사의 직을 수행하면서 나의 부족함이나 서툰 노력 때문에 교육을 훼손한다는 생각을 하기도 한다. 그럴 때면 우리는 신학자 라인홀드 니버의 기도문을 떠올려볼 필요가 있다.

– 평안을 위한 기도

내게 평안을 주소서.
내가 변화시킬 수 없는 것들을 수용하고
내가 할 수 있는 것들을 변화시킬 용기를 주소서.
그리고 변화시킬 수 있는 것과 없는 것
그 차이를 아는 지혜를 주소서.

내가 변화시킬 수 있는 것과 변화시킬 수 없는 것을 구별할 수 있는 것은 지혜이다. 이것이 없다면 변화시킬 수 없는 것들을 끌어안고 괜한 고민과 괴로움을 쌓게 된다. 우리는 이렇게 어리석은 교사여서는 곤란하다. 더구나 학교에 적응하지 못한다고 해서 못된 사람으로 취급하거나 실패한 인생일 거라고 짐작해서는 안 될 일이다. 다만 우리 교사들이 할 수 있는 일이라고 한다면 우리의 가치관을 내려놓고 기도하는 마음으로 학생을 수용하고 기다려주는 것이다. 여기까지가 교사의 역할임을 안다면 좌절로부터 조금 자유로울 수 있을 것이다.

또한 내가 할 수 있는 일이라면, 학생을 변화시킬 수 있는 부분이라면 더 용기를 내야 할 것이다. 그리고 할 수 있는 일이라면 다른 사람을 변화시키려고 노력하는 것보다 나 자신이 변화되도록 노력하는 일일 것이다. 이것이야말로 누구도 거역할 수 없는 완전한 가르침이 될 것이다.

선생은 아니, 교사는 학생들에게 무엇을 가르쳐야 할까? 윤리나 도덕, 분수와 함수, 미적분, 유창한 영어 실력, 모두 값지고 소중한 요소들임이 틀림없다. 하지만 그 무엇보다 제자들에게 나의 삶으로 삶을 가르치는 일이야말로 그 모든 것보다 가장 상위에 자리한 고귀한 가르침이 아닐까 생각해 본다.